한국
근현대의
파시즘적 역사인식

지은이

김종준 金鍾俊, Kim Jong-jun

서울대학교에서 박사학위 취득, 현재 청주교육대학교 사회과교육과 교수. 한국 근현대사를 대상으로 한 저작으로『일진회의 문명화론과 친일활동』(신구문화사, 2010),『식민사학과 민족사학의 관학아카데미즘』(소명출판, 2013),『한국 근대 민권운동과 지역민』(유니스토리, 2015),『고종과 일진회-고종시대 군주권과 민권의 관계』(역사공간, 2020) 등이 있다. 주요 관심 분야는 한국 근현대의 사회사, 사학사 및 역사교육이다.

kalpole2@cje.ac.kr

한국 근현대의 파시즘적 역사인식

초판인쇄 2023년 6월 20일 **초판발행** 2023년 7월 10일
지은이 김종준 **펴낸이** 박성모 **펴낸곳** 소명출판 **출판등록** 제1998-000017호
주소 서울시 서초구 사임당로14길 15 서광빌딩 2층
전화 02-585-7840 **팩스** 02-585-7848
전자우편 somyungbooks@daum.net **홈페이지** www.somyong.co.kr

값 31,000원 ⓒ 김종준, 2023
ISBN 979-11-5905-801-1 93900

한국 근현대의 파시즘적 역사인식

A Study on the Fascist Historical Perception in Modern and Contemporary Korea

김종준 지음

하나의 생명 개체로서의 인간에게 가장 중요한 일은 자신의 삶을 온전하게 유지하는 것이다. '온전한 삶의 유지'를 막는 것에는 무엇이 있을까? 대표적으로 누군가가 물리적 힘이나 정치적 권력으로 내가 가진 생명, 재산, 자유, 총합하여 행복하게 살 권리를 빼앗는 경우를 들 수 있겠다. 근대 이후 정치혁명과 과학혁명으로 인해 국가권력에 의한 폭력행위는 줄어들고 사망률도 감소해 왔으며, 이는 '진보'적인 현상으로 평가된다.[1] 물론 역사학의 정의로 유명한 E.H.카조차 역사에서 '진보'가 무엇인지 명확히 정의내리지는 못했다.[2] 그러나 '개인들이 행복하게 살 수 있도록 해주는 공동체 형성'을 '진보'로 규정하는 데에 반대할 이는 많지 않을 것이다. 서구 근대 이래로 그러한 공동체를 만들어 주겠다는 이데올로기가 여럿 등장했다. 시기와 지역에 따라 특정 이데올로기가 열광적 지지를 얻었다가 사그라드는 일들이 반복되었다. 대표적 이데올로기만 거론하자면, 자유주의, 사회주의, 민주주의, 파시즘 등을 들 수 있다.

서구의 근대는 자유주의와 함께 탄생하였다. 최고 통치권자의 자의적 폭력에 맞서 생명·재산의 자유권을 지키고자 한 이들에 의해 정치적 자유주의와 경제적 자본주의 체제가 만들어졌다. 그런데 이 '자유'는 개념의 본질상 강자의 이데올로기가 되기 쉬웠다. 자유주의는 대내적으로 빈부 격차, 대외적으로 인종 차별을 정당화하는 사회진화론 및 제국주의와 결합하였다. 이처럼 19세기 유럽에서는 '자유주의'로 인해 발생한 불평등 때문에 불만이 고조되고 있었는데, 그 틈을 비집고 들어간 것이 '사회주의'다. 사회주의는 생산수단의 공유와 계획경제를 통해 자본주의의 병폐에 대처하려 했다. 사회주의가 반드시 '전체주의'적 성격을 띠는 것은 아니지만 '개인주의'와 대립되는 개념인 것도 분명했다. 한편 자유주의와 사회주의, 양자를 절충 또는 극복하겠다고 표방한 이데올로기가 '민주주의'와 '파시즘'이다. 저개발, 피침략 국가의 구성원들에겐 사회주의나 파시즘이 민주주의보다 더 효율적인 시스템으로 여겨지기도 했다. 21세기 한국사회에서는 그 중 자유주의와 민주주의가 공동체 운영의 양대 축으로 설정되어 있다. 해방 이후 힘겨운 산업화와 민주화 과정을 거쳐, 이제 제도적, 형식적으로 자유주의와 민주주의 체제는 정립되었다고 할 수 있다.

그럼에도 불구하고 저자는 여전히 의문을 갖고 있다. 우리 사회는 과연 충분히 진보적인가? 두 가지 사례만 들어보려고 한다. 첫째, 학령 인구 감소로 대학 정원이 지원자수보다 많은 시대로 진입하고 있는데도 왜 여전히 학생들은 입시 지옥에 시달리고 학부모들은 사교육비에 몸서리치고 있는가? 새로운 정의론으로 잘 알려진 마이클 샌델은 『공정하다는 착각』에서 일정 자격 이상자 중에서 추첨으로 신입생을 선발함으로써 환상에 불과한 능력주의의 폐해로부터 벗어날 수 있다고 주장한다.[3] 일정 자격자에게 양질의 교육 기회를 제공하여 자아 실현을 돕는 것이 대학의 역할임은 너무나 당연해 보인다. 그런데 우리 사회에서는 지금 이런 논의는커녕, 학생부종합 전형이 불공정하다며 학력고사 체제로 돌아가자는 움직임마저 있다. 학력고사 체제로 돌아가자는 퇴행적 주장을 하는 이들의 세계관은 어떠한 것일까? 학력고사는 1980년대 만들어진 평가 체제인데, 그 획일적인 평가 방식으로 인하여 1994년부터 수능으로 대체된 바 있다. 학력고사 시스템을 만든 전두환 군사독재 정부는 전면적인 과외 금지 조치도 실시하였다. 당시 군부세력이 만든 정당 이름이 '민주정의당'이었고, 내걸은 정치구호가 '정의 사회 구현'이었다. 이들은 과연 공정한 사회를 만들기 위하여 과외=사교육를 금지했던 것일까?

사실 부르주아나 지식인들의 '자유주의적 생활양식'을 '공공의 적'으로 규정하고 이에 대한 대중의 반감을 정치적으로 이용하는 포퓰리즘적 전략은, '파시즘적 세계관'을 가진 이들이 종종 써먹는 수법이다. 1970년대 사회적 파장에도 불구하고 고등학교 평준화를 밀어붙인 것 역시 '한국적 민주주의' 운운하던 박정희 정부였다. 물론 박정희 정부나 전두환 정부 때 정경유착과 재벌 특혜는 오히려 더 심화되었다. 공정성에 대한 포퓰리즘적 요구는 역설적으로 불평등을 조장하는 능력주의를 강화시킨다.[4] 사회적 불평등은 학교가 아니라 사회에서 해결하면 된다. 정규직과 비정규직, 대졸자와 고졸자 간 초임의 차이를 어느 정도로 하는 것이 공정한가는 사회적으로 합의할 문제다.

둘째로 많은 정치인들이 지적하지만 별반 나아지지 않고 있는 중앙집중화 문제가 있다. 여기서도 포퓰리즘적 민주주의 원리가 작동한다. 많은 사람들이 몰려 있다는 이유만으로 사회인프라가 구축되고 집값이 오르며 학군도 좋아진다. 그러면 더 많은 사람들이 몰려 교통 지옥이 만들어지고 불쾌한 주거 공간이 되지만, 다수의 욕망에 따라 지하철이 추가로 놓이고 집값은 더 오르는 일이 반복된다. 많은 사람들이 몰려 있어서 불편하지만, 많은 사람들이 있다는 것만으로 기득권이 되기 때문에 벗어나지 못한다. 반대로 지방은 소멸의 위기를 겪고 있다. 19세기 미국을 여행하던 토크빌이 민주주의를 '다수의 폭정'이라고 꿰뚫어 보았던 일[5]이 21세기 한국에서 재현되는 것이다.

민주주의를 단순히 다수결 원리로만 이해하는 한, 우리 사회의 입시 지옥과 교통 지옥은 계속될 것이다. 대도시에서 명문대학을 나온 이들도 행복하지 않고, 그 반대편에 있는 이들도 상대적 박탈감에 불행해진다. 살아남기 위해 누군가를 짓밟고 올라서야만 하는 사회에서 누가 진정 행복할 수 있겠는가? 교육 문제와 지방 분권화 문제를 해결하겠다는 진보 정당은 정작 대중의 지지를 받지 못한다. 양식있는 지식인들은 이같은 현상을 미스터리로 여긴다.[6] 저자는 문제의 원인을 파시즘에서 찾는다. 한국 사회가 여전히 파시즘적 운영 원리에 의해 작동되고 있다고 진단한다. 한마디로 개성과 다양성이 존중받지 못하고, 전체를 위한 개인의 희생은 당연시되는 이념이다. 지난번 저서에서 저자는 한국 역사에서 개인주의가 얼마나 부족했는지, 그럼에도 그러한 사실 자체가 왜 제대로 인식되지 못해 왔는지 문제삼은 바 있다.[7] 충성의 대상이 전통 시대 가족, 문중, 마을, 왕조에서 근대 이후 민족, 국가, 계급으로 바뀌었을 뿐이다. 어떤 심리학자는 서구의 개인주의와 다르고 일본의 집단주의와도 다른, 한국인들만이 지닌 심성의 특성을 '관계주의'로 명명하였다.[8] 일본과는 다르게 체제, 조직, 이념 자체가 아니라 사람들과의 사적 관계를 중시하며 유연하게 적응하는 능력에 주목한 것이다. 그런데 저자가 보기에 개인의 주체적 세계 인식과 반성적 자아 인식이 경시된다는 점에서 파시즘에 친화적인 것은 마찬가지다. 그래도 '정이 많다'거나 '역동적인 민족성' 운운하는 자기만족적 언사보다는 냉철한 분석이라고 여겨진다. 서구의 파시즘이 일본과는 또 다른 방식으로 한국 사회에 스며들어 잠복될 수 있었다면, 그 역사적 연원은 어디에 있을까?

갓 입학한 대학 신입생들에게 역사교육의 목적이 무엇인 것 같냐고 물어보면, 민족적 자긍심 고취 및 민족의식 함양을 위해서라든가 위기 상황에서 나라에 대한 소속감을 키우기 위해서라고 답하는 학생들이 종종 있다. 저자가 수업하고 있는 곳이 2020년대 민주공화국 대한민국인지 1930년대 나치 치하 혹은 1970년대 박정희 군사독재하인지 알 수 없게 만든다. 그나마 이러한 대답을 하는 학생들은 (역사 교사, 인터넷 강사, 유투버 등의 영향으로) 역사에 관심과 애정이 있는 경우다. 나머지 대다수 학생들은 그저 수능 필수이긴 하지만 별 비중도 없는 암기 과목으로 여길 뿐이다. 도대체 어떠한 교육적·사회적 환경 아래서 이같은 역사인식이 형성되었을까? 전문가들이 말하는 역사적 사고는 왜 한국 사회에서 이다지도 취약한가? 민족 뿐만 아니라 계급, 계층, 지역, 성별, 세대 등 다양한 정체성, 풍부한 역사상에 입각한 역사의 대중화는 불가능한가? 이성적인 역사적 사고를 마비시키는 파시즘적 사고방식이 여전히 한국 사회에서 힘을 발휘하고 있는 것은 아닌가?

파시즘적 사고방식이 한국 사회에서 살아 남을 수 있었던 이유는 (저항적) '민족주의'라는 껍데기를 걸치고 있었기 때문이다. 이 대목에서 아마도 이른바 '유사역사학자'들이 머릿속에 떠오를 수 있다. 이들은 주류 역사학계를 '식민사학', 조선총독부사관으로 몰아붙여 자신들의 신성하고 숭고한 '민족사관'과 대비시키는 작업을 통해 대중들을 선동한다. 전형적으로 파시스트의 대중 선동 수법이라고 할 수 있다. 근래 '유사역사학'을 비판하는 이들은 쉽게 찾아볼 수 있다. 그러나 저자의 문제의식은 여기서 멈추지 않는다. 유사역사학의 파시즘적 역사인식이 제대로 퇴치되지 않는 이유는, 주류 역사학도 민족주의의 외형을 띤 파시즘적 역사인식으로부터 자유롭지 못하기 때문이라고 본다. 나아가 이같은 민족주의 역사교육을 받은 대중들이 현실 사회 문제에 대해 파시즘적 사고방식으로 대응하는 일이 일어나게 된다고 주장하려 한다. 즉, 우리 사회에 잠복되어 있는 파시즘을 인지하기 위해서는, 주류 역사학계와 유사역사학계는 물론 지식인 사회에 전반적으로 퍼져 온 파시즘적 역사인식의 기원과 계보를 냉정하게 고찰하는 일이 필요하다.

해방 이후 파시스트는 친일파, 빨갱이와 함께 우리 사회에서 금기시되는 용어였다. 상대방을 친일파, 빨갱이, 파시스트라고 비난하는 경우는 있지만, 본인 스스로 그러한 주장을 하는 경우는 거의 없기 때문에 실체를 파악하는 일조차 쉽지 않다. 한국 현대사에서 '파시즘' 대신 널리 쓰이게 된 용어가 '민족주의'다. 본서에서 다룰 안호상, 박정희, 안재홍, 이병도, 문정창 등은 모두 '민족주의자'를 자처하고 있었다. 그러다 보니까 후대의 역사학자들은 누가 '진짜' 민족주의자인지 가려내려고 애쓴다. 저자는 이 과정에서 문제가 발생한다고 본다. 모호한 '민족주의 구호의 진정성' 대신, '국가 대 개인의 관계 설정'을 보자고 제안한다. '국가의 우위'를 강조할수록 전체주의, 파시즘, 사회주의적 역사인식이 될 테고, '개인의 자율성'을 강조할수록 자유주의, 개인주의적 역사인식이 될 것이다. 물론 자유주의 역사인식 역시 여러 문제가 있고 개인주의는 이기주의와 동일시되기도 하지만, 한국 역사학에서 과연 '자유주의적', '개인주의적' 역사인식으로 우리 역사를 돌아본 적이 있는지 묻고 싶다. 추상적으로 민족주의 역사인식의 정당성 여부를 따지기 전에 그 실체부터 규명하자는 문제제기이기도 하다.

다시 말해 한국 근현대사에서 이광수, 안호상, 박정희 등이 파시즘적 역사인식을 가졌다는 데에는 대다수 학자들이 동의한다. 그런데 저자는 더 나아가 안재홍, 이병도 등의 역사학자 역시 '민족주의'나 '실증주의' 구호 아래 파시즘적 세계관을 공유했다고 본다. 1970년대 문정창 이래 재야사학은 주류 한국사학자들을 식민사학=파시스트라고 공격해 왔다. 재미있게도 근래 주류 한국사학자들 역시 상대방에 대해 식민사학=파시즘 사학의 계승자라고 맞받아치며 선명성 투쟁을 하고 있다. '파시즘적 역사인식'이 본질적으로 무엇인지 제대로 살펴보지도 않은 채 말이다. 명확한 기준을 세운 후 따져보면 양쪽 주장 모두 일면의 진실을 담고 있다. '식민사학'의 파시즘적 성격을 주류와 비주류 학계 모두 공유하고 있다는 뜻이다. 저자의 주장은 '파시즘의 잔재'를 '청산'하자는 것이 아니라 '성찰'해 보자는 것이다. 어차피 그로부터 자유로운 역사학자가 거의 없다고 보기 때문이다. 즉, 민족주의를 내세우는 이들이 자유주의개인주의, 민주주의, 사회주의에 대해 가지고 있는 입장을 살펴 보아야 실제로는 파시즘적 세계관을 가지고 있는지 아닌지 판단할 수 있다는 것이다. 이를 위해 한국 근현대사의 여러 정치인과 지식인들의 자유주의, 민주주의, 파시즘 인식을 두루 살펴 보고, 그에 바탕해 한국 역사학의 계보를 다시 쓰며, 현행 역사교육의 문제까지 고찰해보는 것이 본서의 목적이다.

본서는 제3부 제9장 26절로 구성된다. 제1부는 파시즘적 역사인식의 계보다. 서구와 일본의 파시즘 논의를 이론적으로 정리하여 '파시즘적 역사인식'에 대한 정의를 내려볼 것이다. '정치적인 대중 동원', '민족국가이라는 전체 중시', '고유한 전통과 역사 소환' 등이 중요 키워드다. 이어 일제 시기 각종 신문, 잡지, 문집 자료를 바탕으로 앞에서 정의내린 '파시즘적 역사인식'이 실제 식민지 조선에서 어떠한 방식으로 문제화되었는지 고찰해 본다. 이러한 '파시즘적 역사인식'을 이광수, 안호상, 박정희 등이 지니고 있었음은 이미 인정되는 바다. 저자가 보기에 문제는, 이들이 내세운 민족주의는 '파시즘 성향의 국가지상주의'이고, 안재홍, 김구의 민족주의는 '자유주의적, 개방적 민족주의'라는 이분법적 구도가 학계의 지배적인 담론이라는 점이다. 제1부에서는 안호상, 박정희 등의 파시즘적 세계관으로부터 안재홍, 손진태, 이병도 등도 자유롭지 못했음을 증명해 보려고 한다.

제2부에서는 더 나아가 한국 근현대 역사학의 계보 전체를 재구성해 본다. 일제 시기 주류 역사학인 다보하시 역사학과 비주류 역사학인 기쿠치 역사학이 '객관적인 사실'과 '민족국가의 이익' 추구라는 근대역사학의 특성을 공유하면서 경쟁하고 있었다는 점부터 시작한다. 이러한 구도를 한국사학의 계보에도 적용할 수 있다. 특히 '실증사학의 민족주의적 관점'을 포착해내는 것이 중요하다. '민족'과 '실증'을 내세우는 이들이 학계 뿐만 아니라 국정·검정 교과서를 통해 국가권력과 결탁해 주류 역사학의 자리를 차지해 왔다고 볼 수 있다. 반면 비주류 역사학에서는 유사역사학의 계보를 추적해볼 필요가 있다. 안호상은 문정창 등과 교류하며 유사역사학 정립에도 일조했다. 최동, 문정창으로부터 현재 이덕일에 이르는 유사역사학자들은 역사학의 존재 가치를 민족적·국가적, 정치적 효용성에만 둔다는 점에서 파시즘적 세계관을 지니고 있다. 문제는 주류 역사학과 비주류 역사학이 '파시즘적 역사인식'을 제대로 규정하지 않은 채 상대방을 파시스트라고 비난만 하고 있다는 점이다.

본서에서 행하는 주류 역사학과 비주류 역사학의 구분에 대해 의문이 들 수 있다. 여기에는 유사역사학을 아예 역사학으로 인정할 수 없다는 단호함과 사회적으로 뉴라이트나 탈근대 역사학이 오히려 주류가 아니냐는 억울함이 곁들여 있는 것으로 보인다. 어느 경우도 이 책에서 행하고 있는 학계 내부의 주류 대 비주류의 구도 설정이 잘못되었다는 반증은 되지 못한다. 뉴라이트로 대표되는 친일, 독재 옹호이른바 반민족, 반민주 세력이 사회적으로는 오히려 주류가 아닌가 하는 의문은 저자도 지녀 왔다. 그러나 그렇다고 해서 한국사학계 주류 세력이 자동적으로 민족적, 민주적 가치를 지향하는 정의로운 집단이 되는 것은 아니다. 그보다는 왜 주류 학계의 역사인식에 반감을 갖는 이들이 존재하며 대중적 지지까지 얻고 있는지 고찰해 보는 것이 필요하다. 주류 역사학의 민족주의적 역사인식으로 인해서 비주류 역사학의 파시즘적 역사인식이 오히려 조장되고 있음을 본서에서 증명하려고 한다.

제3부에서는 파시즘적 역사인식과 역사교육의 문제를 짚어본다. 교육법에 '홍익인간'이 실려 유지되는 동안에는 '민주주의 민족교육론'이란 것이 일정하게 정당성을 획득하고 있는 것으로 볼 수 있다. 기본적으로 교육이념을 민주주의와 민족주의의 결합으로 여기는 사고방식 자체는 한국 현대사에서 줄곧 지배적이었다. 그 양상을 파헤칠 필요가 있다. 이어서 역사교육의 정치적 성격을 고찰한다. 한국사 교과서 국정화 논란 등을 되돌아보며 역사교육의 정치적 성격에 대한 고찰 없이 다양성만 강조하는 것은 공허함을 말하고자 한다. 마지막으로는 1970년대 3차 교육과정과 현행 2015 교육과정 초등 사회과(역사) 교과서를 비교, 검토해 보려고 한다. 민족주의적 관점이라는 명목으로 파시즘적 역사인식이 현행 교과서에 여전히 남아 있음을 증명해 보일 것이다. 지금까지 살펴본, 지식인들의 파시즘적 역사인식, 역사가들의 민족주의적 역사관, 교육이념에서 민족주의와 민주주의의 관계 등을 염두에 둔 상태에서 교과서의 내용을 점검해봄으로

써, 파시즘적 역사인식이 일반 대중들에게 어떠한 영향을 미치고 있을지 추정해 보는 일이 가능할 것이다. 궁극적으로 본 연구를 통해 우리 공동체가 공유하고 있는 역사인식을 냉철하게 성찰함으로써, 사회 구성원들이 꿈꾸는 진보의 상을 논의하는 데에 도움을 줄 수 있을 것으로 기대해 본다.

21세기 한국 사회에서 파시즘이 새롭게 주목받는 이유는 무엇일까? 2000년 이후 '일상적 파시즘론', '대중독재론'이라고 불리는 집단 연구들이 연이어 나왔다. 한국사에서 '교묘하게 정신과 일상을 조작하는 고도화되고 숨겨진 권력 장치로서의 파시즘', '조국과 민족의 이름으로 민중을 억압하고 동원하는 동원 이데올로기'[9] 나아가 '진보'의 이름으로 억압을 정당화하는 '일상적 파시즘'[10]의 기원과 계보를 찾아내기 위해, '아래로부터의 지지'를 필요로 하는 파시즘을 '근대화 프로젝트로서의 대중독재'로 개념화한 것이다.[11] 이러한 문제의식 하에 유럽의 파시즘과 박정희 체제에서 '대중독재'라 불릴 만한 사례들이 연구되었으나, 개념과 실체가 모호하다는 비판도 제기되었다.[12] 그러나 굳이 '대중독재'라는 용어를 사용하지 않더라도, '보수세력에 의해 왜곡되고 민주세력에 의해 버려진' 자유주의의 관점에서[13] 한국사를 되돌아보는 일은 필요한 작업이다. '자유주의적 규정이 없다면 민족주의는 파시즘과 구분되지 않는다'[14]는 지적은 현 시점에도 유효하다. 물론 자유주의개인주의도 병폐가 있겠으나 민족주의나 파시즘이 대안이 될 수 있는가는 별개의 문제다. 자유주의를 표방하면서 실제로는 국가주의적 정책을 펴는 사례들이 여전히 존재한다. 그 동안 한국 근대역사학의 계보에 대한 개별 연구들은 많이 축적되어 왔다. 그러나 파시즘과 자유주의의 본질에 대한 명확한 문제의식에 바탕하여 역사인식의 문제를 총체적으로 조망한 연구는 없었다. 역사인식은 특정 인물의 세계 관과 현실인식을 드러내 준다는 점에서 중요하다. 본서가 한국 역사학의 역사를 새롭게 바라보는 데 일조하리라 기대해 본다.

끝으로 대중적 상업성도 없고, 학계에서도 환영받지 못할 책의 출간을 선뜻 맡아준 소명출판에 진심으로 감사드린다. 이 책에 들어 있는 내용 중 일부를 논문으로 발표하고 출판을 준비하는 과정에서 저자는 몇 차례 스스로 되물어야 했다. 과연 저자의 주장들이 대외적인 공표에 부적합할 정도로 부실하거나 과격한 것들인가? 나의 생각을 있는 그대로 알리기 위해서는 많은 용기가 필요했다. 그리고 '합리적 비판'이 아닌 '정략적 우려' 때문에 위축될 필요는 없다는 결론에 이르렀다. 이제 소명출판 덕분에 겨우 빛을 볼 수 있게 되었음을 다행으로 여긴다. 집필 과정에서 저자가 겪은 일들이야말로 '파시즘적 역사인식' 연구의 현재적 의의를 증명해 주고 있다.

2023년 6월, 김종준

차례

머리말   3

제1부 파시즘적 역사인식의 계보

제1장/ '파시즘적 역사인식' 이란 무엇인가?   19
  1. '파시즘적 역사인식'에 대한 이론적 논의   20
  2. 헤겔의 역사철학과 니체의 역사관에서 파시즘의 문제   30

제2장/ 일제 시기 조선 지식인들의 파시즘적 역사인식 고찰   39
  1. 이광수, 신흥우의 파시즘 옹호 논리   41
  2. 파시즘 비판론의 등장과 인식 구조   49
  3. 언론에 나타난 '파시즘적 역사인식' 논쟁   60

제3장/ 해방 이후 파시즘적 역사인식의 정립 과정   67
  1. 일민주의에 보이는 파시즘적 역사인식   70
  2. 역사가들의 민주주의와 파시즘 인식 비교   87
  3. 박정희의 '한국적 민주주의'에 보이는 파시즘적 역사인식   96

제2부 한국 근현대 역사학의 계보 재구성

제4장/ 일제 시기 주류 역사학과 비주류 역사학의 주고받음   107
  1. 다보하시 기요시와 기쿠치 겐조 역사학의 상호 인식   110
  2. 다보하시와 기쿠치 역사학이 공유하고 있는 것들   119
  3. 식민주의 역사학의 근대성 고찰   131

제5장/ 한국 실증사학의 민족주의적 관점 재검토   143
  1. 서구 역사주의와 일본 실증사학에서 주요 논점   146
  2. 한국 실증사학의 위상 변화와 민족 주체 설정   158
  3. 1990년대 이후 한국 실증사학에 대한 평가   178

제6장/ 비주류 역사학의 파시즘적 역사인식 비판   187
1. 1960년대 최동의 민족주의와 민주주의 이해   191
2. 1960, 70년대 문정창의 민족주체사관 해부   196
3. 현대 비주류 역사학의 파시즘적 세계관   213
4. 주류 역사학과 비주류 역사학의 계보   229

제3부 파시즘적 역사인식과 역사교육의 문제

제7장/ 해방 이후 교육이념 정립 과정에서 민주주의와 민족주의의 관계   239
1. 교육이념 '홍익인간' 채택 과정의 쟁점   243
2. '민주주의 민족교육론'의 정립 과정   248
3. 오천석의 교육관에서 민주주의와 민족주의의 관계   263

제8장/ 역사교육의 정치적 성격 고찰   271
1. 한국사 교과서 국정화 논쟁 재검토   272
2. 역사학과 역사교육의 정치적 성격 문제   280
3. '다양한 관점'이라는 명제 속에 내재된 쟁점들   287

제9장/ 초등 사회과(역사) 교과서의 파시즘적 역사인식   301
1. 3차 교육과정과 2015 교육과정 문서의
   초등 사회과(역사) 관련 내용 비교   304
2. 1973 교과서와 2015 교과서의 파시즘적 역사인식 비교   315

주석   335
참고문헌   372
인명 찾아보기   388

제1부

파시즘적 역사인식의 계보

제1장

'파시즘적 역사인식'이란 무엇인가?

「강력철학의 3용사」라는 표제 아래 니체, 히틀러, 무솔리니의 사진이 함께 실려 있다.
(一舟生,「强力의 哲學 - 現世의 政治思想을 支配하려는—니체와 파씨즘」,『신동아』, 1932.8, 6쪽)

1. '파시즘적 역사인식'에 대한 이론적 논의

파시즘이 무엇인지 정의내리기는 쉽지 않다. 파시즘 자체가 일관된 이론 체계라기보다는 무엇무엇에 대한 안티테제의 성격이 강하다는 점, 1945년 이후 부정적 인식이 워낙 강해서 '진지한' 연구의 대상이 되지 못했다는 점 등이 주된 이유일 것이다. 그러나 1990년대 이후 로저 그리핀 등의 학자는 파시즘을 진지하게 다루기 시작했다. 이들은 파시즘들 사이에 공통된 특징들 속에서 '일반적 파시즘'을 구성할 수 있다며 '새로운 합의'를 이끌어냈다.[1] 그리핀은 파시즘을 '민족 부활이라는 형태를 띤 일종의 포퓰리즘적 극민족주의 정치 이데올로기'라고 정의한다.[2] 즉, '포퓰리즘적 민족주의'가 핵심이다. 포퓰리즘과 민족주의를 내세운다는 것은 파시즘이 꽤 근대적인 이데올로기임을 보여준다. 사실 포퓰리즘의 주장은 민주주의 이념과 중복되는 면이 많다. 차이는 대표제 민주주의간접 민주주의를 부정적으로 본다는 점에서 생긴다. '당파적인 대립이나 부분 이익을 초월한 하나의 국민'을 가정한 후, 스스로 기성정치가와는 달리 국민의 전체 이익을 대표하는 존재로 자처하며 지지를 이끌어내는 것이다.[3] 포퓰리스트는 단순히 국민의 뜻을 따르는 것이 아니라 '하나뿐인 답'에 국민의 뜻을 끼워 맞춘다.[4] '국민의 뜻'을 독점함으로써 '비국민'에 대한 폭력과 억압 행위조차 '민주적'이라고 치장해내는 것이다. 파시즘은 근대적 대중 정치의 한 형태를 보여주었다는 점에서 '혁명적' 성격을 지녔다.[5]

대중으로부터 권력의 원천을 뽑아내는 파시즘의 정치공학이 두려움을 갖게 한다는 사실은 자유주의자의 입장에서 보아야 이해된다. 자유주의는 본래 '욕망이 인간 행동의 동기라는 인간관' 하에 자연과 인간을 분리시키는 근대과학과 개인주의 철학의 영향 속에서 성립되었다.[6] 19세기의 자유주의 정치철학자 토크빌은 '다수는 법률을 만드는 권리뿐 아니라 자신들이 만든 법률을 깨뜨릴 권리까지 갖는다'는 사실을 통찰했다.[7] 토크빌이 보기에 민주주의는 새로운 독재 정치의 씨앗을 가지고 있었다.[8] 제1차 세계대전 이후 대중의 애국심은 보편 종교로서 신성시되고 있었다.[9] 자유주의자에게 민주주의는 본질적으로 '폭민the mob'의 지배를 의미하였다. 1952년 열린 학술 대회에서 파시즘, 나치즘, 공산주의를 아울러 '전체주의'로 규정하였을 때, 이 이념들의 공통점으로 '대중적 열광'이 지적되었다.[10] 전체주의 이론은 민주주의를 '선의 대명사'로 만들었으나, 자유주의적 우려가 해소된 것은 아니다.[11] 자유주의의 반대는 전체주의이고 민주주의의 반대는 권위주의 이므로 원칙적으로 민주주의 정부도 전체주의가 될 수 있는 것이다.[12] 근래 에는 군중이 그저 수동적으로 기만당하는 것이 아니라 '자신의 억압을 욕망 한다'는 진단으로부터 '미시파시즘론'도 정립되었다.[13]

파시즘이 내세운 '민족'의 의미와 관련하여 또다른 파시즘 전문가 로버 트 팩스턴의 견해를 보자. 애국적 국민, 민족적 기원과 계보, 강한 국가를 중시한 것은 근대 이후 거의 모든 우파 정치 이념에 공통적이다. 파시즘의 차별성은, 시민들 간의 계약이 아니라 민족의 운명을 구현하는 존재로서 국가를 자리매김하여 사적 영역을 모조리 공적 영역으로 끌어들이며 개인 을 공동체에 종속시켰다는 데에 있다.[14] 이때 파시즘의 지도자들이 대중의 민족적 열정을 이끌어내기 위하여 이용하는 것이 부르주아 정치에 대한 경멸과 좌파에 대한 반감이다.[15] 그러한 측면에서 팩스턴은 자유주의적, 민주주의적 위기가 존재하지 않았던 곳에서는 파시즘도 성립할 수 없다고 본다. 1945년 이전의 일본 제국은 '국가가 지원하는 상당 수준의 대중 동원이 가미된 군부 독재'이고, 대중 동원이 가능한 민주주의가 성립되지 못했던 제3세계의 권위주의 통치 체제도 '개발 독재'에 불과하다고 결론짓는 것이다.[16] 그런데 이는 일본 제국이나 제3세계 개발 독재의 대중 동원이 어떤 식으로 이루어졌는지에 대해 팩스턴이 잘 몰라서 오해한 것일 수 있다. 제3세계에서도 '의회에서의 영향력과 거리에서의 투쟁을 잘 결합하여 성공적인' 파시즘이 존재했을 수 있다.[17]

그리핀과 팩스턴의 견해에서 고려해볼 문제는 파시즘의 근대적 성격이다. 나치의 유대인 학살을 야만적 행위나 근대로부터의 일탈로만 보는 것은 파시즘을 제대로 이해하는 데에 도움이 되지 않는다. 물론 근대가 무엇인지, 진보란 무엇인지에 대한 견해를 기준으로 파시즘의 근대성에 대한 판단은 달라질 것이다.[18] 본서에서 주목하는 '역사인식'과 관련해 보면 파시즘이 민족적 동질성 추구를 위해 전통적 요소를 강조한다는 점이 눈에 띈다. 특히 독일의 나치즘이 그러했다. 이탈리아의 파시즘은 속도와 힘과 기계를 강조하는 근대화에 대한 물신숭배의 형태로 나타난 반면에 독일의 나치즘은 흙과 피를 강조하는 담론이나 중세적인 반유대주의의 형태로 나타난 것이다. 그러나 전통적인 것을 강조한다는 것은 그만큼 그들이 사는 사회가 전통적이지 않음을 증명한다는 점에서 근대적인 현상이라고 볼 수 있다.[19]

파시즘의 민족 담론은 사회주의의 계급투쟁론도 전유한다. 무솔리니는 프롤레타리아를 피억압집단과 동일한 것으로 간주하고, 부르주아 지배에서 벗어나는 해방을 목표로 삼는 대신 이탈리아 프롤레타리아 민족이 부르주아 민족에서 벗어나는 해방을 목표로 삼았다. 계급이 민족 속에 용해되면서 혁명의 주체가 프롤레타리아에서 민족으로 바뀐 것이다. 독일 나치즘은 생물학적 인종주의를 주창했다는 점에서 이탈리아 파시즘과 다른 것처럼 보이지만, 양자 모두 민족주의가 지닌 이방인 혐오증을 이용한 점은 공통적이다.[20] 즉, 파시즘은 근대화 과정에서 부르주아와 프롤레타리아가 담당했던 역할을 모두 초월한 존재로 민족을 상정했다는 점에 특징이 있다. 당대인들 역시 파시즘이 전체민족의 이름을 내세운 대표적인 정치세력으로서,[21] 사회민주당 정부, 공산주의자, 자유주의자들보다 더 효과적으로 그리고 강력하게 국가를 강조해서 승리를 거두었다고 보았다.[22] 이처럼 파시즘과 민족주의는 잘 구분되지 않는다.[23] 19세기 유럽의 민족주의 자체가 배타적·침략적 성질을 내재하고 있었다.[24] 그러므로 역사상의 인물을 민족주의자로 규정할 때는 막연하게 '국가주의와 다른 민족주의', '좋은 민족주의', '열린 민족주의' 등으로 정당화할 것이 아니라 그가 파시스트가 아님을 구체적으로 증명해야 할 것이다.

여기서 민족주의, 포퓰리즘, 파시즘이라는 세 가지 정치 이념의 관계를 정리해 보자. 이 셋은 기본적으로 민족, 국가, 국민 등 추상적 공동체의 가치를 중시한다는 점에서 공통된다. 즉, 모두 집단주의의 경향을 보인다. 그 중 민족주의는 가장 외연이 넓으면서 포괄적인 이념일 것이다. 바꾸어 말하면 민족주의를 표방한다는 것만으로는 해당 정치 세력이 추구하는 정치 체제와 경제 체제가 무엇인지 정확히 알 수 없다는 뜻이다. 그런데 한국 근현대사에서는 민족주의와 국가주의를 구분하는 어법이 지식인들에게 꽤 많은 지지를 받고 있다. 그러나 실은 '저항적', '개방적' 등의 긍정적 수식어는 민족주의가 독점하고, 배타적이고 폐쇄적이며 권력 유지를 위한 방편에 불과하다는 등 부정적 이미지들은 모두 '국가주의'에 떠넘기고 있을 뿐이다. 저자가 민족주의라는 구호 아래에 내포되어 있는 세계관과 역사관의 실체를 보자고 주장해온 이유가 여기에 있다.[25]

본서에서 계속 나오겠지만, 한국 근현대사에서 민족주의는 민주주의 사상을 전용함으로써 강고한 힘을 유지할 수 있었다. 이렇게 민족주의가 민주주의의 가면을 뒤집어 쓰는 데 있어 포퓰리즘이 중요한 역할을 한다. 포퓰리스트는 '진짜 국민'을 대표한다면서 '비국민'을 배제하는데, 그 편가름의 정당성을 확보하기 위해 혈통, 인종 등에 의존하곤 한다. '민족'의 이름으로 '반민족자'와 '친일파' 청산을 부르짖는 이들이 이에 해당될 것이다. 물론 이러한 행태들이 20세기 전반기 유행하던 파시즘의 그것과 완전히 동일하지는 않다. 민족주의자들과 포퓰리스트들이 실제 파시즘적 세계관을 가졌는지 아닌지도 알 수 없다. 즉, 민족주의와 포퓰리즘은 하나의 수사법이거나 정치적 선동 방식에 불과하다. 중요한 것은 그들이 실제로 어떠한 세계관에 입각하여 역사를 파악하는가일 것이다. 본서에서 먼저 파시즘적 세계관과 역사인식의 정의를 내리려는 이유가 여기에 있다. 개인과 국가의 관계, 선호하는 정치와 경제 체제, 역사의 주체로서 민족국가에 대한 입장 등의 기준에 입각해 포퓰리즘적 민족주의자들의 파시즘적 역사인식 보유 여부를 따져보는 것이 바로 본서에서 수행하고자 하는 작업이다.

한국에서 파시즘에 대한 인식이 본격적으로 형성되기 시작한 것은 1930년대의 일이다. 일제 시기 조선 지식인들에게 직접적으로 영향을 끼친 일본 군국주의의 파시즘적 성격은 어떠하였을까? 1930, 40년대 일본이 파시즘 국가였는지 아니었는지에 대해 학문적 합의는 이루어져 있지 않다. 유럽 파시즘 국가들과는 달리 카리스마 있는 지도자나 대중 파시스트 운동은 부재했지만, 개인의 국가 종속과 같은 원칙 자체는 유사했다. 이때 일본적 파시즘의 특성을 논하기 위해서는 아무래도 마루야마 마사오丸山眞男의 입론으로부터 출발해야 할 것이다. 마루야마도 일본의 내셔널리즘과 군국주의가 대중의 격정으로부터 비롯되었음을 인정한다. 자본주의와 사회주의를 모두 비판하는 무산정당 운동도 존재했다. 그러나 대중 조직이 약한 상태에서 '위로부터의 파시즘'이었고 의사疑似 민주적 형태였다는 입장을 보인다.[26] 서양의 파시즘과 비교하여 가족주의적, 농본주의적 성향을 띠었다는 점도 다르고, 우익 지도자인 도야마 미쓰루頭山滿나 지방 인텔리 계층의 수준이 저열하여 근대적 합리성이 결여되어 있고 광신적이었다고 평가한다. 나치스와 달리 민주주의가 정면으로 부정되었다는 점도 지적하였다.[27] 마루야마는 기본적으로 개인을 중시하는 자유주의자이기 때문에 급격한 포퓰리즘이 '개인'의 존재 자체를 위험하게 만들었다고 본 것이다.[28]

반면 근래 일본 내에서는 이 시기 일본을 총력전체제로 재평가하는 인식들이 등장하였다. 제1차 세계대전 이후 독일, 일본뿐만 아니라 영국, 미국도 국가주의를 지향했고, 1930년대 황도파의 정신주의와 통제파의 계획주의가 나름대로 총력전·총동원체제를 추구했다면서 굳이 따지자면 당시 일본은 파시즘화에 실패했다는 것이다.[29] 물론 이는 파시즘 체제의 전체주의와 미국 뉴딜정책의 민주주의 이데올로기 간의 질적 차이를 무시한다는 비판을 받을 소지가 있다.[30] '파시즘화에 실패했다'는 것도 어떠한 의미에서 나온 말인지 불분명하다. 2000년대 중반 한국 학계에서도 1930, 40년대를 '일제 파시즘체제 형성 및 확립기'로 규정하고 식민지 통제정책의 강화 과정과 한국사회의 변화상을 파악하려는 움직임이 생겨났다. 연세대 국학연구원이 정치, 경제, 사상, 교육, 문화 등 다양한 분야에서 펴낸 '일제 파시즘 지배정책과 민중의 생활상' 관련 자료집이 대표적이다. 당시 편자인 방기중은 파시즘 체제와 관련된 한국 측 기초 자료가 미비함을 지적하였다. 그러면서도 본래 계획했던 '일제하 지식인의 파시즘체제 인식과 대응' 자료집은 만들지 못했다고 밝히기도 했다.[31] 이후로도 관련 주제의 연구는 그다지 진전되지 못했다. 한국 근현대사 연구에서 파시즘 인식 문제가 환영받지 못해 왔음을 보여주는 대목이기도 하다. 애초에 '식민지 파시즘'론이 한국인의 '다양하고도 새로운 모색'을 부각시키겠다는 문제의식에서 출발했지만 '식민지의 비정상적인 관치주의' 대 '친일세력의 능동성' 수준의 구도를 벗어나지 못했으며, '파시즘적 요소'도 정밀하게 파악했다고 보기 어렵다.[32] 다만 '식민지 파시즘'론의 전제들은 해방 전후 민족주의와 사회주의 간 결합 또는 대립 과정에서 '파시즘'이 주요 연결 고리가 되었음을 암시해준다.

본서는 1920년대부터 1940년대까지 이탈리아의 파시즘, 독일의 나치즘, 일본의 군국주의가 각각 파시즘적 요소를 지니고 있었다고 전제한다. 지금까지 본 것처럼 파시즘체제가 공통적으로 지니고 있었던 요소들을 추출해 내는 것은 불가능하지 않다. 따라서 파시즘이 지닌 특성에 대하여 당대 조선 지식인들이 어떠한 입장을 보였는지 논점에 따라 재배열하는 것은 유의미한 작업이 될 것이다. 파시즘이 특정 시기, 특정 체제에 한정된 이데올로기가 아니라 근대의 양대 산물인 자유주의와 사회주의 모두와 경합·대립하였고, 식민지 시기 이후에도 민족주의의 형태로 한국 현대사에 큰 영향을 끼쳐 왔다는 점에서 그러하다. 그중에서도 이 글에서 특별히 주목하는 것은 파시즘이 역사를 어떻게 인식했는가의 문제이다.

앞서 보았듯이 나치즘은 전통과 혈통의 동질성을 통하여 민족의식을 고취하려 했다. 역사학과 역사교육은 그러한 국가적 목적을 위한 수단으로 규정되어 있었다. 그와 같은 인식은 히틀러의 『나의 투쟁』에 잘 드러나 있다. 역사학과 역사교육에 대한 히틀러의 인식이 엿보이는 구절 몇 가지를 인용해 보면 다음과 같다.

① 역사 교육의 목적이 결코 역사상의 날짜나 사건의 암기나 내용을 그저 통독하는 일이 아니며, 언제 이러저러한 전쟁이 있었다거나 언제 장군이 태어났다거나, 또는 (대개는 그다지 중요하지 않은) 어떤 군주가 조상 대대로 물려받은 왕관을 머리에 쓰고 있었다는 일 등이 학생들에게 중요하지 않다는 것을 알고 있는 교사는 매우 드물다. (…중략…) 역사를 '배운다'는 것은 역사적인 사건으로서 우리 눈에 보이는 것을 실제로 일어나게 한 원인의 힘을 발견하고 찾아내는 것이다. (…중략…) 곧 본질적인 것을 간직하고 본질적이 아닌 것은 잊어버려야 한다는 점이다. 『나의 투쟁』, 142쪽33

② 어느 민족을 국민화하기 위해서는 먼저 저마다 교육을 실시할 수 있는 기초로서 건전한 사회 상태를 만들어야 한다. 왜냐하면 가정교육과 학교교육에 의해서 자기 조국의 문화·경제적인, 특히 정치적인 위대함을 충분히 아는 자가 아니면, 이러한 민족의 일원으로서 자긍심을 가질 수 없고, 또 가지려 하지 않을 것이기 때문이다. 그래서 나는 내가 사랑하는 것만을 위해서 싸운다. 위의 책, 162쪽

③ 사람들은 역사에서 바로 현재에 대한 이용을 배우는 것이다. (…중략…) 대개의 경우 어떠한 시대에서나 참으로 위대한 민중 지도자의 기술이란 첫째로 민중의 주의를 분열시키지 않고 오히려 언제나 어떤 유일한 적에 집중시키는 데 있다. 위의 책, 245쪽

④ 지금의 우리 역사교육의 결과는 99%까지가 통탄할 정도의 것이다. 위대하고 분명한 줄거리는 잊히고 있는 반면, 사실·연대·출생일·인명 등이

조금 기억에 남아 있는 것이 보통이다. (…중략…) 가장 중요한 것은 커다란 발전의 흐름을 인식하는 데 있다. (…중략…) 왜냐하면 사람들은 단순히 지난 날에 있던 일을 알기 위해 역사를 배우는 것이 아니라, 역사 속에서 장래를 위해 자기 민족의 존속을 위한 지침을 얻기 위해 역사를 배우는 것이기 때문이다. 이것이 목적이며 역사교육은 그것을 위한 수단에 지나지 않는다. 그러나 오늘날에는 여기서도 수단이 목적이 되고 목적은 완전히 없어졌다. (…중략…) 보통 평범한 인간은 역사학 교수가 아니다. 그들에게 역사라는 것은 첫째로, 자기 민족의 정치 사건에 대해 자신의 태도를 결정하는 데 필요한 역사적 통찰의 잣대를 부여하기 위해 있는 것이다.위의 책, 557~559쪽

위의 글들에서 히틀러는 역사 연구와 역사교육을 구분하고 있다. 역사의 커다란 흐름을 아는 것은 전문 역사학의 과제이지만, 보통의 평범한 사람들에 행해지는 역사교육은 '민족의 존속'이라는 목적을 위한 수단임을 명백히 하고 있다(④). 그런데 기존의 역사교육은 본질적이지 않은, 자질구레한 사실들을 암기하는 데에 치중하고 있다는 것이다(①). 히틀러는 일반 교육의 목적이 '민족적 자긍심' 고취를 통한 '국민화'에 있다고 보았다(②). 역사학은 그러한 목적에 유용하게 이용될 수 있다. 이러한 역사관과 역사교육관을 통하여 히틀러가 기본적으로 현재주의적 역사인식을 갖고 있음을 알 수 있다(③). 19세기 초 역사학을 분과학문을 독립시킨 랑케는 과학적·실증적 역사학과 철학적·관념적 역사학을 함께 중시했었다.[34] 그런데 빈델반트, 리케르트 등 독일 신칸트학파는 개별적인 것은 직관될 뿐이라고 주장하며 역사상대주의의 입장을 보였다. 이로 인해 '역사주의의 위기'가 나타난 것이 1910년대의 일이다.[35] 1915년 이탈리아 철학자 크

로체도 '역사철학의 초월성과 역사와 철학의 통일성'을 주장하며 기존 역사학을 비판하였다.[36] 현재적·주관적 관점의 개입을 허용할 수밖에 없는 근대 역사학은 본질적으로 목적지향적 정치가들에게 이용될 여지를 지니고 있었던 것이다.[37] 국가의 입장에서 '국사'의 위상을 '역사'보다 위에 두고,[38] 역사학에서는 (법칙을 찾아내려는 자연과학과 달리) 개성과 주관적 해석이 중요하다며 랑케사학을 오류로 취급하는 것[39]은 당대 일본 지식인들의 태도이기도 했다.

그렇다면 히틀러에게 민족, 국가는 어떠한 의의를 지닌 것이었을까? 위에서 히틀러는 민족의 관점에서 역사교육이 수단에 불과하다고 말하고 있는데, 국가도 마찬가지로 목적이 아니라 수단이라고 표현하고 있다. 외교정책 역시 민족의 진흥이라는 목적에 철저히 종속되어야 한다. 형식으로서의 국가와 내용으로서의 인종의 차이를 엄격히 구별해야 하는데, 인종가치에 우열이 있음을 인정하는 것이 바로 '민족주의적 세계관'이라고 보았다.[40] 인종의 질이 동일하다고 주장하는 국제적 마르크스주의가 민족성, 즉 우수한 인종의 수준을 저하시키고 있는데,[41] 이는 '더 강한 것이 지배해야 한다'는 진화론적 원칙과 자연의 귀족주의적 근본 사상에 어긋나는 것이다.[42] 정치라는 것은, 역사라는 것은, 민족의 자기보존과 종족 번식을 위한 투쟁의 장이기 때문에, 국제주의는 독이 될 뿐이고, 의회주의 시스템은 무책임하다.[43] 즉, 히틀러의 결론은 시민적·국민적 관점보다 민족적 관점이 더 중요하다는 것이다.[44] 민족과 민족 사이의 관계에서는 '차이'가 중요하지만, 민족과 국가 내부에서는 동등한 권리와 의무를 갖는 국민이 있을 뿐 계급은 인정하지 않는다.[45] 민주주의와 사회주의를 '하향평준화'로 배척하고 강력한 힘과 의지를 중시하는 것은 니체 사상을 연상케 한다. 니체의 역사관과 파시즘의 연관 관계에 대해서는 뒤에서 다시 살펴보도록 하겠다. 일단 '파시즘적 역사인식'이란 '대중을 정치적으로 동원하기 위해 민족국가이라는 전체를 내세우며 고유한 전통과 역사를 소환하는 역사인식'이라고 정의해 둔다.

'파시즘적 역사인식'이란 말은 일단 두 가지 층위에서 해석될 여지가 있다. 하나는 파시즘을 신념으로 하고 있는 이들, 즉 파시스트가 가지고 있는 역사인식을 지칭할 수 있다. 다른 하나는 파시즘을 옹호하든 비판하든 상관없이 어떤 인물이 가지고 있는 역사인식이 파시즘적 요소를 지니고 있다고 말하는 경우다. 예나 지금이나 스스로 파시스트라고 내세우는 경우는 드물기 때문에, 이 두 가지 사례는 명확하게 구분되지 않고 뒤섞여 있기도 하다. 따라서 '파시즘적 역사인식'을 고찰하기 위해서는 두 가지 차원, 즉 '파시즘에 대한 인식'과 '지식인의 역사인식' 모두를 폭넓게 톺아보는 데서 시작해야 한다. 그러다가 점차 범주를 좁히고 접점을 찾아 확인하는 과정을 거쳐 그럴 듯한 조감도를 그려내는 데까지 나아가는 것이 본서의 목표다.

2. 헤겔의 역사철학과 니체의 역사관에서 파시즘의 문제

역사인식은 특정 대상을 역사적으로 파악하면서 만들어지는 인식이다. 필연적으로 현재적 관점을 반영하기 때문에 '역사관'과도 통한다. 또한 보다 근원적으로 그렇게 인식하게 만드는 '역사의식'과 서로 영향을 주고 받는다.[46] 역사인식 형성에 영향을 끼치는 현재적 관점은 세계관의 문제이자 철학의 문제이기도 하다. 일제 시기에는 역사철학이 본격적으로 등장하여 학술적, 실천적으로 논쟁을 불러일으키기도 하였다. 당시 역사철학을 대중적으로 소개한 이로서 경성제대 철학과를 졸업한 사회주의 철학자 신남철申南徹을 들 수 있다. 그는 그동안 쓰고 싶은 글을 제대로 못 썼다며 해방 전후 쓴 글들을 모아 1948년『역사철학』이란 책을 펴냈다. 사실 그는 태평양전쟁기에 쓴 글에서 '종래의 자유주의적 역사관은 국가, 민족에 대하여 거의 고려하지 않았'고,[47] '민주주의가 실상은 악질의 개인주의'[48]이기 때문에 '추상적 다수결주의'가 아니라 '도덕적 전체로서의 국가의 절대적 우위'가 '대동아공영권의 지도원리'가 되어야 한다며[49] '역사적 자유주의의 초극'과 '동아의 해방'을 지지한 바 있었다.[50] '역사철학적인 보편성'과 '동양도덕의 우월성'을 동시에 말했던 것이다.[51]

그런데 1948년『역사철학』에서는 '소위『민족정신』에 있어서의 자유의 논구는 나치스적 파시즘의 독일적 원류의 근거로서 많은 비판의 대상'이라고 말하고 있다.[52] 더 구체적으로는 '이성이 세계를 지배한다는 헤겔의 역사관이 개인의 주체적 의식적 활동을 수단화한다'며, 역사 추진의 원동력을 인간의 노동적 생산으로 보지 않았다고 비판하였다.[53] 자유주의에 비판적인 것은 마찬가지이나 '민족의식'보다 '계급의식' 중시의 입장을 보인 것에서 차이가 난다. 그런 측면에서 헤겔의 역사철학도 극복 대상이 된 것이다. 그러면 실제 헤겔은 인간을 세계정신 실현을 위한 수단으로 보았을까? 헤겔은 역사 서술에서 '도덕적 판단'이 아니라 '이성'이 중요하다고 보았다. 그러면서도 '국가야말로 절대 궁극 목적인 자유를 실현한 자주독립의 존재'이며 '특정 인간은 세계정신이 목적을 실현하기 위한 도구이자 수단'이라고 말하였다.[54] 추상적이고 절대적인 이념으로서의 자유와 국가를 설정해 놓고, 그러한 국가의 관점에서 역사를 서술하는 것이 이성의 힘이라고 정당화시킨 것이다.

독일의 지식인 토마스 만은 헤겔이 정치를 신격화하고 모든 인간 추구의 정점으로서 국가를 내세웠다고 보았다. 그 결과 공산주의와 파시즘이 모두 헤겔에서 나왔다는 것이다. 토마스 만은 '니체가 파시즘을 만들어낸 것이 아니라 파시즘이 니체를 만들어냈다'는 말도 했다.[55] 사실 니체의 의지 철학을 가능케 한 쇼펜하우어는 헤겔식 역사관에 부정적이었고,[56] 니체 자신도 헤겔 역사철학을 '형이상학적 목적론'이라며 거부했다.[57] 그럼에도 헤겔과 니체 사상이 나란히 파시즘에 영향을 줄 수 있었을까? 제2차 세계대전 직후 칼 포퍼는 『열린 사회와 그 적들』이라는 책에서 플라톤을 계승한 헤겔 사상이 마르크스의 극좌파, 파시스트의 극우파 모두로 연결된다고 주장하였다.[58] 보수적 자유주의자로서의 편견이 아닌가 하는 논란도 있지만,[59] 파시즘이 헤겔과 니체 사상을 어떻게 전유했는지 생각해볼 필요는 있다.

포퍼가 보기에 헤겔은 자유주의적 요소를 프로이센 국가의 역사적 성공에 대한 숭배로 대치하였다. 헤겔 역사철학은 현존하는 정치권력의 정당성을 따지지 않는다.[60] 마르크스주의는 표면적으로 민족·국가 이데올로기를 비판하지만, 정치적 통합을 중시하는 헤겔 국가론의 강점을 받아들였다. 나치 이데올로그들이 헤겔을 '독일 민족의 가장 위대한 철학자'로 꼽은 것도 동일한 이유에서였다.[61] 식민지 조선 학계에도 파시즘의 전체주의가 헤겔의 철학적 전체론으로부터 영향을 받은 것이라는 인식이 있었다.[62] 반면 니체 철학은 현실 국가 제도에 부정적이었다. '국가'를 '더없이 냉혹한 괴물'이자 '모두가 자기 자신을 상실하게 되는 곳'이라고 지칭하기도 했다.[63] '국가의 허구성'을 폭로하고자 한 것이다.[64] 그러나 '강자에 의한 귀족주의적 지배를 옹호'함으로써 파시즘에 원용될 위험성을 지니고 있었다.[65] 니체의 여동생은 니체를 국수주의자, 인종차별주의자로 만들기 위해 조작도 서슴지 않았고 그렇게 만들어진 니체상은 마르크스주의자들에 의해 확산되었다. 어떤 이들은 '전쟁과 삶의 의미가 어떤 목적에 있는 것이 아니라 상승된 삶의 강도에 있다'는 니체의 말에 감명받았다. 나치 선동가가 된 베를린대 교수 보임러는 '권력에의 의지'[66]를 '인종'과 '민족', '계급'에만 적용했다.[67] 이렇게 오독은 시작되었다. 무솔리니는 니체를 직접 읽었지만 히틀러는 니체 문서보관소를 방문하며 명성을 등에 업으려고 했을 뿐이라고 한다.[68] 반대로 니체 사상을 부르주아적 반동 철학으로 규정하는 루카치 등의 해석 역시 오독이며 현재는 인정되지 않는다.[69] 그러나 오독에 모든 책임을 돌리는 것은 만족스럽지 않은 설명이다. 어떠한 조건에서 그러한 해석이 이루어졌는지 밝히는 것이 더 중요하다.[70] 사실 니체는 '노예 도덕' 개념을 통하여, 만민 평등을 주장하는 루소적 민주주의를 일종의 하향평준화로 인식하였다.[71] 그러한 측면에서 '민족 간 평등'을 인정하지 않는 파시즘과 연결될 수 있지만, 민주주의의 과잉을 '대중의 전체주의'로 본다는 점에서는 파시즘 비판의 논리도 된다.[72] 니체는 내셔널리즘이 '유럽을 병들게 한 국가적 노이로제'라며 한탄하기도 했다.[73]

저자가 특히 주목하는 것은 니체의 역사관이 식민지 조선 사회에서 어떻게 수용되었는가의 문제이다. 20세기 초 니체가 동아시아에 처음 소개되었을 때부터 부정적 인식량치차오과 긍정적 인식루쉰이 함께 존재했다.[74] 낡은 관습과 제도의 타파를 열망하던 지식인들에게 니체는 '모든 가치의 전복'을 자극한 사상가였다.[75] 1920년대 『개벽』지는 '개인의 해방'과 '강한 민족'의 차원에서 니체를 소개하였는데, 톨스토이주의와 대비되는 개인주의로 단순하게 해석되는 경향이 있었다.[76] 니체 사상은 삶의 의미와 가치를 초월한 역만능주의力萬能主義로 이해되었고,[77] 그러한 역만능주의가 승리한 것처럼 보이지만 정의롭지 못하다고 평가되었다.[78] 개인주의의 대표로 니체, 사회주의의 대표로 톨스토이를 꼽은 후, 도덕의 원리는 항상 중용에 있다고 보기도 했다.[79] 즉, 니체의 사상은 극렬한 개인주의, 강자도덕에 근거한 것이라며,[80] 평등운동, 평민운동, 민본주의에 역행하는 수구 사상[81]이라고 단순화시켜 버린 것이다. 인류 역사의 유일한 동인動因을 힘으로 보되, 그 힘을 '체력과 도덕력이 조화된 생명력'으로 규정하기도 했다.[82] 그러나 강력의 주체를 민족, 국가 또는 자유주의적 개인으로 보는 것은 모두 니체 사상을 제대로 이해한 것이라 보기 어렵다.

1930년대에는 니체의 원전을 섭렵한 이들에 의하여 철학적 논의가 이루어지기 시작했다. 평론가 김형준金亨俊은 니체의 역사관, 초인사상을 비판적으로 다루며 네오휴머니즘 논쟁을 이끌었다.[83] 반면 철학자 박종홍朴鍾鴻처럼 초인주의를 파시즘과 나치즘의 사상적 기원으로 낙인찍어 버리는 경우도 있었다.[84] 그는 19세기 니체의 '권력에의 의지' 사상이 반주지주의, 주의주의이기 때문에 20세기 무솔리니의 행동주의 파쇼심리로 연결되었다고 보았다.[85] 『신동아』는 「강력철학의 삼용사三勇士」라는 설명과 함께 니체, 히틀러, 무솔리니의 사진을 나란히 실은 후, 니체의 강력주의, 반민주주의가 파시즘의 국가지상주의, 인종주의, 독재주의를 낳았다고 하였다.[86]

이처럼 니체 사상과 파시즘의 연관성 때문인지 1930년대 중반 식민지 조선 학계에는 니체 부흥의 분위기가 있었다. 안호상은 니체 부흥을 세계적 현상으로 보고,[87] 비교적 객관적으로 그의 사상을 소개하였다. 그는 1928년 니체문헌보존소에서 니체 누이를 만나 니체에 대한 존경심을 갖게 되었다고 고백하기도 했다.[88] 김형준은 파시즘, 나치즘의 니체 찬양을 알고 있다면서도,[89] 이는 니체 사상이 비합리적 미토스신화에 입각해 있기 때문에 어쩔 수 없는 일이라며,[90] 오늘날에는 천민대중도 초인이 될 수 있다는 식으로 재해석을 가하였다.[91] 그는 '신화적인 초인사상'이 시민정신은 아니지만 니체의 생 철학을 휴머니즘으로 발전시킬 수 있다고 보았다.[92] 그러나 소설가 임화林和는 '창조적 행동설'을 내세우는 김형준의 네오휴머니즘이 나치즘으로 귀결될 수밖에 없다고 비판하였다.[93] 1940년대 니체는 주로 문학 영역에서 제한적으로 논의되었다. 근대 이성 비판이라는 근대초극론의 한 변형으로 니체를 수용한 평론가 조연현趙演鉉, 그와 함께 해방 후 '순수문학론'을 정립해 나가는 소설가 김동리金東里,[94] 초인 사상을 시에 반영한 이육사李陸史[95] 등이 그들이다. 조연현은 니체 철학을 '이성의 질곡과 지성의 과잉'으로부터의 해방으로 해석하여 근대초극론과 연결시켰다.[96]

그러면 김형준이 니체의 역사관을 어떻게 재해석하고 있는지 좀 더 상세하게 살펴보자. 김형준이 생각하는 니체의 역사 분류와 조선 역사에 적용한 사례를 정리해 보면 〈표 1〉과 같다.

〈표 1〉 김형준이 해석한 니체의 역사관과 조선 역사 적용 사례

김형준이 해석한 니체의 역사관	조선 역사에 적용한 사례
① 역사적 중압으로 인하여 불행해진다.	농민들이 유교와 봉건적 악습으로 인해 박해받은 기억에 매어 있다.
② 호고적(好古的) 역사는 새로운 생활을 고무하지 못할 때 타락된다.	농민들이 전통적 악습에서 벗어나려면 과거의 전통을 파괴해야 한다.[97]
③ 역사의 과잉 때문에 인격이 약해진다.	조선시대 집정자들이 역사적 교화 즉 공맹의 도만 숭배하여 생활력을 잃어버렸다.
④ 역사의 과잉은 민족의 본능을 해(害)하고, 자유의 발전을 저해한다.	농민들이 낡고 썩은 유교나 기독교 전통사상만 바라본다.[98]

김형준의 글만큼 니체의 역사관을 정밀하게 분석하고 있는 경우는 찾아
보기 어렵다. 그는 '역사적 중압'과 '역사 과잉'의 의미를 니체 원전에 입
각하여 파악하였는데, 기본적으로 긍정적인 입장이었다. '귀족적, 군국주
의적' 사상가라고 하지만 '진보적' 사상가이기도 하며, '역사를 전혀 무시
한 것'은 아니고 '공연히 회고하고 숭배하는 것만을 배척했다'고 옹호했
다. 그러면서도 니체가 역사의 법칙을 인지하지 못한 점, 군중 즉 대중의
힘을 무시하고 영웅의 힘만 고조한 점, 역사에 대한 태도에서 개인의 기질
이 아니라 그 사회적 지위가 중요함을 알지 못한 점 등을 한계로 보았다.
결론적으로 니체의 개인주의적 역사관을 넘어서 수운의 개벽적 역사관으
로 나아가야 한다는 것이다. 농민적, 계급적 입장에서 지배층의 고식적인
전통 집착을 비판하는 데에 니체 역사관을 활용하는 자의적 태도가 여기
에서 나왔다고 할 수 있다. 그러나 이는 본래 니체가 겨냥했던 근대 역사
가들의 '역사주의'로 회귀한 셈이다.[99] 민족, 계급, 진보 등 역사주의의 개
념틀을 그대로 사용하고 있다는 점에서 그러하다. 도대체 김형준이 니체
역사관에 공감하는 것처럼 보였던 이유가 무엇이었는지 알 수 없게 되어
버렸다. 원래 니체는 랑케의 역사주의나 헤겔의 역사철학이 모두 삶의 역
동성을 담아내지 못한다고 비판하면서 역사를 '기념비적 역사', '골동품적
역사', '비판적 역사'로 유형화했다. 그리고 역사의 과잉, 즉 '역사병'에 대
한 치료제로 '비역사적인 것'과 '초역사적인 것'이라는 독을 처방한 것이
다.[100] 실제 니체의 『반시대적 고찰—삶에 대한 역사의 공과』를 보면 역사
의 과잉으로 인격이 약해지고 민족 본능이 손상되었다고 말하고 있지만,
이는 '세계 과정의 필연적 결과', '민족 정신의 변증법' 운운하는 헤겔 철
학의 위험성을 경고하면서 나온 말이다. 또한 '과거 시대와 민족들에 대한

간접적인 지식에서 추출된' 역사교육이 삶의 생동성을 마비시킨다는 점, 국가를 최고 목표로 설정하고 국가에게 유익한 것만이 진리가 되는 일의 위험성을 지적하고 있다.[101] 즉, 김형준은 근대 역사주의와 역사철학에 대한 니체 비판의 핵심을 간과하고, 계급적 관점에서 자의적으로 인식하였다고 할 수 있다. 그것은 곧 당시 학술장의 시대적 한계이기도 했다. 따라서 니체와 파시즘의 연계성에 대한 김형준의 반박도 당대 식민지 조선 학술장의 맥락에서 다시 파악해야 할 것이다.

이처럼 1930년대 조선 학술계에서는 헤겔의 역사철학과 니체의 역사관이 나름 깊이있게 그러나 자의적으로 해석되고 있었다. 그만큼 조선 지식인들이 우리의 전통을, 동시에 우리의 현실을 어떻게 바라보아야 할지 고민하고 있었다는 뜻이기도 하다. 역사인식 문제는 전문 역사학자들의 독점물이 아니었고, 그들의 전문성을 존중하는 학적 분위기도 강하지 않았다. 오히려 역사학자들이 전통적 요소를 무분별하게 끄집어내고 되살리는 행위는 비과학적, 비학문적인 것으로 성토당하기까지 했다. 니체가 말하는 '기념비적 역사', '골동품적 역사'와 같은 취급을 당한 셈이다. 당대 역사학계 안팎에서 '역사의 과학화'를 둘러싼 논쟁 구도가 어떠하였는지는 이미 정리된 바 있다.[102] 다음 장에서는 일제 시기 조선 지식인들의 파시즘적 역사인식 문제를 본격적으로 다루어보도록 하겠다.

제2장

일제 시기 조선 지식인들의
파시즘적 역사인식 고찰

940년 10월 경성역에 도착한 히틀러 유겐트
도자 일행과 환영회 모습.(「盟邦의 靑春使節
驛頭에 感激의 交驩, 히틀러 유겐트 指導者
行들 入城」, 『매일신보』, 1940.10.24)

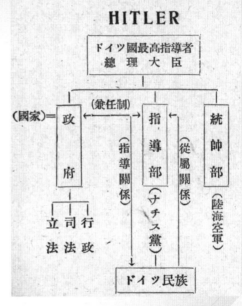

강세형이 그린 독일 국가 조직도. 히틀러 아래 지도부
(나치당)가 '국가 = 정부'와는 별개로 독일민족에 대해
'지도관계, 종속관계'로 설정되어 있다.(姜世馨(日獨文
化協會主事), 「ドイツの國家組織と靑少年敎育」, 『綠
旗』, 1941.6)

일제 시기, 특히 1930년대 식민지 조선 사회에서 파시즘 논의가 크게 일어났다는 것은 잘 알려진 사실이다. 당대 전세계가 '국민주의', '독재주의', '통제주의'의 흐름 속에 있었고, 조선 지식인들 중에도 이광수, 신흥우와 같이 파시즘 수용에 적극 나서는 이가 있었다. 그런데 기존 연구에 따르면 사회주의 세력은 물론 다수의 민족주의 세력도 파시즘에 비판적이었다. 송진우는 자유의지를 중시하는 입장에서, 안재홍은 대중 중시의 입장에서 그러했다는 것이다. 그러면서 이들이 파시즘을 자기사상으로 받아들이는 데는 주저하였지만 현실의 국가주의적 지배 체제에 흡수되어가는 양면성을 지녔다고 보았다.[1] 한국 민족주의가 전체적으로 자유주의, 개인주의를 충분히 소화하지 못했다고 하면서도, 이광수의 민족주의는 파시즘이지만 안재홍의 민족주의는 자유주의에 입각해 있다고 분리시켜 버린다.[2] 개인에 앞서 국가를 더 강조한 것은 반제국주의 과제에 대응해야 했던 '한국 자유주의의 역사적 성격'이라며 안재홍의 '신민족주의'를 '민주주의적 민족주의'로 규정하기도 한다.[3] 그러나 '유기체적 민족 개념'을 가졌다는 점에서 안재홍과 이광수 사이에 차이는 없었다.[4] '조선적', '민족적' 전통문화 강조가 곧 '파시즘적 역사인식'이라는 비판은 당대에도 있었다. 그럼에도 오랫동안 연구자들의 관심을 끌지 못했다. 파시즘에 대한 학문적 관심이 근래에 생겨났기 때문이다.

제2장에서는 당대 각종 신문, 잡지, 문집 자료를 바탕으로 이광수, 신흥우와 서인식, 박치우를 양 극단으로 하여 다양한 인식들을 정리해 보았다. 이어 안재홍과 김남천, 서강백 등의 '파시즘적 역사인식' 논쟁을 통하여, 앞에서 정의내린 '파시즘적 역사인식'이 실제 식민지 조선에서 어떠한 방식으로 문제화되었는지 고찰해 보고자 한다.

1. 이광수, 신흥우의 파시즘 옹호 논리

식민지 시기 조선 지식인들의 파시즘 인식을 유형화하는 일은 손쉬운 작업이 아니다. 동일인의 생각이 시기에 따라 달라지기도 하고, 자신의 생각을 솔직하게 말한 것인지 확신하기도 어렵기 때문이다. 그러나 제한적이나마 시도해볼 만한 가치는 있다. 근래 한국 학계에서 인물별 파시즘 연구가 진전되었고 각종 데이터베이스화 사업 덕분으로 관련 자료들에 대한 접근이 용이해졌기 때문에 가능해진 일이기도 하다. 일단 파시즘에 대한 긍정과 부정을 기준으로 양 극단을 설정하면 한쪽에는 이광수와 신흥우, 다른 한쪽에는 서인식과 박치우를 들 수 있다.

개인과 전체의 관계, 민족국가의 혈통성, 자유주의개인주의와 사회주의세계주의에 대한 관점의 차이가 파시즘에 대한 태도를 결정했다고 보여진다. 다른 조선 지식인들의 견해는 양 극단 사이 어딘가에 위치한다고 볼 수 있다. 먼저 이광수의 파시즘 인식에 대해서는 2000년대 이후 연구자들의 관심이 쏟아졌다. 그리고 1930년대 이광수가 '전체를 위한 개인의 희생', '지도자의 강조', '전쟁과 힘에 대한 선망' 등을 내용으로 하는 파시즘을 신봉하고 있었다는 데에는 의견의 일치를 보았다.[5] 다만 1920년대 이광수의 파시즘 수용 여부에 대해서는 견해가 엇갈린다. 박찬승은 1920년대 이광수가 아직 개인주의와 완전히 결별한 것은 아니고 그가 선호한 '전체'도 '국가'가 아니라 '민족'이라고 보았다. 1937년 이전까지는 '일본 파시즘'과는 다른 '민족 파시즘'이라고 할 수 있다는 것이다.[6] 반면 김현주는 1922년 민족개조론 단계에서 이광수가 이미 반자유주의 입장을 분명히 했고, 르봉의 대중 정치학에 입각하여 파시즘적 정치학으로 옮겨 갔다고 주장하였다.[7] 이러한 견해 차이는 '한국의 민족주의'는 '국가주의'와 다르다며 차별화하는 박찬승의 입론에서 비롯되었다고 할 수 있다.[8] 그러나 박찬승도 인정하다시피 '민족 파시즘'과 '일본 파시즘'의 논리 구조는 동일한 것이다. 학문적 차원에서 말하자면 '민족 독립을 향한 진정성(에 대한 연구자의 자의적 판단)'을 따지기에 앞서, 인물의 논리 체계를 일관된 기준에 따라 분석하는 것이 중요하다.

그러면 실제 이광수의 파시즘 인식에는 어떠한 특징들이 있을까? 1920년대 말과 1930년대 전반 이광수는 강력한 국가에 대한 열망을 표출하며 그 모범 사례로서 무솔리니의 파시즘을 자주 언급하였다. 그러다가 1930년대 중반 이후에는 서구 근대를 개인주의로 일축하고 일본식 국민주의가 새로운 보편이 되리라는 기대를 보였다. 이광수가 르봉 이론에 관심을 가지고 있었다는 점은 『민족심리학』을 직접 번역하여 『개벽』지에 싣고 있는 데서 확인된다. 이 글에는 어떤 사상이 지배적이 되기 위해서 '물불을 가리지 않는 무식한 민중'의 힘이 필요하고, 공통의 전설, 사상, 감정, 신앙 및 사고방식을 통하여 국민의 혼이 조성된다는 내용이 나온다.[9] 서구의 파시즘은 이처럼 군중의 비합리적 힘을 이용하여 동원해야 한다는 르봉의 이론을 주의깊게 받아들였다.[10]

이광수는 대중의 힘을 어느 정도 중시했을까? 그는 무솔리니 없이 이탈리아 파시즘을 설명할 수 없다며 레닌, 손문과 함께 위대한 개인으로 꼽았다. 이러한 '영웅초인사상'은 조선 전래로 내려오는 것이며, '중우군소배衆愚群小輩'에게는 복종이 요구될 따름이다.[11] 파시스트와 같은 지도단체가 필요한데 우리의 신간회는 그러한 역할을 하지 못한다는 것이다.[12] 이탈리아 파시즘을 흠모하지만 조선의 대중은 이용 대상으로서도 영 신뢰하지 못하는 모양새다. 생 철학적 입장에서 우주의 삼라만상이 곧 힘이라며 민족의 힘과 힘이 마주치는 전쟁을 신비화하지만 정작 이광수의 눈에는 힘없이 쭈그려 앉은 백성의 뒷모습이 들어온다.[13] 그래서인지 오히려 추상적 민족이 '영원한 실재'로 인격화된다. 민족이라는 말을 기피하는 맑시스트는 노예사상을 가진 무리로 격하된다.[14]

 '일본 파시즘' 도입에 앞서 이미 개인주의와 민주주의를 부정하는 논리 구조가 여기에서 도출된다. 한쪽에는 개인을 존중하는 민주주의자 간디톨스토이를 계승함, 그리고 다른 한쪽에는 개인은 국가를 위한 존재라고 하는 국수주의자 무솔리니가 대조된다.[15] 나아가 서양식 개인주의, 자유주의를 단체주의, 전체주의로 바꾸어야 하는데, 그러한 전체주의는 이미 우리의 조선정신에 들어있다며 신라의 관창官昌을 소환하였다.[16] 서양의 근대를 부정하면서 역으로 우리 고유의 전통과 역사를 되살릴 수 있게 된 것이다. 이광수는, 평상시 개인이 사회에 봉사하는 것은 칸트의 무상명령無上命令에 나와있는 도덕법칙이라고 해석하였다. 그런데 비상시에는 아예 생명과 재산 전체를 희생해야 한다고 강변하였다.[17] 비상사태가 무엇인지, 비상사태에 무엇을 해야 하는지 결정하는 사람이 주권자라는 칼 슈미트의 명제를 떠올리게 하는 대목이다.[18] 근대 서구 자유주의는 물론 한국 근대 계몽 담론의 핵심 구호인 생명과 재산 보호가 이런 방식으로 부정되고 있다. 히틀러가 집권하던 시점에서 이광수는 파시즘을 세계사의 조류로서 적극 자리매김하는 모습을 보였다. 제1차 세계대전 이래 20년간 활개쳐온 '국제연맹과 공산주의라는 국제주의'에 대한 안티테제가 '국민사회주의＝민족주의'라는 것이다.[19] '나보다 우리, 내 것보다 우리 것' 정신의 강조도 계속되었다.[20]

이광수는 1940년대 들어 개인주의자유주의와 사회주의세계주의의 부정을 통한 일본국민주의 지양을 공식화한다. 인류 진화의 먼 미래에는 어떨지 몰라도 당장은 국민성을 넘어선 개인이나 세계인은 존재할 수 없다는 것이다. 이렇게 민족주의를 중용으로 파악하는 논법은 한말 신채호가 이미 제시한 것으로 한국인들에게 익숙한 논리구조였다.[21] 그러면서도 이광수는 자신의 주장이 쇼비니즘은 아니라고 강변하는데, 그 이유는 일본정신이 진리성, 정의성, 따라서 보편타당성을 띠고 있기 때문이다. 일본정신이 서구 근대를 넘어선 새로운 보편성이라고 할 수 있는 근거가 구체적으로 제시되지는 않는다. 일본정신이 일본인에게만 타당한 것이라면 세계를 구원할 신념이 될 수 없기 때문이라는 논리 정도다.[22] 일본정신은 이론 체계를 초월한 정신이라며 뭉뚱그린다.[23] 그러면서 그동안 조선인들이 내심 일본에게 불만을 가지고 있었음을 고백한다. 조선인들의 조국에 대한 기갈飢渴이 채워지지 못해 왔다는 것이다. 그러나 조선인과 혈통적으로 연결된 일본인이 1,800만이 넘는다며 새로운 민족의식 설정의 가능성을 점쳤다.[24] 이제 조선 지식인들은 과거의 민족적 관념, 영미류의 사회계약설을 모두 제거하고 새로운 국가관을 재교육받아야 한다.[25] 이 시기 이광수의 '보편적 일본정신' 논리를 이해하기 위해서는 당대의 국민문학론과 근대초극론을 함께 검토해야 할 것이다.

이 시기 국민문학론을 주도한 것은 영문학자 최재서였다. 그는 금일 자유주의적 체제가 인간의 자유로운 발달을 방해하기에 이르렀다며 개인주의 청산을 주장하였다. 신체제하 문학의 임무는 한마디로 개인의식이라는 껍질을 깨고 국민 생활 속으로 뛰어들어 몸으로 국민의식을 획득하는 것이다.[26] 그는 일관되게 '보편적 질서 창조를 향한 욕망'을 가지고 있었다.[27]

식민지하에서도 '국민문학'이 가능하다는 인식의 전환을 가능케 한 것이 전시체제하 전체주의론이었다. 여전히 혈통 이론에 의한 나치스 전체주의 문화 이념으로는 다른 국가와 민족을 포섭할 수 없다는 문제제기도 있었다.[28] 그러나 혈통의 문제는 모호한 상태로 놓아둔 채, 파시즘을 '새로운 전체주의'로 전유하고 국민문학론으로 나아갔던 것이다. 그 과정에서 역시 근대의 산물일 수밖에 없는 국가주의가 '근대초극'의 위상을 차지할 수 있었던 이유는 서구 자유주의개인주의의 폐해를 넘어섰다고 자처하였기 때문이다. '국민문학'과 비슷하게 '국민연극'은 '자유주의, 개인주의, 사회주의를 지양한 전체주의 국민도덕'에 바탕한 것이라고 정의되었다. 개인보다 공익을 우선해야 하고 국가 목적을 달성한다는 목적의식이 있어야 하는데, 이는 '개인주의에 바탕한 근대극'보다 진일보한 것으로 해석되었다.[29] 해방 후 '친일문학론'을 정립한 임종국도 일제 말기 '서구적 개인주의 문학'이 비판되고 문학에 '국가관념'이 도입된 점은 높게 평가한 바 있다.[30]

한편 1940년대 신체제를 '근대초극'의 관점에서 해석하는 일은 일본 지식인들에게도 간단한 문제가 아니었다. '세계사의 철학'으로 알려진 교토학파의 니시타니 게이지西谷啓治, 고야마 이와오高山岩男 등은 1941년 11월부터 1942년 11월 사이에 '세계사적 입장과 일본' 등의 주제로 좌담회를 열었다. 이 자리에서 학자들은 먼저 서구의 근대를 비판한다. 서구가 자유, 평등, 개인주의, 민주주의를 내세우지만 다른 한편으로는 전체주의, 국가주의 하에 침략을 일삼았다는 점, 모든 세계가 유럽처럼 발전해야 한다는 우월주의 역사관을 가졌다는 점이 지적되었다.[31] 반면 일본은 무사 봉건사회에 이미 '인격적인 신뢰 관계'를 바탕으로 한 개인 의식이 있었다. 주종 관계로 구성된 봉건사회를 전제주의라고 말하는 것이야말로 케케묵은 '근대적' 관점이라고 보았다.[32] 중국의 중화의식과 달리 객관적인 '세계의식'이 있었고 그러한 '역사적 자각'으로 인해 일본은 '세계사적 민족'으로 불릴 만한 자격이 있다는 것이다.[33] 즉, 국민성과 세계성은 모순되지 않을 수 있다. '피의 순수성'이 아니라 '모랄리세 에네르기(건강한 생명력)'에 바탕한 '국가적 민족'이 중요한 것이고, 그래야 조선 민족도 광의의 일본 민족이 되어 진정한 역사성을 획득할 수 있게 된다.[34] 결국 이 좌담회 참가자들의 관심은 어떻게 하면 서구 근대를 뛰어넘어 보편적 역사인식을 찾을 수 있을 것인가에 놓여져 있었다. 히틀러와 마찬가지로 암기 위주의 역사 수업을 비판하지만, 애국심 함양과 외세 배척의 역사교육 역시 역사적 사고력 향상과는 정반대되는 일로 보았다.[35] 서구 역사주의는 상대주의와 회의주의로 빠질 위험성이 있고, 일본인들이 '자유주의는 국체에 맞지 않는다거나 개인주의는 일본정신에 반한다'고 말하는 것도 '비역사적'인 사고다. 따라서 별개의 보편적 원리를 찾아내야 하는데, 이들은 '절대적 무無' 같은 것을 예로 들었다.[36] 사실 역사적으로 보편적 원리의 추구는 과학과 철학의 공통 관심사였다. 과학은 '민족적 특수성'의 강조가 학문으로서의 자격이 있는 것인지 의심해 왔다. 또한 '역사학의 현재적 의의'를 학문적으로 부여하는 것은 역사학이 아니라 철학의 일이었다. 본서가 역사철학 문제에 관심을 갖는 이유가 여기에 있다.

감리교 인사 신흥우는 이광수만큼 많은 글을 남기지는 않았지만 파시즘을 제창한 단체(적극신앙단)를 직접 결성하였다는 점에서 주목할 만하다. 신흥우는 배재학당 수학, 미국 유학, 기독교계 참여 경험 등에서 추정되듯이 본래 전형적인 우파 계몽주의 운동가였다. 1925년 흥업구락부를 결성한 것도 사실상 이승만의 지시에 의한 것이었다.[37] 그러나 1932년 미국 여행

중『히틀러전』을 읽고 감화를 받아 지도자를 통한 강력한 통제와 획일적인 조직 체계의 필요성을 느꼈다. 그래서「자유와 통제」라는 글을 발표하고, 적극신앙단을 결성한 것이다. 그러나 감리교의 '대부' 윤치호 등의 비판 속에 비주류로 전락했다가, 1938년 친일 관료 등과 파시스트단체 결성 계획 추진 중 갑자기 흥업구락부사건으로 체포되었다. 그러나 풀려난 후 그는 1941년 감리교 '혁신교단'을 세우는 데 성공했다.[38] 즉, 신흥우 사례는 서구 자유주의 이념을 체화했던 인물이, 사회 문제 해결을 위한 참여, 위기 극복을 위한 강력한 통제, 종교의 토착화, 황인종의 자주성 등을 명분으로 내세우며 파시즘 수용에 나서는 양상을 보여준다.

그런데 윤치호는 왜 신흥우를 못마땅하게 여겼을까? 원래 윤치호도 무솔리니에게는 호감을 보이고 있었다. 무솔리니의 자서전을 읽고 '낭만적인 국제주의, 짐승 같은 볼셰비즘, 구역질나는 사회주의'로부터 구제받기 위해 무솔리니 같은 인물이 필요하다고 일기에 썼다.[39] 그러나 적극신앙단에 대해서는 신흥우를 두목 혹은 히틀러로 만들어 기독교 내 모든 기관들을 장악하려는 시도라고 부정적으로 인식하였다.[40] 윤치호일기를 보면 '신흥우는 교활한 음모자', '적극신앙단은 음모의 소굴'이라고 묘사하는 대목이 자주 등장한다.[41] 학무국장 시오하라 도키사부로鹽原時三郎가 신흥우에게 파시스트당을 조직하도록 요청했고 신흥우도 동의했다는 소문에 민감하게 반응하며 진상을 캐묻고 다니기도 했다.[42] 얼핏 보면 감리교 교단 내 세력 다툼 정도로 보이기도 하는데, 윤치호의 불만은 다른 곳에도 있었다. 윤치호는 '정글의 법칙이 세계를 지배하는 최고의 법칙이고, 힘이 곧 정의'인 현실을 냉소적으로 바라보고 있었다.[43] 또한 창씨개명 정책을 비판하면서 '다양성이야말로 삶에서 양념 같은 것'이라며 다민족 구성원들에게 같아지라고 강제하는 것은 불가능할 뿐 아니라 어리석은 일이라고 하였다.[44] 물론 비공개된 글에 불과하며 식민통치 정책에 저항한 것도 아니다. 그러나 윤치호가 자유주의적 입장에서 신흥우나 이광수의 파시즘 수용을 비판적으로 보았으리라는 점은 충분히 예상 가능하다.

그러면 신흥우는 내면으로도 파시즘을 수용했던 것일까? 적극신앙단 선언문을 보면 '개인소득욕보다 인류공헌욕으로 해서 신사회를 건설한다'는 구절 정도가 나오는데 파시즘이나 민족국가주의를 직접 표방했다고 보기 어렵다.[45] 해방 후 한국전쟁이 한창이던 1951년 미국에서 쓴 책을 보면 신흥우는 자유주의 관점으로 회귀하였고 그 위에 민족주의적 정서까지 내보이고 있다. 인간의 행복을 위해 가장 중요한 것이 생명재산과 자유의 보장이라고 강조하고, 독립협회를 민주주의와 자유사상의 출발점으로 기념하고 있다.[46] 식민지 시기를 정치, 경제적 압박으로 인한 민족혼의 시련으로 묘사하고, 나아가 민족사 전체를 외세 침략 저항사로 서술하며, 일제 식민 잔재를 모두 근본적으로 바꾸어야 한다는 대목[47]에 이르면 마치 독립운동가의 회상기를 읽는 듯한 느낌을 준다. 또한 신흥우는 일제 말기 '국민총력연맹'이 러시아 공산당, 독일 나치스당의 인민 통제를 모방해 만든 것인데 정당이 아니라 정부 협조기관이라는 점에서 다르다고 보았다. 강제적인 것이기는 했지만 '조직적으로 질서있게' 생활한 경험이 도움이 될 것이라고도 덧붙였다.[48] 대중적 지지에 바탕한 파시스트 조직이 식민지 조선에서는 원천적으로 불가능했다는 아쉬움이 바탕에 깔려 있는 듯하다. 신흥우에게 있어 '통제와 질서', '인민의 지지'가 있다면 자유주의, 민주주의 원칙과 파시스트 조직은 병립 가능한 것이었다.

2. 파시즘 비판론의 등장과 인식 구조

정치 체제로서 파시즘에 대한 관심은 1930년대 넘어서 나타난다. 그러나 1920년대에도 개인과 전체의 관계에 대한 언급들을 통해 파시즘 인식의 단초를 엿볼 수 있다. 망국과 식민지화를 전후하여 조선 지식계를 지배한 담론은 민족주의와 국가유기체론이었다. 계몽과 실력양성은 그러한 목표 달성을 위한 수단이었다. 유교사관과 식민주의 역사학을 극복하려는 노력은 민족주의 역사인식으로 나타났다. 계몽적 지식의 범주를 벗어나지 못했던 자유주의가 담론의 장에 본격적으로 올라선 것은 3·1운동 이후의 일이었다. '민족적 자유'의 획득을 위한 '개인적 자유'의 유보 담론이 자유주의와 민족주의의 결합 형태로 나타나기 시작했다.[49] 먼저 「개인주의의 약의略義」라는 글을 보면 서양의 세기별 개인주의 역사를 정리하고 있다. 19세기에 자유를 중시하는 개인주의와 정치 평등을 중시하는 민주주의, 경제 평등을 중시하는 사회주의가 각각 생겨났는데 그 중 민주주의와 사회주의는 개인주의의 쌍생아이며, 개인주의가 목적이면 민주주의는 방법이라는 인식을 보였다.[50] 이처럼 개인을 사회와 국가의 출발점으로 보는 시각은 당시 조선인들에게 익숙하지 않았을 것이다. 그래서 개인은 사회를 위하고 사회는 개인을 위한다면서도 권리 사상으로 인해 개인과 개인 사이 또는 개인과 사회 사이에는 끊임없는 쟁투만 일어나니 국가에 충성하고 헌신하는 것이 필요하다는 발화가 등장하여 균형을 맞추고 있었다.[51] 1920년대 신문 논조는 기본적으로 낙관적이었다. 자유와 평등이 모순적으로 보이지만 민주주의 정신으로 결합될 수 있다고 보았고,[52] '민족'에 이어 '사회', '민중'을 발견하면서 문화운동, 사회운동이 성공하리라는 기대를 보였다.[53] 일본 정계에 무산정당이 들어선 것은 '진보'이지만 식민지 문제는 우리 스스로 해결해야 한다는 다짐을 하기도 했다.[54]

1930년대 들어 좌파와 우파를 가리지 않고 언론은 파시즘을 어떻게 이해할 것인지 고심하기 시작했고, 일단 부정적 인식이 우세했다. 1930년대 들어 '국제주의', '민주주의적' 흐름 대신에 '국민주의'와 '통제주의'를 내세우는 파시즘이 전 세계적으로 유행하고 있으며,[55] 이러한 경향은 독일, 이탈리아 뿐만 아니라 미국, 영국, 소련, 중국 등의 나라들에서도 일어나고 있다고 여겨졌다.[56] 그런데 파시즘은 자유주의, 민주주의, 사회주의 각각의 관점에서 모두 '반동'으로 취급되었다. 『동아일보』에는 파시즘이 '데모크라시를 부정한 전제주의'이자 '현존한 사회계급을 부정한 국가지상주의'라는 글이 실렸다. 국가의 신성과 절대성을 극도로 주장하는데 노동자에게 희생이 전가될 뿐이라는 것이다.[57] 『조선일보』는 맑스주의 학자의 말을 인용하여 '반자본주의적으로 보이나 도로 최후적 자본옹호운동에 불과'하다며 일본 역시 군부중심의 국수적 파쇼라고 보았다.[58] 「현대어사전」에 따르면 '이태리에서 일어난 국수적 반동단체의 주의정책主義政策으로, 온갖 혁명운동에 대하여 맹렬한 박해와 탄압을 행하며 소부르주아계급을 그 사회적 지반地盤으로 삼는 대금융자본의 독재정치'가 파시즘이었다.[59] 파시즘을 우파 자본가 세력의 반동단체 정도로 규정하는 사회주의의 관점이 그대로 반영되어 있다. 파쇼국가는 대부르주아의 친위대에 불과한 것이었다.[60] 이와 유사한 관점에서 이광수의 영웅주의 역시 이전의 부르주아민주주의와 본질적으로 차이없는 파시즘으로 비난받았다.[61] 대중이 지도자를 선발하는 시대에 초인적 영웅주의는 시대역행이다.[62]

그러나 만주사변과 히틀러 집권의 소식이 들리면서 관망하거나 옹호하는 논조도 생겨났다. 제1차 세계대전 이후의 세계적인 흐름으로 보게 된 것이다. 이태리 파시스트당이 처음 나왔을 때 세계가 반동이라고 조소했지만 결국 영국, 소비에트 러시아, 일본, 중국이 모두 따라했다면서, 자본가 세력 대신 무산계급이 중심이 된 '신국민주의'가 시대정신이 되었다고 보았다.[63] 자본주의가 '정正', 공산주의가 '반反', '비非자본, 비非공산, 비非국제주의적인 국민사회주의', 즉 파시즘이 '합슴'이라는 해석도 나왔다.[64] 비상시기에 국가주의, 강력주의의 독재정치는 어쩔 수 없는 일이다,[65] 그러나 비상상황이 제거되면 독재도 없어져야 한다, 이태리에서 실업자가 없어지고 도로도 깨끗해졌다고 하니 '파시즘의 성공'이라고 할 수 있겠지만, 민중이 자유를 얻었는지는 의문이라는 것이다.[66] 근본적으로 '민중의 양보일지 언정 요구에 의한 것'은 아니기 때문에 현재의 파시즘은 '기형적인 복고주의'의 성격을 띤 것이다.[67] 『조선일보』도 '동근이질同根異質'의 선진국 국민주의와 후진국 민족주의가 바야흐로 복귀하고 있다면서도,[68] 일본의 경우 유치한 국민의식 때문에 국수적 색채가 더 농후하리라 예상했다.[69]

1930년대 중반에도 이와 같은 논쟁은 계속되었다. 한편에서는 '피와 흙'을 내걸은 나치스의 배타주의를 비판의 대상으로 삼았다.[70] 『조선일보』는 독일과 이탈리아의 재정적 위기를 파시즘의 파탄으로 판단하였다. 통제경제가 국민 전체의 이익이 아니라 소수 자본가의 이익만 옹호하였기 때문에 자본주의 연장을 위한 일시적 미봉책에 불과했다는 것이다. 파시즘이 민족의 순결을 부르짖으며 유대인 배척에 나선 것은 경제 정책의 중대한 결함을 호도하기 위해서였다.[71] 『조선중앙일보』 역시 '역사의 죄인'이 되지 말라며 '지식인의 파쇼화'를 경고했다. '자유의 부정'이라는 '반동 문화의 역사적 과정'에 맹종하지 말라는 것이다.[72] '민족전체'니 '민족고유'니 하는 성스런 이름을 가장하고 '조선형 파시즘', '민족파시즘'이 등장하고 있다.[73] '광휘있는 장래를 약속하는 공업화 조선의 슬로건과 동시에 조선 갱생의 근본책으로서의 농본주의의 공존공영', 즉 '유교 사상 및 봉건 지주 이데올로기의 근대적 의장화衣裝化'[74] 현상을 꿰뚫어보기도 했다.

그러면 당대 이광수나 신흥우의 파시즘 옹호론을 지지하는 언론도 있었을까? 수양동우회 간부들이 필진으로 참여하던 『동광』지나 동아일보 계열 『신동아』의 논조는 파시즘에 우호적이었다. 강력을 추구하는 파쇼정신이 과연 우리 사회에서 생겨날 수 있을지,[75] 민주주의에 대항하여 일어난 공산주의와 파시즘 중 청년들이 어떠한 길을 선택할지 모르겠다며[76] 중립적인 태도를 취하거나 예찬론을 펼쳤다.[77] 그러나 한 좌파지식인은 『동광』과 『신동아』의 민족 담론과 파시즘을 연결시켜 원색적으로 비난하였다. '의식수준이 낮은 근로대중을 민족주의의 요술로서 자기들 영향 아래 끌어들이려 하고 있다'는 것이다. 가족주의보다 발달된 민족주의 운운하고 있지만, 실제로는 자본주의 시대에 소수특권계급의 이익을 지키려는 개인주의에 불과하다고 평가하였다.[78] 반동화한 자유주의개인주의, 곧 파시즘이 민족주의를 내세우며 화랑도의 유산과 같은 전통을 끌어들였다는 것이다. 개인주의, 가족주의, 세계주의를 넘어 민족주의를 주창하면서 일본 무사도武士道에 견주어 고유한 전통사상으로 고구려의 조의皂衣, 예속翳屬이나 신라의 국선國仙화랑을 불러들인 일[79]에 반발한 것이다.

『신동아』 등의 잡지에는 파시즘이 민주주의의 다수주의, 사회주의의 계급적 이기주의와는 다르게 국민 전체의 이익을 추구하는 전체주의라는 점에서 높게 평가하는 글이 실렸다. 사유재산제를 건드리지 않는 한, '독점화된 자본주의에 상응한 독재화된 자유주의'라는 점도 단점이 아니라 장점으로 여겨졌다.[80] 훗날 일민주의를 제창하게 되는 안호상은 독일 유학 시절 히틀러의 대중 연설을 직접 보고 감명받은 이야기를 잡지에 실었다.[81] 역시 독일 유학 경험이 있으며 이범석李範奭을 도와 히틀러 유겐트를 본뜬 민족청년단 설립에 참여하는 강세형姜世馨[82]은, 나치스의 정치 조직과 사회 문화를 조선 사회에 상세하게 소개하고 있었다. 강세형은 청년들의 뇌리에 나치스 정신을 불어넣는 조직을 긍정적으로 보고 있었다.[83] 그는 히틀러 유겐트 단원들이 조선을 방문했을 때 안내를 맡기도 했는데,[84] 나치스를 '국민사회주의'나 '국가사회주의'가 아니라 '민족사회주의'로 번역해야 한다며 건전한 민족 유지를 위해서는 단종법斷種法도 당연한 조치로 보았다. 민족이란 사리私利를 넘어서는 것이고, 모든 학문도 민족적 입장에서 이루어져야 한다.[85] 강세형은 히틀러의 독재를 인정하면서도 그 권력이 '민중'으로부터 나왔기에 정당하다고 보았다. 그가 보기에 히틀러 유겐트에서 나치스적 세계관을 습득시킨 후 평생 독일노동봉사단, 환희역행단歡喜力行團 등의 국민조직을 통해 노동과 생활을 하게 하는 파시즘은 이상적인 이념이었다.[86]

그 외에도 공개적으로 히틀러에 호감을 표하는 이들이 생겨났다. 1937년 중일전쟁이 발발하고 대중매체에 대한 통제가 강화되자 식민지 조선의 담론장에서 나치즘에 대한 지지 목소리가 더 확산되었다. 많은 청년들이 히틀러의 『나의 투쟁』을 읽고 민족주의적 의식을 갖게 되었다고 고백했다고 한다.[87] 민족주의적 저항 운동에 참여한 청년들이 나치즘을 조국애의 관점에서 이해하는 사례들도 생겨났다. 1938년 춘천중학교 학생들이 조직한 비밀결사인 '상록회常綠會'가 발각되어 38명의 피의자에 대한 신문訊問이 진행되었다. 그중에 조흥환曺興煥이라는 이가 쓴 일기가 포함되어 있다. 그는 만주, 중국 또는 소련으로 가서 군사교육을 받고자 했으며, 민족애와 애국감정으로 충만한 마음을 '소아를 버리고 대아를 확신하라', '목숨을 국가와 동포를 위하여 바쳐라'는 구호로 표현하고 있었다. 그리고 1938년 7월 5일에는 「히틀러전」을 읽은 후 소감을 다음과 같이 밝혔다.

> 예정대로 「히틀러전」을 읽었다. 이것은 그 경로의 행적을 나에게 적용할 점이 있는가를 보기 위함이다. 그가 무엇 때문에 이탈리아 사람으로서 독일 지원병이 된 것인가 참으로 무한한 흥미를 갖고 있다. 내가 지금 가야 할 곳에 공통점이 있기 때문이다. 중국에 가고 싶은 마음은 더욱 간절하게 되고 말았다. 오늘도 대아大我를 잊고 소아小我를 생각한 점은 없다. 있다고 하면 성공심이 있었을 뿐이다. 동포를 사랑하는 점에도 다른 마음은 없었다.[88]

나치즘을 애국적 사상으로 치장시킨 조선총독부 당국과 언론의 선전이 평범한 조선 지식인 청년의 내면에까지 스며드는 정황을 잘 보여준다. 민족애, 애국심, 대아 등의 키워드를 매개로 해서 나치즘과 민족운동은 이질감 없이 어울려졌던 것이다.

이에 앞서 「나는 히틀러를 숭상한다」는 제목의 글을 쓴 이는 히틀러가 유태인을 쫓아낸 것을 몸에 상처가 나서 수술한 것에 비유한 바 있었다. 민족애民族愛에 입각해서 한 일이기 때문에 존경한다는 것이다.[89] 해방 직후 교육 관료로서 '민주주의 민족교육' 도입에 앞장선 사공환司空桓[90]은 히틀러를 나폴레옹 이상의 '천재적 영웅'으로 칭송하였다.[91] 이처럼 『삼천리』에서 지식인들의 히틀러 인상평을 설문 조사 형태로 게재한 것은, 나치즘과 전체주의라는 용어가 대중화, 속류화되었음을 의미하는 것이었다.[92] 제2차 세계대전 이후 전시체제가 본격화되면서 전체주의는 영미식 자유주의개인주의를 대체하는 체제 이데올로기로서 확고한 지위를 차지하게 되었다. '개인주의, 민주주의'에서 '독재주의'로, '자유주의'에서 '극단의 통제주의'로의 변화가 '비약적 전환'으로 평가되었다.[93] 이 시기 전체주의를 옹호하는 지식인의 발화는 단순히 '친일'행위로만 평가해서는 안 된다. 그들은 전쟁에 대한 대중의 의심과 불안을 해소하는 역할을 수행하고 있었다. 전쟁이라는 비상시국은 관념 속에만 존재했던 파시즘의 이상태, 즉 대중의 일체화된 지지를 바탕으로 한 전체주의국가의 실현을 가능한 것으로 보이게 만들었다. 그러한 상황에서 일본 학계의 영향 하에 식민지 조선 지식인들을 사로잡았던 이론이 '국민문학론'과 '근대초극론'이었다. 특히 근대초극론은 교토학파의 '세계사의 철학'을 내면화한 식민지 지식인들에게 새로운 보편성으로 다가왔다.[94]

『삼천리』는 신체제 하 문학의 방향에 대해서도 의견을 물었다. 이광수는 개인주의와 자유주의의 예술지상주의를 넘어서 국민 전체를 '나'로 인식해야 한다고 강조하였다. 그러면서 일본 황실에 조선의 피가 섞인 사실을 말해도 된다는 허가를 총독부로부터 받았다며 기뻐하였다. 소설가 채만식은 '국가에 의한 개체의 부정은 절대부정이 아니오, 긍정을 전제로 한 상대적 부정'이라며 전체주의를 '새로운 역사의 창조'로 격상시켰다. 그리고 '자유주의 이데올로기 잔재의 청산이 긴급하다'고 진단하면서도 '개인주의와 자유주의를 부정한다고 해서 공산주의를 연상해서는 안 된다'고 당부하였다.[95] 간단히 말해 명치유신이 낡은 봉건주의를 자유주의, 개인주의, 자본주의로 지양한 것이라면, 소화유신은 자본주의를 '신질서'로 지양한 것이었다.[96] 채만식은 앞서 춘원의 문학이 민족주의 문학에 국가주의적인 적극적 내용을 가미하여 국가주의문학, 즉 파쇼문학이 되었다고 평가한 바 있었다.[97] 이는 국민문학을 전형적인 '부르주아문학'으로 취급하는 시각과는 다른 것이다.[98]

이와 같이 파시즘의 원리를 적극 수용하면서 우리의 것으로 만들려는 흐름이 있었다. 파시즘 옹호론은 이광수와 신흥우에게 한정된 것이 아니었다. 그러한 상황에서 1930년대 후반 파시즘을 전체주의의 일종으로 맹렬히 비판했던 대표적 인물들이 나타났다.[99] 바로 전향 지식인 서인식과 박치우다. 서인식은 좌파지식인으로서 전체주의를 문제시하지만 동아협동체론을 통하여 지양 혹은 극복을 모색하기도 했다.[100] 결국 그가 '전향'을 선택했다는 것은 '일본 제국이라는 보다 큰 주체' 속에서 가능성과 자기동일시적 욕망을 발견했다고 볼 수 있다.[101] 먼저 서인식과 박치우가 '개인과 전체의 관계', '자유주의와 사회주의에 대한 입장'에서 이광수와 어떻게 달랐는지 정리해 보면 다음과 같다.

〈표 1〉 이광수, 신흥우와 서인식, 박치우의 '개인과 전체', '자유주의와 사회주의'에 대한 관점 비교

인물	개인과 전체의 관계	자유주의와 사회주의에 대한 입장
이광수	개체는 전체를 위하여 존재한다.[102]	자유주의(개인주의)와 사회주의(세계주의)는 모두 잘못된 견해다.[103]
신흥우	개인의 이기심 때문에 누군가 계획을 가지고 뭇사람을 묶어 하나로 만드는 것이 파시즘이다.[104]	
서인식	전체주의는 인종사관에 기반하여 개인과 계급에 대하여 특히 민족의 우위를 주장하는 것이다.[105]	전체주의는 개인주의를 기계적으로 부정하고 봉건주의로 역행하고 있다.[106]
박치우	민족 위에 인류가 있고, 국가 위에 세계가 있음에도 불구하고 '민족'만이 최고 절대의 전체자가 되는 현대 전체주의는 신비적(비합리주의적) 유기체설이다.[107]	신질서 건설을 위하여 구질서의 이데올로기인 개인주의, 자유주의부터 처분해야 한다는 것이 상식인 듯하다.[108]

서인식이 이광수와 차별화되는 지점은 보편성의 원리, 역사 발전의 원3

리를 명확히 하고자 했다는 것이다. 역사의 발전은 씨족에서 종족으로, 종족에서 민족으로, 민족에서 세계로, 즉 특수에서 보편으로 이행하는 것이다. 따라서 전체주의가 '피와 흙'을 민족과 문화의 향도嚮導원리로 내세우는 것은 미개로 회귀하는 것이 된다.[109] 근대개인주의가 마련한 자본주의라는 것이 개인 또는 민족의 이윤 추구로 결합된 '욕망의 체제'인 것은 맞지만, 민주체제를 '직분체제'로 전환하는 전체주의의 원리로는 문제가 해결되지 않는다고 보았다.[110] 서양의 제국주의, 자본주의, 개인주의에 맞선 현대일본이 또다른 특수가 아니라 세계사적 민족임을 어떻게 알 수 있겠느냐고 의문을 제기한다. 이를 명확히 하지 않으면 나치스 역사이론가들처럼 역사상대주의에 머물게 되는 것이다.[111] 그러면서 로젠베르크, 젠틸레, 슈펭글러 등 나치스 역사가들의 전체주의 역사관을 다음과 같이 유형화했다.

〈표 2〉 서인식의 전체주의 역사관 유형[112]

전체주의 사관	자유주의 사관	사회주의 사관
인종사관 또는 민족사관	인류사관	계급사관
영웅사관, 소수자 사관	평민사관	
유기체사관, 심령사관, 자연주의생명관	정신사관	유물사관

여기서 서인식은 전체주의 역사관이 반드시 나치즘, 파시즘 사관으로 한정될 필요는 없다고 말한다. 한 민족의 특수사와 제諸국민의 보편사를 합리적으로 연결할 수 있는 구체적, 보편적 원리를 갖는다면 장래 인간의 영도사관이 될 수도 있다고 전망하고 있다. 현실 파시즘이 혈통, 유기체, 영웅을 앞세운다면 보편성을 획득할 수 없다고 보는 것이다.

혈통 중시에 대한 비판은 박치우에게서 더 철저하다. 니체 철학 중 '권력에의 의지', '초인', 슈펭글러의 '인종혼', 에크하르트류의 신비사상을 빌려와 로젠베르크가 나치스 전체주의를 만들었다고 보았다. 그런데 이러한 유기체설에서 '전체'가 반드시 국가, 민족이어야 할 이유를 설명할 길이 없기 때문에 '피' 개념을 내세우게 된다는 것이다. '피의 영감'을 통해 '숭고한 조국애', '순정 무구한 동족애'를 이끌어 냄으로써 인간은 '개인'이기 이전에 본질적으로 '국민'으로 파악된다.

독일, 이탈리아를 가릴 것 없이 어느 것이고를 막론하고 현대 전체주의가 주장하는 가장 중요한 점을 추출한다면 그것은 개인에 대해서 민족 또는 국가라는 전체자의 우위를 주장한다는 것, 그리고 개개의 인간은 이같은 전체자에 분여分與됨에 의해서만 가치에 참여할 수 있는 것이며 (…중략…) 현대 전체주의가 특별히 강조하는 것이 무엇이냐 하면 그것은 주지하는 바와 같이 '피'라는 개념이다. '흙'도 물론 중요시는 하지만 그 중요성에 있어 도저히 '피'의 유가 못된다. (…중략…) 여기서 말하는 '피'라는 것은 물론 의사가 취급하는 그러한 '과학적' 의미에서의 '피'가 아니다. (…중략…) 신비적인 감격, 영감의 도발체로서의 피를 의미하는 것이다. 따라서 그것은 과학을 초월한 이 의미에서 한 개의 '신화'이다. (…중략…)

이같은 신비로운 힘인 피의 개념을 가져온다는 것은 우선 부분의 대 전체적인 멸사적인 귀일을 설명하는 데 있어 대단히 편리한 것이다. 숭고한 조국애, 순정 무구한 동족애, 이같은 현상은 이 '피의 영감'을 가져오지 않고서는 설명해낼 도리가 없는 것이다. 한 개의 유기체에 있어서 각개의 지체가 같은 한 줄기의 혈관에 의해서 연결되어 있듯이 민족의 각원은 종족적으로 동일한

혈맥에 의해서 종으로 횡으로 연락되어 있는 것이며 그러기 때문에 아무리 이기적인 개인이라고 해도 그의 혈관 속에는 언제나 숭고한 조국애가 흐르고 있다는 것이다. (…중략…) 이 의미에서 인간은 '개인'이기 전에 이를테면 본질적으로 '국민'이며 피를 통해서 직접적으로 국가라는 전체와 연결되어 있는 것이다.[113]

해방 직후 박치우는 입으로는 민주주의자라고 하지만 '조선 사람은 세계에 으뜸가는 민족이라든가 우리글과 문화가 덮어놓고 세계 제일이라고 주장하는 이가 바로 국수주의자이고, 거기에 민족 감정에 불을 질러서 정치적 야심을 만족시키려는 자가 있다면 그가 바로 파시스트'라고 말한 바 있다.[114] 대중에게 민족 감정을 불어넣어 정치적으로 이용하는 자들이야말로 파시스트라고 본 것이다.

그러면 실제 파시즘은 민족적 혈통을 얼마나 중시했을까? 박치우는 독일과 달리 이탈리아 전체주의는 민족보다 국가를 더 중시한다고 보았다. 이탈리아 파시즘의 국가론이 독일 나치즘만큼 생물학적 인종주의에 입각해 있지 않다는 점은 연구자들도 인정하는 바다.[115] 일본 역시 아시아주의를 제창하면서는 민족적 혈통성에 일정한 거리를 두기도 했다. 독일 나치스가 프랑스를 항복시킨 후 부르짖은 대지역주의는 '민족'을 초월한 '전체'라는 논리다.[116] '전체'가 '개체의 단순한 집합체'가 아닌 것은 분명하며, 나치스의 '유기적, 특수적, 종족적, 민족적' 전체를 '일반적, 이념적, 초월적, 추상적' 보편과 대비시키는 논법도 있었다.[117] 일반적으로 혈통을 중시하는 민족론만 위험한 것으로 보기 쉽다.[118] 그러나 혈통을 강조하지 않는 민족주의도 얼마든지 파시즘이 될 수 있다는 사실을 기억해야 할 것이다.

3. 언론에 나타난 '파시즘적 역사인식' 논쟁

이어서 1930년대 중반 파시즘적 역사인식 논쟁이라고 할 만한 사안을 한가지 살펴보고자 한다. 1935년과 1936년 『조선중앙일보』 지면을 통해 카프 해소파 평론가 김남천金南天, 언론인 서강백徐康百이 안재홍을 파시즘적 역사인식의 보유자로 격렬하게 공격한 일이 있었다. 먼저 비판의 요점이 무엇이었는지 제시해보면 다음 표와 같다.

〈표 3〉 1930년대 안재홍과 김남천, 서강백 등의 파시즘적 역사인식 논쟁

안재홍의 주장119	『조선중앙일보』의 반론120
일부 청년지식인들이 단군, 세종, 이순신, 정다산 등을 천박하게 비웃고 있다.	민족파쇼가 이순신 등을 국수적 반동사상 고취에 이용하고, 청년학자들의 과학적 분석은 방해하고 있다.
조선 옷을 입거나 조선인 동네라고 해서 전차 차장과 걸인이 천시하는 현실이다.	민족적 차별이 아니라 빈부 차별, 계급적 관계가 우리 사회의 근본적 모순이다.
앙드레 지드의 국제주의와 국가주의 공존론, 소련의 푸시킨 복권 등을 배워야 한다.	앙드레 지드는 국가주의가 아니며, 사회주의자들이 민족 문화를 천대한다는 건 악선전이다.
히틀러의 백인우월론은 폭언이지만 조선의 '민족적인 것'과는 다른 문제다.	'조선적인 것'과 '독일적인 것' 모두 '민족적인 것'이자 '파쇼적인 것'이다. 히틀러 비판은 아세아주의에 불과하다.

표면적으로 논쟁의 핵심은 안재홍이 독일 파시즘을 찬양했다는 데에 있다. 그러나 안재홍의 글에서 직접적으로 파시즘 옹호 부분을 찾기는 어렵다. 김남천의 논거는 '고전부흥과 고전연구, 기념제 거행'이 곧 '나치스 문화정책의 조선적 모방'이라는 것이다. 이에 안재홍은 히틀러의 연설을 폭언으로 규정한 후 '조선적인 것 또 민족적인 것을 나치스 독일의 그것과 동일 체계로 여겨 배격한다면 천박한 과오'라고 지적한다. 이는 (『이광수전집』 간행 및 조선학운동과 관련하여) 단군, 이순신, 정약용 등에 대해 '빈정대

는' 김남천 등을 겨냥한 말이다. 결국 양자의 갈등은 유물사관과 민족주의 역사관 사이에서 발생하고 있으며, 문제는 민족주의 역사관을 파시즘적으로 볼 수 있느냐에 놓인다. 김남천은 자신들이야말로 과학적 방법론으로 역사상 인물을 연구하는 것이고, 민족주의 사가는 이들을 신격적 존재로 변조시킬 뿐이라고 구별짓는다. '조선학문의 대大여호와'라 일컬어지는 안재홍의 저술에서 학문적 연구를 전혀 찾아볼 수 없으며 '원시적인 강담식 인물평전'에 불과하다는 것이다. 김남천 등에게 진정한 학문적 역사관은 유물사관이다. 서강백은 '민족문제를 진정으로 해결할 자는 유물사관적 세계관'밖에 없다는 사실을 모르는 한, 안재홍 자신의 의도와 무관하게 파시스트적 역할을 수행하게 된다고 비판하였다. '조선적', '민족적' 표어의 구체적 방침을 모르겠다는 것이다. 안재홍이 '국민적 복수심' 운운하여 나치스 독일 출현을 국민총의의 반영으로 보는 것도 근래 독일의 경제적 위기에 무지하기 때문이다.

반면 안재홍이 이러한 반론에 맞서는 방법은 파시즘과 민족주의를 구분짓는 것이었다.[121] '민족의 특성', '각자의 언어, 풍속, 습관, 문화의 특수성을 존중'하는 것은 여전히 '상도常道이자 천하의 대경大經'이며, '종족적 또는 민족적 우월감을 가지는 것'도 '대체로 각국 인민의 일치한 경향'이다. '민족의 자립문화를 확립하려 한 이들을 추앙'하는 일은 특히 후진 특수 조건 하의 조선 사회에서는 꼭 필요한 일이다. 그러면서 '과학적인 것도 유물사관도 모두 귀중할지 모르나 민중을 움직이는 것은 경건한 감격과 열정'이라고 말한다. 은연중 파시즘의 원리를 깨달은 것처럼 보이는 대목이다. 사실 김남천 등도 민족문화 계승을 본질적으로 반대하는 것은 아니다. 유물사관에 부합하지 않는다고 말할 뿐이다. 계급모순을 민족모순과

일체화시키는 것은 사회주의자들의 전략이기도 했다.[122] '시민적 권리'도
'민족적 혜택'도 맛보지 못한 걸인에게 '고상한 민족관념'을 요구해서는
안된다고 하지만, 걸인은 최하층 '계급'으로 취급될 뿐 '개인'이나 '시민'
으로 인지되지 않는다. 양자가 전체주의로 수렴될 가능성도 있는 것이다.

  사실 양자 모두 표면적으로 파시즘에 비판적이다. 이광수처럼 '민족국가'
을 절대적 존재로 떠받들고 있지는 않다. 그렇다고 해서 서인식처럼 전체
주의 자체에 대한 비판이 앞서 있지도 않다. '과거 전통과 역사, 집단 기억
을 소환하는 현재의 행위가 민족적 관점에 입각해 있다'는 명제에 대해서
도 양자 사이에 이견은 없다. 여기에서 쟁점이 되는 핵심 사안은 그러한
'현재의 민족적 관점을 파시즘적으로 볼 수 있느냐' 여부이다. 외견상 히
틀러의 나치 정치가 유사한 형태로 이루어지고 있음은 안재홍도 알고 있
었다. 따라서 '독일적인 것'과 '조선적인 것' 사이에 차이점을 증명하기 위
해서는 현 사회의 '자유주의'와 '자본주의'에 대한 입장이 들어가야 했다.
자유주의에 대한 양자의 견해를 구체적으로 살펴보자.

> 대세기大世紀의 불란서인이 찬탈적簒奪的인 '보나파티즘'의 출현에서 이미
> 그 역사적 유형을 경험한 것처럼 (1) 자유주의가 이미 난숙爛熟한 경지에 빠
> 진 일정한 선진사회에서나 (2) 혹은 벌써 자유주의의 발육불량의 상태에 들
> 은 후진국가에서는 대변란이 있은 이후의 국제정세에서 '독재'의 이질동태異
> 質同態로서의 '파쇼'화의 정치가 예외없이 출현되는 것이 상설上說한 소위 역사
> 적 필연인 자者이다. 안재홍, 『조선일보』, 1936.2.8.

  자유주의란 자본주의사회에 있어서의 반영적 사상형태임에도 불구하고

안씨가 자유주의를 역사의 추진력으로 간주하여 파쇼정치 출현의 결정적 요구로 그것을 표방하였다는 것은 씨가 생산행위라는 것이 사회발전의 출발점이 된다는 것을 모를 뿐만 아니라 (…중략…) 상응하여 일체의 사회적 상층구조도 변화하여 마지 않는다는 역사발전의 기본적 법칙에 무지함을 여실히 좌증左證하는 구체적 호례好例가 아닐 수 없다. (…중략…) 단지 이상의 이유로서 재래의 민주주의적 정치형태가 파쇼정치로 발전되지 않을 수 없다는 것은 피상적 관찰일 뿐 아니라 최중요한 기본적 이유를 간과함에 의하여 파쇼독재정치 출현의 객관적 조건을 은폐하는 것이 될 것이다. 왜 그러냐 하면 그것은 부르주아지의 노동정책을 떠나서 파쇼정치의 성립이란 현실적으로 생각할 수 없기 때문이다. 서강백, 『조선중앙일보』, 1936.2.27.

결국 서강백은 유물론의 관점에서 안재홍을 부르주아자유주의자로 규정하고 몰아붙였다고 할 수 있다. 파시즘을 '부르주아 계급지배의 유용한 폭력적 도구' 정도로 파악하는 코민테른의 '사회파시즘'론을 기계적으로 적용한 것이다.[123] 그러나 자유주의의 일정한 단계에서 파시즘이 출현한다는 말을, 단순히 '자유주의를 역사의 추진력'으로 보았다거나 '파시즘 출현을 옹호했다'고 해석하는 것은 비약이다. 안재홍은 파시즘 출현의 국내정치적, 사회경제적, 사회경제적 요인들을 관찰한 후, 민족주의와 자유주의의 발전 경로상에서 나타나는 특정한 형태 정도로 파악한 것이다. 자유주의에 대한 태도를 모호하게 한 것은, 반자유주의의 기치를 명확히 함으로써 사회주의자들의 공격에 대응한 이광수와는 다른 태도다. 그런 측면에서 보자면 안재홍은 '부르주아자유주의=민족주의=파시즘'의 도식에 의하여 (국민대중에 의하면서도 비非파시즘적인) 민족주의의 실현 가능성이 사회주의자들에 의하여 봉쇄당하는 상황을 경계한 것으로 볼 수 있다. 즉, 안재홍의 주된 관심사는 일관되게 '파시즘'이라는 혐의로부터 민족주의를 구해내는 데에 있었던 것이다. 자유주의와 개인주의, 사회주의 등의 정치적, 사회적 존재 형태에 대한 관심은 부차적이었다.

『동아일보』에는 이 논쟁과 관련해서 '박학다식한 조선학의 대가와 조리 정연한 소장논객의 근래 보기 드문 대논책'이라면서도 김남천이 억울하겠 다는 입장의 글이 실렸다.[124] 과연 안재홍은 파시즘적 역사인식을 가지고 있었을까? 일단 1943년 안재홍이 쓴 다음의 글에서 그 단초를 찾을 수 있 을 것이다.

> 제군은 멀리 신라의 화랑도와 고구려의 상무정신을 상기하라. 제군은 오늘 날 대동아전쟁이라는 인류사상에 드문 중대한 역사적 국면에 직면하여 용감 히 융의戎衣를 떨쳐입고 국민적 용기를 발휘함으로써 중단되었던 우리의 무사 정신을 새로이 계승하게 되는 것이다. (…중략…) 제군의 일명一命을 일전一戰 에 바침으로써 반도청년의 생명은 영생永生하는 것이다. 거듭 말하거니와 우 리는 국가를 위하여, 이 국민을 위하여 일신을 바쳐야만 우리 개개의 자신도 구원된다. 이런 정신을 가지고 제군은 출전하며 싸우라.[125]

조동걸은 안재홍이 해방 직전 고향에 은거하면서 '신민족주의'를 구상 했다고 보았다.[126] 해방 이후 안재홍은 '민주주의적 요소'가 있기 때문에 '신민족주의'가 되고 '민족주의적 요소'가 있기 때문에 '신민주주의'가 된 다는 논리 구조를 만들어 냈다.[127] 한국 현대사에서 '민주주의적 가치'를 내세우며 '민족주의'를 '파시즘'과 구분하는 논법을 종종 발견할 수 있다.

식민지기 조선 지식인들의 '파시즘적 역사인식' 논쟁의 연장선상에서 그러한 용법의 의미를 재해석할 필요가 있을 것이다.

일제 시기 조선 지식인들은, 대중이 정치에 적극 참여한 기억을 가지고 있었다. 한말 동학농민운동과 독립협회 만민공동회 운동이 그것이다. 그리고 양자가 결합한 것이 바로 일진회다. 일진회는 '인민의 생명 재산 보호'를 내세우며 대중의 정치 참여를 이끌어낸 포퓰리즘 단체였다. 그런데 일진회는 뒤로 갈수록 우치다 료헤이內田良平 등 일본 우익 대륙낭인들의 영향으로 민족의 기원과 국가의 절대성을 따지는 보수적 성향을 보여주었다.[128] 이는 신채호 등 한말 지식인들이 공유하고 있던 국수론적 역사인식과 상통하는 것이기도 했다. 즉, 자유주의적 대중운동과 낭만주의적 민족운동의 경험이 겹쳐진 채로 일제 시기 조선 지식인들에게 유산으로 남겨졌다는 뜻이다.

식민지 조선의 지식인들은 파시즘을 어떻게 받아들이고 있었을까? 이광수, 신흥우와『신동아』,『동광』등 잡지는 파시즘으로 서구 근대의 한계를 넘어설 수 있다고 보았다. 그러한 인식은 당대 '국민문학론', '근대초극론'과 맞물려 강화되었다. 반면 사회주의자들은 파시즘을 '자본옹호운동'으로 일축하거나 서인식, 박치우처럼 일본이 내세운 보편성에 의문을 가하기도 했다. 이때 파시즘이 '전체주의'로 고착화되는 경로를 생각해 보면, 파시즘의 주요 요소들인종, 혈통, 대중적 지지 등이 선택적으로 강조되거나 누락되는 과정일 수 있다. 한편 김남천, 서강백 등 일부 사회주의자들은 안재홍을 '조선형 파시스트'라고 비난하였다. 실제 안재홍은 파시즘을 자유주의 발전 단계에서 나타나는 현상 정도로 파악하고 비판적 시각을 가졌으며, '파시즘' 혐의로부터 민족주의를 구해내는 데에 관심을 가지고 있었다. 파시즘의 한계는 '전체'를 만족시키는 정책이나 이념은 불가능하다는 간단한 사실에서 드러난다. 민족주의도 마찬가지다. '민족'이나 '전체'라는 관념적 구호를 넘어서 '역사관'의 실제 알맹이가 무엇인지 규명되어야 할 것이다.

제3장

해방 이후 파시즘적 역사인식의 정립 과정

안호상이 연설한 학도호국단 1주년 기념식 모습.(「學徒護國隊一週年記念式」,『조선일보』, 1950.4.23)

연설하고 있는 안재홍의 모습.(독립기념관)

손진태의 모습.(고려대학교 박물관)

한국 역사에서 파시즘을 연구하는 것은 매우 어려운 일로 취급된다. 애 매하고 천박하며 상호 모순적으로 여겨지는 언술들을 분석해야 하기 때문 이다.[1] 파시즘을 금기시하는 분위기로 인해 진지한 연구를 막는 것은 세계 적인 현상이기도 했다. 그러나 한국 근현대사에서 이광수, 안재홍, 손진 태, 김구, 안호상, 박정희 등이 공통적으로 '근대적대중적 민족주의'를 주창 했다는 사실 자체는 부정할 수 없다. 그런데 한국사학계에서는 여전히 이 광수, 안호상, 박정희의 민족주의는 '파시즘 성향의 국가지상주의'이고, 안 재홍, 김구의 민족주의는 '자유주의적, 개방적 민족주의'라는 이분법적 구 도가 지배적인 담론이다.[2] 안재홍의 '신민족주의'는 나치스나 일본 군국주 의처럼 독선배타로 흐르지 않았기 때문에 '신민주주의'와 연결될 수 있다 는 것이다.[3] 본서의 문제의식은 여기에서 본격화된다. 안호상, 박정희가 파시즘적 세계관을 가지고 있었다고 한다면, 그것은 안재홍, 손진태의 세 계관과 과연 얼마나 다른 것이었을까? 파시즘적 세계관이 무엇인지에 대 해 일정한 기준을 가지고 접근한다면, 기존의 시각과는 다른 결론이 나올 수 있다는 가설을 세운 후 증명하려고 한다. 이를 위해 먼저 안호상, 이범 석, 강상운 등의 파시즘적 역사인식을 구체적으로 살펴볼 것이다.

파시즘적 세계관이란 무엇인가? 개인에 대한 전체의 우위를 주장하고, 유기체인 전체에 대한 개인의 종속을 당연시한다는 점이 가장 기본적인 속성이다. 그런데 이는 전체주의 일반의 특징이기도 하다. 파시즘은 대중 의 지지 기반을 중시한다는 점에서 전근대적 전제주의와 구분되고, 자유 주의, 자본주의뿐만 아니라 공산주의에 반대한다는 점에서 사회주의적 전 체주의와도 구분된다. 독재자의 신성한 권력이나 계급적 우위를 부정한 상태에서 전체를 절대시하기 위해 필요한 존재가 '민족'이다. 또한 민족의 절대성은 유구한 역사로부터 나오기 마련이다. 흠없고 순결하며 영원한 민족사는 '이기적인' 개인들의 죄를 씻어주는 숭배의 대상이 된다. 개인들로 하여금 현실 권력에 순응케 하기 위하여 민족의 전통과 역사가 소환되는 것이다. 역사학은 이 지점에서 정치와 결합한다. 한국 근현대사에서 전문 역사가들과 비전문 정치인들이 공유한 역사인식을 찾아내는 일은 어렵지 않다. 즉, 파시즘적 세계관을 가진 이가 어떠한 역사인식을 가지고 있었는지, 또한 정치에 역사를 이용하고자 한 이들의 역사인식 속에 어떠한 파시즘적 요소가 있었는지 추적해 보려고 한다.

해방 이후 파시즘적 역사인식을 지닌 이들로 본서에서 지목하는 인물은 안호상, 이범석, 양우정, 강상운 등이다. 인물 각각의 파시즘적 성향 또는 민족주의적 관점, 역사관 등에 대해서는 여러 연구가 나와 있다. 그러나 기존 연구들은 두 가지 측면에서 한계를 갖는다. 첫째, '파시즘적 세계관'에 대한 명확한 정의를 갖지 못한 경우가 많다는 것이다. 파시즘, 자유주의, 민주주의, 민족주의, 국가주의 등의 개념을 자의적으로 적용한 편가르기는 설득력이 떨어질 수밖에 없다. 둘째, 해방 전후 시기부터 적어도 1970년대까지를 아우르는 통시대적 관점이 부족하다는 점이다. 안호상이 박정희 정부 시기까지 일정하게 정치적, 학술적 활동을 했고, 해당 시기 역사인식 정립 과정과 연관되어 있음에 주의할 필요가 있다.

1. 일민주의에 보이는 파시즘적 역사인식

1) 안호상의 일민주의에서 파시즘적 세계관의 특성

안호상安浩相은 어떤 인물인가? 그의 경력에서 크게 세 가지 사항이 중요하다. 첫째, 일제 시기 독일에서 유학하며 관념론 철학을 공부했다는 점이다. 그는 중국을 거쳐 1925년부터 독일 예나대학에 입학하였고, 1929년 헤르만 로체의 유심론 철학에 대해 논문을 써서 박사학위를 받았다. 독일에서의 유학 경력으로 인해 그가 히틀러 추종자가 아닌가 하는 의심이 줄곧 따라다녔다. 대표적으로 1947년 이범석의 민족청년단 훈련학교를 히틀러 유겐트를 본떠 조직한 인물로 지목받은 바 있다. 당시 미군정 대민정보수집 분야에서 일하던 리차드 로빈슨은 수원 훈련학교를 방문한 기자단을 통해 '이 학교 교장이 1931년부터 1935년까지 독일에서 살았고 히틀러 청년운동의 열렬한 지지자'임을 알게 되었다고 밝혔다.[4] 역시 미국 대사관 근무 경험이 있는 그레고리 헨더슨은『소용돌이의 한국정치』에서 리차드 로빈슨의 글을 인용하여 해당 인물이 안호상이라고 단정했다. '그가 나치 시대의 예나 대학 졸업생으로 헤겔학도였으며 공개적으로 히틀러 유겐트를 찬미한 인물'이라는 것이다.[5] 다시 이들 기록이 알려지며 한국인 연구에도 '안호상은 히틀러 유겐트의 열렬한 멤버'라는 서술이 나온 것이다.[6] 그러나 후지이 다케시는, 해당 인물이 1930년대 독일에서 유학한 뒤 돌아와 일독문화협회 주사로 활동하며 히틀러 유겐트를 적극 소개한 강세형姜世馨이라고 바로잡았다. 안호상의 경우 유학 기간 자체가 다르고, 안호상이 히틀러 유겐트의 멤버였다거나 공공연하게 찬양했다는 증거도 없으며, 그의 히틀러 평가가 당대 특별한 것도 아니었다고 보았다.[7]

안호상도 자신에 대한 세간의 의혹을 의식하고 있었다. 1996년 출간된 회고록에서 그는 자신이 유학했을 때 나치 세력은 두드러지지 않았고 히틀러 유겐트는 '청소년들의 순수한 애국단체' 정도였다고 밝혔다. 그럼에도 유엔총회 소련대표가 '학도호국단은 히틀러 유겐트요, 안호상은 파쇼'라고 했고, 미국 대사도 자신을 보며 '히틀러 유겐트가 왔다며 가시돋힌 농담'을 던졌다는 것이다. 안호상은 이에 학도호국단은 히틀러 유겐트가 아니라 화랑을 본뜬 것이고, 나치스 사상이 아니라 국조 단군 한배검의 한백성주의를 따른 것이라고 대답했다고 한다. 또한 스위스 평범한 가정집의 무장 상태에 감명을 받아 학도호국단을 조직한 것이라고 했다. 한편 밀라노 호텔에서 무솔리니 연설 광경을 보고 그저 '한 장면의 연극을 보는 듯' 했다고 떠올리기도 했다.[8] 물론 이상은 시간이 많이 지난 뒤 스스로의 해명이라는 점을 염두에 두어야 할 것이다. 그 시점에서 자신에게 불리한 기억은 지워버렸을 수 있다. 무솔리니를 본 일은 담담하게 적었으나, 히틀러의 연설을 본 경험은 회고록에 남기지 않은 것이다. 안호상이 1938년에 쓴 글을 보면 1930년 바이마르시에서 히틀러 연설을 보고 전율을 느꼈던 일을 고백하고 있다. '위대한 웅변의 소유자이자 혁명가'인 히틀러의 연설에 '죽은 듯한 군중이 다시 새 생명이나 얻은 듯' 환호하는 모습,[9] 안호상에게 파시즘은 그러한 체험으로 다가왔던 것이다. 1949년 3월 8일 서울운동장에서 열린 학도호국단 결성식에서 문교부장관으로서 10만 학도들에게 '여러분이야말로 조국을 지키는 민족의 정예부대'라고 '훈시'할 때,[10] 1950년 4월 22일 학도호국단 1주년 기념식에서 '남북통일을 피로써 맹서하자'고 외칠 때,[11] 아마도 안호상은 앞서 히틀러의 연설 장면을 떠올렸을 것이다.

즉, 안호상의 기억 속에서 히틀러와의 직접적인 연관성은 삭제되고 있었지만, '대중을 조국애, 민족애로 각성시킨다'는 감각의 계승은 문제가 되지 않았다. 우리의 전통적인, 주체적인 어휘로 분식粉飾시키면 되기 때문이다. 분식의 출발점은 대종교 입문, 신채호와의 만남이었다. 그는 젊은 시절 대종교에 입문하였다. 그리고 독일 유학길에 중국에서 신채호를 직접 만났다. 안호상은 신채호로부터 '올바른 민족 역사를 찾아야 한다'는 말을 들었다고 한다. '민족의식과 애국심을 불러내는 역할을 역사가 해야 한다'는 사상에 감명받은 바 있는 안호상은 이때 철학을 공부해야겠다는 결심을 했다.[12] 젊은 시절에는 서양 사상과 전통 사상의 조화를 고민하는 모습도 보였다. 예를 들어 율곡의 이기론에서 이와 기의 관계를 헤겔 철학과 전체주의에서 '부분이 곧 전체'라는 이론과 연결시켰다.[13] 그러나 해방 이후 조국이 만들어지고 정치 활동에 직접 나서면서 '순수하고 고유한 우리 사상'에 심취하는 모습을 보인다. 유교와 불교 모두 우리의 것이 아니고, '순수한 의미의 한국사상'은 단군 사상밖에 없다는 것이다.[14] 독일 철학의 특정 개념이 순수한 우리 것을 찾는 복고주의로 변형된 것이다.[15] 단군 숭배를 통해 신채호의 국수론을 계승하면서 파시즘은 수면 아래 숨겼다고 할 수 있다.

둘째, 해방 이후 이승만 정부 아래서 초대 문교부장관, 학도호국단 단장 등을 맡아 정치 활동을 했다는 점이다. 안호상은 문교부장관으로 임명되었을 때 망설였다고 회고한다. 이범석이 초대 국무총리로 임명된 것과 마찬가지로 의외의 상황이었던 것이다. 게다가 신채호의 계승자임을 자처하던 안호상으로서는 이승만에 대해 껄끄러움이 있었던 듯하다. 그러나 스스로 이렇게 합리화한다. 자신은 신채호의 편이지만 해방 정국에서 공산당에 맞서기 위해 이승만 이외의 대안은 없다는 것이다. 또한 연호를 단기로 하자고 했을 때 이승만이 수락한 점을 높게 평가하였다.[16] 즉, '일민주의'라는 용어로 체계화되는 자신의 사상을 펼칠 수 있는 정치적 기회로 포착하고 있었다. 일민주의가 안호상에 의해 개념화, 체계화되었다는 사실은 부정하기 어렵다.[17] 그러나 한편으로 자신이 정치권력상 비주류라는 피해의식도 잠재되어 있었다고 볼 수 있다. 실제 안호상이 주창한 민족교육은 유명무실했고 미군정 문교정책의 틀이 그대로 이어졌으며,[18] 일민주의는 어떤 정책으로도 구현되지 못했다고 평가되기도 한다.[19] 앞서 이범석과 함께 만든 조선민족청년단 역시 이들의 입각으로 인해 오히려 해체되는 결말을 맞이했다. 대공투쟁에 미온적이라는 비난을 사기도 했지만, 결국 이승만의 '노회한 인사정책'으로 제거되었다는 것이다.[20] 실제 이범석, 안호상, 양우정梁又正 등은 한국전쟁 직후 자유당에서 '민족분열분자'로 규정되었고,[21] 이범석의 반박에도 불구하고,[22] '종파세력 형성' 혐의로 제명되었다.[23] 이후 안호상은 권력의 중심에서 멀어지지만 정치권에서 완전히 떨어져 나간 것은 아니었다. 그의 파시즘적 세계관을 이해하고자 할 때, 정치적 실천이 지속적으로 동반되고 있었음에 유의해야 한다.

셋째, 그의 일민주의 저술 활동이 박정희 정부 시기까지 일정한 영향력을 행사하고 있었다는 점이다. 흔히 일민주의를 이승만 정부 시기에 고립된 이념으로 보기 쉽다. 그러나 파시즘적 세계관이라는 틀 자체는 일제 시기부터 박정희 정부 시기까지 쭉 이어지고 있었다. 안호상이 바로 그 연결고리 역할을 하는 인물이다. 안호상은 회고록에서 박정희 정부가 단기 연호를 폐지하고 단군 동상 건립에 반대한 일에 아쉬움을 표하면서도 재건국민운동 단체와 새마을금고 등을 맡으며 단군 역사 알리기에 나섰다고 자랑하였다.[24] 그러다가 1976년에는 문정창文定昌 등과 국사찾기협의회를 조직하여 국정 국사교과서의 단군 서술 등에 대해 강한 불만을 제기하였다. 다시 비주류 의식이 도드라진 셈인데, 이때 비판의 대상은 '식민사관'에 빠져 있는 주류 한국사학자들이 된다. 박정희 역시 민족주체사관 형성에 매우 적극적이었다. 안호상의 파시즘적 역사인식이 박정희에게 공유되고, 국정 교과서에도 일정하게 반영되었다고 보아야 한다. 그럼에도 안호상과 국수주의 역사학자들은 '식민사학인 주류역사학' 대 '민족사학인 재야사학'이라는 허상의 대립 구도를 만들어 정치 권력에 접근하려 한 것이다. 양자의 '진짜' 차이는 파시즘, 민족주의, 자유주의, 민주주의, 근대화 등에 대해 명확한 기준을 설정한 후 검증해 보아야 드러날 것이다.

그러면 안호상의 일민주의는 학계에서 어떠한 평가를 받고 있는가? 일민주의를 학술적으로 처음 정의한 연구자는 1990년대 중반 서중석이었다. 일민주의 이데올로그 안호상의 주장 — 단군 홍익인간 정신과 화랑도 사상을 이어받아 현대의 모든 이론체계를 지양한 가장 깊고 큰 주의 — 은 그저 '모순과 허황함' 그리고 '역사의식의 결여'를 보여준다고 평가하였다. 그러면서도 민족주의처럼 보이게 하는 면이 파시즘 논리와 뒤섞여 있다고 말하기도 했다.[25] 그리고 지도자 중시, 개인주의 비판, 도의와 윤리 같은 추상적 정신 강조 등의 봉건적 요소를 '한국형 파시즘'으로 규정하였다. 그러나 '중도파 민족주의자들과 일민주의의 반자본주의가 흡사'한 부분에 대해서는 평가를 유보하였다.[26] 서중석은 일민주의의 파시즘적 요소를 선구적으로 찾아냈으나 파시즘과 민족주의의 유사성 문제는 모호한 상태로 놔두었다.

2000년대 이후 안호상의 사상 체계에 대한 분석은 좀 더 정교해졌다.

안호상이 국가유기체론의 입장에서 사회계약설을 비판했고, 부분은 전체의 부분으로서만 의미와 가치를 지닌다는 전체주의적 사고로 개인에 대한 국가의 우월을 주장했다는 점에서 후대에도 강한 영향력을 갖는다는 문제제기가 등장했다.[27] '해방 직후 상황에 한정된 허황된 이데올로기' 이상의 의미를 보아야 성찰이 가능하다는 제언인 셈이다. 그러나 한국사학계에선 여전히 안호상의 역사인식과 민족주의 사학자들의 그것을 이분법적으로 나누는 시각이 지배적이다. 영향을 받았지만 진정성 여부에서 나누어진다고 보거나,[28] 안재홍의 신민족주의는 '개인'도 중시했다고 애써 구분하는 것이다.[29] 그런데 '개인의 자유'를 '국가와 민족의 자유'에 종속시키고, 개인의 정치적 독립성과 자율성 실현을 외면했다는 점[30]에서 양자 사이에 차이가 있는지는 검증해보아야 할 문제이다.

실제 안호상의 일민주의 저술에 나타난 파시즘적 특성에는 무엇이 있을까? 어떠한 이념을 파시즘으로 보기 위해서는 적어도 다음 세 가지 요소가 필요하다.[31] 첫째, 개인에 대해 전체의 우위를 주장해야 한다. 개인은 유기체인 전체에 종속되어 있는 존재다. 이때 혈통, 전통, 역사를 강조할수록 대외적 위기가 부각되고 대내적 억압 정도는 강해진다. 둘째, 개개인을 대중, 민중, 민족, 국민 등으로 호명하고 각성을 촉구한다는 점에서 전근대적 전제주의나 전체주의와는 차별화된다. 이념적으로 대중적 지지가 계속 상기되어야 한다는 뜻이다. 셋째, 실제 모든 이들의 욕구를 충족시키는 일은 불가능하기 때문에 끊임없이 안티테제로서만 기능한다. 자유주의개인주의, 자본주의, 사회주의, 공산주의, 민주주의 모두를 부정적으로 인식하고, 국민 내부에서도 누가 배신자인지 가려내는 데 적극적이다. 무언가를 반대하고 억누르는 열정이 체제를 지탱하는 동력이 된다.

먼저 안호상이 전체를 중시한다는 진술은 곳곳에서 발견된다. 헤겔주의자인 안호상에게 전체로서의 국가는 이상적이고 절대적인 존재로 전제되어 있다. 검토해보아야 할 것은 개인을 전체에 종속시키는 방식이다. 개인의 자유와 평등 제한을 어떠한 근거로 정당화하고 있고, 기존 이데올로기들을 어떠한 논리로 거부하였는가? 안호상에 따르면 일민주의의 근본 목표는 일민의 자유다. 그런데 자유는 객관적이고 도덕적인 가치를 갖는 것이기 때문에 강제적이다. 왜 강제적이어야 하는가? 개인의 자유를 다른 나라가 간섭하고 구속하기 때문이다. 즉, 개인이 자유로우려면 겨레와 나라가 먼저 자유롭게 독립해야 한다.[32] '개인의 자유'와 '국가의 자유'를 선후관계로 놓고, 우선순위 결정이 마치 '객관적'으로 이루어지는 것처럼 가장하고 있는 것이다. 이러한 논리에 입각하여, 개인의 자유를 앞세우는 자유주의는 우리 현실에 적합하지 않은 이념으로 취급된다. 아울러 민족보다 계급을 중시하는 공산주의 역시 전체의 평등을 해치기 때문에 문제다. 독특한 것은 자본주의와 공산주의를 싸잡아서 돈 숭배주의, 유물주의로 배척한다는 점이다. 또한 이들 주의가 실제로는 제국주의에 불과함에도 겉으로는 민주주의 간판을 내세우기 때문에 우리 내부에 이를 추종하는 배신자들이 나온다고 보았다.[33] 안호상은 자유주의와 달리 민주주의의 가치자체는 부정하지 않으며, 일민주의가 '진짜' 민주주의라는 입장을 보인다. 태평양전쟁기 근대초극론과 마찬가지로 반자본주의, 반공산주의 관점을 보임에도 자신은 파시스트가 아니라고 항변하는 근거가 여기에 있다. 파시즘조차 민주주의를 표방함은 안호상도 알고 있었다.[34] 안호상은 한국 고유의 전통 사상에서 보편적 민주주의를 발견해냄으로써, 일민주의를 세계 보편의 가치로 승화시키는 논리적 비약을 감행한다. 보편적 가치를 추구하기 때문에 '배타적이지 않은' 민족주의라고 자처한다.[35] 역설적이게도 안호상은 민족의 역사성을 강조하는 파시즘적 역사인식을 통해 파시즘으로부터 결백함을 증명하려 했던 것이다.

그러면 안호상의 '개인' 관념에 근대적인 요소는 전혀 없었는가? 서중석의 지적대로 충성을 다해야 하는 신민에 불과하다면 파시즘으로서는 결격 사유가 된다.[36] 안호상은, 자본주의가 본래 사람은 이기적이라는 철학적 고찰과 생존경쟁의 법칙을 따른다는 생물학적 관찰에서 비롯되었으며 당시에는 타당한 관점이었다고 보았다. 일민주의는 공산주의와 달리 개인의 소유도 절대로 보장한다고 밝혔다. 다만 '민족 이익'이 '개인 이익'보다 더 크다는 말을 덧붙인다.[37] '개인 이익'의 희생을 요구할 수밖에 없다는 점에서 개인 소유권 보장과 모순되는 진술이다. 1960년대 쓴 글에서 안호상은 문교부장관 재임 시절 정립한 '민주적 민족론'에 입각해 좀 더 적극적인 해석들을 덧붙인다. 일단 한백성주의=일민주의 역시 '사회계약설에 바탕한 원자론적인 다원론적 사회관'이 아니라 '유기적 전체론에 바탕한 일원론적 사회관'이라는 점에서 전체주의임을 인정한다. 안호상은 자본주의를 비판할 때는 '국가가 자본가들의 이익과 재산의 증식기구'라는 공산주의의 주장을 차용하고, 정작 공산주의의 계급주의는 개인주의에 불과하다고 일축해 버린다.[38] 그에게 개인주의는 이기주의와 동일시되고, 민주주의 역시 정치 방법에 불과한 것이다. 이제 민족의 정치 목적으로서 '민족주의'가 일민주의 대신 새롭게 부각된다. 자본주의적 세계주의, 공산주의적 국제주의는 전체주의이긴 하지만 민족주의가 아니라는 점에서 극단의 개인자유주의와 상통한다.[39] 이처럼 근대 서구에서 발달된 자유주의적 개인 관념을 이해한 상태에서 그것의 극복 담론으로서 민족주의를 내세우고 있다. 왜 민족국가가 모든 문제의 해결책이 될 수 있는가를 증명하기 위해서 핏줄血緣, 전통사상, 역사를 소환하는 것이지, 단순한 전통 회귀는 아니다. 그러한 측면에서 안호상의 파시즘적 세계관은 일정하게 근대성을 지니고 있다고 보여진다.

1960년대 안호상의 파시즘적 세계관에서 '민족주의'가 새롭게 부각되는 이유는 무엇일까? 박정희 정부의 근대화론, 발전국가론, 한국적 민주주의론에 호응함으로써 권력에 유착하려고 한 점을 꼽을 수 있다. 세계적으로 보아도 민족주의가 발전해야 민주주의도 발전하기 쉽다면서 일본과 독일이 본래부터 민족주의에 철저하여 전후戰後의 발전을 이루어낸 것을 높이 평가한 반면에, 해방 이후 한국의 지식인들은 민주주의만 찾을 뿐 민족주의를 외면하고 비웃는다는 지적은 이전에는 없던 내용이다.[40] '배달식 민주주의'는 '백성주인주의民主主義'라기 보다 '백성조화주의民和主義'라는 언술은 박정희의 '한국적 민주주의'를 연상시킨다. 그러면서도 한백성 안에는 다스리는 이와 다스려지는 이 사이에 어떠한 차별이나 차등이 있을 수 없다는 수사법을 여전히 사용한다.[41] 발전과 근대화라는 명분하에 개개인에게 요구되어지는 희생을 추상적 평등과 신비주의적 민족 관념으로 정당화시키는 이론들을 박정희 정부에 제공한 셈이다. 그러나 앞서 보았듯이 1970년대 안호상은 자신의 단군 연구가 국정 국사교과서에 반영되지 않았다며 주류 한국사학계와 정부에 강한 불만을 제기하였다. 전문 역사학자도 아닌 안호상에게 이러한 상황이 왜 그렇게 억울했을까? 1960년대 이래 한국 사회에 민족주의의 열기가 고조되고 있음에도 불구하고, 해방 이후 일관되게 민족주의를 주창해온 자신은 정작 소외되고 있다는 느낌을 받았을 수 있다. '민주주의 때문에 민족정신이 흐려졌다'[42]는 진술을 뒤집어보면, 이제 '파시즘의 혐의를 받을까 눈치보지 않고 민족주의를 내세울 수 있는 세상이 되었다'는 함의가 숨어 있는 것이다.

그러면 안호상의 파시즘적 역사인식에 대해 좀 더 구체적으로 살펴보자. 안호상의 역사인식을 간단히 요약하면 단군의 홍익인간 정신이 신라의 화랑주의로 이어졌다가 오늘날의 일민주의로 되살아났다는 것이다. 이들 사상의 정수는 '민족과 조국에 대한 의리'가 된다. 또한 고조선과 신라 때 백성이 임금을 뽑았다는 기록에 의거하여 '참된 민주주의의 시초'로 규정하였다.[43] 국인國人이 단군을 임금으로 뽑았다立以爲君는 『동몽선습童蒙先習』의 기록,[44] 신라에서 박 씨, 석 씨, 김 씨, 장자나 차자, 남자나 여자가 모두 임금이 된 사례 등이 들어진다.[45] 사실 맹자 등 전통 유학 사상에 민본, 민권 사상이 들어 있었다는 생각은 정약용 이래 이기李沂, 박은식 등 개신유학자들에 의해 공유된 바 있었다.[46] 외부의 낯선 사상을 수용하는 과정에서 내부의 고유한 무언가를 끌어들이려 했다는 점에서 양자는 유사하다. 그러나 '민'의 범주, 정치 참여 정도를 따지지 않는 한, 자의적 해석일 수밖에 없다.

1970년대에 이르러 안호상은 오로지 단군의 역사를 인정하는가 아닌가에 따라 '올바른 역사관' 여부를 판단하는 모습을 보인다. 단군을 부정하고 민족주의를 파쇼주의라 떠드는 공산주의자들과 일본교육에 중독된 실증주의 역사교수들이 동격으로 취급된다. 역사교수들만이 '과학적'이냐고 반문하면서도 한편으로 몰상식적, 비학문적, 정치적 언술들을 늘어놓는다. 위만조선을 언급하는 것은 '이적利敵과 반역의 행위'라거나, 낙랑군을 대동강 유역으로 비정하면 그 지역을 점거하고 있는 김일성에게 '민족사적 정통성'을 빼앗기게 된다는 주장 등이 그러하다.[47] 오늘날 이른바 유사역사학자들의 억지 주장들이 어디에서 기원하고 있는지 엿볼 수 있는 대목이다.[48] 그러면서 자신의 단군 연구가 신채호, 최남선, 안재홍, 정인보 등 (신)민족주의 역사학자들의 그것을 계승하였음을 내세운다. 신라 화랑주의와 현대 일민주의 사이의 긴 기간을 단절로 보는 관점 역시 신채호의 역사인식을 닮아 있다. 사실 우리 민족의 진취적, 자주적 기상이 신라의 삼국통일로 한 번 위축되었고, 묘청이 사대주의적 유학자 김부식에게 패함으로써 결정적으로 약화되었으며, 망국에 이르렀다는 것은 신채호 이래 민족주의 역사가들에게 공통된 역사상이다. 기존 사학사는 이를 식민주의 역사학에 맞서 싸우면서 형성된 '근대적 민족주의적 민중사관'으로 의미화했다.[49] 그러나 이러한 해석은 안호상 이래 유사역사학과의 친연성을 제대로 설명해내지 못한다. 그저 유사역사학에 대해 '과도한 민족의식과 부실한 실증'이라는 원론적 비판만 되풀이하고 있다.[50] 식민주의 역사학과의 관계는 별개로 따져야겠지만, 파시즘이라는 기준을 명확하게 가지고 들여다보면 안호상과 민족주의 역사학자들이 공유하고 있던 역사인식이 무엇인지 드러날 것이다.

2) 이범석, 강상운 등의 파시즘 인식

파시즘적 세계관과 역사인식은 안호상에 한정된 것이었을까? 일제 시기에는 이광수, 신흥우처럼 파시즘을 공개적으로 옹호한 지식인들이 있었다. 그러나 해방 이후 이들은 친일 행적으로 인해 목소리를 낼 수 없었다. 하지만 독립운동 경력을 인정받는 이들이라면 상황은 달랐다. 초대 대통령 이승만과 초대 국무총리 이범석이 그런 경우다. 공식적으로는 일민주의도 이승만이 만든 이념이었다. 물론 실제 이론화시킨 이는 따로 있는데, 안호상과 함께 양우정이 지목된다. 양우정은 사실상 이승만의 생각들을 대중에게 전달하는 역할을 했다.[51] 그러한 그가 이승만의 정치노선을 평가하는 부분에서 파시즘적 세계관이 드러난다. 이승만의 노선에는 공산주의도 자본주의도 없고, '토지는 농민에게', '신민주주의', '진보적 민족주의' 운운하는 좌파나 우파는 대중에게 교태를 부리는 매춘부와 다름없다는 것이다.[52] 대중이 현대정치의 기반임은 알지만, '뭉치자'는 구호에 반대하는 정치세력은 모두 분열주의자에 불과하다는 인식이다. 1949년 쓴 글에서는 레닌이 '국민'과 '민족' 개념도 구별하지 못했다며 민족의 혈통성에 관심을 보였다.[53] 같은 시기 혈통을 중시하는 나치즘적 세계관을 내세운 인물이 이범석이다.

이범석이 파시즘 지지자였음을 보여주는 단서들이 몇가지 있다. 그가 창립한 조선민족청년단이 히틀러 유겐트를 본뜬 것으로 알려져 있고, '민족 지상, 국가 지상'이라는 구호와 혈통 중시의 민족론 등에 파시즘적 요소가 있다는 것이다. 해방 직후 '민주주의니 무엇이니 하지만, 나치스 같은 정치 체제가 아니면 안 된다'고 말했다는 증언도 있다.[54] 브루스 커밍스는 이범석의 민족주의가 히틀러와 마찬가지로 인종주의적임을 지적했다.[55] 그런 점에서 파시즘보다는 나치즘의 성격을 지니고 있다고 여겨지기도 한다.[56] 반면 유가의 민본사상에 머물렀다고 보기도 하고,[57] 히틀러를 수용한 이유는 파시즘이 아니라 민족주의적 요소 때문이라는 옹호론도 존재한다.[58] 물론 이 경우 파시즘과 민족주의의 차이가 무엇인지 엄밀하게 전제되어 있지는 않다. 그런데 이범석이 직접적으로 파시즘이나 나치즘의 영향을 받았다기 보다는, 장제스가 운영한 중앙훈련단에서의 체험을 그대로 재현했다는 분석이 더 설득력 있어 보인다.[59] 1930년대 중국에서 민주주의는 혼란과 비능률을 조장하기 때문에 전체주의 체제로 국가의 통제를 통한 경제 발달을 이루자는 주장이 부각되었고,[60] 장제스의 남의사藍衣社는 '중국의 파시스트'라 불리며 공포의 대상이었다고 한다.[61] 장제스의 파시즘 노선과 일본의 그것 사이 차이점이 무엇인지는 따져보아야 할 것이다.[62]

그러면 실제 1947년 이범석이 쓴 글들 속에 파시즘적 요소가 있는지 찾아보자. 이범석에게 혈통의 공통성은 민족 형성의 기본 조건이자 본질적 성격이다. 우리 민족은 자랑스러운 전형적인 단일민족이다.[63] 혈통이 이렇게 중요한 이유는 민족의식 형성의 바탕이 되기 때문이다. 민족적 정서와 동포적 정애가, 강한 민족의식을 양성케 해준다. 민족의식만 있으면 민족은 멸망하지 않으며, 민족 역사의 진퇴는 민족의식 강약에 정비례한다. 즉, 역사는 민족과 민족의 투쟁을 통해서 발전한다.[64] 이범석은 그러한 기준을 가지고 세계의 모든 현상에 대해 판단한다. 일본은 야마토大和 민족이라고 떠들지만 민족 형성조차 분명하지 않은 상태로 '천손 민족'이니 '팔굉일우'니 헛소리를 하고 있다. 반면 히틀러의 순혈운동은 민족적 결속에 심대한 효과가 있었으니 '피의 순결'이 얼마나 존귀한지 증명해 준다. 민족의식을 중시한 것은 헤겔과 레닌 모두 마찬가지이며, 개인 간 혹 계급 간 투쟁은 민족 내부의 일로 부차적인 것이다. 한국의 공산운동 역시 민족운동의 변형된 형태로서 충실했다.[65] 민족 내부 사안과 외부 사안 사이에 위계가 정해지다 보니까, 개인이 민족의 발전을 위하여 생애를 바치는 것도 당연해진다. 민족의 역사는 그러한 사례들을 발견하기 위해 필요하다.[66] 단일민족국가이기 때문에 동포들은 정치적·경제적·문화적으로 균등하고 차별받지 않는다고 선언된다.[67] 그러나 민권을 내세우는 서구 민주주의는 기계적 평등을 추구하기 때문에 수용할 수 없다. 그것은 '민주주의병'을 일으킨다. 이범석 스스로 '궤변', '봉건사상' 같다고 말하면서도 동양 전통의 '민유방본民維邦本'이 진짜 민주주의라고 결론짓는다.[68] 그러면서도 현재는 군중의 시대라며 민주주의는 곧 군중주의이고, 군중이 역사 발전의 주체로 등장했으므로 군중=민족의 지지를 얻지 못하면 안 된다고 밝히기도 했다.[69] 이범석이 유난히 혈통을 중시했다는 이유로 민족주의 세력 일반과 동떨어진 파시스트로 규정하는 경우가 있다.[70] 그러나 이범석의 논리 구조를 잘 살펴보면, 혈통 중시는 민족의식 고취를 위한 수단이다. '본질적'이라고 표현하고 있지만, 논리 체계상으로는 목적이 아니라 수단이다. 민족의식 고취를 위해 자국사를 소환하고, 서구 민주주의를 부정하면서도 민족=대중을 호명해내는 방식 자체는 당대 안호상이나 민족주의 역사가들의 그것과 크게 다르지 않아 보인다.

그밖에 해방 이후부터 1950년대까지 지식인들의 파시즘 인식이 엿보이는 글들을 몇가지 살펴보겠다. 일본에서 공부한 정치학자 강상운姜尙雲은 1948년 8월 『현대정치학개론』이란 책을 썼다. 이 책에서 그는 독재정치와 파시즘 전체주의, 민족사회주의, 국가사회주의 등을 분류하고 소개하고 있는데, 나치즘에 우호적인 입장을 드러내고 있다. 나치 옹호론자 강세형의 영향도 있는 것으로 보인다.[71] 강상운은 일단 독재정치를 단순히 민주주의에 대한 대립항으로 보지 않는다. 칼 슈미트의 주권 이론 등을 이용하여, 특명적 독재가 입법적 독재를 거쳐 무력적 독재로 발전하는 경향이 있음을 규명한다.[72] (일시적) 독재정치와 입헌정치의 양립 가능성을 간파함으로써 대중으로부터 권력의 정당성을 '인정'받은 독재 체제프롤레타리아독재, 파시즘독재의 (소수에 대한) 폭력화를 이해할 수 있게 한 것이다. 바꾸어 말하면 민주주의를 내세운 독재가 가능해지는 것이다. 강상운은 파시즘독재도 대중을 배경으로 하는 것이므로 '대중적 독재'라고 지칭한다.[73] 임지현이 학술용어로 '대중독재'라는 단어를 정착시킨 것보다 50여 년 앞선 시점이다.[74] 강상운은 파시즘을, 개인주의의 폐해를 넘기 위해 발생한 국가주의, 국민주의이자 전체주의로 본다. 반면 계급독재를 내세우는 마르크스주의는 전체주의가 아니다.[75] 칼 포퍼 등이 파시즘과 공산주의를 싸잡아 전체주의로 비난한 것과는 다르다.[76] '민족공익을 목표로 사리사욕을 배척'하는 파시즘 전체주의를 긍정적으로 보기 위해서, 공산주의는 전체주의가 아니라고 밀어낸 것이다. 한국의 지식인들이 우리 전통 사상에도 뚜렷이 나타나는 '일원적 전체주의사상'을 과소평가하는 것도 문제다.[77] 또한 노골적이지는 않지만 국가사회주의=국가주의=파시즘보다 민족사회주의=민족주의=나치즘의 장점을 부각시킨다. 히틀러의 주장처럼 국가 자체를 '민족의 문화적 발전을 위한 수단'으로 볼 필요가 있다는 것이다. 배외사상 결탁의 위험성만 조심한다면 말이다.[78]

이처럼 파시즘이나 나치즘 대신 '민족사회주의' 등의 용어를 사용하여 긍정하는 논법은 해방 공간에서 낯설지 않았다. 언론은 '민주국가의 공민양성' 못지 않게 '국사 지식 보급을 통한 민족의식 주입'을 중시했다.[79] 언론인 김삼규金三奎는 조선사회에 아직 계급적 대립이 등장할 여지가 없다며 노동자, 농민, 소시민, 부자로 세분되기 이전의 단계로서, 민족적 긍지와 힘을 중시하는 '민족사회주의'로 나아가자고 주장했다. 그러면서 '인류평화'와 '국제민주주의'의 원리에 입각해 있으므로 독일의 나치즘으로 오해하지 말라고 강변했다.[80] 파시즘과 유사한 관점을 내놓으면서도 민주주의 등 보편적 가치가 깃든 용어를 곁들이면 면죄부를 받는 시대였던 것이다. 물론 이러한 상황을 성찰적으로 바라보는 언론인도 있었다. 1957년 송건호宋建鎬는 파시즘을 '개인이 근대 국가 아래에서 자기소외화를 의식하고,

애국심의 원시적 비합리성을 배경으로 한 「불만족의 애국심」이 폭력적 행동과 야합하여 나타난 정치원리'로 정의내린다.[81] 근대적 현상인 자기소외를 전근대적인 비합리적 애국심으로 해결한 것이 파시즘이라는 것이다. 이와 같은 비합리적 요소는 내셔널리즘 일반이 갖고 있는 것이므로 민주주의를 애국심의 핵심으로 하여 국가가 독점하지 못하게 해야 한다고 하였다.[82] 파시즘을 근본적으로 극복하기 위해서는 민족주의의 본질적 한계를 극복해야 한다는 시각으로 사뭇 진보적인 관점이다. 그러나 송건호도 우리 민족은 다르다는 예외주의의 한계로부터 벗어나지는 못했다. 일제하 저항운동은, 애국심이 '민족의 역사적 진보와 해방을 위한 위대한 원동력'으로 작용한 사례라고 볼 수 있다는 것이다.

해방을 전후한 시기 지식인들에게는 한국 사회 발전을 위해 대중 동원과 체제 안정을 동시에 가져올 수 있는 이념이 필요하다는 공감대가 형성되어 있었다. 세계사적으로 파시즘이 그러한 역할을 했다는 인식도 존재했다. 그러나 미군정 하에서 파시즘은 금기시된 이데올로기였기 때문에 민족주의가 대체재로 떠올랐다. 아울러 '민족주의' 앞에 '민주적'이라는 수식어를 붙여 내면의 파시즘적 세계관을 감추려 했다. 태평양전쟁기 반자본주의, 반공산주의를 내세운 근대초극론이 비서구사회에서 '새로운新 민족주의'의 형태로 부각된 경험도 학습효과를 낳았다. 그러한 배경 하에 파시즘적 역사인식이 민족주의 역사학, 민족주체사관의 외피를 쓰고 살아남을 수 있었던 것이다.

안호상은 파시즘적 역사인식을 전형적으로 보여준 인물이다. 그는 독일에서 공부한 관념론 철학과 대종교, 민족사상을 결합시키고자 했다. 문교부장관, 학도호국단 단장 등의 정치적 활동을 하였고, 박정희 정부 시기까지도 일정한 영향력을 행사했다. 전체를 중시하고, '국가의 자유'를 우선시하되 자본주의와 공산주의에 모두 반대하며, 한국 고유 전통 사상에서 보편적 민주주의를 찾는 방식에서 파시즘적 세계관을 보여준다. 단군과 화랑도를 강조하며 민족주의 역사학 계승도 내세웠다. 그는 근대 서구에서 발달된 자유주의적 개인 관념을 이해한 상태에서 그것의 극복 담론으로서 민족주의를 내세우고 있다. 왜 민족국가가 모든 문제의 해결책이 될 수 있는가를 증명하기 위해서 핏줄혈연, 전통사상, 역사를 소환하는 것이지, 단순한 전통 회귀는 아니다.

당대 혈통을 중시하는 이범석이나 민족사회주의의 장점을 주장하는 강상운 같은 이들 역시 파시즘적 세계관의 지지자였다. 당시에는 파시즘이나 나치즘 대신 '민족사회주의' 등의 용어를 사용하여 긍정하는 논법도 유행하였다. 파시즘과 유사한 관점을 내놓으면서도 민주주의 등 보편적 가치가 깃든 용어를 곁들이면 면죄부를 받는 시대이기도 했다. 그래서 우리 전통 사상에서 민주주의적 요소를 찾아 강조하는 모습을 보인다. 민주주의 개념을 두루뭉술하게 이해한 상태에서 자의적으로 갖다 붙이는 격이다. 그런데 이것이 우리의 민족주의는 파시즘이 아니라는 근거로 사용된다. 민주주의는 파시즘의 반대 개념으로 짝지워져 있기 때문이다. 파시즘적 역사인식을 감추는 전형적 방법이다. 또한 대외적민족적 위기의식이 대내적민주적 억압의 핑계로 사용되어지는 방식도 공통된다.

2. 역사가들의 민주주의와 파시즘 인식 비교

다음으로 하려는 작업은 해방 이후 주요 학파들을 대표하는 역사가들의 역사인식을 안호상의 파시즘적 역사인식과 비교해 보는 것이다. 신민족주의 역사학, 실증사학의 경우 공통적으로 '민족 주체'를 내세우기 때문에 그 안에 파시즘적 요소가 없는지 살펴봐야 하고, 마르크스주의 유물사학의 경우 파시즘을 비판하는 입장이기 때문에 그 비판 논리를 검토해 보아야 한다. 먼저 일반적으로 신민족주의 사론은 안재홍에 의해 주창되고, 실제 역사 서술은 손진태에 의해 이루어졌다고[83] 보기 때문에 둘의 역사인식을 같이 보려고 한다. 안재홍은 해방된 지 4개월이 된 시점에 라디오 방송에 나가 '신민주주의와 신민족주의'라는 주제로 발언을 했다. '민족주의와 민주주의는 표리일체'라는 것이 핵심인데, '신新'자는 왜 붙였을까? 선진 자본주의국가의 민족주의와 민주주의는 계급적 이익을 옹호하는 국가기구가 국가나 민족의 이름으로 농민, 노동자, 소시민을 착취하는 이데올로기다. 그런데 우리는 식민지 기간 지주, 농민, 자본가, 노동자가 다 함께 압박과 착취를 당하였기 때문에 '다르다'는 것이 안재홍의 주장이다. 마오쩌둥의 '신민주주의'와는 관련이 없다고 해명한다.[84] 중도파로서 안재홍의 정치적 입장을 보여주는 것이기도 하다. 서구와 계급적 상황이 다른 우리의 민족주의는 '새로운' 것이고, 민족주의를 하면 민주주의도 이루어진다는 소박한 입론이다. '표리일체'라는 말로 민족주의와 민주주의의 관계를 얼버무리고 있는 점도 확인된다.

안재홍이 말하는 신민족주의의 의미가 좀 더 분명해지는 것은 1949년의 글이다.

① 일민주의도 과학적 타당성에서는 얼마큼 허루虛漏한 점 있으니 민족통일의 의도염원으로서는 그럴 법도 하다. 그 어의語義부터가 너무 어리무던하다.

② 이러한 국제지정상의 중대하고도 어수선한 관계는 현대에서도 조선민족이 반드시 최대한의 총단결로서 최대한의 협동호조協同互助의 민족정신을 발휘하야 반드시 어수선한 국제세력의 제약을 극복하면서 민족자주독립국가의 완성함을 객관적 요청되고 있다. 이것이 즉 민족주의인 것이오 이 민족주의는 토지의 경자耕者에게 적정분배와 공工 광鑛 수산水産 등 모든 산업경제기관을 근로대중의 균등경제요청에 대하야 기본적 수응需應을 하는 균등사회토대위에 평권平權정치 공영문화를 실천하는 진정한 민주주의를 내용으로 삼는 신민족주의인 것이다.

③ 부여조선의 제가평정諸加評定 고구려시대의 군공群公회의 신라에서『화백』즉 다사리로 되어 있는 군공 혹 제족諸族회의 같은 것은 상대사회 귀족적인 치자계급에만 국한되었던 민주주의 방식이나 그러나 당년當年에 있어서는 공민전체에 미치는 민주방식이었던 것이고 민주주의는 이처럼 구원久遠한 전통을 가진 것이다. 이 민주주의가 현대적으로 전국민 대중에게 확대되어 하나의 신민주주의 진정한 민주주의로 성립되고 그러한 민주주의의 토대 위에 신민족주의가 성립되는 것이다.[85]

② 에서 보듯 안재홍에게 민족주의는 대외적인 것, 민주주의는 대내적인 것이다. 대외적으로 외세에 맞서 민족정신으로 단결하기 위해 민족주의가 필요하고, 대내적으로 균등경제, 평등정치를 실천하기 위해 민주주의가 필요하다. 민주주의적 요소가 있기 때문에 신민족주의가 되고, 민족주의

적 요소가 있기 때문에 신민주주의가 되는 논리 구조다. 문제는 현실세계에서 대내적 사안과 대외적 사안이 엄격하게 구분되지 않는다는 점이다. ③에서 보면 민주주의는 우리 전통 사상에 이미 존재하던 것으로 현대에 대중에게도 확산됨으로써 신민주주의=신민족주의가 된다. 민주주의 기원을 자국사에서 찾는 방식은 안호상과 유사하다. 그런데 ①에서 보듯 일민주의를 기본적으로는 부정적으로 인식한다. 그러나 '과학적 타당성'은 부족하다고 하면서도 '민족적 의도'는 존중하는 태도를 내보인다. 단군에 대한 인식도 모호하다. '덮어놓고 단군자손이라고 일컫는 것은 과학적 틈'이라며 설화적이라고 하면서도 만인의 추대에 의해 매우 민주주의적으로 건국되었다고 높게 평가한다.[86] 이와 유사한 인식상의 문제점이 손진태에게서도 반복되고 있다.

손진태는 1948년 『조선민족사개론』, 「국사교육 건설에 대한 구상」, 1949년 교과용 도서 등에서 자신의 신민족주의 사론을 적극적으로 폈다. 그에게 극복 대상은 왕실중심적, 귀족적, 지배계급적 역사학이다. 구체적으로 왕가의 세계世系를 기억시키는 역사교육은 민주주의에 역행하는 것이라고 강도높게 비판하였다. 그런 측면에서 백남운의 역사학이 역할을 하였지만, 피지배계급 발견에 열중한 나머지 '민족의 발견'에 소홀했던 점은 문제다. 과학으로서의 역사학이야말로 '동일한 혈족'으로 구성된 민족사를 무시해서는 안된다. 모든 역사적 사실은 '민족'의 입지에서 가치 판단되어야 한다. 그러면서도 단기 사용은 편협한 국수사상이라고 비판했다. 세계사와 동시에 공존해야 한다는 것이다.[87] 즉, 왕실중심주의, 국수주의, 귀족사상 등과 반대되는 것이 민주주의인데, 강자의 철학서구 민주주의과 약자의 철학은 반대되기 때문에 우리의 민주주의는 동시에 민족주의가 되어야 한다는 것이다. 그러한 민족주의를 '민주주의적 민족주의' 간단히 말해 '신민족주의'라고 한다. 신민족주의 사관은 계급주의 사관처럼 계급투쟁을 도발하지도 않고, 자유주의 사관처럼 방임하지도 않으며, 먼 미래의 인류사관보다 현실적이다. 한사군처럼 중요하지 않은 문제를 장황하게 말할 필요 없다는 대목에서는 (후대의) 유사역사학과도 구분된다.[88] 기본적으로 민족사관의 입장이지만 민주주의적 요소를 역사학과 역사교육에 어떻게 적용시킬지 고민하는 모습이다. 안호상처럼 자의적이고 단순한 논리로 민주주의와 민족주의를 결합시키지는 않는다는 뜻이다. 그럼에도 불구하고 결과적으로 손진태의 신민족주의는 안호상의 일민주의에 수렴되는 양상을 보였다. 1949년 쓴 교과용 도서 서문에서 손진태는 '독선, 배타적인' 민족사상이 제2차 세계대전에서 패배했다고 서술했다.[89] 얼핏 파시즘에 대해 반성하고 있는 것처럼 보이지만, '개방적' 민족사상은 파시즘이 아니니까 괜찮다는 복선을 깔아놓은 셈이다. 그러나 이때까지는 단기 사용 반대의 입장도 분명했다. 그런데 1950년 3월, 교과용 도서에서 손진태의 입장은 변화한다. 단기 사용 반대 언급이 없을뿐더러 그동안 '신민족주의라고 하여 왔으나 지금은 일민주의라고 하고 싶다'고 단정적으로 밝히고 있다.[90]

손진태는 초대 문교부장관 안호상과 함께 문교부차관으로 3개월 동안 재직한 바 있었다. 도대체 손진태에게 신민주주의와 신민족주의는 어떠한 관계인지 후대 연구자들의 의견도 엇갈린다. 본래 한국사학계의 손진태 사관에 대한 평가는 후했다. '민족주의적 시각과 내재적 발전논리의 종합'이라거나 '실증사학, 민족주의사학, 사회경제사학의 비판적 종합'이라며 이상적인 한국사관으로 치켜세워졌다.[91] 그러다 보니 공격의 표적이 되기도 했다. 일제 시기 시라토리白鳥庫吉를 따라 단군말살론의 입장이었는지 쟁

점화되었고,[92] 대동아공영주의의 담론으로 제시된 고마쓰小松堅太郎의 '신민
족주의론'의 명칭과 내용을 거의 그대로 가져왔다는 지적도 있었다.[93] 손
진태가 분단된 현실 극복을 위해 이념화된 민족사를 창출해냈다는 비난도
있었다.[94] 그러나 식민주의 역사학과 닮았다거나 현재주의적 목적성을 뚜
렷이 가졌다는 이유만으로 문제시하는 것은 적절하지 않다. 그보다는 기
존 연구들이 신민족주의와 신민주주의를 동일한 의미로만 파악했다거나
안호상의 '민주적 민족교육론'과의 유사성에 눈감았다는 비판이 더 의미
심장하다. 손진태는 정부 수립 이후 좀 더 적극적으로 '민주주의' 개념을
전유하여 민족주의화된 '신'민주주의를 주창했다는 것이다.[95] 그렇다면
국가와 개인의 관계, 공동체의 구성 원리 등에 대한 손진태의 인식이 안호
상의 그것과 다르지 않았기 때문에 신민족주의가 일민주의로 수렴될 수
있었다는 결론이 가능하다.

　이상 살펴본 안재홍, 손진태의 신민족주의론은 마르크스주의 역사적 유
물론의 관점에서 비판의 대상이 되었으리라 예상해볼 수 있다. 백남운은 파
시즘과 민족주의의 관계를 어떻게 보고 있었을까? 백남운은 현 정세 판단
및 향후 전망을 1946년 4월과 1947년 5월 「조선민족의 진로」와 「조선민족
진로 재론」이라는 제목의 글로 발표하였다.[96] 여기에서 민주주의, 민족주
의, 파시즘에 대한 백남운의 이해 방식을 표로 정리해 보면 다음과 같다.

〈표 1〉 민주주의, 민족주의, 파시즘에 대한 백남운의 이해 방식

	민주주의	민족주의		파시즘	
자유민주주의	시민적(개인적, 유산층, 외래) 민주주의. 조선에선 지주·자본가 동맹.	단일민족	타민족에게 이질적 대립성이 강한 점은 인정. 그러나 근대적 의미의 '민족의식'은 불인정.	조선의 피쇼정치	봉건잔재세력, 친일파 민족반역자, 정상모리배 등 불순분자들이 결탁해 특권층 본위의 자본주의 경제 재건
사회민주주의	조선은 산업자본주의의 독점단계 아님	내적 민족주의	기성 독립국가의 정치이념	국가사회주의 또는 민족사회주의	히틀러, 무솔리니는 국가자본(독점자본)의 충복
		외적 민족주의	식민지, 반식민지의 민족주의		
부르주아 민주주의	식민지에서 부르주아지는 민족독립 위한 동맹군	화백제, 두레모둠, 사발통문 등 민주사상의 전통 존재		파쇼적(↔ 민주적), 폭압적(↔ 공론적), 특권적(↔ 인민적), 전진(↔ 반동)	
프로민주주의	일반민주주의	민족주의와 공산주의의 공통요소가 민주주의			
연합성 신민주주의	민족해방을 위한 민족적 민주주의	진정한 양심적 민주주의자는 민주진영에 포섭되어야			

　　백남운 등 공산주의자들도 기본적으로 민주주의와 민족주의의 결합을 이상적인 정치 형태로 생각하고 있었다. 중요한 것은 정치의 주체를 누구로 설정하느냐였다. 자산가, 자본가가 주체가 되면 민주주의의 제도를 지니고 있더라도 '부르주아민주주의'에 불과하다. 프롤레타리아혁명, 프롤레타리아독재를 거친 민주주의만이 '일반민주주의'다. 진짜 민주주의가 아니기 때문에 부르주아가 내세우는 민족주의 역시 '부르주아민족주의'로 폄하된다. 파시즘은 자본가세력에 봉건세력까지 결합하여 최소한의 민주주의 형식마저 제거한 폭압정치로 규정된다. 따라서 파시즘과 부르주아민주주의 세력을 모두 타도하여 일반민주주의 체제 구축을 향해 나아가야 하는 것이다. 그런데 백남운의 특이함은 식민지 조선의 특수성을 내세워

일부 자산가 계급을 민족독립의 동맹군으로 포섭하려 했다는 점에 있다. 그러한 민주주의를 '연합성 신민주주의' 곧 '민족해방을 위한 민족적 민주주의'라고 불렀다. 즉, 백남운의 연합성 신민주주의에서 방점은 '민주주의'가 아니라 '연합성'이라는 수식어에 찍혀 있었다.[97]

이러한 주장에 대해 좌파 내에서 격렬한 반론이 일어났다. 과학자동맹 이기수, 카프 출신 김남천 등은 공개적인 글에서 백남운을 기회주의자로 몰아붙였다.[98] 이들이 보기에 '대학자' 백남운은 부르주아민주주의 혁명과 지배형태로서의 부르주아민주주의, 그리고 자유민주주의를 뒤섞어 놓음으로써 '자산계급의 일부'와 손잡으려는 정치적 야심을 드러냈다.[99] 여기서 '자산계급의 일부'가 어떤 이들인지도 애매하다고 비판했다. 또한 '연합성 신민주주의'는 마오쩌둥의 '신민주주의'를 흉내낸 것인데 현재 조선의 '우익'은 친일재벌, 악덕지주, 친파쇼정객밖에 없기 때문에 연합의 대상이 될 수 없으며, 연합의 기본원칙 또한 제대로 세워져 있지 않아서 문제라고 보았다.[100] 결국 이승만의 '덮어놓고 뭉치자'는 통속적 구호와 무슨 차이가 있느냐는 말까지 나왔다.[101] 백남운의 「조선민족 진로 재론」은 이같은 비판에 대한 재반론의 성격을 갖는 것인데, 여기서는 파쇼정치를 더 강하게 비판하고 ('푸로독재'가 아닌) 인민성 민주주의를 부각시켰다. 아울러 '연합성 민주주의는 부르주아민주주의와 전연 별개의 개념임을 혼동해서는 안된다'고 강조했다.[102] 그러나 백남운이 '민족적 특수성'을 내세울수록 대중적, 정치적 의도가 부각되었던 것은 사실이다. 앞서 일제 시기 김남천 등은 안재홍을 '조선적 파쇼'로 공격한 바 있었다. 민족주의 역사관을 파시즘적인 것으로 볼 것인지가 논점이었다.[103] 김남천 등의 계급론적 세계관이 어느 만큼의 현실성과 대중성을 가졌을지는 의문이다.

다음으로 정치적 성격이 강하지 않았다고 알려진 실증주의 역사학파의 역사가 이병도의 역사인식을 살펴보자. 실증은 근대역사학의 기본적 속성이란 점에서 실증주의 역사학을 별개의 학파로 볼 수 있는지 의문이 제기되기도 한다.[104] 뒤에서 자세히 보겠지만 해방 이후에는 이병도 역시 '민족 주체'를 내세우며 '정치적 관점'도 드러냈다. 엄격한 실증을 중시하는 민족주의 역사인식은 안호상이나 손진태의 그것과 과연 달랐을까? 1955년 나온 『국사와 지도이념』이라는 책에 이병도의 역사관이 잘 나타난다. 파시즘적 역사인식이라고 할 만한 부분들은 다음과 같다. 첫째, 공동체를 유기체로 보기 때문에 개인은 전체에 종속한다고 말한다. 전체의 이익이 곧 개인의 이익이 되기 때문에 전체의 이익을 위해 개인의 그것을 희생해야 한다. 나아가 국가민족의 영원한 이상에 목숨을 바칠 각오를 해야 한다.[105] 둘째, 민족사는 민족의식의 발달 과정으로 설명된다. 삼국 시대에는 민족 시조인 단군이 숭배되지 않았기 때문에 민족의식은 없었고 오직 국가의식만 있었다. 신라의 제한적 통일은 오늘날 우리의 감각으로는 불만스럽기 짝이 없다. 그래서 고구려의 옛땅을 회복하려 한 고려의 민족의식을 높게 평가해야 한다. 발해는 동일민족에 대한 의식은 없었기 때문에 국사에서 제외해야 한다. 외세의 침략이 계속된 최근세사에는 강렬한 민족의식이 생겨났다.[106] 셋째, 국난을 극복하고, 통일 대업을 달성한 화랑도 정신이야말로 우리 민족의 순수최고 이념이다. 묘청 일파의 패배로 자주 정신이 몰각하고, 봉건적·사대적·편파 배타적 유교가 지배사상이 되었다.[107]

이상의 서술들에서 안호상, 손진태의 그것과 차이를 발견하기 어렵다. 화백회의, 두레, 향도 등에서 민주주의 요소를 찾아내는 것도 마찬가지다.

다만 역사학적 대상에 대한 접근 방식이 조심스러운 점에서는 구별된다. 단일민족인 것은 맞지만 혈연적으로 순수하지는 않다거나 실용 중시의 면에서 유교에도 장점이 있다는 지적들이 그렇다.[108] 이병도는 '민족주의'라는 정치적·추상적 용어 사용은 회피한다. 대신 '전통적 지도이념인 협동 타협정신'을 '외래의 새로운 형식의 민주주의'와 결합시키자고 주장한다. 막연히 민주주의를 부르짖는다고 해서 대중이 순응, 협력하지는 않을 것이라고 보기 때문이다.[109] 사실상 대중 동원의 필요성은 인정하면서도 전통 사상에 의하여 민주주의적 가치를 제한할 수 있도록 근거를 제시해준 것이다. 안재홍, 손진태, 백남운 등 유력 역사가들이 남학 학계에서 사라지고 안호상도 정계 중심부에서 밀려난 시점에서, 이병도의 권력 욕구가 작동하고 있었음을 짐작케 해준다. 실제 이와 같은 역사인식과 구체적인 연구 성과들은 이후 박정희의 민족주체사관 형성 과정에서 활용될 수 있는 것들이었다.

백남운, 이병도 등의 역사인식을 검토하면서 이러한 질문을 던지게 된다. 과학, 실증, 진보, 계급, 민중 등의 개념을 중시했던 역사가들이 왜 모호한 '민족주의' 이념을 버리지 못했을까? 어쩌면 이론적 개념만으로 설명되지 않는 '대중'의 역동성을 깨달았기 때문이 아닐까? 즉, 대중의 집단적 역동성을 잘 활용한 파시즘이 한 때 가졌던 힘을 무시하기 어려웠다. 따라서 누군가는 그 힘을 두려워하고 누군가는 이용하려 하였으며 누군가는 타협하려 한 것이다. 현재 한국사학계 다양한 성향의 연구자들이 있지만 계보를 따라 올라가 보면 예외없이 이 장에서 검토한 이들과 연결된다. 안호상 류의 파시즘적 역사인식이 지금 역사학계 주류는 아니다. 그러나 이 장에서 검토한 역사가들에 대한 현재 학계의 평가를 보면 과연 당시의 역사인식이 제대로 극복되었는지 의문이 생긴다. 해당 역사가들이 민주주의와 민족주의의 실제 내용을 어떻게 구성했는지 좀 더 살펴볼 필요가 있다고 생각된다.

3. 박정희의 '한국적 민주주의'에 보이는 파시즘적 역사인식

박정희 시기 사상과 이념, 문화, 역사학 등을 다룬 연구들은 많지만, 박정희 자신의 관점에서 접근한 경우는 의외로 드물다. 그런 측면에서 전인권의 『박정희 평전』은 주목된다. 박정희가 고아 의식으로 인해 '과거 청산적 단절'을 반복한 점,[110] 수직적 인간관계에만 능했던 점, 만주국을 모범 국가로 여기는 국가주의적 세계관에서 벗어난 점이 없었다는 점, 히틀러를 흠모했고 히틀러와 비슷하게 시적詩的인 인간이었다는 점, 개인을 언제나 역사적 존재로 이해하고 국난에 처한 민족사를 개인사와 동일시했다는 점 등 흥미로운 지적을 하고 있다.[111] 그리고 『우리 민족의 나갈 길』1962, 『국가와 혁명과 나』1963, 『민족의 저력』1971, 『민족중흥의 길』1978, 기타 연설문 등을 분석하여 박정희 역사인식의 핵심을 국난극복사 중시라고 하였다. 개인과 인권에 대한 이해가 전혀 없이 국가주의적 관념 하에 만들어진 역사인식이라는 것이다. 또한 1962년과 1971년의 저작을 비교해보면 한국 역사에 대한 인식이 부정에서 긍정으로 크게 변화했다고 풀이한다.[112] 해당 시기 한국사 연구자들의 식민주의 역사관 극복과 상호 관련되어 있었음이 인정된다.[113] 그런데 저자가 보기에 더 중요한 사실은 해방 직후 파시즘적 역사인식이 이미 정립되어 확산되고 있었다는 것이다. 파시즘적 역사인식의 계보 속에서 박정희의 역사관을 재검토해 볼 필요가 있다.

박정희는 민정 이양, 1971년 대통령 선거 등 정치적 사안을 앞두고 자신의 생각을 국민들에게 알리기 위해 책을 썼다. 자신의 정치적 목적을 달성하기 위한 글에서 왜 그렇게 역사에 대해 많이 언급했을까? 그에게 민족주의와 민주주의는 어떠한 관계에 있는 것이었을까?

〈표 2〉 박정희의 저작들에서 보이는 민족주의와 민주주의에 대한 이해

민족주의에 대한 이해	민주주의에 대한 이해	출처
- 근대화의 원동력은 민족주의라고 하는 종교적 열정이다. - 1950년대 위기는 '민족의식의 결핍' 때문이다. 상인, 천민에 대한 차별대우로 민족의식 성장이 저해되었다. - 민족사관의 권위인 신채호의 말대로 김부식 때문에 화랑도적 민족혼이 인멸되었다. - 화랑도의 이조적 중흥이 이충무공의 찬란한 호국행적이고, 동학 역시 화랑도 국학 전통을 계승한 것이다. 이후 3·1운동, 4·19, 5·16의 민주혁명의 밑바닥에 화랑도 등 민족정신이 계승되어 있다. - 일인 사학자가 말한 '한국사의 타율성'을 전적으로 부인할 도리가 없다. - 현재 국사는 왕조중심사관, 사대사관에 의해 엮어졌고 진정한 민중사관이 형성되지 못했다.	- 서구 근대는 개인의 확립을 기초로 한다. 개인의 확립이 없으면 근대화도 없고 민주주의도 없다. 봉건적 관계 속에서 평등이나 인권이 개입할 여지가 없었다. 서양인들처럼 '나'라는 자아가 확립되어 있지 못하다. - 전체의 이익과 개인의 이익이 합치되는 데서 사회정의를 찾아야 한다. 사리(私利)가 전체의 이익보다 앞서면 그 나라는 망한다. 언론과 사상의 자유도 민족전체의 이익을 넘어서는 허용되지 않는다. 국민전체의 이익, 국가발전의 필요 외에는 생산수단의 사유는 무조건 인정된다. 일반 국민의 이기심이 악성개인주의화해서 참다운 애국심이 결여되어 있다. - 국가 자체는 하등의 도덕적 가치를 지니지 않는다. - 3·1운동은 '민족적 자유'를 위한 운동이었다. 진정한 자유는 개인의 자유에서 출발해야 한다. - 문명의 척도는 서양문명인데, 영국조차 대의정치는 산업혁명과 더불어 발전했다. - 국민들은 전체주의를 두려워하는 것 이상으로 빈곤을 두려워한다. 후진국가에서 민주주의 확립과 경제개발은 이율배반적일 수밖에 없다. 그래도 과도기적으로 행정적 민주주의를 구현할 것이다. - '민주주의의 한국화'는 근대적인 새로운 지도세력(군인)과 계몽, 육성된 농민대중에 의해 이루어져야 한다.	『우리 민족의 나갈 길』(1962)
- 이병도 『국사대관』에 따르면 우리 반만년 역사는 한마디로 퇴영과 조잡과 침체의 연쇄사였다. 소아병적인 당파 상쟁, 자주 주체의식의 부족이 그러하	- 전가의 보도처럼 허울 좋은 민주주의를 내세우는 이들이 실상은 '자유'를 일부 계층의 전유물로 만들었다. 5·16은 '기성세력층 대(對) 국민의 식+군(軍)의 힘'인 혁명이다. - 서구 민주주의와 우리와 맞지 않다는 것은 모든	『국가와 혁명과 나』(1963)

민족주의에 대한 이해	민주주의에 대한 이해	출처
다. 이 모든 악의 창고 같은 우리의 역사는 차라리 불살라 버려야 한다. - 민족의 고유성, 전통, 주체의식을 토대로 신한국관, 신민족문화관을 확립해야 한다.	식자가 인정하는 바다. 민주주의는 민도를 반영해야 한다. 혁명 완수와 민주주의 함양이라는 난관에 대한 최후의 심판자는 '전체 일반 국민'이다.	
- 수많은 침략을 당하면서도 통일된 민족국가를 보존해 온 것은 인류 역사를 통틀어 하나의 경이(驚異)다. - 민족사의 오점과 불명예의 책임을 전통 문화 탓으로 돌리려는 풍조가 있었다. 그러나 전통적인 것은 고루하고 비과학적이며 전근대적이라는 발상은 지양되어야 한다. 내가 이순신 유적을 성역화하고 민족사를 주체적 사관으로 해석한 것이 그러한 이유 때문이다.	- 자주와 민주, 통일과 평화로 상징되는 우리의 민족 정신은 홍익인간과 화랑도 정신에서 그 연원을 찾아볼 수 있다. - 화랑 운동은 민주정신으로 조국과 민족을 위하여 성심을 다하는 기풍을 길러 주었다. - 김옥균은 민족적 자주적 터전 위에 근대적 민주주의 원리의 정치를 추구했다. - 동학혁명은 민족적 주체정신과 민주적 자유정신을 강조했다. - 독립협회는 근대 국가의식과 근대화 의욕을 지닌 범민족적 국민운동이었다. - 기미독립선언서에는 세계 평화와 인류 행복까지 호소하는 대의와 명분에 가득차 있다. - 우리나라에서 민권의식과 민족의식은 불가분의 관계에 있다.	『민족의 저력』(1971)
- 인간의 생명은 유한하지만 민족의 생명은 실로 영원하다. 우리에겐 침략자와 맞서 싸우면서, 경제건설과 민주화의 과제를 동시에 추진해야 하는 어려운 과제가 있다. - 우리 역사에서 국민총화의 전통을 계승해야 한다. 「나라」라는 대아(大我)를 위해 「나」라는 소아(小我)를 바친 지사와 열사들을 기억해야 한다.	- 서구의 기준에 따라 우리의 전통 가치는 민주주의에 전혀 기여할 수 없는 것처럼 생각하는 사람이 적지 않다. 그러나 오늘날 공산주의 득세로 민주주의 존립 자체가 위협받는 서구민주국가의 위기를 봐야 한다. 위기의 원인은 지나친 개인주의 풍조다. 한정된 자원으로 모든 국민의 요구를 들어줄 수 없기 때문이다. - 우리 국민은 성별, 신앙, 계층, 지역을 가리지 않고 하나로 뭉쳐 있으며 거기서 민주적 시민의식도 성장해 간다. - 급속한 경제발전과 도시화가 가져오기 쉬운 개인주의와 물질주의를 배격하고, 공동체정신을 키워야 한다.	『민족중흥의 길』(1978)
- 우리의 길은 민주의 길이다. 우리의 민주정치는 민족의 생존과 안전을 보장하고 있기 때문에 그만큼 민족적이며, 또 온 국민이 자유로이 선택한 제도 위에서 이루어지고 있기 때문에 그만큼 민주적이다.		

'퇴영과 조잡과 침체의 연쇄사'라든가 '한국사의 타율성을 부인할 도리가 없다'는 표현만 놓고 보면 박정희의 한국사 인식이 식민주의 역사학 극복과 맞물려 부정에서 긍정으로 바뀐 것처럼 보인다. 그러나 더 본질적인 변화는 개인과 전체의 관계 인식에서 생겨났다. 앞서 전인권의 지적과는

달리 박정희 초기 저작에서 '개인의 확립', '자아 의식', '평등과 인권' 개념의 중요성이 언급되고 있다. 사실 1962년『우리 민족의 나갈 길』은 전문 지식인들이 동원되어 집필된 것으로 여겨진다.[114] 바꾸어 말하면 이때 박정희는 당대 학자들로부터 '학습'하는 단계에 있었지만, 이후로는 자신의 생각을 좀 더 강하게 내세웠다고 볼 수 있다. 동일한 1962년 저작에 '민주주의의 한국화'라는 표현이 등장한다. 전체의 이익과 조화를 이루어야 한다며 가난한 후진국가에서 '전체주의'가 필요악임을 사실상 인정한 것이다. 그러나 아직까지 보편적 기준으로서 서구 민주주의를 의식하고 있었다. 그러다가 1963년 집권에 성공한 후에는 '국민'의 이름으로 민주주의 제한 가능성을 암시한다. 자신이 '전체 국민'을 대변하여 일부 기득권 세력과 맞서 싸우고 있다는 사명감을 드러낸 것이다. 파시스트들이 정권을 획득하기 위해 내세우는 전형적인 수사법이다. '빈농의 아들', '서민'을 내세우는 박정희의 화법은 파시즘의 근대적 대중 동원 정치 기술이 구사된 것으로 보아야 한다.[115]

1970년 1월의 연설에서는 '우리 민족은 나小我를 확대한 대아大我'라는 점이야말로 개인이 국가를 위해 희생해야 하는 이유라고 밝혔다.[116] 자아 의식의 부족은 한국인들의 단점에서 장점으로 뒤바뀌어 버렸다. 경제성장과 선거 승리로부터 비롯된 자신감 속에서 박정희는 민주주의와 민족 전통 정신 결합에 더 적극적으로 나섰다. 1971년 글을 보면 개화운동, 동학농민운동, 독립운동 모두를 민주 정신과 민족 정신의 결합으로 설명하고 있다. 애초에 홍익인간과 화랑도 정신을 민족정신의 핵심으로 보는 관점은 1962년 글부터 세워져 있었다. 그러한 '민족사관'이 신채호, 이병도 역사학으로부터 직접적으로 영향받은 것임도 밝히고 있다. 앞서 본 대로 동일한 서사 구도가 안호상의 파시즘적 역사상에도 등장하고 있었다. 그런데 1970년대에 이르면 우리의 전통적 민족정신이 민주주의라는 보편적 가치에도 맞다는 가설은 확신으로 바뀐다. 그러므로 국민들에게도 더이상 의구심을 갖지 말라고 주문하는 것이다. 이처럼 민족사를 통한 민주주의의 재해석, 이것이 전통에 대한 재평가가 이루어진 배경이다. 나아가 1978년 글에서는 개인주의, 물질주의, 공산주의로 상징되는 서구 근대 자체를 넘어서자고 제안한다. 사실상 태평양전쟁기 근대초극론의 부활이라고 부를 만하다. 이와 같이 보편적 민주주의, 자유주의개인주의를 변형, 제한시키기 위해서 박정희는 끊임없이 전통 정신을 소환하여 재해석하였다. 역사학의 역할이 이 지점에 있었던 것이다.[117] 궁극적으로 '민주의 길'과 '민족의 길'의 동일시 속에서 주창된 구호가 '한국적 민주주의'였다.

민족주의와 민주주의의 관계 설정에 따라 구체적 역사 대상에 대한 평가가 어떻게 달라지는지 3·1운동 사례를 통해 살펴보자. 1962년 글을 보면 3·1운동이 '민족적 자유'를 위한 운동이었지 '개인의 자유'를 위한 것은 아니었다고 한계가 지적되었다. 그런데 1971년 글에서는 기미독립선언서에 '세계 평화와 인류 행복' 지향이 가득하다며 보편적 가치 추구만을 높게 평가했다. 민족 정신과 민주 정신이 별다른 논증없이 동일시되면서, 그나마 한국사를 보편적 기준으로 되돌아보는 시선은 사라져 버린 것이다. 놀라운 것은 '민주시민 자질 함양'이 역사교육의 주요 목적으로까지 언급되는 2022년 시점에서 정계와 학계의 3·1운동 평가가 (1962년이 아니라) 1971년 박정희의 인식 수준에 가깝다는 사실이다. 3·1운동 100주년 기념사업추진위원회에서는 기미 독립선언서에 '종교간, 계층간, 남녀간의 차이 등을 모두 뛰어넘어 '민족자주'라는 직접적인 목표와 '신문명구축'이라는 원대한 포부를 향해 우리 민족이 세계 인류에게 고한 대헌장'과도 같은 가치가 담겨 있다고 평가한다.[118] 인권 관점에서 접근한 3·1운동 수업은 선/악의 도덕적 판단과 인종적 적개심 고취로 귀결되어 버린다.[119] 우리 사회가 파시즘적 역사인식을 과연 극복했는지 저자가 의심하는 이유 중 하나다.

민주주의 제한의 필요성을 지지하는 언설들은 박정희 측근 세력들에 의해서도 공표되고 있었다. 차지철은 민주주의라는 이상도 민족 독립으로만 실현될 수 있다고 하였다. 한일협정 이후 나타난 친일, 반민족적, 망국적 무리들은 물론이고, 일본 편을 드는 미국도 비난의 대상이었다.[120] 국내외에서 민족의 적을 상정하고, 이들에 대한 탄압은 전 국민을 위한 것이기 때문에 민주주의에 위배되지 않는다는 논법이다. 유신체제가 정당화되는 논리 구조도 유사했다. '한국적 민주주의'는 '우리 실정에 가장 알맞은 생산적인 민주제도'로 정의되었고, 주권재민, 민의존중, 법치평등, 인권옹호 등 인류의 보편적 가치의식은 간직하되 실제 운영면에서 '국력의 조직화', '효율의 극대화'를 저해하는 요인이 있다면 제거해야 하는 것이었다. 한국적 민주주의에 대치되는 것은 공산독재와 봉건적 전제주의이지 자유민주주의가 아니라는 논리로 '유신체제도 민주주의'라는 궤변이 합리화되었다.[121] 10월유신에 필요한 것이 '올바른 역사관'과 '민족주체사관'인데, 근대화를 '우리의 가치관'으로 이루어야 하기 때문이다. 남들이 만들어 놓은 민주주의, 개인주의의 신화로부터 탈피하여 국가와 민족의 발전 속에 개인의 행복을 추구하는 국가의식이 요구되었다.[122] 자유주의적 내용이 비어 있는 민주주의, 민족주의가 곧 파시즘임을 보여주는 대목이다.

이른바 국난극복사관을 박정희가 독창적으로 만들어낸 것은 아니었다.

1963년에 나온 『국난극복의 역사』라는 책에 이미 275회에 달하는 침략國難 통계표가 작성되어 있었다. 이 책은 기본적으로 민족주의 역사관에 입각해 있는데, 민중사관도 뒤섞여 있었다. 김부식 이후 사대주의가 국시처럼 되어 쓰레기같은 역사가 되었지만, 화랑, 삼별초, 의병 등 민중의 역할 덕분에 진보, 발전, 자주, 애국의 역사도 존재했다는 자부심, 민족독립운동과 근대화운동이 함께 가야 했다는 아쉬움, 밑으로부터 민중의 힘으로 개혁을 단행한 나라가 민주적이고 진보적인 근대화에 성공한다는 지적[123]은 박정희는 물론 당대 소장파 한국사학자들과도 통할 수 있는 역사인식이었다. 이와 같은 국난극복사관을 박정희에게 심어준 인물이 이선근李瑄根이었다. 근대사 연구자 이선근은 박정희 정부 국무회의 때마다 국난극복사 강의를 하던 어용학자로 알려져 있다. 그 스스로는 신채호, 안재홍의 민족사관을 '실증적'으로 계승하여 국가적 교육으로 확장시켰다고 자부하였다.[124]

이상 살펴본 대로 해방 이후부터 1970년대까지 파시즘적 세계관을 지닌 이들이 대한민국 정계와 학계에서 주도권을 잡고 있었다. 파시즘적 운영원리가 정치, 사회, 학문 세계에서 작동하고 있었다는 의미다. 이에 반발한 지식인들은 없었을까? 해방 공간에서 공산주의 이론가들의 비판이 있었다. 예를 들어 박치우는 민주주의를 떠들면서 대중의 민족 감정을 이용하는 자들이야말로 파시스트라고 통렬하게 비판하였다.[125] 그러나 분단 이후에는 이러한 목소리가 나오기 어려웠다. 남는 것은 우파 지식인들이다. 문제는 한국 현대사에서 비판적 지식인들이 대개 '민족주의자'로 기억된다는 점이다. 민족주의로 파시즘을 극복하는 것이 가능했을까? 이승만의 최대 정적으로 여겨지는 김구는 자신의 정치 이념을 한마디로 하면 '자유'라고 강변했다.[126] 그러면서 개인의 자유는 현실적으로 국가에 속박될 수밖에 없는데, 파시스트, 나치스, 소련식 독재정치에 비해 민주주의가 좋다는 입장을 보였다. 그러나 이기적 개인주의자가 되어서는 안된다, 홍익인간의 이상은 세계적 가치를 지닌 것이다, 피와 역사를 같이 하는 우리 민족을 위하는 것이 곧 인류를 위하는 것이다, 우리 민족이 옛날 그리스나 로마 민족만 못할 것 없다[127] 등등의 발언에 이르면 안호상, 안재홍의 역사인식과 별 차이를 보여주지 못한다. 개인과 국가의 관계를 명확히 하지 못하기 때문에, 민족국가의 자주, 자유가 개인의 그것과 동일시되는 논리 구조에서 벗어나지 못하는 것이다.

박정희 정부에서 김구와 같은 위상을 가진 인물이 장준하張俊河다. 이제 비로소 개인과 국가의 관계는 명확하게 설정되었다. 민주주의는 상대주의적, 합리주의적 세계관 위에 있어야 하고,[128] 국가는 개인의 자유를 이루기 위한 수단에 불과하다. 이러한 '민주주의의 ABC에 속하는 상식'이 통하지 않는다는 데에 한국민주주의의 불행과 비극이 있다면서, 서구 근대의 개인은 이기적인 개인이 아니라고 바로잡았다.[129] 나아가 박정희 집권 과정을 지켜보면서 '민족주의라는 간판 아래 국가지상주의를 통해 파시즘이 부활하고 있다'며, '민주주의라는 국민자치의 원리를 바탕으로 하지 않는 민족지상주의는 나치스가 될 것'이라고 경계하였다.[130] 한국 사회에서 민족주의, 민주주의, 파시즘의 미묘한 관계를 날카롭게 고찰하고 있었던 것이다. 국가를 '민족의 자유' 실현을 위한 수단이 아니라 '개인의 자유' 실현을 위한 수단으로 규정하는 것은, 당대 파시즘적 세계관과 분명 다른 것이었다. 그러나 장준하 역시 1970년대가 되면 민족, 통일 관념으로 모든 것을 설명하는 모습을 보였다. 민족의 생명, 존재가 없으면 개인의 생명과 존재도 없고, 민중에게는 바로 민족적인 삶이 곧 개인적인 삶이라며, 민족 통일을 지상명령으로 설정한 것이다.[131] 박정희와 저항적 지식인들 사이에서 '자유민주주의' 자체는 호환 가능한 개념이었다.[132] 반면 함석헌咸錫憲처럼 민족주의자가 아니라 세계주의자, 민주주의자로 자처하는 지식인도 새롭게 등장하고 있었다.[133] 그는 장준하보다 더 명확하게 '개인'의 가치를 인식하였다.[134] 민족 감정은 자연적인 것이지만 민주주의는 사회과정을 통해 민중이 얻어내야 하는 것이다. 그리고 일제 시기 일본인에 대해서 민족적으로만 느꼈지 민주주의적으로 파악하지 못했다고 지적한다. 3·1 운동도 민족운동이기는 하지만 민주주의 투쟁이라고는 할 수 없다고 보았다.[135] 2022년의 시점에서 보아도 상당히 진보적인 역사인식을 보여주고 있다.

제2부

한국 근현대 역사학의 계보 재구성

제4장

일제 시기 주류 역사학과 비주류 역사학의 주고받음

1943년 5월 7일, 경성 자택 서재에서 다보하시 기요시.(田川孝三 ほか,『東方學』65, 1983, 173쪽)

1906년 경 기쿠치 겐조의 모습. (서울역사아카이브 근현대서울사진)

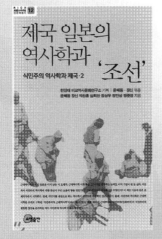

2018년 출간된『제국 일본의 역사학과 '조선'―식민주의 역사학과 제국』2(소명출판)의 표지. 구로이타 가쓰미 등 식민주의 역사학자 8명을 분석하고 있다. 저자는 본장 3절에서 이 책을 중심으로 식민주의 역사학의 '근대성'을 고찰해 보았다.

2010년대 전반기 인하대학교 한국학연구소에서는 '동아시아 상생과 소통의 한국학'이라는 아젠다 아래 '식민지기 학술사' 공동 연구가 이루어진 바 있었다. 해당 연구에서 경성제대 교수이자 조선사편수회 편수관으로 식민사학자이자 관학자이며 특히 근대사 부분을 대표하는 학자였던 다보하시 기요시田保橋潔도 관심의 대상이었다. 즉, 다보하시의 실증사학적 성격과 관학적 성격에 대한 분석, 나아가 일제 시기 '역사의 과학화' 논쟁과 '일본국사'의 '조선사' 포섭 논리, 이선근의 '민족사학'과 '식민사학' 간 친연성 등의 주제도 다루어졌다.[1]

이후 다보하시 역사학에 관한 글들이 다른 연구자들에 의해 계속해서 발표되었다. 이러한 현상은 『근대일선관계의 연구』라는 방대한 저서가 김종학에 의해 완역된 사실에 기인한 것이기도 하다.[2] 박찬승은 다보하시가 실증사학자로서의 원칙을 지키고자 하였고 일본 군부의 폭주에 대해 비판적인 인식도 있었지만, 식민지 조선에 대한 현실인식에서는 일본제국주의 통치자들의 그것과 다르지 않았다고 하였다.[3] 실증사학으로서의 가치는 인정하되 관점상의 한계를 지적한 것이다. 반면 하지연은 다보하시가 양심적이어서 학위수여를 거부당했다는 것은 미화된 해석이라며, 그는 그저 일본 제국주의 침략을 옹호하고 합리화하기 위한 사료 선별, 해석, 역사인식을 보여줄 뿐이라고 하였다. 즉, '한국 근대사 입장'에서는 '실증實證이 아니라 실증失證'의 역사라고 단언하였다.[4] 다보하시의 저서를 번역한 바 있는 김종학의 입장은 이와 다르다. 그는 실증사학 자체가 아니라 연구자의 양심 내지 학문적 태도를 문제삼는 방식이 '식민사학과 민족사학 간의 구조적 친연성이나 그에 수반되는 본질적 한계'를 간과하게 만들 우려가 있다고 지적하였다.[5] 앞서 인하대학교 한국학연구소 공동연구 성과물의 문제의식과 서로 통하는 시각이다.

저자가 보기에 연구자의 국적을 우선시하는 하지연의 태도는 학문의 보편성 측면에서 문제를 드러낸다. 하지연은 기쿠치 겐조菊池謙讓 같은 재야 사학자가 '자의적 역사 해석과 뒤틀린 인물 왜곡'을 해 놓으면, 다보하시 같은 관학 역사학자가 뒤이어 '사료의 실증'을 담당한다고 하였다. 결국 관학과 재야 역사학이 합심하여 '식민지화를 정당화하거나 합리화시키기 위한 한국사 왜곡'을 완성한다는 것이다.[6] 맞는 말이다. 그러나 당대 관학과 재야 역사학자들이 본질적으로 어떠한 것들을 공유하고 있었는지 따져 볼 필요가 있다.[7] 그렇게 하지 않으면 우리 자신의 역사학에 대한 학문적 성찰보다는, 그저 침략적 '식민사학'과 그 후예들에 대한 정치적 규탄에 그치기 쉽다. 저자의 주장은 정치와 무관한 순수학문을 하자는 것이 아니라, 학문적 방법을 무기로 하여 정치를 고찰하자는 것이다.

이 장에서 저자는 재조일본인 한국학자인 다보하시와 기쿠치 역사학의 관계를 재검토하여 일제 시기 주류 역사학과 비주류 역사학[8]의 주고받음을 살펴보려고 한다. 여기서 '주류'와 '비주류'의 구분은 상대적인 것이다. 근현대 시기 역사학의 '주류'는 국가 기관과 대학이라는 제도권을 중심으로 형성되었다. 한마디로 역사교과서의 기조를 주도하는 이들이 대체로 '주류' 역사학자들이다. 반면 '비주류' 역사학의 범주는 다양하다. 이른바 유사역사학이나 뉴라이트 역사학, 탈근대 역사학 등 스펙트럼이 매우 넓다.

일제 시기와 해방 이후 주류 역사학과 비주류 역사학의 관계를 다루기 위해서는, 식민주의 역사학의 문제를 건드리지 않을 수 없다. 이미 '침략과 지배를 위한 역사학'의 의미로 사용한 '식민사학'이라는 용어를 폐기하고, '식민주의에 입각한 근대역사학'이라는 의미로 '식민주의 역사학'을 사용해야 한다는 제안이 이루어진 바 있다.[9] 본서에서도 원칙적으로 '식민주의 역사학'으로 지칭하되, 일반적 용법에서는 '식민사학'이라는 용어도 함께 사용하였다. 현재 한국 역사학계 내 주류 역사학과 비주류 역사학 중 일부는 서로 격렬하게 비난하며 공존을 거부하고 있다. 그런데 양자 갈등의 계보를 따라 올라가다 보면 식민주의 역사학이 자리잡고 있다. 또한 식민주의 역사학 자체가 일제 시기 주류 역사학과 비주류 역사학으로 구분되고 있었다. 여기에서 조심스럽지만 식민주의 역사학의 '근대성'이라는 문제를 아울러 고찰해야 할 필요성이 생겨난다. 주류 역사학과 비주류 역사학의 갈등 속에서 식민주의 역사학은 도대체 무슨 역할을 하고 있었던 것일까? 식민지 조선에서 활동하던 역사학자 다보하시와 기쿠치의 관계는 현재의 우리에게 어떠한 시사점을 줄 수 있을까? 이하 이러한 부분들을 차례대로 살펴보자.

1. 다보하시 기요시와 기쿠치 겐조 역사학의 상호 인식

한국 역사학에서 식민사학은 일선동조론, 정체성론, 당파성론, 반도적 타율성론, 사대주의론 등의 내용을 지닌 것으로 이해된다. 조동걸은 식민사학이 오로지 침략과 증오, 파괴와 배타의 논리를 가졌을 뿐이라고 말한다.[10] 강진철은 '학문이라는 외피를 씌워 과학적으로 합리화'했지만, 제국주의 침략이라는 '정치적 의도'를 가진 것이었기 때문에 속아서는 안된다고 강변하였다.[11] 제국주의 침략 과정에서 식민주의 역사학이 생겨났다는 것은 맞는 말이다. 그러나 일본인을 주체로 한 역사 서술이어서 한국 또는 한국인의 국민적 서술이 배제되었기 때문에 비판한다는 논리[12]는 설득력이 떨어진다.

즉, 위와 같은 인식만으로는 식민주의 역사학의 전모를 파악할 수 없다. 일본 근대 역사학 전체를 시야에 넣을 필요가 있다. 크게 두 조류가 있는데 하나는 문명사사론사학文明史史論史學에서 민간사학으로 이어지는 흐름이고, 다른 하나는 실증사학에서 아카데미즘사학으로 이어지는 흐름이다.[13] 여기서 아카데미즘사학은 민간사학과 대비되고 있으므로 관학의 성격을 띤 것으로 볼 수 있다. 관학아카데미즘사학 성립의 첫번째 계기는 1893년 정부가 직접적인 국사 편찬사업을 포기하고 도쿄제국대학 사학과에 사료 편찬 작업을 맡긴 일이다.[14] 이렇게 국가와 학계가 결합하게 되는데, 여기서 주목할 것은 이 결합이 매우 타협적으로 이루어졌다는 점이다.[15] 당시 실증에 입각해 '신도가 제천 풍속'이라며 비판한 구메 구니타케久米邦武, 시게노 야스쓰구重野安繹와 같은 이들은 신도-국학파의 공격으로 물러나고, 호시노 히사시星野恒처럼 국가와 타협한 도덕을 인정한 사람만이 살아남았다.[16] 방법론적으로는 청조 고증학과 독일 역사학파의 사료조작 기법이 모호하게 결합하였다. 문제는 역사인식론이 제대로 정립되지 못한 상태에서 국가권력 및 내셔널리즘에 종속되었다는 점이다.[17] '국가에 폐가 되는 것은 언급하지 말고 연구하지도 말라'는 신도-국학파의 입장이 관학아카데미즘에 스며들게 되었다.[18] 오늘날 한국 유사역사학이나 일본 극우 세력의 요구와 정확히 일치된다.[19]

그러면 위에서 민간사학이라고 한 것은 어떠한 부류의 역사학을 말하는가? 일본에서 문명사학은 사학사적으로 유물사관 곧 마르크스주의 역사학으로도 연결되는데, 관학아카데미즘사학으로부터 '객관적인 사실史實 인식을 정치적 가치에 종속시킨다'는 비판을 받게 된다.[20] 현실 정치를 앞세운다는 점만 놓고 보면 신도-국학파를 계승한 황국사관과도 유사하다고 할 수 있다. 즉, 일본 관학아카데미즘사학은 황국사관과 유물사관에 각각 대응하면서 실증사학이라는 정체성을 수립해 갔다. 그런데 실증사학은 필연적으로 현재적 역사의식의 결여를 채우려는 욕구를 지닌다.[21] 1945년 이전에는 황국사관이, 이후에는 유물사관이 그러한 역할을 했다. 일본의 재야 민간사학의 입장에서도 주류 역사학인 관학아카데미즘사학과 일정하게 경쟁·대립·대체의 관계를 유지해 왔다고 볼 수 있다.

식민주의 역사학도 기본적으로 일본 근대역사학의 틀 안에 위치해 있었다. 윤해동은 조선에 있던 식민주의 역사학을 관방사학과 재야 민간사학으로 나누고, 관방사학은 다시 조선사편수회 계열과 경성제대 계열로 구분하였다.[22] 이제부터 우리가 보려고 하는 다보하시는 관방사학의 일원이고, 기쿠치는 재야 민간사학에 속한다. 먼저 각각의 약력을 간단히 살펴보고, 양자의 관계를 논해 보도록 하겠다.

다보하시는 1897년 홋카이도에서 태어났고, 1921년 도쿄제대 국사학과를 졸업한 후 1년 10개월 동안 구미 유학을 다녀왔다. 1927년 경성제대 국사학과 교수, 1933년 조선사편수회 주임직을 겸하였다.[23] 제국대학을 나와 교수직과 조선총독부 역사 편찬 업무를 같이 했다는 점에서 관학아카데미즘의 전형적인 모습을 보여 준다.[24] 당시 총독부가 관리하던 규장각 문고가 경성제대에 이관되었는데, 다보하시는 이를 이용하여 『근대일선관계의 연구』를 써냈다. 이 책을 쓰면서 다보하시는 일본 외무성이 보유한 비밀문서 열람에 애를 먹기도 했다.[25] 그러나 그는 '조선통치상의 참고자료로 중요함'을 인정받아서 받은 인쇄비로 그 책을 1940년 출간할 수 있었고,[26] 패전 직전 강연한『조선통치사논고』에서도 병합의 논리를 그대로 받아들이고 있었다.『조선통치사논고』는 조선사편수회에서 하지 못했던, 1894년 이후의 한국사를 써보고자 한 다보하시의 욕구가 반영된 글이다. 기본적으로 자료 수집과 실증의 과정에서는 전문학자로서의 면모를 보였으나, 역사인식의 면에서는 국가의 관점을 그대로 투영했다고 평가할 수 있다.

기쿠치는 1870년생으로 1893년 인천항에 첫발을 디딘 이후 1945년 일본의 패전으로 귀국선을 타고 돌아갈 때까지 무려 50년 이상 한국에 머무른 '조선통'이자 '극우낭인'이었다. 그는 언론인과 재야사학자로 활동했다. 명성황후 살해 사건 당시 한성신보사 운영진과 친분이 있었고, 1898년『한성신보』주필, 1900년 사장이 된 후, 1903년 물러났다.『대원군전大院君傳』1910과『근대조선사』상·하1937·1939 등 많은 역사 저술을 내놓았다. 글이 쉽고 통속적인 데다가 흥선대원군과 친분이 있는 등 현장성이 있어서 전문 역사가 못지 않게 대중 전파력이 강했다.[27] 하지연은 기쿠치가 일관되게 일본의 한국 침략을 합리화한 식민사학자에 불과하다고 보지만, 꼭 그렇지는 않다. 고종과 대한제국의 개혁 정책에 대한 평가는 꽤 긍정적이었다.[28] 광무개혁에서 은행 등의 재정기구 정비, 군사력 확장, 교통·통신의 발달, 생산력 증대, 배외적인 민론 등에 좋은 평가를 내렸고,[29] 고종이 40년간 내외의 변란을 잘 평정해 왔다고 하기도 하였다.[30] '1897년부터 1903년에 이르는 6년간은 조선의 황금시대'라고 명확하게 표현하였다.[31] 그러한 측면에서 이태진은, '기쿠치는 사료에 근거하여 제대로 연구했으나 잘못된 다보하시의 전문적 연구에 밀려 조명을 받지 못했다'고 주장하기도 했다. 다보하시가 조선총독부 지원하에 1940년 책 출판을 서두른 것도 고종을 재평가한 기쿠치의 책을 의식해서라고 보았다.[32] 다보하시와 기쿠치를 이렇게 비교하는 것은 과연 맞는 방식일까?

먼저 다보하시가 기쿠치를 평가한 자료를 살펴보자. 다보하시는 1931년 기쿠치가 펴낸 『조선잡기』 2권에 대해 『청구학총』에 서평을 실었다. 책 내용을 간단히 정리하고 나서, 다음과 같이 평론하였다.

> 이상을 통람通覽하면 흥미진진하다. 가을 밤의 동반자로서 강호江湖에 추천하기에 어렵지 않은 좋은 저술이라고 할 만하다. (그러나) 만약 이를 학술적으로 비판한다면 기사 부정확, 내용 공소空疏, 배열排列 잡연雜然이라고 하지 않을 수 없다. 제1권 서문에서 당당히 선명히 한 포부에 부합하지 않아 재선在鮮 일본인의 장로長老로서 그 일생을 들어 한성정계의 표리表裏에 출입해온 저자를 위해 애석해 마지 않는다.[33]

원로 재야 국수주의 역사학자를 존중하는 듯하면서도 비전문성을 폄하하는 학계 신진 실증사학자의 권위의식이 잘 드러나고 있다. 직접적으로 어떠한 부분이 흥미진진하고, 어떠한 부분의 기사가 부정확하며 문제가 있는지 밝히고 있지는 않다. 아마도 다보하시가 보기에 『조선잡기』의 흥미로운 부분은 '한국 근대사에 등장한 여성'들이었던 것 같다. 명성황후의 신임을 얻은 유명한 무녀巫女 신령군申靈君, 경성 외교계에서 명성황후의 눈에 띤 독일계 부인 손탁, 일선교섭이면사를 전형적으로 보여주는 배정자裵貞子 등을 특별히 언급하고 있다. 반면 독립협회와 부보상단負褓商團의 충돌 부분은 한국 궁정의 일희극에 불과하다는 인식을 보인다. 실제 기쿠치는 '황국협회와 독립협회의 대립'을 다룬 부분에서 이상재, 윤치호, 심상훈,

김영준 등 다양한 인물을 등장시키고 있다. 이상재는 '민족을 사랑하고 나아가 혁명적 운동을 추진한 인물', 윤치호는 '서양문화의 수입에 힘을 쓴 사람', 열국의 이권시대는 '고종이 대황제가 되었던 황금시대'라고 표현하고 있다.[34]

국제관계사 전공이었던 다보하시의 입장에서 개별 인물들에 대한 소소한 평가를 통해 한 시대 전체를 관망하는 듯한 서술 태도가 마음에 들지 않았던 모양이다. 개개인을 역사 변화의 중요 변수로 보지 않는 것이다. 실제로 다보하시는 강제병합의 과정에 천착하면서 한국 민중의 대응 등은 철저히 무시함으로써 결과적으로 제국주의 침략에 정당성을 부여하였다.[35] 또한 기쿠치의 서술이 다양한 자료들에 의해 증명되지 않는다는 점도 불만의 대상이었을 것이다. 기쿠치가 고종실록, 순종실록 편찬 작업에 사료수집위원으로 참여했다고 하지만,[36] 1930년대 나온 책의 내용은 1910년의 글과 크게 달라지지 않았다.[37] 이상 기쿠치에 대한 평만 보면 다보하시는 현장성을 중시하는 역사 서술의 가치를 높게 보지 않았던 것처럼 생각된다. 그런데 유사하게 현장의 경험을 바탕으로 쓰여진 대륙낭인 우치다 료헤이內田良平의 『일한합방비사日韓合邦祕史』에 대해서는 부정적인 평가를 거의 하지 않았다. 기쿠치와 우치다에 대한 평가가 달랐던 이유는 무엇일까? 다보하시의 『일한합방비사』에 대한 서평 내용을 살펴보자.

1910년 8월 22일 일한병합이 성립한 이면에, 수많은 양국 지사의 활동이 있었음은 말할 필요도 없다. 이들 지사의 획책은, 왕왕 시국에 경시할 수 없는 영향을 주었음에도 불구하고 저들이 국가가 임명한 관리 등이 아닌 까닭에 공적은 없어지고 세인에게 알려진 일이 적어 유감이다. 흑룡회 주간 우치다씨가 다년 일선 문제의 해결에 힘을 쏟고, 특히 1905년 이래 한국 통감 공작 이토의 추기樞機에 참가해, 병합에 적지 않은 공헌을 한 사적은 일찍이 식자 사이에는 알려 있었지만, 이번에 동회 창립 30년을 기념하기 위해, 일한합방비사 2권을 공간하고, 널리 세인에게 전하기에 이른 것이다.

(…중략…) 이와 같이 내외의 사정, 점차 이토 통감에 불리한 것이 되었지만, 통감은 조금도 굴하지 않고 각종의 개혁을 계획하며 유임의 뜻이 역연함을 보고 우치다씨는 어쩔 수 없이 1909년 「한성사연漢城私硏」이라는 일대 논책論策을 작성해 야마가타 추밀원의장, 가쓰라 전 총리대신, 데라우치 육군대신 등에게 보내 통감정치의 실패를 통격痛擊했다. 실로 비사 중 압권의 대문자이다.

(…중략…) 일한병합의 역사는, 1904년부터 1910년에 이르는 근근 5년에 지나지 않지만 그간 이토, 소네, 데라우치 3통감을 바꾸어 정정政情의 착종이 드물게 보이는 바, 따라서 이에 관한 기사는 부지런히 해도 전후 모순을 면하기 어렵지만, 본서와 같은 것은 이치 정연해서 대요大要를 자세하게 한다고 말할 수 있다. 조선사는 물론이고 극동근대사의 학도는 반복연구를 요하는 책이다.[38]

일단 다보하시는 『일한합방비사』가 여러 자료를 두루 총합하고 있다는 점에서 높게 평가하고 있다. '조선사는 물론이고 극동근대사의 학도가 반복 연구해야 한다'고 말할 정도였다. 우치다가 이토를 수행하며 산출한 비밀 문서들, 승려이자 낭인인 다케다 한시武田範之가 편집한 기록, 이외 여러 수집 문서들을 중심으로 편찬되었다는 것이다.[39] 실제 『일한합방비사』를 보면 다양한 문서들이 출처와 함께 삽입되어 있다.[40] 그러나 이들 문서들이 배치된 내러티브는 명백하게 편향되어 있다. 우치다를 포함하여 흑룡회 계열 낭인들이 병합 과정에서 세운 공적을 인정받지 못했다며 억울함을 호소하려는 목적을 띠고 있다. 기쿠치와 함께 『조선급만주朝鮮及滿洲』를 발행한 것으로 유명한 샤쿠오 슌조釋尾春芿[41]는, 통감부 고관이었던 고마쓰 미도리小松綠를 직접 만나 우치다의 주장이 과장되었음을 밝혀냈다.[42] 그럼에도 다보하시는, 병합에 주저하던 이토를 비판했다는 우치다의 글이 '압권의 대문자'라고 격찬하고 있다. 문서를 통해 이토의 공적에 관한 정설을 뒤집는 '실증' 과정을 높이 산 것이다. 물론 이때의 '실증'은 병합이라는 국가의 '더 큰 목적'에 충실한 범위 안에서 인정되는 것이다.

한국 민중의 대응에 편파적인 태도는 이 서평에서도 발견된다. 고종 '퇴위'로 해산된 군인들이 '생계가 궁한 나머지 화적이 되고 조선 전도에 걸쳐 양민을 위협하여 진정되기까지 이후 수년을 요해 비상한 희생을 지불하기에 이른 것은 유감'이라고 쓰고 있다.[43] 개인의 행동을 국가의 목적에 비추어 평가하는 태도는 당대 최대 정치단체이자 친일단체인 일진회에 대한 서술에서도 드러난다.

이렇게 해서 일한병합은 성취되었다. 이에 공헌한 일진회의 공적은 실로 다대하다. 비사에 "(…중략…) 일로전역의 당초부터 순연한 친일당으로 서서 일백만의 회원을 들어 수다한 희생을 지불하고 혹은 군사의 후원으로 혹은 일한관계의 정치상에 시종일관 그 전력을 경주한 공로는, 역시 일한관계사상 대서특필해야 한다"고 한 것은, 반드시 자화자찬이라고 간주하기 어려울 것이다.

(…중략…) 생각하기에 일진회는 조선인의 정치단체이지만, 그 정치적 활동은 오히려 조선인측에 전해지는 것이 많지 않고 조선인 학도의 손에 의해 믿을 만한 일진회사를 편집하는 일은, 매우 불가능하다고 믿어진다. 이 점에서 보면 본

서는 일진회를 영구히 전하는 것이라고 말해도 좋다.[44]

후대 사회주의적 입장의 역사학자 야마베 겐타로山邊健太郎는 일진회를 '우치다가 날조한, 실체없는 유령단체'로 규정한 바 있다.[45] 그러나 다보하시는 조선총독부의 공식적인 내러티브official narrative와 통감부 고급관리 혹 신문통신원의 저서 정도로는 일진회의 실체를 밝힐 수 없다고 보았다.[46] 여기서 '통감부 고급관리 혹 신문통신원의 저서'는 고마쓰와 샤쿠오 등의 주장을 뜻한다. 물론 다보하시도 한국 지역 사회에서 일진회가 야기한 각종 소동들[47]에 대해서는 별 관심이 없었다. 병합이라는 국가적 목적에 일진회가 얼마나 공헌했는가라는 '역사적 사실'을 밝히는 데에 주안점이 있었을 뿐이다. 게다가 한국인들 스스로는 일진회 역사를 제대로 쓸 수 없을 것이라고 단언하고 있다. 마치 자신은 '역사적 사실'이라는 '객관적 진리'를 추구하는 척 하고 있지만, 역사의 서술 주체에 따라 내용이 달라질 수밖에 없음을 은연 중 인정하고 있는 것이다.

한편 일제 시기 일본인들의 민간사학 중 우치다의 역사인식이 후대 유사역사학으로 연결된다는 점은 이미 지적된 바 있다. 우치다는 일본민족야마토民族이 황하유역에서 독립국가를 만들고 대문화를 건설하였다가 한족과 충돌 후 물러났다고 보았다.[48] 동문동종同文同種과 아시아주의의 관점에서 일본의 조선 지배를 정당화하려는 목적에서 나온 발언이다. 그런데 '중국 대륙에 자기들 종족의 일부가 있었다는 것'은 우리나라 유사 역사가들도 흔히 하는 주장이며, 다만 한국을 주종족으로 내세운다는 점만 다르다.[49] 유사역사학의 기본 틀을 짠 문정창에게 큰 영향을 주었다고 하는 최동이라는 인물이 있다.[50] 바로 그가 우치다를 직접 만나 '만주를 구심점으로 한

일본제국의 발전'과 관련된 의견을 나누었다고 한다.[51]

　그러면 기쿠치는 다보하시 역사학을 어떻게 생각하였을까? 기쿠치가 다보하시 역사학을 어떻게 인식했는지, 자신에 대한 평에 어떠한 반응을 보였는지 직접적으로 알기는 어렵다. 앞선 세대로서 이미 대중적 글쓰기를 많이 하고 있던 기쿠치가 주로 다보하시의 평가 대상이 되었다. 추정컨대 위에서 샤쿠오가 그러했던 것처럼, 기쿠치 역시 자신이 직접 경험하고 들은 바가 더 역사적 사실에 부합한다고 믿었을 것이다. 전문적 역사 연구 방법론과 실증적 자료를 내세우는 다보하시와 학술적 논쟁을 하는 일은 일어나지 않았다. 다만 양자의 역사 연구 모두 국가 이익에 봉사한다는 목표 아래 경합 관계에 있었음을 눈여겨 보지 않을 수 없다. 다보하시는 이토의 행적을 비판적으로 바라보았지만 강제병합이라는 더 큰 목표 안에서만 그러하였다. 마찬가지로 기쿠치는 고종의 개혁 정책을 높게 평가하였지만 궁극적으로 당쟁으로 인한 망국 과정 중 발생한 소용돌이에 지나지 않는 것이었다. 양자는 식민주의 역사학이면서 동시에 근대 역사학으로서의 틀을 공유하며 서로 영향을 주고 받았던 것이다. 식민주의 역사학이 근대 역사학으로서의 틀을 가지고 있었다는 것은 도대체 무슨 의미일까?

2. 다보하시와 기쿠치 역사학이 공유하고 있는 것들

　저자는 2016년 3월, 『역사와 현실』 100호 출간을 기념하여 한국역사연구회에서 마련한 '한국 역사학의 위기 – 진단과 모색' 토론회에 참여하여 이른바 민족사학과 유사역사학, 뉴라이트 역사학 모두 근대 역사학으로서의 성격을 공유하고 있다고 주장한 바 있다. '민족 주체'와 '발전'을 중시한다는 점에서 그러하고, 특히 강고하게 현재주의적 입장에 서 있으면서 이를 성찰하지 못한다는 점에서 그러하다고 하였다. 그나마 주류 한국사학자들이 '성찰'하게 된 이유는 역설적이게도 유사역사학과 뉴라이트 역사학의 맹목적인 현재주의 태도를 보면서 스스로 돌아보게 되었기 때문이라고 지적하였다. 이러한 견해에 공감하는 참가자도 일부 있었다.[52] 이어서 식민주의 역사학의 근대적 성격을 탐색하는 공동연구가 연이어 이루어지기도 했다.[53]

그러나 '식민주의 역사학의 근대성'이 주류 역사학계에서 인정되는 명제인지는 여전히 의문이다. 어떠한 역사학자가 자신의 역사학은 '근대적'이고 상대방은 그렇지 못하다는 인식을 보였을 때, 그 기준은 무엇일까? 카프에서 활동한 사회주의자 소설가로 알려진 김남천은 1935년 『조선중앙일보』에 쓴 글에서 다음과 같이 안재홍을 비판하고 있다.

> 역사적 인물평가의 기준은 우리들이 한가지로 보는 바와 같이 역사 또는 그것과의 관련에 의하여 평가되어야 할 사적 인물의 하등의 과학적인 구명도 소용이 없고 마치 안재홍씨의 국제정세의 해설에서도 항상 느끼는 바와 같이 모든 사회와 인물을 한 가지 선상에다 갖다놓고 평가하려는 것으로 사회와 인물과의 관련의 설명에 있어 무력無力할 뿐 아니라 역사를 한 개의 발전하는 유동체流動體로서 파악하지 못하는, 그럼으로 역사과학에 있어는 가장 원시적인 강담식講談式 인물평가의 방식인 것이다.[54]

자신의 '과학적' 구명과 안재홍의 '원시적' 인물 평가가 대조되고 있다.

경성제대 철학과를 나온 신남철 역시 민족주의 역사학자들의 고증학과 국수주의적 견해들이 과학적이지 않다고 비판하며, 진단학보 계열의 학자들보다 못하다는 인식을 보였다.[55] 국문학사 저술을 남긴 김태준金台俊은 최남선의 단군론에 대해 언급하며 과거에 남의 지배를 받은 것이 왜 한스러운 일인지 되묻고 비과학적인 특수사관이라고 일축하였다.[56] 역사학 비전공자들이 역사학의 근대성을 따지고 있는 것이다. 반면 이렇게 공격받고 있는 안재홍은 '전통적 문화특수경향의 연구'도 마찬가지로 과학적이라는 견해를 밝혔다.[57] '역사과학적' 또는 '사회경제사관적' 인식에서의 한계는 지적하면서도,[58] 신채호를 '조선의 랑케'로 떠받들기도 했다.[59] 한편 조선사편수회에서 일하던 스에마쓰 야스카즈末松保和는 백남운의 『조선사회경제사』에 대한 서평에서 사료 고증을 문제삼으며 조선인이 아니라도 조선사에 대한 과학적 인식이 가능하다고 비평하였다.[60]

국적, 전공, 학파를 불문하고 과학적 방법론을 갖추어야 한다는 인식을 공통적으로 보이고 있다. 동서고금의 모든 역사학자들은 대개 자신의 역사학이 이전의 그것보다 사실을 밝히는 데 더 충실하다는 인식을 보여 왔다. '근대' 역사학의 가장 큰 특징은 실증을 '과학'의 반열에까지 올려놓았다는 데에 있다. 자연과학의 발달에 따라 19세기 '과학'은 전통 시대에 '철학'이 그러했던 것처럼 '학문'과 동의어가 되었다.[61] 위에서 언급된 인물들은 제각기 자신의 역사학이 더 '과학적'이라며 경합을 벌이고 있었던 셈이다.[62] 결국 '자의적 해석'으로 판명되었지만, 오늘날 유사역사학자들이 '천문학을 통해『환단고기』의 사실성이 증명되었다'고 주장한 사례에서도 과학에 대한 맹신이 나타난다.[63]

여기서 '과학적'이라 함은 '객관적'이고 '보편적'인 진리를 추구한다는 의미도 지니고 있었다. '객관성'과 '보편성'을 상실한 역사학은 '국수주의'에 빠질 위험성이 커지는 것이다.[64] 사회주의자들은 '민족전체'니 '민족고유'니 운운하는 안재홍이 결국 '조선적 파쇼의 길'을 준비하고 있다고 비난하였다.[65] 실제로 나중에 안재홍은 대동아성전에 참여하는 것이 '역사적 무대의 의무'라는 글을 쓰면서 화랑도와 고구려의 상무정신을 언급한 바 있다.[66] 마르크스주의 철학자 박치우는 해방 직후 '국수주의가 권력에의 의욕과 결부되는 순간 그것은 횡포무쌍한 파시즘으로 전회轉化되기가 십중팔구'라고 단언하였다.[67] 거세되어 있던 민족 주체가 되살아나는 순간, 아카데미즘은 더욱 국가화될 조건을 갖추게 되었다.[68] 이미 1940년대 전반 전체주의의 광풍 속에서 '(일본)국사'의 '조선사' 포섭 논리에 휩쓸려 들어간 이들이 실재했다.[69] 민족의 이익 또는 계급의 이익을 앞세우고 과학적 방법론을 들먹이다가 전향하거나 변절하였다면 이들은 역사학의 흐름에서 예외적인 존재들인가? 근대 역사학 자체가 현재-주관-관념이라는 또 하나의 틀에 의해서 군건하게 받쳐지고 있기 때문은 아닐까?[70] 보편적·과학적 역사관을 대표하는 마르크스의 유물사관 역시 진보에 대한 형이상학적 철학을 내부에 품고 있었다.[71] 19세기 서구 역사학은 '과학의 외피를 쓴 국가주의 시민종교'였던 것이다.[72]

이렇게 근대 역사학은 과학적 방법론과 민족 주체의 설정이라는 두 가지 특성을 본질적인 요소로 간직하고 있다. 둘 중 한 쪽으로 기울어질 때, 또는 기울어졌다고 인식될 때, '주체성을 상실한 실증사학'이나 '침략적이며 국수주의적인 파시즘'으로 전락할 가능성이 높아진다. 일제 시기 식민주의 역사학과 그에 대응한 한국사학 모두 그러한 성질을 공유하였다. 조선총독부는 조선사편수회를 만들면서 '정치적 의의'는 전혀 없고 '오직 과학적 진실을 구한다'고 강조하였으나,[73] 『동아일보』는 '일본인들에게 역사는 위정의 보조물이며 국민성 도야의 꿀단지'라고 개탄하였다.[74] 그러면서도 '어느 국가를 막론하고 공정하고 충실한 역사를 기록하여 후세에 전한 예가 없다'[75]며 '과학적 역사학' 내부에 '국가라는 주체'가 존재할 수밖에 없음을 간파하였다. 객관성을 주장함으로써 국가에 대한 역사학의 역할을 부정하는 모순이야말로 역사학의 핵심 문제다.[76] 그러면 앞서 본 다보하시 역사학과 기쿠치 역사학은 역사학의 근대성에 비추어볼 때 어떻게 평가할 수 있을까?

〈표 1〉 역사학의 근대성에 비추어 본 다보하시 역사학과 기쿠치 역사학의 특성

근대 역사학의 특성	다보하시 역사학	기쿠치 역사학
과학적 방법론	역사 현장의 경험보다는 자료의 질서정연한 배열이 중요.	개개인의 체험을 직접 평가함으로써 역사적 실상을 밝히는 것이 중요.
민족 주체의 설정	개개인의 대응보다는 민족·국가 차원의 목적 달성 여부가 중요.	제국주의 팽창이라는 국가적 목적에 부합하는 활동들에 정당성 부여.

과학적 방법론의 측면에서 양자는 역사적 실상을 밝히는 것이 중요하다는 입장은 공통적이나 역사 현장의 개인적 경험을 중시하느냐 기록과 자료를 중시하느냐에서 차이를 보였다. 다보하시는 『근대일선관계의 연구』 서문에서 '가장 중요하고 곤란한 일은 정확한 근본사료를 수집·정리·교정하는 것'이라며, 일본 정부기록을 본인이 직접 수집했다고 밝히고 있다.[77] 다보하시의 일본인 후배 학자들 역시 다보하시가 총독부에서 강연한 『조선통치사논고』에서 총독부를 비판하고 있다며 '실증적이고 객관적이라는 점'에서 '일본 중심의 입장에서 해석하는 국사학과의 풍조'와 다르다고 회고하였다.[78] 미화된 면이 있다 하더라도, 일본 내 아카데미즘사학의 당사자들이 학계의 경향을 어떻게 나누고 있었는지 보여주는 대목이다.

민족 주체의 설정 측면에서는 개인의 대응이나 역사 서술의 구체적 맥락 등에서 차이를 나타냈으나 궁극적으로 민족·국가의 목적 달성을 중시한다는 면은 공통적이었다. 결국 민족·국가의 이익 추구에 기여한다는 관점에서 주류 역사학과 비주류 역사학은 경합 관계였다. 이때 상대적으로 아카네미즘의 측면에서 부족한 비주류 역사학은 우세한 현장 경험과 대중적 지지에 바탕한 국수주의 논조로 주류 역사학을 압박함으로써 우위를 점하려고 하였다.

앞서 하지연이 지적한 대로 주류 역사학과 비주류 역사학은 일정하게 역할 분담을 하게 된다. 기쿠치가 흥선 대원군의 '쇄국' 정책에 대해 쓴 글을 보자.

대원군으로부터 시작해 세계 세력에 대한 국방을 이해하게 되었다. 용감하게 오랜 동안 동해에 영웅시된 일본도 드디어 이 대세에 굴종했다는 풍문도 역시 저의 대외 사상을 자극시켰다. 아세아를 들어 세계 세력에 복종시킨다고 해도 조선 왕국이 그에 의해 쇄국해야 한다고 결정한 것은 맹렬하고 웅장한 마음이라고 말하지 않을 수 없다. 외척의 세력을 배척하고, 당인黨人을 제압하며, 유생을 침묵시켰다. 게다가 일국의 인심을 복종시킨 영웅·호걸도 이 세계 세력이 외부로부터 동요하는 것은 의외의 형세였다. 오다 노부나가織田, 도요토미 히데요시豊臣, 도쿠가와 이에야스德川 등은 300년 전부터 세계에 많은 강한 나라가 있어 차례로 근접함을 알고, 혹은 쇄국하고 혹은 개방하기도 했다. 조선에서는 실로 60년 전에 비로소 세계를 알고, 그리고 이를 막으려고 기도했다. 대원군의 공업功業은 절반도 되지 않아 실패한 것으로 역시 해외에 대한 오만 무지의 결과에 다름 아니다. 개국 진취는 근세적 국민의 진보이고, 또한 강대한 원칙이다. 조선

국민은 대원군 이래 60년 후인 금일에도 여전히 이해하지 못해 멸망하게 된 것이다.[79]

기쿠치는 쇄국 결정을 '맹렬하고 웅장한 마음'이라고 표현하고, 일본 근세사의 '개방 및 쇄국'과 비교하며, '개국'을 '국민의 진보'로 정의내린 후, 조선 '망국의 원인'이라고 단정짓고 있다. 한 국가 국민의 내적 상태, 두 국가 역사의 비교, 특정 개념의 정의, 국가 흥망의 인과관계 등은 모두 엄밀하게 증명되어야 할 명제들이다. 그러나 기쿠치는 매우 느슨하고 엉성하게 이 모든 것을 한 문단으로 엮어내고 있다. 적어도 전문 역사학자인 다보하시에게는 받아들이기 어려운 방식이다. 기쿠치 역사학은 다보하시에 의해 폄하되었다. 흥선 대원군에 대한 학문적 접근의 시발점으로 기쿠치가 아니라 다보하시의 연구를 꼽은 것은 다름 아닌 후대 한국인 학자였다. 다보하시가 사료에 충실하였기 때문에, 가치 판단이 들어간 '쇄국' 대신 '배외정책'이란 용어를 사용할 수 있었다고 높게 평가했다.[80] 그렇지만 다보하시 역시 식민지배와 피지배에 놓이게 되는 양국 관계를 형상화하면서 결과적으로 일본의 식민지화를 정당화하게 된다. 조선의 내적 상황과 동아시아의 국제적 상황이 그러하였다는 입장이다. 낭인의 국수주의와 아카데미즘사학이 서로 영향을 주고받으며 한국인 학자들까지 매혹시키는 식민주의 역사학을 만들어간 것이다.

이와 같은 양상은 일본 근대 역사학의 주류인 관학아카데미즘사학이 겪어온 길을 통해서도 확인할 수 있다. 앞서 1893년 신도-국학파의 공격을 언급한 바 있는데 이외에도 관학아카데미즘사학이 민간재야사학과 충돌하며 변모해간 계기들이 몇 차례 있었다.

일본의 관학아카데미즘사학은 세 방면에서 압박을 받았다. 첫째는 재야

〈표 2〉일본 관학아카데미즘 사학과 민간(재야)사학의 대립 과정[81]

연도	사안	관학아카데미즘사학의 변화
1893년	신도-국학파가 구메 구니타케 등 공격.	현실과 정면으로 맞서는 자세 약화됨.
1903년	소학교 역사교과서 국정화.	그 어떤 비판도 제기하지 못함.
1900년대	하라 가쓰로(原勝郎), 우치다 긴조(內田銀藏) 등 세계사적 보편과 사회적 진보·법칙을 중시하는 역사학자들이 교토제국대학 교수가 됨.	실증주의역사학과 대치되는 학풍이 생겨남.
1910년	도쿄제국대학 사학과가 국사, 동양사, 서양사 3과제 형식을 갖춤.	역사학이 식민지배라는 정치적 상황에 부응.
1911년	야당과 국수주의 단체가 교과서의 남북양조병립설 정정 요구.	학문이 권력에 지배되기 시작했음을 상징적으로 보여줌.
1940년	고사기, 일본서기 신화에 대한 쓰다 소우키치(津田左右吉)의 저서가 출판법 위반으로 발매금지 처분.	제국주의와 파시즘 이데올로기로 기능하는 황국사관에 종속.
1940년대	교토제국대학의 니시다 나오지로(西田直二郞)가 헤겔 역사철학과 리케르트 신칸트학파에 입각하여 실증주의역사학을 비판함.	니시다의 문화사학 역시 황국사관에 동화됨.[82]

국수주의 세력이다. 이들은 교과서에 실린 내용을 문제삼아 아카데미즘사학을 공격하고, 특정 학자의 저술이 마음에 들지 않을 경우에는 발매 금지를 요구하는 등 실력 행사에 나섰다. 둘째는 문명사, 사회경제사, 역사철학을 중시하는 학자들이다. 이들은 공통적으로 역사학의 보편적 성격을 중시한다는 점에서 앞서 국수주의 세력과 다르다. 세계사적 관점과 역사적 개성을 같이 중시하는 우치다 긴조의 역사학은 쓰다 소우키치에게로 계승되었다고 한다.[83] 셋째는 국가 권력이다. 국가는 대학에 국사 편찬을 지시하고, 교과서 편찬에 직접 관여하였다. 국립대학 내 학과 분립 체제에도 개입함으로써 학계를 제도적·구조적으로 길들여 갔다. 역사학의 성격을 바라보는 관점에서 국수주의 세력과 유물사관 학자들은 매우 상반되었으나, 최종적으로는 국가주의의 틀 안에서 국가 권력과 결합되었다. 본래 연구방법론상으로 양자 사이에서 일정하게 거리를 두고 있던 아카데미즘

사학 역시 결국 국가주의 안에서 양자의 특장점을 내면화하게 된다.

1940년대 일본의 관학아카데미즘사학이 겪었던 일련의 과정들이 1970년대 한국의 주류 사학계에서 변주된다. 당시 한국사학계는 4·19 이후 민족주의 열풍과 사회경제사학의 계승을 내포한 내재적 발전론에 기대어 실증사학의 꼬리표를 떼려 하고 있었다. 이는 실증사학이 곧 식민사학이라며 공세를 퍼붓던 재야 국수주의사학에 대한 대응의 성격도 지니고 있었다. 당시 박정희 정부는 국정교과서를 통하여 민족사학의 정통성을 전유하려고 하였다. 이때 그러한 정권의 욕구와 학계의 사정을 중재하려는 어용학자들이 등장했다. 대표적 인물이 이선근이다. 이선근은 그러한 목적하에 창고에 잠들어 있던 다보하시의 저서들을 밖으로 꺼내었다. 그의 의도는 무엇이었을까?

이선근은 국무회의 때마다 30분씩 국난극복의 민족사를 강의할 정도로 박정희 정권과 밀착되어 있던 인물이다.[84] 그런 그가 해방 직후 우연히 구했다는 『조선통치사논고』 교정본을 1972년 출간하였다. 그러면서 제국주의 시대의 학자이지만 정직하고 양심적인 면이 있다고 평하였다.[85] 그런데 이선근은 1963년 쓴 『한국사』 현대편 등에서 『조선통치사논고』의 많은 부분을 무단 인용한 바 있었다.[86] 따라서 다보하시의 저술을 공간(公刊)한 것은 양심고백의 성격도 있었다고 보인다. 하지만 그러한 행동을 통해 '식민사학'과 연루되어 보이는 것은 극구 경계하였다. 먼저 다보하시에 대해 처음으로 학술논문을 쓴 김의환의 이야기를 들어 보자.

이러한 『근대일선관계의 연구』에 대하여 오늘날 그 기본적 성격과 내용을 모르고 실증적 태도에 동조하여 그 업적을 높이 찬양하는 사람이 많다. 일제의 통치를 받은 우리가 조선통치상의 참고 자료라는 기본적 성격을 생각지 않고 동서와 저자의 업적을 찬양하는 것은 결과적으로 일제의 식민지 통치를 수긍하는 모순을 범하는 것이니 그것은 통치를 받은 우리의 민족적 양심이 허락하지 않는다.[87]

우리의 '민족적 양심'으로 다보하시의 '실증적 업적'을 인정해서는 안된다는 논리다. 이선근의 다보하시에 대한 평이 '침략을 당한 한국인의 평이라는 점에서 커다란 문제'라고 지적하기도 했다.[88] 그러나 이선근의 심정도 김의환의 그것과 크게 다르지 않았을 것으로 생각된다. 다보하시의 실증은 그대로 받아들이면서 '민족 주체' 자리에 일본인 대신 올라가려는 생각이 강하다 보니, 이선근의 역사의식은 자기분열 상태에 빠지게 된다. 그는 여러 글에서 신채호 역사학의 계승자임을 자처하였고, 나아가 다음과 같이 스스로를 민족사관의 대표로 자리매김하였다.

어떤 경우에도 민족사관의 입장을 버릴 수 없다는 것이 나의 일관된 생각이다. 내가 말하는 민족사관 또는 민족주의사관은 고전적 의미에서 한걸음 더 나아가 근대적으로 심화된 것임은 더 말할 나위조차 없다. (…중략…)

민족사관에 입각한 사학은 종래의 실천주의를 표방하는 일부 사기史家가 지적하듯이 과거에의 도피 내지 영웅주의의 강조가 될 수 없다. 그것은 명백한 사적 근거 속에서 우리 민족의 실체와 문화적 전통을 추구하고 민족의 과거를 현재의 역사로 되살려 보려는 것임은 말할 나위도 없다. 솔직히 말하여 패배의식 내지 사학의식이 팽배한 논자들이 있다. 민족사의 정통성과 생명력을 로맨티시즘이나 반反실증주의로 또는 민족적 정열만으로는 학문이 안된다는 주장 등으로 오도하는 경향이 그것이다. 이는 말할 것도 없이 식민지사론의 영향과 그 잔재적인 사고의 영역을 크게 넘지 못한다. 문제는 민족사관을 현재라고하는 시대정신 속에서 어떻게 심화시키느냐 하는 연구방법론의 발전에 있을것이기 때문이다.[89]

'사적 근거' 등의 용어로 자신의 연구방법론이 '근대적'인 것처럼 가장하고, '현재의 시대정신'이라는 용어로 현재주의적 관점을 노골화하고 있다. 이는 재야 역사학의 강렬한 국수주의 정신을 흡수한 채 주류 아카데미즘사학을 장악하려는 의도로 볼 수 있지 않을까? 국가 권력과 강하게 결탁하고 있던 이선근의 위치가 이를 가능하게 해주었다. 만약 다보하시의 식민주의 역사학을 교묘하게 계승한 이선근의 역사학이 한국사학계의 주류자리를 차지했다면, 근대 일본 역사학이 그러했던 것처럼 우리 역사 교과서도 파시즘으로 가득차지 않았을까? 물론 그렇게까지 되지는 않았다. 그러나 오늘날 한국 학계의 주류 역사학과 비주류 역사학 간 갈등을 보면서파시즘적 관점이 완전히 극복되었는지 의문스러운 것도 사실이다.

앞서 현재 한국의 주류 역사학과 비주류 역사학이 각각 식민주의 역사학과 연결되어 있다고 말한 바 있다. 식민주의 역사학의 계승을 인정하는역사학자나 학파가 단 하나도 존재하지 않는 현실에서 파헤치기 쉽지 않은 작업이다. 그럼에도 불구하고 일제 시기 주류 역사학과 비주류 역사학의 상호 관계를 현재 한국 학계의 구도에 비추어 논하는 이유는 무엇인가?
인정하지 않는 이들도 있겠지만, 저자는 일제 시기나 현재나 마찬가지로 주류와 비주류 역사학을 포함하여 거의 모든 역사학자들이 '객관적이고 과학적인 방법'으로 '민족/국가'의 역사를 밝혀야 한다는 신념을 지니고 있다고 여긴다. 따라서 논쟁은 '실증'과 '편향'을 두고 일어난다. 누가 더 역사적 사실에 부합하는가를 따지고, 실상에 어긋나는 점을 발견하면 편향된 인식 때문이라며 공격한다. 과거의 식민주의 역사학이, 현재의 유사역사학이나 뉴라이트 역사학 등 비주류 역사학이 주로 그러한 비판의 대상이 된다. 여기에 주류 역사학 역시 민족주의적 편향 때문에 역사적 실상을 제대로 그려내지 못한다는 자성이 일어났다. 유사역사학은 국수주의에 입각해 있다고 일축하는데 과연 주류 역사학의 민족주의는 다른 것인가? 본고 역시 기본적으로 그러한 성찰 속에서 작성되었다.

그런데 저자는 '민족주의적 편향'이나 '역사적 실상'을 드러내는 것만으로는 근본적인 성찰이 되지 못한다는 우려를 갖고 있다. 주류 역사학과 비주류 역사학이 공유하고 있는 역사의식의 심층에 존재하는 '파시즘'을 파헤쳐야 한다는 생각이 든다. 본문에서 언급된 바 있는 '민족/국가에 도움이 되지 않는 것은 말하지 말라'는, 얼핏 평범해 보이는 인식으로부터 파시즘적 사고방식이 생겨난다.[90] 물론 오늘날 한국 사회에서 '파시즘'이라는 용어는 엄밀한 기준없이 느슨하게 사용되는 경향이 있다. 다만 세계사적으로 파시즘이 '대중의 열정적인 민족주의'를 정서적 기초로 삼은 점은 공통적이라고 지적할 수 있다. '자신들의 공동체'를 내·외부의 '적'과 싸워온 '희생양'으로 보는 인식하에서는 어떤 행동도 정당화되기 마련이다.[91] 식민주의 역사학과의 거리는 달랐지만, 한국의 신민족주의, 사회경제사학, 실증사학 모두 전체주의로부터 자유롭지 못했다. '파시즘적 역사인식'의 반대편에는 '학자의 도덕적 양심'이 있는 것이 아니라 '개인의 이성적 판단'이 있다. 식민주의 역사학과 한국사학, 주류 역사학과 비주류 역사학을 막론하고 가장 부족했던 바로 그 덕목 말이다. 한국 역사학계의 파시즘적 역사인식을 극복하는 일이야말로, 진정한 의미에서 식민주의 역사학과 유사역사학을 벗어나는 길이 될 것이다.

3. 식민주의 역사학의 근대성 고찰

앞서 보았듯이 한국사학계에서 '식민주의 역사학'의 '근대성' 문제는 매우 민감한 사안이다. 일찍이 저자는 식민주의 역사학의 근대성을 고찰하는 일이 한국 역사학계 입장에서 중요한 과제임을 지적한 바 있다. 2013년 『식민사학과 민족사학의 관학아카데미즘』이라는 단행본에서 '일본 역사학의 근대성과 식민성침략성을 어떻게 연관 지을 것인지'에 관한 정밀한 분석이 뒤따르지 않는다면 '식민사학'과 '식민주의 사학'의 구분은 모호해질 것이라고 지적하였다. 당시 저자는 '일본의 근대역사학이 식민지배라는 상황을 만나 성립시킨 역사학 연구'들을 '식민사학'이라고 포괄적으로 지칭했었다.[92] 그러나 이처럼 '식민사학을 제국주의와 연동된 근대 역사학으로 보는 시각'에 '식민사학의 침략주의적 본성을 과소평가할 위험성'이 담겨 있다는 학계의 우려는 여전한 것으로 보인다.[93]

한편 식민주의 역사학을 이전과는 다른 관점에서 접근하고자 하는 공동연구팀도 등장하였다. 한양대 비교역사문화연구소 '식민주의 역사학' 연구팀의 공동 성과물들이 그것이다. 이 연구팀은 식민주의 역사학의 기원 및 '근대역사학'과 '근대제국'이 맺는 내밀한 관계를 검토하여 『식민주의 역사학과 제국─탈식민주의 역사학 연구를 위하여』이하 '1편'라는 단행본을

2016년에 출간하였다. 이때 기존의 '식민사학'이라는 개념 대신 '식민주의 역사학'을 분석 개념으로 사용하자고 제안하였다. 두 번째로는 동북아역사재단의 지원을 받아 '만선사관'을 대상으로 한 연구를 진행하였다. 그리고 2018년 본 연구팀의 세 번째 공동연구에 해당되는 책이 나왔다. 여기서는 2018년에 나온 『제국 일본의 역사학과 '조선' – 식민주의 역사학과 제국』 2이하 '2편'이라는 책을 중심으로 하여 식민주의 역사학의 근대성을 어떻게 볼 것인지 고찰해 보고자 한다. 2편은 다음과 같이 8개의 논문으로 구성되어 있다.

제1부 '동양사' 연구와 그 주변
「나이토 코난의 '동양문화' 연구와 '근세론'의 명암」, 윤해동
「북방민족 고유성에 대한 탐색 – 도리야마 키이치의 북방사 연구」, 정상우
「미시나 쇼에이의 신화 연구와 근대역사학 – 식민주의 역사학의 사상사적 재구성」, 심희찬

제2부 '조선사상'을 구성하는 다양한 방식
「이케우치 히로시의 한국 고대사 시기구분과 고조선·한사군 연구」, 박찬흥
「미우라 히로유키의 조선사 인식과 『조선반도사』」, 장신
「오다 쇼고와 조선사학회, 혹은 식민사학의 차질과 제도화」, 정준영
「일제강점기 나주 반남면 고분의 발굴과 야쓰이 세이이쓰」, 정인성
「이마니시 류의 조선사, 혹은 식민지 고대사에서 종속성 발견하기」, 정준영

2편은 1부에서 나이토 코난, 도리야마 키이치, 미시나 쇼에이 등 동양사

학자 3명을, 2부에서 이케우치 히로시, 미우라 히로유키, 오다 쇼고, 야스이 세이이쓰, 이마니시 류 등 조선사학자 및 고고학자를 다루고 있다. 일본 근대의 주요 역사학자들이 구상했던 역사상에서 식민지의 의미에 대해 탐색한다는 점에서는 1, 2편 공통되지만, 1편이 일본 역사학 자체의 근대성에 초점을 맞추었다면 2편은 상대적으로 식민주의에 방점이 놓여 있는 것으로 보인다. 또한 인물을 중시하느냐, 역사학의 성격을 중시하느냐는 1, 2편 모두 논문별로 차이가 있다.

일단 본 '공동' 연구자들은 모두 '식민주의 역사학'이라는 용어 사용에 동의하고 있다는 점에 주목할 필요가 있다. 1편의 총론에서 윤해동은 기존 연구들이 '침략과 지배를 위한 역사학'의 의미로 사용한 '식민사학'이라는 용어를 폐기하고, '식민주의에 입각한 근대역사학'이라는 의미로 '식민주의 역사학'을 사용하겠다고 선언하였다. 공동 연구자들의 문제 의식은 다양하지만, 적어도 다음 두 가지 지점에서는 일치한다. 첫째, '식민사학'이란 용어를 사용한 기존 연구들을 문제시하고 있다는 점, 둘째, '식민주의 역사학'이라는 용어를 사용하여 '근대역사학'과의 관련성을 염두에 두고 있다는 점이 그것이다. 즉, '식민주의 역사학'이라는 용어가 이 책을 관통하는 핵심 키워드임을 알 수 있다.

그러면 '식민주의 역사학'은 본 연구팀에서 처음으로 사용한 용어일까? 사실 그렇지 않다. 오래전부터 '식민사학'과 '식민주의 사관' 또는 '식민주의 사학'을 구분해야 한다는 주장이 있어 왔다.[94] 이러한 주장의 바탕에는 일본인 학자는 곧 '식민사학', 한국인 학자는 곧 '민족사학'에 입각해 있다는 이분법에서 벗어나려는 의도가 깔려 있다. 다시 말해 '식민주의'에 입각해 있지 않다면 일본인 역사학자도 근대성을 띨 수 있고, 반대로 한국인 역사학자 역시 '식민주의 역사학자'가 될 수 있는 것이다. 이같은 구분법에서 '식민주의'와 '근대주의'는 이념적 대립물로 파악된다.

저자의 관점에서 볼 때, 본 연구팀은 무엇보다 용어와 개념상의 혼란을 상당 부분 해소시켜 주었다. '사관'은 협소한 개념이고, '식민지'를 대상으로 한 역사학만이 '식민주의 역사학'이 아니며, '식민주의'는 '제국주의', '국민주의', '근대주의' 등의 이데올로기와 결합하였다고 명쾌하게 규정하였다. 근래 풍부하게 축적되어온 '탈식민주의적' 문제의식을 역사학에 온전히 적용하였다는 점에서 큰 의의를 찾을 수 있다. 그러나 물론 개념상의 규정만으로 기존 연구들을 단번에 극복하기는 어렵다. 또한 설령 비판의 논리적 정합성을 인정받는다 하더라도 새로운 대안 제시를 요구받게 마련이다. 이하 그러한 측면에서 몇 가지 문제제기를 하고자 한다.

먼저 이 책에서 다루고 있는 8명의 학자는 어떻게 구성된 것인지 볼 필요가 있다. 본서의 연구 대상 인물들을 1편 총론에 나오는 '식민주의 역사학 계통도' 도식에 맞추어 보면 다음과 같다.

도리야마 키이치는 기본적으로 동양사학자로 분류되지만, 조선사에도 연구 성과를 냈고 경성제대에 근무하였기 때문에 양쪽에 모두 집어넣었다. 사실 일본에서 조선사라는 분야는 20세기 초 동양사로부터 분화되어 나온 것이기 때문에, 다른 조선사 연구자들도 본래는 동양사 연구로부터 시작한 경우가 많다. 그러나 조선사 관련 논문을 주로 쓰고, 조선사편수회, 고적 조사 사업, 경성제대 등에 소속되어 활동한 것이 명백한 경우에는 동양사에 포함시키지 않았다. 반면 이케우치 히로시의 경우, 이 책에서 제2부 '조선사'에 포함되어 있지만 조선사편수회나 경성제대 계열이 아니기

〈표 3〉 '식민주의 역사학 계통도'에 맞추어 본 『제국 일본의 역사학과 '조선'』 연구 대상 인물 분류

국가	분류		본서의 연구 대상 인물
일본	'국사(일본사)', 고고학		
	동양사-만선지리역사조사실, 동양협회, 동양문고		나이토 코난(内藤湖南) 도리야마 키이치(鳥山喜一) 미시나 쇼에이(三品彰英) 이케우치 히로시(池内宏)
	사회경제사		
조선	관방사학	조선사편수회 계열(고적 조사 사업 포함)	미우라 히로유키(三浦周行) 오다 쇼고(小田省吾) 야쓰이 세이이쓰(谷井濟一)
		경성제대 계열	도리야마 키이치(鳥山喜一) 이마니시 류(今西龍)
	재야 민간사학		

때문에 일본 '동양사학자'로서 조선사를 연구한 것으로 보아야 한다.

책의 저자들은 기존 한국사학계가 식민주의 역사학을 근대사학으로 보지 않은 점이 잘못되었고, 그래서 자신들은 식민주의 역사학을 근대사학으로 전제한 채 논의를 진행하겠다고 밝히고 있다. 이러한 명제가 책 곳곳에서 반복하여 강조된다. 그런데 이 명제만으로 기존 학계의 논의들이 자동적으로 극복되는지는 의문이다. 기존 학계가 식민주의 역사학을 어떠한 지점에서 비판했는지 좀 더 꼼꼼하게 따져보아야 하지 않을까? 1960, 70년대 이기백, 김용섭, 강만길 등 초창기 역사학자들의 논의가 이후 오랜 기간 그 권위를 잃지 않은 것은 나름의 논리적 정합성을 가졌기 때문일 것이다. 1편의 총론과 2편의 첫번째 논문인 나이토 코난의 '근세론' 연구에서 윤해동이 이기백, 김용섭, 한우근의 담론을 분석하고 있기는 하다. 그러나 각론 필자들의 기존 연구사 이해도는 편차가 있는 듯 하다. 대개 자신이 다루고 있는 대상에 대한 기존 연구자들의 인식에 문제가 있다고 밝히고 있다. 그런데 그 문제를 명확히 하려면 '식민사학자들의 왜곡'으로 여겨져 왔던 부분들이 무엇인지, 정면으로 직시하고 따져 들어갈 필요가

있다. 그러나 대개의 각론에서 '왜곡' 여부는 느슨하고 모호하게 처리되고 있다는 인상을 받는다.

이를테면 기존 학계에서 식민사학자들을 비판하는 이유는, 그들이 실증을 내세우지만 실제로는 사실을 '왜곡'했기 때문에, 즉 실증을 제대로 하지 못했기 때문에, 또는 '잘못된' 실증을 했기 때문에 '근대' 역사학이 아니라는 논리에 바탕한다. 일단 이러한 주장에 문제가 있는가? 저자가 보기에 표면적으로 틀린 말은 아니다. 실제로 기존 한국사학자들은 끊임없이 식민사학자들의 실증이 어떤 지점에서 '잘못'되었는지 밝히고자 했다. 심지어 이 책의 저자들조차 식민주의 역사학자들이 어떤 부분에서 실증에 능했고, 그런 측면에서 '근대적'이라고 말하고 있다. 이처럼 얼마나 실증을 '잘' 했는지 따지는 구도에 머문다면 이 책 역시 기존 학계의 식민사학 비판과 차별성을 갖기 어렵다.

정상우는 도리야마 키이치의 발해사 및 북방사 연구에 대한 분석에서 '근대역사학의 방법론' — 문헌 사료를 망라하고 고고학 자료를 활용한 조밀한 연구 — 과 '일본의 침략전쟁과 그 확장 과정을 따라간 시야'를 구분한다. 그를 평가할 때 '시야'를 문제삼지 않고 '실증'에만 주목한다면 편향이 이루어지게 된다는 것이다. 박찬흥의 이케우치 히로시의 고조선·한사군 연구에 대한 분석에서는 이같은 구분법이 한결 더 뚜렷해진다. '서구에서 도입된 근대역사학의 연구방법을 토대로 엄격한 사료 비판'을 했다는 점과 '식민 지배를 긍정하고 입증하려 했다'는 점이 대비된다. 그러면서 이케우치 히로시가 고려와 조선의 '국호 계승 인식'을 역사 계승으로 인정하지 않았다는 점, 한사군의 통폐합 과정에서 조선반도 남부에 살았던 한족韓族이 더 강력히 저항했다는 '사실'을, 미개하다는 '선입견' 때문에 인정하지 않았다는 점 등을 문제삼는다. 그렇다면 이케우치 히로시는 실증에 부족했던 것인가, 의도적으로 왜곡을 한 것인가? 아니면 두가지가 모두 작용하여, 식민주의 때문에 근대적 실증을 제대로 못했다고 보아야 하는가?

장신은 미우라 히로유키의 『조선반도사』 편찬에 대한 연구에서 '사료실증주의'라는 용어를 사용한다. 미우라 히로유키의 '사료실증주의'는 중국의 고증학이 아니라 유럽, 특히 독일의 역사연구법이라고 규정된다. 그런데 중국의 고증학과 독일의 사료실증주의가 어떻게 다른지에 대해서는 별다른 설명이 없다. 미우라 히로유키가 중국 사서史書에 오염된 조선의 옛 기록을 신뢰하지 않았다는데, 해당 저자는 그러한 방식의 '실증'이 '근대적'이라고 보는지 궁금하다.

실증주의가 근대적이라고 한다면, 식민사학자나 일제 시기 실증주의 역사학자들의 연구 역시 실증에 바탕하기 때문에 '근대적'이라고 해야 하지 않나 하는 고민은, 1960, 70년대 이기백, 김용섭, 강만길 등의 글에서 모두 확인되는 바다. 강만길은 『동아일보』 1978년 6월 17일 자 투고문에서 학문의 현재성과 현실매몰성이 혼동된 예를 식민사학에서 찾고, 학문의 객관성과 현실유리성이 혼동된 예는 실증사학에서 찾았다. 현재성과 객관성의 '올바름'에 대한 기준이 자의적이라는 점에서 문제지만, 적어도 식민사학과 실증사학의 '근대성' 여부에 대한 고민은 있었던 셈이다. 1편의 총론에서는 그러한 초기 연구들과의 차별성이 의식되고 있지만, 2편의 각론에서는 얼핏 보면 식민주의 역사학의 근대성을 부각시키고 있으나 실제로는 '실증'과 '왜곡'의 이분법적 구도를 반복하고 있는 것은 아닌가 의구심이 든다.

즉, 실증 자체는 '근대적'이지만 관점의 측면에서 '왜곡'이 일어났다는 이분법적 구도로 회귀하고 있는 것은 아닌가? 특히 '국가의 현재적 목적'

에 따라 '왜곡'을 했다는 것이 문제가 된다. 예를 들어 미시나 쇼에이의 신화 연구에 대한 심희찬의 글에 식민주의 역사학이 내세운 현재성 강조가 잘 나타나 있다. 딜타이나 리케르트의 논의를 수용한 니시다 나오지로西田 直二郎로부터 독일 생철학을 받아들인 미시나 쇼에이가, 현재성으로 가득찬 '의미적 세계'를 구축하였고, 그렇게 하여 식민주의 역사학과 파시즘이 결합되었다는 것이다. 저자가 보기에 니시다 나오지로는 현재성을 강조하여 실증사학의 약점을 만회하려 하였다. 애초 랑케의 역사주의가 관념론적 성격을 포함하고 있었다는 점, 반면 동양의 역사학자들은 고증학적 전통 때문에 실증사학을 받아들이기 쉬웠다는 점 등을 고려하면, '실증주의'와 '현재주의'의 관계는 생각만큼 간단하지 않다. 그러한 측면에서 황국사관은 학문적 자기 성찰을 소홀히 한 근대역사학의 한 귀결점인 셈이다. 이를 근대역사학의 '변질'로 볼 것인지, '본질적 속성'으로 볼 것인지도 따져 볼 문제다.

그렇다면 '국가적' 관점, '현재적' 관점에 따르는 것은 '근대' 역사학이 갖추어서는 안되는 특성인가? 아니면 반대로 '근대' 역사학의 중요한 특징인가? 여기에서 강만길을 비롯한 한국사학자들의 자가당착이 드러난다. 동일한 '국가적' 관점, '현재적' 관점이라도, '침략'을 위한 것은 '근대적'이지 못하고, '저항'을 위한 것은 '근대적'이라는 '도덕적' 판단이 그것이다. 만약 식민주의와 제국주의를 등치시킬 수 있다면, 식민주의와 민족주의 사이의 거리 역시 멀지 않다. 제국주의와 민족주의가 유사한 틀을 가지고 있다는 인식 자체는 거슬러 올라가면 1909년 5월 28일 『대한매일신보』 논설 「제국주의와 민족주의」에서도 확인된다. 그러나 기본 틀이 동일함은 알지만 도덕적 차이가 더 중요하다는 사고방식은, 학계 뿐만 아니라 일반 대중들에게도 뿌리깊게 박혀 있다. 이 책은 과연 그러한 역사 의식을 넘어섰다고 볼 수 있을까?

사실 가장 중요한 논점이 여기에 존재한다. 역사학이 특정한 목적을 가지고 있을 때, '왜곡'이냐 아니냐는 판단은 자의적으로 내려지기 쉽다. 이는 대개의 역사학자들이 경험적으로 인식하는 바다. 일어난 일을 일어나지 않았다고 하거나 일어나지 않은 일을 일어났다고 할 때, '왜곡'으로 규정하는 것은 쉽다. 그런데 10가지 일 중 역사학자의 입맛에 맞는 5가지만 언급하면 '왜곡'인가 아닌가? 기실 거의 모든 역사학자들이 이러한 방식으로 일을 한다. 그렇다면 이 책에서 다루는 각각의 식민주의 역사학자들이 단순히 특정 부면에서 국가주의적·현재주의적 역사 인식을 지녔다고 지적하는 것을 넘어서, 해당 지점이 기존 연구에서 '왜곡'이라고 여겨지는 맥락 역시 비판적으로 짚어주는 작업이 필요하지 않을까? 해당 공동연구진의 작업이 결국은 기존 한국사학계의 맹점들을 파고드는 것으로 넘어가야 한다고 저자는 판단한다.

지금까지 기존 연구사를 염두에 두고, '실증'과 '왜곡'의 의미를 좀 더 파헤칠 필요가 있다는 지적을 했다. 그러면 1편 총론에서 도출된 명제— 식민주의 역사학을 근대역사학으로 보아야 한다— 는 각론에서 충실하게 반영되고 있는가? 여기서도 각론별로 편차를 드러낸다. 해당 명제를 적극적으로 해석하고 넘어서는 각론이 있는가 하면, 그저 이를 기계적으로 전제한 채 연구대상에 대한 충실한 실증에 만족하는 각론도 있지 않나 싶다.

정인성의 나주 반남면 고분군 발굴과 야쓰이 세이이쓰에 관한 연구를 보면, 일단 발굴 과정에 대한 상세한 묘사는 꽤 흥미롭다. 그러나 머리말만 놓고 보았을 때, 식민주의 역사학과 근대역사학의 관계에 대한 문제의식은 거의 발견되지 않는다. 뒷부분에 가서 야쓰이 세이이쓰가 '신공황후 삼한정벌설'과 '임나일본부설'을 신봉하고 메이지의 상황과 오버랩시키는 역사관의 소유자였음을 지적하고 있으나, 거기에 어떤 의미가 있는지에 대한 해석은 부족하다. 또한 하부 목차에서 '식민사관'이라는 용어를 사용하고 있어서, 1편 총론에 나온 용어 정의와 부합하지 않는다.

반면 정준영의 두 논문은 식민주의 역사학과 근대역사학의 관계에 대한 도전적인 문제 제기들로 가득하다. 1편에서는 '제국주의의 착취와 차별이야말로 민주주의의 평등성을 가능하게 했다'는 이소마에 준이치의 문제제기, '조선사 통사 서술 시도는 과거의 사실을 현재의 상황으로 환원시킨다는 점에서 근대역사학이면서 식민주의 역사학'이라는 심희찬의 문제제기가 상당히 인상적이었다. 2편에서는 정준영의 논문들이 그러한 역할을 하고 있다. 첫 번째 논문은 「오다 쇼고와 조선사학회, 혹은 식민사학의 차질과 제도화」, 두 번째 논문은 「이마니시 류의 조선사, 혹은 식민지 고대사에서 종속성 발견하기」인데, 두 논문은 『조선반도사』 편찬 사업 부분을 매개로 연결되어 있기도 하다.

첫 번째 논문에서 정준영은 왜 관변적 성격의 『조선반도사』 편찬 대신 '통속역사학' 형태의 '지상강의紙上講義'가 발간되었는지 추론하고 있다. 정치적 목적이 너무 노골적으로 드러나고, 근대적 연구방법론인 실증에서도 부족한 역사연구는, 일본인 학자들이나 조선총독부 관계자들 역시 그대로 내놓기에 망설였다는 것이다. 즉, 식민주의 역사학은 나름 '현재·국가의 정치적 목적'＋'실증'으로 구성되어 있고, 그러한 점에서 '근대역사학'의 성격을 띠고 있음을 보여주고 있다. 두 번째 논문에서는 좀 더 이론적인 접근이 이루어진다. 식민주의 역사학의 문제를 '진실/오류'의 규명이 아닌 다른 차원에서 접근하려 한다고 밝히고 있다. 식민주의 역사학이 얼마나 오류로 가득 차 있는지를 규명하는 것이 아니라, 그런 오류에도 불구하고, 식민사학은 어쩌면 그렇게 당당하게 자신을 객관적이고도 과학적인 '진리'라고 주장하고 있으며 또 독자들에게 그것을 믿도록 만들었는지에 관한 질문이 중요하다는 것이다. 이를 위해 헤이든 화이트의 '메타역사론'을 인용하여 식민사학자들이 구축한 조선에 대한 '역사-이야기'에 초점을 맞추겠다고 하였다.

이와 같은 입론은, 앞서 저자가 제기하였던 문제, 즉 얼마나 실증을 잘했는지를 따지는 방식으로 기존 연구사를 뛰어넘을 수 있는가, 현재적 관점을 취한다는 것과 '왜곡'한다는 것의 차이를 어떻게 구분할 것인가 등에 대해 일종의 대안이 될 수 있다. 물론 '진리'는 주장에 불과하고, 역사는 '이야기'에 불과하다는 인식은 좀 과격해 보인다. 그러나 식민사학자나 민족사학자들이 전유해 왔던 '근대역사학'의 신화를 깨기에 매우 효과적인 도구로 여겨지는 것도 사실이다. 그토록 과감한 문제의식에 비해 정준영 글의 결론─일본 민족의 자기 서사라는 관점에서 국사학과 동양사학이 합치될 수 있었고, 그들의 관점에서 조선 내 '중국적인 것'에 대해 해석했다─은 좀 소박해 보인다. 조심스럽지만 좀 더 적극적으로 위의 '도구'를 사용할 방법을 찾을 필요가 있지 않을까?

결론적으로 저자의 의문은 다시 1편 총론의 문제의식으로 돌아간다. 해당 공동연구자들이 생각하는 근대역사학의 특성들은 무엇인가? 일정 수준의 합의에 기반하여 공동연구가 이루어졌겠지만, 각론들을 보고 나면

'근대역사학'이란 도대체 무엇인가에 대한 궁금증이 더욱 증폭될 따름이다. 방대한 공동연구의 성과들에 바탕하여, 다음 공동연구에서는 '근대역사학'의 개념 정의를 다시 한 번 해주기를 기대해 본다. 또한 기쿠치 겐조 등 식민지 조선의 '재야 민간사학'은 식민주의 역사학을 어떻게 변용시켰는지, 특히 일반 대중들의 역사 인식에 어떠한 영향을 끼쳤는지도 연구의 대상이 되어야 할 것이다.

마지막으로 해당 저자들에게 '식민주의 역사학, 극복의 대상인가, 성찰의 대상인가?'라는 질문을 던지고자 한다. 해당 공동연구자들은 당연히 '성찰의 대상'이라고 답할 듯하다. 그동안 '극복의 대상'으로 보아온 역사연구자들이 잘못되었다고 일관되게 주장하고 있기 때문이다. 그런데 저자는 본서의 공동연구자들에게 다시 다음과 같은 질문을 던지고 싶다. 식민사학을 '극복의 대상'으로 보아온 역사연구자들, 이들은 '극복의 대상'인가, '성찰의 대상'인가?

제5장

한국 실증사학의 민족주의적 관점 재검토

전국역사학대회에서 '민족의식'의 진전을 기준으로 근대사학사를 구분하는 주제발표 중인 이병도.(「「한국근대사학의 회고와 전망」 토론회」, 『동아일보』, 1974.6.3)

이병도 박사 구순기념논총 증정식에서 '스승'과 담소하는 '제자' 이기백.(「李丙燾박사 9순기념논총 받아」, 『조선일보』, 1987.10.27)

일반적으로 한국 역사학은 일제 시기 '식민사학'의 타율성론과 정체성론을 비판하면서 민족주의 역사학과 사회경제사학의 양대 축으로 형성되었다고 본다. 해방 이후 민족주의 역사학은 안재홍, 손진태 등에 의해 신민족주의 역사학으로 체계화되었다. 그런데 한국전쟁 이후 주요 역사학자들이 납북, 월북되는 바람에 한국 역사학계에는 실증사학자들만이 남게 되었다. 이들은 민족주의 역사학과 사회경제사학 모두 정치적 목적에 편향되어 있다며 비판적 입장을 취한 바 있었다. 그러나 실증은 근대 역사학의 필요조건일 뿐이라는 점에서 실증사학자들 역시 결국 '민족'이라는 주체, '근대화'라는 발전 도식을 표방하게 된다. 실제로 1970년대 한국사학계는 '반反식민사학'이라는 공동 전선하에 '민족', '발전', '실증'의 연구방법론을 공유하며 뒤섞인 형태로 분화되어 갔다. 당대 대표적 역사학자들은 '(신)민족주의 역사학과 사회경제사학 그리고 실증사학의 대립을 넘어 종합을 추구하자'거나, '민족 주체성에 기반하여 사회발전의 논리로 실증사학을 체계화하자'고 주창하였다. 이후 '내재적 발전론'이나 '민중사학'이 마치 새로운 역사학파인 것처럼 인식되고 있지만,[1] 저자는 본질적으로 이와 같은 범주에서 벗어나지 않는다고 본다.

주류 한국사학계가 공유하고 있는 역사인식론에 대한 문제제기는 2000년대 이후 탈근대 역사학이 등장하면서 이루어졌다. 한국 근대 역사학의 민족주의가 배타적, 폐쇄적 이데올로기라는 비판이 제기되었고, 이는 우리 사회의 잔존하는 파시즘적 성격에 대한 반성과 맞물려 있는 것처럼 보였다. 그러나 한국 역사학의 계보에 대해 제대로 된 비판이 이루어지지는 못했다. 2020년대 현재에도 여전히 주류 한국사학계의 학문 권력은 매우 강고하며, 유사역사학, 뉴라이트 역사학, 탈근대 역사학은 그저 모두 이단으로 취급받고 있다. 어떠한 근거로 '이단'이라고 하는 걸까? '친일' 뉴라이트 역사학에 대해서는 '민족' 가치를 앞세운다. 그러나 '국수주의적' 유사역사학 앞에서 '민족' 이념은 힘을 갖지 못하기 때문에 '실증'이라는 근대적 연구방법론을 내세우게 된다. '실증'은 탈근대 역사학을 몰아붙일 때도 유용하게 사용되는, 마법의 키워드다.

문제는 유사역사학이나 뉴라이트 역사학 역시 '민족'과 '실증' 개념을 중시한다는 점이다. 즉, 주류 역사학과 비주류 역사학이 공유하고 있는 '민족', '발전', '실증' 도식을 해부하여 그 밑바탕에 깔려 있는 세계관이 무엇인지 규명해내는 작업이 필요하다. 여기서는 먼저 주류 역사학을 계보에 따라 분석해 볼 것이다. 이때 실증사학을 그 중심에 두는 이유는 무엇인가? 주류 한국사학계 내에서도 실증사학에 대한 옹호와 비판 담론이 줄기차게 이어져 왔다. 언뜻 보면 실증사학과 대립되는 학파가 존재하는 것처럼 생각될 수 있다. 그러나 위에서 보았듯이 실증사학 역시 민족주의를 내세웠다. 한국사 개설서와 교과서의 이른바 정설들을 채우는 것은 결국 '민족' 가치를 앞세운 '실증사학'이다. 저자는 주류 한국사학계 내 다양한 입론들이 있지만 '민족의 발전 과정을 실증한다'는 명제에서 벗어나 있지 않음을 증명하려고 한다. 또한 그러한 명제가 파시즘적 세계관과 친화적이라는 점은 본서의 다른 부분들에서 증명하고 있음을 밝혀둔다.

1. 서구 역사주의와 일본 실증사학에서 주요 논점

서구 역사주의의 흐름 속에서 동아시아 '국사'의 탄생과 한국사학계 형성의 문제를 각 분야의 연구자들이 공통의 연구 주제로 삼기 시작한 것은 비교적 근래의 일이다. 대표적으로 성균관대학교 동아시아 역사 연구소에서 진행된 프로젝트를 들 수 있다. 이곳에서는 '동아시아 근대 역사학의 형성과 제도화'라는 주제로 연구를 진행했다. 그 결과 19세기 국민국가라는 특별한 형식의 국가 형태와 긴밀한 관련을 맺으며 발전한 근대 역사학이 신랑케주의자인 리스에 의해 일본에 도입된 점,[2] 일본이나 한국 모두 서구 역사서를 수입하면서 달리 변용하고 다른 방식으로 전유하였다는 점,[3] 서유럽에서 탄생한 근대적 역사 개념이 한국에서 번역어로 형성되는 과정[4] 등이 밝혀졌다.

서구 근대 역사학이 일본을 거쳐 한국에 수용되는 과정을 상식적인 수준에서 일반화하기 보다는 다양한 방식으로 재구성하려 했다는 점에서 의미가 있는 작업이었다. 본서는 이러한 연구 경향을 받아들이면서 한편으로 다음의 점들에 좀 더 주의를 기울이고자 한다. 먼저 한국 역사학계의 흐름과 대응이라는 측면을 주목하고자 한다. 위의 연구들은 서구 근대 역사학의 수용이라는 단면은 잘 드러내고 있지만, 현재까지 이어지고 있는 한국 역사학계의 흐름과 직접적으로 연결시키는 부분은 부족하다고 판단된다. 이는 특히 한국사학계 중 가장 오랫동안 영향력을 행사해온 실증사학의 흐름을 파악함으로써 가능할 것이다.

둘째, 몇가지 논점을 잡아 접근함으로써 문제 의식을 뚜렷이 하고자 한다. 특히 실증의 의미와 민족국가와 역사학의 관계라는 점에 주목하려고 하는데, 이를 통해 현 한국사학계의 문제가 무엇인지 직접적으로 이야기할 수 있게 될 것이다. 이 두 논점은 서구와 일본, 한국의 역사학이 공통적으로 맞닥뜨리는 문제였는데, 그에 대한 대응은 각 국가별로 달랐다. 그 공통점과 차이점을 살펴보고자 한다.

본론에 들어가기에 앞서 실증사학이라는 용법에 대해 정리해둘 필요가 있다. 후대 역사학의 랑케 이해와 관련하여 한국사학계에서는 일반적으로 '랑케류의 실증사학'이라는 표현이 사용되어 왔으나,[5] 엄밀히 말해 랑케 역사주의는 일반적인 법칙화까지 강조하는 콩트의 실증주의와 구분되며[6] '역사주의의 실증사학' 정도로 지칭해야 한다는 주장도 오래전부터 제기되어 왔다.[7] 실증이나 실증주의를 랑케사학이 전유해서는 안된다는 의미로 여겨진다. 하지만 콩트의 실증주의가 그대로 적용된 이른바 '실증주의 역사학'이라는 것이 별도로 존재하지 않는다면, '실증주의'를 일부 변용해 받아들인 역사학을 '실증사학' 또는 '실증주의 역사학'이라고 불러도 큰 문제는 없어 보인다.[8] 본고에서는 일반적인 용법에 따라 실증사학으로 지칭하려고 한다. 다만 랑케사학 자체는 실증사학으로만 한정되어서는 안된다는 점에서 역사주의라는 좀 더 포괄적 개념으로 이해할 필요가 있다.

1) 서구 역사주의의 흐름과 논점

한국사학계 실증사학의 방법론을 본격적으로 살펴보기에 앞서, 랑케 역사주의의 흐름을 정리해볼 필요가 있다. 즉, 한국사학계 실증사학은 서구-일본에서 도입되었다는 점에서 전통적 역사학과는 단절되어 있었다는 것을 분명히 해두어야 한다. 이는 실증-과학적 역사학이 근대역사학의 특성이라고 믿는 지식인들 일반이 갖고 있는 감각이었다. 대표적으로 1930

년대 김태준의 정인보론을 들 수 있다.[9] 일단 김태준은 정인보가 양반 출신으로 '피의 자랑, 피의 교만'에 빠져 있다며 부정적으로 묘사한다.[10] 이어 선민적으로 민족혼을 환기하려는 것은 역사의 왜곡된 선입견에서 오는 것이라며, '학學'의 궤도에서 탈선되어 있다는 점에서 정치가의 가두연설이나 약장사의 광고연설과 다름이 없다고 폄하한다.[11] 김태준에게는 한문에 아무리 능해도 과학에 입각해 있지 않으면 학자가 아닌 것이다.[12] 그런 점에서 '구학舊學'과 '신학新學'의 구분 역시 성립하지 않으며, '과학적 체계 하에 건설된 학'만이 '참된 지식'으로 명명된다.[13]

일제 시기 실증사학자로 분류되는 이들이 대외적으로 역사학 이론에 대해 논하는 경우는 별로 없다. 이들은 그저 자신의 전공 분야에서 글을 쓸 뿐이었다. 상대적으로 김태준처럼 역사학 이외 분야의 인물이 민족주의 역사학에 대해 공격적 글을 쓰고 역사학자의 자격을 논하는 경우가 많다. 그래서 실증사학자 이인영의 다음과 같은 발언은 주목된다. 그는 "현재 우리가 취하고 있는 바 서양의 사학연구법을 적용하는 조선사의 연구는 말할 것도 없이 근래 태서문물의 세례를 받은 이후에 속하는 것"이라고 규정하고 있다.[14] 당대에도 이미 근대적 실증사학이 청대 고증학과 같은 것 아니냐는 의구심이 있었을 것으로 보인다. 그렇기 때문에 실증사학자들 스스로 전통적 고증학과의 '차이'를 의식하고 있었을 것이다. 그렇다면 그 '차이'는 어떤 것이라고 주장 혹은 인식되고 있었는지, 그리고 그러한 주장들이 타당한 것인지 따져볼 필요가 있는데, 이는 서양과 일본을 거쳐 들어온 랑케 역사주의의 흐름 속에서 검토해보아야 한다.

여기서 역사주의는 '역사를 통해서 인간이란 무엇이며 인간 삶의 의미가 무엇인지 밝힐 수 있다고 믿는 것'이며, 이를 첫번째 과학모델로 정리한 역사가가 랑케라고 할 수 있다.[15] 그런데 이 랑케 역사주의에 대한 이해에서 한국사학계 실증사학 인식과 관련된 두가지 논점을 확인할 수 있다. 첫번째는 실증의 의미이고, 두번째는 민족/국가 담론 즉 정치성의 문제이다. 첫번째 실증의 의미와 관련해 랑케상이 두가지라는 점이 연구자들에 의해 계속 지적되어 왔다. '역사사실의 객관적인 대립과 재생을 궁극적인 목적으로 삼은 사실주의적인 랑케'와 '독일 관념론의 전통을 계승한 철학적, 주관적 성격의 랑케'라는 두가지 대립적 상이 그것이다.[16] 그런데 이는 과학적 요구와 철학적 요구에 각각 대응하면서 역사학의 독립성을 쟁취하려는 랑케의 노력이 반영된 것으로도 볼 수 있다.[17]

후대 역사가들은 이같이 이중적인 랑케상 중 한쪽을 더 중시하는 편향을 보이기도 했다. 빈델반트, 리케르트 같은 독일 신칸트학파는 개별적인 것은 오직 직관될 뿐이라며 실증주의가 낳은 자연과학의 방법론으로부터 역사과학의 해방을 의도했는데, 이같은 상대주의는 1910년대 들어 '반反역사주의', '역사주의의 위기'로 불리는 현상을 낳았다.[18] 이때 상대주의를 배격하고 예술과 철학의 결합으로서의 역사학을 주창한 것이 크로체이며, 콜링우드나 카 등은 그의 추종자라고 할 수 있다.[19] 크로체는 1915년의 발간된 책에서 역사와 철학의 통일성을 논하고 있다.

역사철학을 반대하는 세 집단과 이들이 역사철학에 대신해서 제시했던 세 개의 방안들―외교문서에 근거를 둔 역사학, 문헌학적 역사학, 실증주의적 역사학 ―이 저희들끼리 일치되지 않았다는 것은 이미 언급했다. 이를 증명하기 위해서는 다음 사실이 상기될 수 있겠다. 즉 외교사적인 역사가들은 자질구레한 박학을 멸시했었고 실증주의가 구성하는 것들을 믿지 않았다는 것, 박학가들 편에서는 인명, 연대들을 소홀히 취급하는 것을 두려워했고, 외교사적 역사가들과 이들의 방종한 세속적인 행위에 머리를 내저었다는 것, 그리고 끝으로 실증주의자들은, 문헌학적 역사가들이란 사물을 철저하게 취급하지 않고 자연적 혹은 일반적인 원인들에 이르기까지 파고들어가지 않는 사람들이라고 간주하였으며, 그리하여 그들은, 박학가들이란 법칙을 내세우고 사실들의 진리를 사회학적이고 생리학적인 법칙들과 일치시키면서 규정하는 능력이 없다고 비난하였다는 것 등이다. (…중략…) 이들 세 집단의 역사철학 반대자들은 다함께 역사철학의 초월성과 또 역사와 철학의 통일성을 한결같이 인정하지 않았다.[20]

역사철학의 초월성을 중시하면서 실증주의를 재해석하는 이같은 경향은 '모든 역사는 당대사'라는 현재주의적 역사주의로 정식화되었다.[21] 사실 역사주의는 방법론상으로 어디까지나 역사의 객관성을 강조했으나 주관성의 허용을 배태하고 있다는 점에서 근본적으로 약점을 지니고 있었다.[22] 즉, 일반적으로 실증사학이 실증에만 전념하고 보편적 가치체계 발견에 소홀하다고 비판하는 경우가 많은데, 이 경우 실증의 과학성 자체는 인정된다. 그러나 위에서 본 것처럼 포스트모더니즘의 등장을 기다리지 않더라도, 역사학자들 스스로 객관적 서술의 가능성에 의문을 품고 있었음을 알 수 있다.[23] 역사 서술에서 관점의 개입은 피할 수 없지만 그것이 상대주의로 갈 위험성을 잘 알고 있기 때문에 더욱더 객관성을 강조하는 것이다. 역사가 학문화되면서 역사가는 점차 자신을 숨기고 마치 역사가 스스로 기술되는 듯한 인상을 주게 된다.[24] 객관과 주관 사이에서의 줄타기는 랑케 역사주의 이래 지속되어왔다. 과학성과 법칙성을 중시하다 보면 유물사관과 같은 역사법칙주의가 되고, 상대주의를 부각시키다 보면 역사개성주의가 되어 히틀러 출현 등으로 귀결되기도 한다.[25] 이처럼 랑케 역사주의는 민족/국가와 결합하여 정치성의 문제를 낳게 되며, 이같은 양상은 실증사학을 표방하는 경우에도 비껴갈 수 없다는 점에 주의해야 한다.

두 번째 랑케 역사주의에서 민족/국가 담론 즉 정치성의 문제를 보도록 하겠다. 랑케사학이 철저하게 객관적 실증주의에 입각해 있다는 것만큼이나 비정치적이고 초당파적이라는 인식 또한 잘못된 것이다. 랑케에게 국가는 하나의 이념이었고, 종교적인 경지에서는 '하나의 신의 사상'이었다.[26] 그에게 민족국가 체제란 신들의 대화처럼 영속할 수 있는 것이었다. 그는 이념적으로 보수주의는 아니었지만 방법론상으로 보수적이었다고 할 수 있다.

> 랑케에게 민족국가의 체제란 신들의 대화처럼 영속할 수 있는 것이다. 민족국가의 체제가 세계 공동체의 발전을 저해하는 것인지의 문제에 대해서, 그는 문명 그 자체가 다양성과 분할에 의존하는 것이라고 답변하였다. (…중략…) 요컨대 랑케는, 인간이 정치적으로 통합되고 민족국가와 교회가 인간에게 부과한 제약으로부터 벗어날 수 있는 새로운 사회형태의 가능성을 달갑지 않게 여겼다는 것이다. 이것이 바로 그의 보수주의적 방법과 형식이다. '국가이념'이 그의 역사 이론에서 절대 가치로 작용하고 있기 때문에 바로 보편성과 개별적인 자유가 역사 그 자체의 대안으로 간주된다. 헤이든 화이트, 『메타 역사-19세기 유럽의 역사적 상상력』 I, 372~375쪽

랑케의 '비당파적' 접근은 사실상 현존 질서를 신이 의도했던 것으로 제

시하는 결과를 낳았고, 엄격한 객관성을 요구하는 학문의 전문화와 역사가가 수행하는 정치적 역할 사이의 모순도 점차 시야에서 사라졌다.[27]

이처럼 랑케는 '정신적 원리를 실현하는 가장 높은 역사의 잠재력이 국가 안에 내재해 있다'고 믿었고,[28] 그 결과 역사학 내부에서 근대 민족국가의 현존을 특권화시키고 있는데,[29] 이는 그가 살았던 시대적 상황과 연계해서 이해해야 한다. 랑케와 헤겔의 국가관 모두 독일의 정치적 후진성을 반영하고 있기 때문이다.[30] 보편적 문명화의 압력 속에서 독일의 지식인들은 민족/국가 단위의 역사를 구상함으로써 정체성을 유지하고자 했던 것이다. 그런 점에서 랑케가 국립대학인 베를린대학에서 역사학을 하나의 분과체제로 성립시켰다는 점은 의미심장하다.[31] 왜냐하면 매우 유사한 과정이 근대 일본과 한국에서도 진행되기 때문이다.

2) 일본 실증사학의 변용

이상 서구 랑케사학이 본래 지니고 있던 양가적兩價的 관점들, 즉 과학적 실증주의와 상대주의적 관념론, 초당파적 객관성과 민족/국가적 정치성이 후일 시대적 맥락 속에서 혼란과 전유를 야기하는 양상을 살펴보았다. 이제 그 랑케사학이 일본에서 어떤 개념과 방법론의 변형을 거쳐 한국의 지식인들에게 전달되어 실증사학으로 성립되는가를 살펴볼 차례이다. 19세기 말 일본의 근대역사학이 전통적 고증학에 바탕하여 독일 역사학과 실증주의의 영향 하에 제국대학이라는 장에서 국가권력에 종속된 채 '관학아카데미즘'으로 형성되었다는 것은 잘 알려진 사실이다.[32] 고증을 중시하고 이론성이 약한 관학아카데미즘은 '문명사학→민간사학→마르크스주의사학' 계통과 구분된 채 이어진다고 이해되었다.[33]

그런데 일본근대역사학의 형성 과정에서도 서구 역사주의의 흐름과 유사한 논점들을 찾을 수 있다. 먼저 랑케사학의 어떠한 부분을 어떠한 방식으로 수용했는가 하는 부분인데, 랑케사학의 초당파성과 객관성이 강조됨으로써 전통적 역사학, 고전적 국학의 정치성에 대한 반대 담론으로서의 역할을 하고 있었다. 한국에서와 마찬가지로 유교적 명분사관과 과학적 합리주의가 대비되면서 고증학과 구분되는 근대적 학문의 성격을 확보하게 된다. 그러나 객관성이란 역시 모호한 개념이다. 관학아카데미즘은 정치권력 자체의 분석을 학문적 연구대상에서 제외시킴으로써 국가권력 및 내셔널리즘에 종속되게 된다.[34] 근대적 실증을 내세워 국학파의 맹목적 주장을 비판했지만, 그것이 국가권력에 대한 비판으로까지 이어지지는 못했다. 오히려 국학파에 적극 반대했던 이들은 관학아카데미즘 대열에서 탈락하고, 객관성의 구호 아래 국가권력과도 적당한 거리를 유지하는 학자들만 살아남았던 것이다.[35]

20세기 들어 일본 역사학에서 랑케 역사주의의 변용과 관련하여 주목되는 인물이 니시다 나오지로西田直二郎와 쓰다 소키치津田左右吉다. 니시다는 교토제국대학에서 문화사학을 제창한 인물인데 우치다 긴조內田銀藏의 학통을 이어받았고, 신칸트학파 리케르트와 신헤겔학파 딜타이를 함께 비판적으로 섭취하였다. 그는 현재적 관심을 강조한다는 점에서 실증사학의 약점을 만회하고 있었고,[36] 이는 당대 유럽에서 역사주의가 위기를 맞고 있던 것과 맞아떨어지는 현상이다. 우치다 긴조 역시 관학아카데미즘에 세계사적 관점을 불어넣은 인물인데 보편적인 문명진보의 관념으로 일반화하지는 않고 어디까지나 역사적 개성을 강조한다는 점에서 독자성을 지니고 있었다.[37]

문제는 이같은 세계사적 관심, 관념론적 랑케 이해가 국가권력에 대한 비판의식으로 밑받침되지 못할 때 대외적 팽창정책의 근거로 사용되게 된다는 점이다.[38] 1930년대 후반 일본 역사학계에서 랑케가 재조명될 때 실증주의는 전혀 거론되지 않고 세계사적 성격을 둘러싼 추상적인 사변으로 일관하고 있었다고 한다.[39] 니시다 나오지로는 1931년 쓴 『일본문화사서설』에서 빈델반트와 리케르트를 인용하여 역사학이 자연과학과 다르면서도 과학이 될 수 있다며, 역사적 개성, 현재적 관점을 강조하고 특수한 국민의 역사도 보편성을 획득할 수 있다고 주장한다.

> 리케르트에 있어 자연과학에 대립하는 역사학은, 과학으로서 그 특유한 방법이 있는 것이라는 것으로부터 설說을 세우고, 결국 자연과학에 대해 문화과학의 대립을 설說했다. 이 문화과학의 개념은 명확히 자연과학의 개념과 구별해야할 것을 가지고 있다. 자연과학적 개념은 보편적 법칙적인 것임에 대해 문화과학적 개념은 특수성과 개별성을 가지고 있는 것, 즉 빈델반트가 이미 말한 바의 일회 사건의 개념으로, 역사적 방법이라고 말하는 것이다.[40]

이러한 내용은 조선에 있던 일본인 역사교육자들이 조선사를 일본국사로 포섭하려는 논리의 근거로 제시되고 있기도 하다.[41]

한편 한국 실증사학자들에게 큰 영향을 끼친 쓰다 소키치의 경우 전전戰前 일본역사학의 최고수준을 보여준다고 평가받는 인물이다. 그는 일본의 대외팽창이 극에 달했던 1940년 출판법 위반 혐의로 유죄판결을 받고 교단에서 내쫓김으로써 더욱 유명해졌다. 그런데 그 원인을 제공했던, 신화에 대한 비판이 실증사학에서 나온 것이 아니라 그저 실증적이고 합리적인 방식 때문이라고 평해지기도 한다.[42] 그러면서 쓰다가 '민족사', '국민 사'라는 관점에서 랑케적 세계사에 반발했고, 딜타이적인 '생'의 역사학 입장에 있었다고 주장한다. 1950년대 일본 역사가들은 랑케사학이 20세 기 전반기 일본에서 다양하게 변주되고 있었고, 실증사학으로 한정될 수 없다는 점을 인식하고 있었던 것으로 보인다. 하지만 실증사학의 범주를 협소화시킴으로써 비판의 화살에서 벗어나려 하였다는 인상 역시 지우기 어렵다.

일본 역사학계에서 전전戰前 역사학에 대한 비판을 주도한 것은 하타다 다케시旗田巍다. 그는 학문의 정치성에 대해 직접적으로 문제를 제기하고 있다. 일본의 아시아연구가 내용상, 방법론상으로는 순수성을 유지한 것 처럼 보이지만, 학문과 현실·사상의 분리가 오히려 현실과의 기묘한 결 합, 권력에의 추수追隨를 초래했다는 것이다. 쓰다의 우상파괴 자체는 올바 른 일이지만 이것이 중국, 조선에 대한 멸시감과 연결되었다는 점, 또한 그 배경으로 합리적·실증적 사학의 기준이 유럽적 근대주의였다는 점이 지적된다.

현실을 벗어나고, 사상을 버리는 것에 의해서 일본의 동양사학은 침략체제 속에서 학문의 순수성을 지키려고 했다. 이는 그 나름으로 상당히 큰 성과를 올려 왔다. 그러나 다른 한편으로 현실과의 무책임한 결합, 권력에의 추수追隨 를 초래할 위험성을 다분히 지니고 있었다. 그것만이 아니고, 그 성과에는 큰 제약이 있었다. 지금까지 일본의 전통적 동양사학이 거두었던 성과는 개개의 사실에 관한 고증이 주된 것으로, 아시아의 역사의 체계적 파악의 점에서는 현저히 불충분했다. 이는 단지 연구수준이 낮아서 개별 연구로 끝나고 체계적 파악을 할 단계에까지 도달하지 못했기 때문이 아니다. 우상파괴는 당연한 올바른 일이었다. 그러나 그 궤적에 일체 무엇이 남았던 것일까? 여기에 문제가 있다. (…중략…)

이러한 형태의 우상파괴는, 그때까지 존경되고 있던 중국 고문명에 대한 불신감, 우상을 만들어낸 중국인에 대한 멸시감을 일으킨다. (…중략…) 어느 나라의 것을 연구한다면 그 나라가 좋아지는 것이 자연스럽지만 동양사가에는 그러한 경향이 부족했다. 중국만이 아니고, 아시아 전체에 대해서 마찬가지의 사고방식을 지니고 있었다. 이러한 우월감이 키워졌던 기초에는 일본의 대륙발전이 있었지만, 그 중요한 사상적 측면을 형성한 것은 근대주의였다고 생각한다. 동양사학은 유럽사학의 계보 안에서 성립하고, 유럽문명을 기준으로 해서 역사를 사고하는 경향을 다분 지니고 있었다. 합리적·실증적 사학의 기준은 유럽적 근대주의였다. 한학비판, 중국에의 우월감, 아시아멸시감의 배후에는, 이런 사고방식이 있었다. 이 점을 가장 명백히 보인 것이 쓰다 박사일 것이다. 박사는 전쟁 중에 「지나사상支那思想과 일본」에서 중국에 대한 일본의 지도 방법을 논평했다. (…중략…)

지금의 일본은 「세계성이 있는 현대문화」를 지니고 「그 근본이 되는 현대과학」과 과학적 정신을 몸에 지닌 아시아의 선진국이다. 중국은 일본과 정반대로 현대문화를 갖지 못하였다. (…중략…) 이러한 사고방식은 실은 명치 이래 일본의 지식층 특히 진보적 지식인이 지니고 있던 것과 공통되고 있다. (…중략…) 근대주의의 입장은 쓰다 박사에 있어서는 명백히 노정되고 있다. 다른 많은 동양사가는 그만큼 명백하게 보이지는 않는다. (…중략…) 사상을 버리고 무엇에도 사로잡히지 않는 공평무사한 입장에 섰다고 생각하고 있던 것이, 실은 이러한 입장에 서 있었던 것이었다. 실증주의·고증주의라고 해도 실은

일체의 사상으로부터 해방되어 있던 것은 아니다. 무의식 안에서 사상을 지니고 있었던 것이다.[43]

하타다의 이러한 지적은 일본의 근대역사학과 식민주의 역사학이 동전의 양면 같은 것이었다는 점을 일깨워준다. 또 한편으로 실증사학의 이중적 성격을 잘 보여준다. 실증사학 역시 민족/국가적 입장, 현실 정치적 성격에서 벗어날 수 없지만, 국가권력과의 동거 혹은 정치적 편향에 대한 비판에 맞서 과학적 학문의 순수성을 내세우며 또 실제로 그러한 노력을 한다는 점이 그것이다.

다시 정리하자면 일본 근대역사학에서 랑케의 실증주의적 측면이 별 무리없이 수용될 수 있었던 것은 그것이 고증학의 전통에 부합되었기 때문이다. 하지만 양자의 '차이'가 없다면 실증사학의 의미도 있을 수 없기 때문에 관념론적 유교사학을 부정하고, 객관적·초당파적 입장에 선다는 점이 중시되었다. 그러나 애초 랑케의 역사주의가 그러했던 것처럼 객관적 실증이 전부는 아니었다. 동양사학을 창시했다고 알려진 시라토리 구라키치白鳥庫吉가 랑케에게 빠져든 것도 고증학적인 자료 비판과 방법론보다 오히려 그것에 의해 밝혀지는 역사의 이념과 정신의 독자적인 해석에 있었다고 한다.[44] 시라토리는 무엇이 객관적인가를 결정하는 기준은 선과학적인 역사철학임을 잘 알고 있었다는 것이다.[45] 따라서 점차 일본 근대역사학에서 실증과 함께 서술자의 주관, 민족/국가라는 주체의 설정 등이 중요한 개념으로 떠오르게 된다. 더군다나 이때 시라토리에게 목격된 세계는 '낙관적인 국민국가체제'가 아니라 '약육강식의 투쟁 상태인 제국주의'였다. 시라토리의 실증주의 역사상은 이케우치 히로시池內宏, 이나바 이와키치

稲葉岩吉 등 2세대 동양사학자들에게 계승되면서 현실 참여 인식에서 차이를 드러냈다.[46] 상대적으로 과학적, 법칙적 연구방법론을 중시하는 유물사관은 성공적이지 못했다. 반면 현재적 관점을 중시한다는 점에서는 유물사관이나 황국사관이 공통적으로 실증사학에 불만을 품고 있었다는 지적도 있었다고 한다.[47] 서양과 일본에서 실증사학의 개념과 방법론을 둘러싼 이같은 논의들은 한국사학계에서도 유사하게 변주되고 있었다.

2. 한국 실증사학의 위상 변화와 민족 주체 설정

근대 이후의 한국사학을 '민족사학'으로 부르는 용법은 일정한 함의를 갖는다. '식민사학'에 대한 대칭어인 것이다.[48] 그런데 식민사학, 식민주의사학, 식민지사학 등의 혼용에서 보이듯이,[49] 식민사학의 정의가 명확하지 않은 상태에서 그 대칭어인 민족사학의 개념도 명확해지기는 어렵다. 양자의 대립축에 대한 인식이 매우 강하게 유지되고 있음에도 불구하고, 식민사학과 민족사학 각각의 범주가 불분명하다는 점은 여전한 사실이다. 근래에는 양자 모두 민족·국가 단위를 중시하며, 근대 역사학의 방법론을 내세우고 있었다는 점에서 이항대립적 인식의 문제점을 지적한 연구도 등장하였다.[50]

즉, 식민사학과 민족사학 개념의 유동성을 전제한다면, 민족사학을 반식민 역사학으로 규정해 놓는 것이 논의에 편의를 제공할 수 있다고 여겨진다. 이는 특히 1970년대까지의 한국사학에 대해 논할 때 유용하다. 민족사학의 범주와 개념에 관한 각종 논의들이 식민사학과의 거리두기 또는 관계맺기에 의해 촉발되고 있다는 점에서 그러하다. 이때 언설의 주체와 대상에 따라 이는 특정 역사학자들의 정체성 문제가 되기도 하고, 타자인식이 되기도 한다. 자기정체성과 타자인식이 일치하지 않는다는 점에서 개념상의 혼동은 더해진다.

본고는 그러한 반식민 역사학 중에서 특히 실증사학의 문제를 짚어보고자 한다. 실증사학은 고증학으로 폄하되거나 민족사학과 식민사학 사이에서 양면성을 지니고 있었다고 모호하게 평가되기도 한다. 구체적으로 실증사학은 민족사학 및 식민사학과 어떠한 관계를 맺고 있었던 것일까?

한국사학계에서 실증사학에 대한 평가를 보면 연구자들마다 관점의 차이가 있고, 긍정과 부정 사이 스펙트럼이 다양하다. 그러나 거의 모든 연구자들이 공통적으로 인정하는 부분도 있다. 실증사학이 역사학의 기본인 역사적 사실의 파악, 규명에 있어서 일정한 공이 있지만, 이론화, 체계화에서 문제가 있었다는 것이다. 어쩌면 역사학이 실증과 체계화의 두 과정으로 구성된다는 사실은 너무나 당연한 이야기다. 근대역사학에 실증이 필요하다는 사실도 랑케 이래 마르크스를 포함해서 모든 학자들이 인정하는 것인 바 그에 대해 왈가왈부할 필요는 없을 것이다. 그런데 묘하게도 실증사학을 비판하는 쪽이나 옹호하는 쪽은 이 명제를 자기들 입맛에 맞게 끌어들이고 있다. 중요한 것이기 때문에 공을 인정해야 한다거나 당연한 것이니까 학파라고도 할 수 없다는 주장이 그것이다.

그런데 정작 중요한 부분은 여기에 있는 것이 아니라 그 다음 질문으로 넘어가야 나온다. 랑케 이래 어떤 역사학자도 사실 규명만으로 역사학이 완성된다고 생각하지 않았다. 다만 어떤 이들은 실증을 넘어 이론화, 체계화에 절대적 중요성을 부과하였고, 어떤 이들은 이를 경계하였다. 왜 그럴

까? 이는 결국 역사학의 정치화, 목적론적 역사서술, 진보주의적 관점 등과 관계된다. 과학적 역사학이란 역사 서술의 객관성 확보와 밀접히 관련되는데, 다른 한편으로 역사서술의 주체라는 문제가 이와 상충될 수 있는 것이다. 예를 들어 민족/국가라는 개별자, 특수자의 관점, 입장에서 객관성, 보편성, 세계성을 띠는 것이 원천적으로 가능한 일인가? 사실 외형상 객관적인 것처럼 보이는 실증사학자들 역시 서술 주체의 관점이란 부분을 분명 인식하고 있었다. 시대에 따라 한국 실증사학은 민족사학의 외양을 띠기도 했다. 그러면 이것은 실증사학의 변질인가, 아니면 실증사학 자체에 내재되어 있던 속성이 발현된 것인가? 이 글은 이처럼 몇가지 질문을 던지는 데서 출발한다.

1985년 반식민사학론을 정립한 강만길은 실증사학을 반식민사학 범주에서 제외했다. 민족주의 사학, 사회경제사학, 신민족주의 사학이 반식민사학 범주에 들어가는 것이다.[51] 1990년대 한국 근현대 역사학을 총정리한 조동걸 역시 실증사학은 관념사학이든 유물론사학이든 거쳐야 하는 절차이기 때문에 역사방법론상의 유형이 될 수 없다고 규정했다. 또한 해방 후 문헌고증학에 머물렀다며 그 근대성에 대해 부정적인 인식을 보였다.[52] 그러나 1960, 70년대 이미 김용섭, 이기백 등은 (신)민족주의 사학, 사회경제사학과 실증사학의 3분법을 도식화했고, 현재까지도 이어지고 있다. 이때는 왜 이같은 3분법이 성립되었을까?

일제 시기 이래 역사학의 이론화를 주도한 것은 사회경제사학, 그 중에서도 특히 유물사학 쪽이었다. 이들은 '과학적', '현실적' 역사학에 입각하여 여타 역사학자들을 재단하였다. 또한 1960, 70년대 냉전 이데올로기 하에서는 유물사학을 내세우기보다 민족사학과 식민사학 간의 대립이라는 구도를 설정한다. 그런데 아카데미즘 수준에서 식민사학과 공모하고 있는 실증사학이 스스로 민족사학을 표방하고 있는 상황을 설명하기는 쉽지 않은 일이었다. 그 결과 실증사학은 주체성이 부족하고, 신민족주의 사학은 아카데미즘이 부족하다는 상을 만들어 양자 모두 비판하고자 한 것은 아닐까? 역으로 유물사학에 반대하는 이들은 신민족주의 사학과 실증사학의 결합을 주창하게 된다. 따라서 이 글의 관심은 이병도를 따라 진단학보에서 활동하며 실증사학에 충실한 인물들에게 있는 것이 아니라, 오히려 이병도의 제자이면서도 실증사학의 근대성을 부정하고 역사학 일반에 대해 뭔가 견해를 표출한 인물들, 예를 들어 김철준 등에게 두어진다. 실증사학이 여타 역사학과 맺고 있던 복잡다단한 관계들을 드러내는 것이 필요하다고 판단하기 때문이다.

1) 1930년대 이래 한국 실증사학의 정체성 변화

1930년대 실증사학이 하나의 학풍으로 성립된 데에는 세 가지 배경을 들 수 있다. 첫째, 아카데미즘 학계의 출현이다. 일본에서 유학한 이들이 돌아오고, 국내에서도 경성제대를 졸업한 이들이 언론에서 활발한 학술활동을 벌이고 있었다. 둘째, 식민권력의 조선사 편찬이 성과물을 내고 있었다.[53] 동화정책의 일환으로 추진되던 조선사 편찬의 결과물이 1930년대 중반 나오고 있었고,[54] 그에 따라 총독부는 학교 현장에서의 조선사 교육 문제에 적극적으로 대처하려고 하고 있었다.[55] 따라서 조선의 지식인들은 그에 대응해야 한다는 생각을 갖게 되었다.[56] 셋째, 앞의 두가지와 맞물려 있는 것으로 조선학운동의 활성화이다. 1931년 신간회 해소로 정치운동이 소멸되자 상대적으로 학술활동이 활발해졌고, 이는 조선학 특히 우리 역사에 대한 관심으로 이어졌다. 즉 전문적 지식인이 출현하여 근대적 방법으로 조선사 연구에 나설 것이 기대되었고, 『진단학보』 발간에 대한 범학파적인 환영은 바로 그러한 기대감에서 나온 것이었다.

이러한 상황에서 역사학 이론의 문제를 주로 논한 것은 역사학자들이라 기보다는 철학, 문학, 경제학 전공자들이었다. 주로 역사철학, 유물사관의 입장에 있던 이들이 역사학은 이러이러해야 한다며 요구하는 글들이 많았다.[57] 서양에서도 본래 역사학은 아카데미즘 내외부의 압력에 대응하면서 자기정체성을 확립해왔다. 과학적이어야 한다는 사회과학의 요구, 실천성을 띠어야 한다는 유물사학의 요구, 직관을 강조한 상대주의의 요구, 내셔널 히스토리 서술에 대한 국가권력의 요구 등이 그것이다.

1930년대 실증사학에 입각해 제도권에서 활동하던 학자들에게도 그러한 압력이 주어진 것이다. 과학성, 실천성, 현재성 등에 대한 요구는 서구에서의 그것과 마찬가지였다. 다만 차이는 역사학이 결합하게 될 국가권력의 성격에 있었다. 식민권력과의 결합은 도덕적으로 지탄의 대상이 될 수밖에 없었기 때문에 비정치적 성격이 더 강조된 것이다. 하지만 식민권력이 민족/국가로 대체될 때 물론 상황은 달라질 수 있는 것이다. 또 하나의 차이는 서양과 일본에서 역사학이 수십년간 겪어왔던 일들을 단시일에 뒤섞여 경험하게 되었다는 점이다.[58] 1960년대 사학사 연구에서 '이중삼중의 과제를 지니고 있었다'는 표현은 이런 문제들과 관련될 것이다. 하지만 이를 과제라는 당위의 측면이 아니라 당대인의 경험이라는 현상의 측면에서 고찰할 필요가 있다.

1930년대 식민지 조선 역사이론 논객들의 공통된 요구는 '과학적 역사학'이 되어야 한다는 것이었다. 그 기준에 비추어 볼 때 단군을 시조로 내세우는 관념론자나 역사적 법칙을 거부하는 관료학자들은 공통적으로 특수사관에 빠져 있으며 방법론이 부재하다는 점에서 비판의 대상이다.[59] 특수사관이라는 한계는 마찬가지로 지니고 있지만, 과학성의 기준에 비추어보면 식민사학이나 실증사학에 비해 민족주의사학이 더 강한 비판의 대상이 되고 있다. 조선학이 비과학적 국수주의의 태도를 지녀서는 안된다는 점을 강하게 주장한 이는 역사철학자 신남철이었고,[60] 소설가 김남천은 안재홍을 민족파쇼로까지 몰아붙이고 있었다.[61] 국어학자 홍기문은 신채호를 무시해서는 안된다고 하면서도 과학적 역사학과는 구분되는 관념론적 사료 고증학자에 머물고 있다고 비판하고 있었다.[62]

과학적 역사학을 주창하는 이들에게 『진단학보』의 경우 학술사적 의의가 인정되지만,[63] 역사를 위한 역사를 하며 현실적 요구와 동떨어져 고증학에 머무는 실증사학은 비판의 대상이었다. 과거로부터 현대에 도달한 합법칙성을 이해하여 현실을 변개하고 미래를 만들어가는 것, 즉 실천이 역사 연구의 목적이라는 관점에서이다.[64] 이들은 역사학과 정치는 친자매간과 같다며 역사학의 정치적 성격을 부인하지 않는다. 실증사학 역시 당파성을 지니고 있는데 다만 진정한 과학적 방법론을 지닐 때 올바른 현재적 관점도 성립될 수 있다고 주장하였다.[65] 과학으로서의 역사 기술이 사적 유물론 이후 가능하게 되었다며 랑케사학의 과학성을 완전히 부인하는 논자도 있었다.[66] 리케르트 일파의 문화사적 태도 역시 특수사적 구성에 불과하다고 비판받고 있었다.[67] 전향한 좌파지식인 서인식은 20세기 들어 근대문화의 합리적, 실증적 정신에 대한 반동으로 비합리주의, 상징주의가 등장하여 주류가 되었지만 합리적 실증정신 자체는 문제가 없다고 보고 있었다.[68] 아직 조선의 실증사학이 그 정도 수준에 도달하지 않았음에도, 좌파 지식인들은 랑케 이후 사회과학에 대응해 수정, 극복된 역사주의까지 이론적인 비판의 대상으로 삼고 있었던 셈이다.

카프에서 활동한 한설야는 보다 명백하게 역사학계에 불만을 표하고 있었다. 역사의 진상을 파악하기가 어렵고 허구가 섞여 있을 수밖에 없다는 역사가들의 자조섞인 한탄에 불만을 표하며 새로운 역사학의 출현을 요구하였다. 바로 개별로부터 전체로, 또는 분석으로부터 종합으로 나아가야 하며, '시대정신', '세계관'에 관심을 기울이라는 것이다.[69] 그러한 측면에서 기존의 역사학계는 학문적 권위가 전혀 없다고 무시하고 있다.[70] 말 그대로 국외인의 간섭인데 이는 역사학이 감당해야 할 운명인 것처럼 느껴진다.

1930년대 조선사 연구는 제국대학이라는 제도권을 중심으로 한 일본인 학자들의 식민사학과 한국인 실증사학자들 및 비제도권의 민족주의 역사학자들, 그리고 그 중간 어디쯤에 존재하는 유물사학자들에 의해 활성화되고 있었다. 그런데 역사학의 방법론과 학문적 성격을 주로 논했던 것은 국문학, 철학 등을 전공한 좌파 지식인들이었다. 이들에 따르면 민족주의 역사학은 과학성을 결여하고 있다는 점에서 문제가 있었다. 실증사학 역시 역사적 법칙과 총체성, 현실성 등에서 비판의 대상이었으나, 아카데미즘이라는 기준에서 놓고 보면 민족주의 역사학보다 실증사학이 좀 더 학문적 기본을 갖춘 것이었다. 이같은 논쟁에서 실증사학자들은 직접적인 대응을 하지 않았다. 단지 제도권 안에서 식민사학 연구를 심화시키거나 일부 반박하면서 자신들의 영역을 확보하고자 애쓸 뿐이었다. 이는 얼핏 비정치적, 비현실적이라는 실증사학 외부의 시선을 실증사학자들 스스로 자신의 정체성으로 인정하고 있었던 것처럼 느껴지게 한다.

그러나 과연 그러한 침묵이 실증사학자들 모두에게 자발적인 것이었는지는 의문이다. 해방 직후 일부 실증사학자들은 기다렸다는 듯 역사학 방법론에 대한 이론적 글들을 발표하고 있다. 대표적으로 이상백과 이인영을 들 수 있다.[71] 1947년 이상백은 리케르트의 역사적 개성 개념을 이용하여 역사의 사실이란 항상 인간성 전체에 관련하며 개개의 역사사실의 위에 일반적인 의미를 생각하는 것은 역사적 개성을 변경하는 것이 아니라고 주장한다. 일반적인 법칙이나 공식의 가정은 부정하지만 실증사학 역시 개별뿐아니라 전체를 중시한다는 선언의 성격을 띠고 있다.[72] 여기서 역사가의 통찰력과 구성 능력을 중시하는 점은 다른 실증사학자들과 차별화되는 부분으로 평가되기도 한다.[73] 이상백은 한편으로 학문이 정치적 성격을 띠어 선동이나 예언의 역할을 하는 것에 대해 우려를 표하기도 했다.[74]

이인영 역시 1947년의 글에서 과학적 방법론을 수립해야 한다고 주창한다. 역사의 탐구는 현실에 입각해야 하고, 사관없는 사료 나열, 목적없는 문학고증은 낭비일 뿐이라며 다소 과격하게 과거 실증사학과 결별을 선언하고 있다. 역사상 문제되는 것은 개인이 아니라 집단이라며 현실적으로 그러한 기본적 집단으로 민족, 민족의 내용으로 계급을 들고 있다.[75] 한편으로는 현실적, 민족적 입장과 세계사적 관점이 결합되어 민족사가 구성될 것임을 예고했다.

우리 민족사의 서술은 그렇기에 사료의 나열이나 학문의 유희로 그칠 수 없다. 우리 민족사는 현실적 민족적 입장과 세계사적 관점에서 민족사회의 과거와 현실을 과학적으로 구명하지 않으면 안 될 것이다.

우리 역사는 세계사의 일부임에는 틀림없으나, 또한 우리 역사는 어떠한 외국사와도 다른 것이다. 우리 역사는 우리 민족의 역사이며 우리 민족이 민족으로서의 특수성을 가진 것과 같이, 우리 민족사는 우리 민족사로서의 특수성을 갖고 있다. 원래 특수성이란 보편성과 구별되는 것이지만 그것은 물론 보편성을 무시하는 것은 아니며, 도리어 그것은 보편성과의 밀접한 관련 하에서만 충분히 지적될 것이다.[76]

실증사학에서 출발한 이인영의 해방 직후 발언들은, 역설적으로 실증사학자들 스스로 결여되어 있다고 인식했던 부분들이 무엇이었는지를 잘 보여준다. 그러한 결여가 실증사학 자체에 내재된 본질적 속성인지, 우리가 수용한 실증사학의 문제인지는 학자들마다 생각하기 나름일 것이다. 이같은 변모는 (손진태, 조윤제와 함께) 실증사학에서 탈피해 신민족주의 사학으로 발전한 것이라고 평가된다.[77] 논자에 따라 선언과 달리 식민사학의 틀에서 벗어나지 못했다고 보기도 하는데,[78] 중요한 것은 이들이 왜 그러한 변화를 선언하고 있는가 하는 점이다. 애초에 일제 시기 실증사학론에는 민족/국가라는 주체가 소거되거나 왜곡되어 있었다는 점에서, 잠재되어 있던 주체 구성 욕구가 해방 후 터져 나온 것이 아닐까? 이들은 일제 시기에 이미 민족적 감성으로 충만해 있었다고 기억하고 있다. 이인영과 비슷한 길을 걸어간 조윤제는 공부를 시작할 때 '민족의 독립을 쟁취하는 한 방편'이었다고 회고하며, 학문도락적인 관념론을 반성하면서 민족사관을 선택했다고 주장한다.[79] 이같은 기억 논리는 이병도에게도 유사하게 나타난다.

대표적 실증사학자인 이병도는 일제 시기의 학술활동을 어떻게 기억하고 있고, 어떠한 연구방법론을 내세우고 있었을까? 한국사학사에서 이병도가 차지하는 위상에 비해 그가 직접적으로 연구방법론을 세밀하게 논한 경우는 찾기 어렵다. 다만 회고담과 대담 등을 통해서는 자신의 생각을 솔직하게 드러내는 편이었다. 조윤제와 마찬가지로 이병도는 자신의 국사 연구가 일본인에 대한 민족적, 학술적 항쟁심에서 출발한 것이라고 주장한다.[80] 연구 방법론이 무엇이냐는 질문에 랑케같은 실증주의적 입장, 한마디로 실증적 방법론이라며 객관적 입장을 강조한다. 주관도 있어야 하고 상상력도 필요하지만 객관이 기본이라는 것이다.[81] '세상일 자체가 한쪽에 치우치면 온전하지 못한 법'이라는 처세술을 내보이기도 한다.[82]

이병도는 아카데미즘 사학에 대한 자부심이 분명 있었지만, 한편으로 실증사학에 대한 외부의 비판에 대해서도 상당히 의식하고 있었던 것으로 보인다. 김태준이 그러했던 것처럼 이병도도 정인보에 대해 역사가라기보다는 문장가라며 지나친 민족주의적 사관을 비판한다. 자신이 수학한 일본 역사가들에 대해서는 조선에 대해 편견을 가지고 있었다고 하면서도 아카데미즘의 관점에서 조선학자들과 비교하고 있다.[83] 그러나 이병도의 이론적 기반은 깊지 못했다. 일본인들 실증사학의 영향을 받았을 뿐 랑케의 저서 등에서 제대로 영향을 받지는 못했다는 고백에서도 이를 알 수 있다.[84] 실증사학에 대한 비판에 나름대로 대응해 가는 그의 방식은, 이론적 바탕에서 나온 것이라기보다는 한쪽에 치우쳐서는 안된다는 학문적 태도에서 나온 것으로 보인다. 해방 이후 이병도는 이전과 다르게 민족과 국가관에 대한 자기 주장을 펴면서 외부적 요구에 부응하고자 했다.[85] 자신 역시 일반과 특수의 관계를 중시한다고 밝히기도 했다.[86] 그러나 외부적 압력에 대한 한국 실증사학의 대응과 변신은 이기백의 등장 이후 본격화된다.

2) 1960, 70년대 실증사학과 식민주의 역사학 간의 담론 경합

한국사학의 정체성을 둘러싼 논쟁 구도에서 1937년 중일전쟁 발발부터 1960년 4·19 혁명까지는 단절기였다. 일제 말기 계속되는 전쟁 중 사그라들었던 한국사 연구의 열망은 1945년 해방 직후 되살아나는 듯 했으나 좌우대립의 혼란과 한국전쟁의 여파 속에 정상 궤도로 올라서지 못했다. 그러다가 1960년대 들어 민족주의 열기와 함께 한국사상에 대한 연구열도 뜨거워졌다. 개화 후 50년간 연마해온 양학洋學의 방법을 처음으로 '내것'에 갖다 적용해 보는 '국학의 과학화' 몸부림이 있었던 시기로 회고되었다. 현재 중심의 국사관 속에서 근대화, 자본주의 발생이 의제로 떠올랐는데, 이는 진단학회 간『한국사』완간으로 실증사학의 집대성이 끝나고 새로 사회경제사학이 태동했다는 인식과도 맞닿아 있었다.[87] 1930년대 있었던 한국사 연구방법론을 둘러싼 논쟁이 재현될 것임을 예고해주는 기사이다.

이처럼 한국사학계에서 사학사의 문제가 본격적으로 제기되기 시작한 것은 1960년대 후반의 일이다. 이때는 1960년 4·19혁명 이후 민족주의 붐, 1965년 한일수교, 1960년대 말 박정희 정권의 민족주의 고창 등이 맞물려 식민사학의 극복과 민족사학의 정립이 국가적·사회적 화두로 제기되고 있던 시점이었다. 따라서 이런 배경하에 제기된 사학사는 과거 식민사학의 어떤 점이 잘못되었는지에 대한 반성과, 향후 민족사학은 어떻게 만들어가야 하는지에 대한 전망을 내포하는 것이었다. 그러한 구도하에서 실증사학은 식민사학과 민족사학 사이에 애매하게 걸쳐져 있는 대상이었다. 즉, 그간 실증사학으로 대표되는 한국사학은 역사주의에 기반한 랑케 사학의 방법론을 도입한 일본의 동양사학으로부터 배운 것인데 각각의 수용 과정은 불충분한 것이었다는 지적에서,[88] 일본을 통해 랑케의 역사주의를 받아들인 한국의 실증사학이 극복의 대상이 되고 있음을 알 수 있다. 식민사학 극복과 민족사학 정립의 과제는 실제적으로는 실증사학을 극복해 무언가 새로운 역사학을 만들어가야 한다는 주문으로 표출되고 있었던 것이다.

이는 동시에 민족주의 역사학과 사회경제사학의 부흥과 맞물려 있었다. 문헌비판과 객관성 존중이라는 실증사학의 공로는 인정하지만, 객관성의 결여로 전근대적인 평을 받아 사학계에서 멸시되던 민족주의 사학자의 업적도 다시 평가해야 한다는 주장이나[89] 실증사학이 도외시해온 법칙성의 문제와 사회구성체론을 중시해야 한다는 주장에서 이를 확인할 수 있다.[90] 식민사학 극복이라는 과제 하에 실증사학을 논하는 방식은 이후에도 계속되고 있으나, 실증사학의 개념과 방법론에 대한 관점은 논자마다 달랐다.

1970년대 식민사학 극복과 민족사학 정립의 도식을 가장 명징하게 표현한 것은 강만길이었다. 그는 해방 직후 식민사관과 실증사학의 영향 때문에 민족사학이 부각되지 못했다면서 점차 민족사학이 국사학계의 주류로 자리잡아 갔다고 진단한다. 그러나 이 민족사학 역시 '독립운동의 일환으로서의 국사학', '주체적 사관에 입각한 국사학' 단계, 즉 국민주의적 내셔널리즘에 머물고 있다며, 민족주의적 내셔널리즘 시대에 걸맞는 민족사학론으로 새롭게 구성되어야 한다고 주장한다.[91] 이후 한국사학계에서 지배적 담론이 되는 '나쁜' 국가주의와 '좋은' 민족주의의 구분법이 여기서 제기되고 있다. 강만길은 반反식민사학론의 확립이 곧 우리 근대사학의 발달 과정이라고 공식화시킨다.[92]

이를 도식화하면 '식민사학=실증사학≠근대사학=민족사학'이라고 할 수 있는데, 이같은 도식이 진보적 사회경제사학자나 국수주의적 민족사학자들에게서만 나온 것은 아니다. 이병도가 자신의 제자라고 언급한 바 있는 김철준은[93] 문헌고증사학이 근대역사학을 성립시켰다는 사실을 부정한다. 오히려 정당한 역사의식에 입각해 있는 단재사학 이래 민족사학이 더 근대적인 것이다. 문헌고증사학 자체는 근대사학의 방법을 갖는 것이지만 일본문화의 수준이 낮고 반#봉건성을 청산하지 못해서 근대사학을 이루지 못했으며, 이를 수용한 우리의 문헌고증사학 역시 마찬가지다. 나아가 김철준은 사회경제사학 역시 문헌고증사학과 동일한 기반 위에 있다고 일축한다.[94] 문헌고증사학이나 사회경제사학 모두 말로는 과학성을 주장하면서도 비과학적인 미몽에서 벗어나지 못한 학풍이라는 것이다.[95]

  마찬가지로 이병도의 제자로 언급되고 있는 한우근은[96] 김철준에 비해 실증사학을 옹호하는 입장에 있지만, 식민사학과 연관된 부분에서는 지나칠 정도로 철저하게 비판적으로 인식한다는 점은 마찬가지다. 먼저 한우근은 사학사의 맥락을 비교적 정확하게 이해하고 있다. 일본을 통한 실증사학이 근대사학의 주류가 되었고 지금은 실증사학 극복의 요구가 일반화되고 있지만, 실증사학의 역사적 의의를 잘 살펴야 된다고 전제한다. 그러면서 실증사학이 객관적 과학성을 띠어 신학적, 중세적 역사인식에서 벗어난 것을 근대성으로 정의내린 후, 당대 단재사학 열풍에 의문을 표하며 실증성, 과학성, 객관성을 검토해 보아야 한다고 주장한다. 또한 실증주의, 좀 더 넓게는 역사주의의 폐단으로 일제 말기 역사철학과 결합하여 세계사적 이념과 민족의식이 합치되는 방향으로 나아간 것을 비판한다. 이론적인 부분에서는 크로체를 끌어들이고 있기도 하다. 이같은 한우근의 사학사 이해는 동시대 한국사학자들의 그것에 비해 퍽 시야가 넓었던 것으로 생각된다. 하지만 식민사학에 대해서만은 실증사학의 속류俗類에 불

과하다며 강하게 거부감을 드러내고 있었다.[97]

김철준의 경우 반공이데올로기하에 사회경제사학을 배제하고, 실증사학도 비판하며, 민족사학의 계보를 전유하여 반식민 역사학의 중심을 차지하려는 의도를 적극적으로 내보인다. 이는 신채호 계승을 내세운 이선근의 방식과도 유사하다. 반면 한우근은 사학사 본연의 흐름 속에서 실증사학을 옹호하는 태도를 보인다는 점에서 이기백과 유사하다. 하지만 식민사학과의 관계 설정에서는 이분법적 대립구도로 일관하고 있다는 점에서 다르다.

한우근은 또한 민족사학과 실증사학이 각기 다른 유형 또는 다른 계열로 간주되는 것에 대해 의문을 제기한다는 점에서도 특이하다. 이는 일종의 의식과 과학방법의 문제로 환원될 수 있다며, 서로를 배제할 수 없다고 주장한다.[98] 저자 역시 1970년대 민족사학과 실증사학을 구분해 이해하려는 시도는 작위적인 것이 아니었는가 하는 의문을 갖고 있다. 이는 민족사학과 식민사학의 이항대립적 구도에 대한 의문과도 맞닿아 있는 것이다. 당대 식민사학은 어디까지나 과거의 문제였다. 식민사학을 계승한다고 주장하는 역사학자는 현실적으로 존재하지 않았기 때문이다. 그럼에도 불구하고 학계와 여론은 식민사학의 극복이 현재적 관심사라는 점을 끊임없이 부각시켰다. 따라서 식민사학을 현재에도 체현하고 있는 학문으로서 실증사학이 극복 대상으로 떠올랐던 것이다. 그러나 이병도, 이선근, 이기백의 사례에서 보듯이 실증사학에서 출발한 학자들이 민족주의를 적극 주장하는 경우는 얼마든지 있었다. 즉 연구자들의 머리 속에서와 달리 실증사학과 민족사학의 구분은 현실적으로는 명확하지 않았다.

이와 같이 1970년대 들어 한국사학계는 식민사학 극복과 실증사학 비판 위에 민족사학 정립에 나섰고, 언론은 그 추이를 자세하게 전하고 있었다. 식민사학 극복이 표어처럼 내세워지고, 1970년대 내내 식민사학과 연관된 실증사학에 대한 반성과 비판이 계속되었지만 여전히 한국사학계에서 군림하고 있다는 지적이 나오고 있었다.[99] 실제로 실증사학의 계보에 속하는 이들 역시 민족사학을 끌어안고 있는 상황에서[100] 실증사학에 대한 공격은 식민사학에 대한 그것과 마찬가지로 추상적 수준에 머물고 있었다. 이병도의 학문적 권위는 도전받을 수 없는 것으로 여겨졌고,[101] 실증사학과 민족사학의 조화가 주창되었으며,[102] 민족주체성만 내세우면 학문이 될 수 없다는 반격도 있었다.[103]

더 큰 문제는 강력한 독재체제를 구축한 국가권력이 민족주의 열기에 편승하고 있었다는 점에 있었다. 1972년 정부는 일그러진 사관을 바로잡고 국적있는 교육을 한다며 국사교육 강화책으로 교과개편을 서둘렀다. 이에 대해 언론은 식민사학을 비판한다면서 관제와 어용적 방식으로 일을 추진하는 모순을 지적하고 있다.[104] 국정교과서는 도리어 주관적인 민족사관을 만들 수 있기 때문에 졸속주의는 안된다는 것이다.[105] 반식민사학의 강력한 주창자였던 강만길 역시 관학적, 어용적 성격의 국학 연구에 대해 반대의 뜻을 분명히 밝혔다.

일반적으로 국학연구 더 나아가서 인문과학 일반에 있어서 민족사회의 현재적 요구 즉 학문의 현재성을 가지는 일이 곧 관학성을 띠게 되는 일이라 속단하는가 하면 또 한편으로는 학문이 현재성을 가지기 위해서는 관학성을 띠는 것이 불가피하다는 생각도 있는 것 같다. 그러나 우리의 생각으로는 두가지 경우가 모두 학문연구에 있어서의 올바른 현재성과 객관성을 이해하는 데까지 도달하지 못하였기 때문에 빚어진 일이며 또 학문의 현재성이 그 현실에의 매몰과 혼동되고, 객관성이 현실로부터의 기피 내지 유리와 혼동된 결과가 아닌가 한다. (…중략…)

학문의 현재성과 현실매몰성이 혼동되어 학문을 파탄에 빠지게 한 가까운 예를 일제 강점기 일본의 관학에서 찾을 수 있다. (…중략…) 한편 학문의 객관성이 현실유리성과 혼동되었던 예는 역시 일제 강점기의 우리 역사연구에 적용되었던 소위 실증사학적 방법론에서 찾을 수 있다. (…중략…)

인문과학 중심의 국학연구가 이 두 가지 함정에서 벗어나는 길은 첫째 그 연구대상을 철저히 경험적인 것에서 구하는 일일 것이다. 감정 정서 정신과 같은 경험 이전의 세계에서 대상을 구하는 경우 그 학문은 곧 파탄을 초래할 것이기 때문이다. 둘째는 올바른 의미의 객관성과 비판적 태도를 견지하는 길이다. 특히 인문과학의 진가는 모든 사물에 대한 가치규정적 안목을 가지는 데 있으며 그것을 옳게 해낼 수 있는 길은 사물을 철저히 객관화하고 비판하는 데 있기 때문이다. 「展望 國學硏究의 방향」, 『동아일보』, 1978.6.17.

여기서 강만길은 학문의 현재성과 현실매몰성이 혼동된 예를 식민사학에서 찾고, 학문의 객관성과 현실유리성이 혼동된 예는 실증사학에서 찾고 있다. 달리 말하면 '잘못된' 국가권력과 결탁하지 않는 것은 객관성이고, '올바른' 국가권력과 결합하는 것은 현재성이라는 뜻이 된다. 국가권력의 성격에 대한 판단에 따라 학자의 정치 참여가 이중적으로 평가될 수 있는 것이다. 당대 일부 역사학자들이 실증과 민족을 내세우며 국가권력과 결탁하였는데, 이는 식민사학을 비판하면서도 식민사학의 행태를 되풀이하는 것이었다.[106] 이에 대한 강만길의 비판은 정당한 것이다. 하지만 그 역시 국가권력과의 결합이 근대역사학의 본질적 속성임을 근본적으로 성찰했는지는 의문이다.

이처럼 1970년대 실증사학은 학계 내외부에서의 비판에 직면하고 있었는데, 한편으로 국가권력과의 관계 설정, 즉 정치 참여의 문제가 대두되고 있었다. 이같은 상황은 1980년대 들어서도 마찬가지여서, 국학인의 고민은 현실성과 유용성이 클수록 학문으로서의 순수성과 객관성을 잃게 될 위험성에 있다는 지적이 나오고 있다.[107] 한우근의 지적처럼 실증사학은 낭만주의국수주의와 목적적 사고유물사관 양자로부터 협공을 당하는 형국이었는데,[108] 양자의 공통점은 강한 현실참여에 있었다.[109] 일본의 역사교과서 왜곡 문제와 관련해 한 정치인은 국사를 정치도구화한 일본으로부터 그간 많은 피해를 봐왔으니 우리도 대항 무기인 국사를 가져야한다며 전문가들은 이러한 정치문제에 '연구공급'의 역할이나 하라고 주문하고 있다.[110] 언론 역시 실증사학자들이 건국신화를 훼손하고 있다며 '건국설화를 역사로 정착시키라'고 요구하였다.[111] 이러한 상황에서 실증사학의 대응은 방어적이었던 것으로 보인다. 물론 실증사학 역시 제도권의 핵심 위치를 차지하고 있다는 점에서 국가권력, 정치권력과의 결탁 관계에서 자유롭지 못했다.

민족사학의 범주 안에서 식민사학과 함께 실증사학을 제외시키려는 사고방식은 시대적 상황에 따라 불안정해질 수밖에 없었다. 1980년대 이후 한국사학계의 필요에 따라 실증사학이 소환되는 경우도 있었다. 예를 들어 국수주의적 재야사학이나 탈근대·탈민족 역사학의 도전으로 역사학이 위기를 맞고 있을 때 실증사학은 근대역사학의 보루로 여겨졌다. 공산권의 몰락으로 유물사관의 유효성이 힘을 잃었을 때도 실증사학의 반격이 이루어졌다. 1990년대 들어 실증사학을 비롯한 한국사학사에 대한 정리가 활발히 이루어진 데에는 그러한 시대적 배경이 있었다.

1970년대 이후 실증사학자로서의 정체성을 유지한 채 역사학 방법론의 문제를 정면 돌파해간 인물은 이기백이었다. 그 스스로는 실증사학의 범주를 넘어서야 한다고 주장하고 있었다. 한국사관은 민족주의사학, 사회경제사학 그리고 실증사학의 대립과 종합으로 이루어져야 한다며, 민족주의사학에서 출발해 사회경제사학에 접근하고 진단학회와도 관련을 맺은 문일평이나 실증사학에서 출발해 민족주의사학과 사회경제사학의 영향을 받은 손진태를 모범사례로 꼽고 있다.[112] 오히려 실증사학보다 신민족주의사학을 더 높게 평가하고 있는 듯한 인상을 준다.[113] 하지만 다른 이들로부터는 이병도를 평생 스승으로 공경한,[114] 이병도 실증사학 흐름의 최고 정점으로 지칭되고 있다.[115] 그에게 영향을 준 요소들은 다양했다. 어린 시절 신채호의 역사연구, 함석헌의 기독교적 도덕사관,[116] 1941년 와세다대 유학 중 야나이하라 다다오矢內原忠雄의 진리에 대한 신념, 세계사를 민족국가들의 교향악으로 본 랑케의『강국론』, 역사를 자유라는 목표를 향해 발전하는 것으로 본 헤겔과 마이네케의 책들, 인간 중심의 다원적 입장에 눈을 뜨게 해준 하타다 다카시旗田巍의『조선사』등이 꼽히고 있다.[117] 랑케사학을 포함하여 민족과 실증에 관한 다양한 이론들을 섭렵하고 있었음을 알 수 있다.[118] 이기백은 1960년대부터 사학사 연구에 몰두하면서 약간은 민감한 문제들을 제기하곤 했다. 예를 들어 일제 시기 사회경제사학이 민족주의사관을 날카롭게 비판했던 사실을 연구자들이 외면하고 있다고 지적한다.[119] 또한 민족주의사학이 국수주의적 경향으로 흐르게 되면 식민주의사관의 사생아가 될 수 있다고 우려한다. 식민주의사관을 비판하였다는 이유만으로 높게 평가될 수는 없다는 것이다.[120] 식민주의사관을 비판 한다면서 지리적 결정론이라는 그들의 틀에 빠져드는 것은 논리적인 사고 가 아니며,[121] 민족사관이란 말이 식민주의사관과 대립되기 때문에 선善개 념으로 사용되어서는 안된다고 주장한다.

근대민족주의사학에 대한 높은 관심과도 관련이 있다고 생각하지만, 오늘 날 유행어처럼 사용하고 있는 민족사관이란 용어는 그 개념이 극히 모호한 것이어 서 학문적으로는 재검토의 여지가 있다고 생각한다. 흔히들 민족사관이란 말은 식민 주의사관과 대립되는 용어로 사용하고 있고, 따라서 하나의 선善개념으로 쓰이고 있 다. 그러나 민족사관은 한국민족사관과 같은 뜻의 말일 것이고, 따라서 이것 은 한국사를 왕조를 중심으로 고찰한 왕조사관에 대하여 민족을 중심으로 보 아야 한다는 뜻으로 이해해야 할 것이다. 이 단어는 그 이상의 뜻을 전해주지 를 못한다. 그러므로 식민주의사관에 대립되는 용어로 이해하기는 힘들다. 한 국사를 민족을 중심으로 보아야한다고 할 때에, 거기에는 우리의 민족사를 왜곡해서 본 식민주의사관까지도 포함될 가능성이 있다. 이러한 까닭에 '올바른'이라든가, '주체적'이라든가 혹은 '자주적'이라든가 하는 수식어가 붙기 전에는 민족사 관이란 용어를 '바람직한' 한국사관으로 내세울 수 있는 성질의 것이 못 된다. 이렇게 애매한 용어를 거기에 긍정적인 의미를 부여하여 유행어처럼 사용한 다는 것은 결국 우리가 논리적 사고와 명확한 개념 규정에 미숙하다는 것을 드러내는 것밖에 되지가 않느냐고 생각한다.[122]

위의 글을 앞서 강만길의 것과 비교해 보면 흥미롭다. 둘 다 식민사학의 극복을 절대적인 과제로 놓고, 현재의 민족사학이 그 역할을 다하고 있는가에 대해 의구심을 가지고 있었다는 점에서는 공통된다. 맹목적으로 민족을 내세우는 데 대해서는 거부감을 보였다고 할 수 있다. 차이는 반식민 역사학으로서의 민족사학의 성격에 대한 인식에서 드러난다. 강만길은 과거의 식민사학을 현재의 실증사학과 연결지으면서 실증사학 역시 극복의 대상으로 삼고 있다. 그러나 그렇게 해서 구성된 민족사학의 구체적 내용이 무엇인지, 그것으로 과연 반식민 역사학이 성립되는지에 대해서는 모호한 입장이다. 물론 1970년대 사회경제사학의 관점에서 민족사학을 구성하자고 적극적으로 주창하기는 어려웠기 때문일 것이다. 이를 감안하더라도 반식민 역사학으로서의 민족사학의 개념이 갖는 모호성은 두고두고 문제가 될 소지를 남겼다고 생각된다.[123] 반면 이기백은 민족·국가를 단위로 한 역사학이 식민사학과 공유하는 지점을 날카롭게 통찰하고 있다. 민족사학과 식민사학이란 이항대립적 구도의 문제점을 선구적으로 인식하고 있었던 셈이다.

이기백은 또한 역사의 정치화에 부정적이었는데[124] 이는 국가권력에 대한 입장에서도 확인된다. 한국 역사학자들 대부분이 정부 지원을 중시하는 경향을 갖고 있다며 비정상적이라고 비판했다.[125] 민족 담론을 절대시하는 국사 패러다임 해체에 이기백의 실증사학이 선구적 기여를 했다는 평가도 있다.[126] 그러나 그같은 문제제기들이 민족지상주의와 민중지상주의에 대한 대항의 측면에서 추상적인 진리지상주의로 귀결되어 버린 것은 받아들이기 어렵다.[127] 진리 개념의 관념성과 모호함 때문에 한국사학계의 공감을 얻지 못한다는 지적도 있었다.[128] 하지만 역사학의 근대성을 되돌아보는 이 시점에서 이기백이 제시한 문제의식들은 충분히 의제로 설정될 만한 것들이라고 생각된다.

3. 1990년대 이후 한국 실증사학에 대한 평가

그러면 1990년대 이후 실증사학의 방법론은 무엇이었고, 그러한 방법론을 바라보는 한국사학계의 시선은 어떠하였을까? 위에서 정리한 대로 1990년대 이전까지 실증사학은 역사학계 제도권 아카데미즘의 중심에 있으면서도 전체적으로 보면 줄곧 수동적, 방어적 입장에 있었다. 신민족주의 역사학이나 사회경제사학에 비해 이론적 기반과 대중적 영향력 모두 약했다. 적극적으로 학파나 계보를 내세우지 못했다는 뜻이다. 실증사학자들 스스로는 비정치적, 학문적 태도를 강조했지만, 외부인이 보기에는 어용적 성격이 강했다. 때로는 식민사학과 결탁하고, 때로는 민족사학과 결합한 것으로 인식되었다.

하지만 1990년대 이후 상황은 달라졌다. 1990년대 이후 한국사학계의 실증사학에 대한 인식과 태도는 세 가지로 분류할 수 있다. 우호적 입장과 중립적 입장 그리고 적대적 입장이 그것이다. 이전과 비교해보면 실증사학에 우호적인 태도를 지닌 글들이 양적으로 늘어났고 발언권도 커진 것 같은 인상을 준다. 우호적 입장에는 먼저 1991년 홍승기의 글이 있다. 그는 실증이라는 말이 많이 사용되었지만 정작 실증사학자 스스로 실증의 의미에 대해서 설명한 적이 없다는 데서 출발한다. 실증사학이 방법론에 약함을 인정한 것이다. 하지만 한편으로 실증사학이 한국 근대역사학의 뿌리 역할을 담당했다고 높이 평가한다. 그러면서 식민주의적이거나 민족주의적이거나 민족이나 계급의 이익을 내세우는 연구는 독단적 해석과 역사 왜곡으로 나아갈 수 있다며 비판한다. 이어 한사군 위치를 둘러싼 논의를 소개하며 이병도의 학문이 타당성, 객관성, 정확성을 가지고 있다면 그것이 더 국익에 부합하는 것이라고 주장한다.[129] 민족, 계급 등을 내세우는 목적지향적 역사학의 위험성을 부각시킴으로써 실증사학의 의의를 추출해내는 방식이다. 그러나 물론 역사학이 민족/국가의 이익에 복무해야한다는 의식을 갖고 있다는 점에서 근대역사학의 회로 안에 갇혀 있는 글이긴 하다.

1995년 이성무는 좀 더 적극적으로 실증사학을 옹호한다. 이전의 김용섭은 랑케의 실증사학 자체에 한계가 있고, 일본이 이를 제대로 수용하지 못했으며, 다시 한국의 역사학자들도 제대로 수용하지 못했다는 논법을 쓴 바 있다. 이성무는 실증사학 자체는 문제가 없으며 악용된 것이라는 논리를 사용한다. 이를 테면 식민사학은 실증사학의 책임이 아니라 오히려 현재의 입장에서 주관적으로 사실을 해석하는 현대사학의 주장이 악용된 경우라는 것이다. 식민사학의 대응논리로서 전개된 민족주의 사학 역시 실증보다는 이론을 앞세우며 객관적·과학적 서술을 하지 못하고 있다는 점에서 비판의 대상이 된다. 그런 민족주의 사학이 실증사학을 일제 어용사학과 같은 것이라며 몰아붙이는 것은 인정할 수 없다는 것이다.

어느 면에서 한국사에 대한 편견은 일본 민족주의의 소산인지도 모른다. 따라서 일제의 어용사학 중에서 문제가 된다면 사실의 확인보다는 사실의 해석이 문제가 된다. 실증사학처럼 사실의 확인에만 몰두하였다면 한국사의 왜곡은 없었을 것이다. 이것은 실증사학이 악용된 결과이다. 다만 잘못된 점을 찾는다면 랑케사학의 지나친 국가사·정치사 중심의 역사서술이 일본제국주의에 의하여 악용될 소지를 제공하였다는 트집을 잡을 수 있을 것이다.

이러한 관점에서 보면 일제 식민사학관은 실증사학의 책임만이라고는 할 수 없다. 오히려 현재의 입장에서 주관적으로 사실을 해석해야 한다는 현대사학의 주장이 악용된 경우라고도 할 수 있다. 따라서 일제 어용사학을 공격하는 나머지 실증사학의 객관성조차 도외시하는 우를 범해서는 안될 것이다. 더구나 역사연구의 기초가 되는 실증 자체까지 도외시한다면 더욱 심각한 문제가 생기게 된다. 그렇지 않아도 우리의 현대사학에서는 실증보다는 이론이 앞서는 경향이 있다. 이것은 실증사학을 일제 어용사학으로 동질시하여 지나치게 몰아세운 결과가 아닌가 한다.[130]

이미 사학사적으로 과학적 실증의 절대성에 대한 의문이 제기되어왔고, 그것이 이른바 현재적 입장을 중시하는 경향으로 이어졌다는 점이 감안되지 않은 반론이라는 점에서 한계가 있다. 1997년 이장우는 실증사학을 식민주의적 한국사관의 아류로 처리하는 평가들에 반박하며, 일본 학자들의 연구방법론을 그대로 수용하는 것 자체가 비판받을 수 있는 성질의 것은 아니라고 주장한다. 실증사학자들이 전체를 체계화하는 데 적극적이지 못했던 것이 한계라면, 이를 비난하고 부정할 것이 아니라 극복하면 된다는 입장이다.[131]

다음으로 1990년대 중반에는 한국사학사 전체를 중립적으로 정리하면서 실증사학을 언급한 글들이 몇 편 쏟아지고 있었다. 신민족주의 역사학, 사회경제사학유물사관사학, 실증(주의)사학문헌고증사학 등의 3분법으로 고정화된 한국사학사의 틀은 기본적으로 유지되고 있다. 용어의 사용에서는 약간 논란이 있는데 실증사학과 실증주의사학의 차이에 대해서는 앞에서 언급한 바 있다. 그런데 문헌고증사학으로 불러야 한다는 주장이 제기된다. 여기에는 전근대적 고증사학을 벗어나지 못했다는 뉘앙스가 숨어 있다.

이병도가 해방 후 역사학의 현재성 문제를 언급하긴 했지만, 민족적·사회적 차원에서 실천적 역사연구로 나아가지 못했음이 한계로 지적된다.[132]

또한 실증사학이 랑케사학에 기반한 일본학계의 관학아카데미즘을 도입하여 방법론으로 삼았음이 사실적으로 서술되고,[133] 문헌고증이 방법론이든 목적이든 한국사연구의 토대를 형성하였음은 분명하다고 인정되고 있다.[134] 나아가 그동안 문헌고증사학과 식민사학에 대한 연구가 부진하였다는 자성의 목소리도 나오고 있다. 1960년대 파악된 식민사학의 내용과 특성이 여전히 자명한 인식으로 받아들여지고 있다는 것이다. 그리고 사학사의 평가도 대상 인물의 정치적 실천의 성격과 식민사학과의 차이만이 척도로 통용되고 있음은 문제라고 지적되었다.[135] 근래 일제 시기 사학사를 저항 여부만이 아니라 학술의 장이라는 관점에서 다양하게 바라보는 연구가 등장하고 있는데,[136] 이와 같은 문제의식이 성과로 이어지고 있는 것이라고 생각된다.

이같은 중립적 연구사 정리의 정점을 이룬 것이 1998년 조동걸의 저서이다. 그는 이전 연구들의 단순한 3분법을 넘어 보다 세밀하게 한국사학자들을 분류하고 있다. 그 중 실증사학과 관련된 견해를 보자면 먼저 실증사학이 사관을 결여하고 있기 때문에 역사방법론상의 유형은 아니지만 학풍으로 유형화될 수 있다고 하였다. 따라서 1930년대 실증사학이라는 학풍은 해방 이후 문화사학, 유물론사학 또는 실증주의사학으로 발전해 가야 했었다고 본다. 그렇게 발전해 가지 못한 사학은 문헌고증사학에 머물게 되는 것이다.

해방 후에는 실증사학이라기보다는 문헌고증학이라고 부르는 것이 적절하다. 실증사학이라는 용어가 오랫동안 사용해 온 관성이 있다고 해도 식민지시기의 권력도피적 실증사학과 해방 후 문헌고증학과는 주객관적 사정이 다른 것이다. 문제는 문헌고증학 자체에 있는 것이 아니다. 모든 역사학의 방법은 고증절차를 거쳐야 하는 것이 기본조건이기 때문이다. 그러므로 실증사학이나 문헌고증학 자체가 문제가 아니라 그것에 한정하여 역사학이라고 고집한 학풍에 문제가 있었던 것이다.[137]

실증사학의 범주를 상당히 넓게 잡음으로써 그 내부에 다양한 경향들이 공존하고 있었다고 보는 인식이 특징적이다. 하지만 현실적으로 실증사학, 실증주의사학, 문헌고증사학의 구분이 가능한 것인지, 또한 실증사학 내부의 변화가 의미하는 바를 고찰하는 데 과연 유효한 틀인지는 의문이다.

한편 실증사학에 적대적인 입장으로 2000년 김인걸의 글을 들 수 있다. 이 글은 기본적으로 근대주의적 편향이라는 비판을 받고 있는 '내재적 발전론'을 옹호하는 입장에서 쓰여졌는데 그간 '내재적 발전론'을 비판해온 주체가 실증사학이었다고 주장하고 있다. 근래에는 신자유주의나 포스트모더니즘이라는 새 옷을 걸친 실증사학이 내전 종식과 현실 사회주의체제 붕괴라는 현실 변화에 추수하면서 이데올로기적 공세를 계속하고 있다는 것이다. 그러면서 20세기 이래 한국사학의 화두였던 '과학적 역사학'의 의미를 되짚어보고 있다. 실증사학이 과학적 역사학을 내세웠지만 실제로는 '체계적인 역사서술' 정도에 불과했으며 원래의 목적을 달성하지 못했다는 것이다. 그런 측면에서 한국사학은 여전히 '과학적·실천적 역사학'을 추구해가야 한다고 결론짓고 있다.

최근 제기된 마르크스주의사학이나 민중사학민중적 민족주의사학에 대한 경고는 사학사 검토라는 형태로 제기된 것이지만, 스스로 자유민주주의체제를 옹호하는 사학임을 자처하고 있는 데서 알 수 있듯이 그 자체가 강한 이데올로기성을 띠고 있다. 이는 신자유주의나 포스트모더니즘이라는 새 옷을 걸친 '실증사학'의 변주곡으로 들리며, 그것이 냉전 종식과 현실 사회주의체제 붕괴라는 현실 변화에 추수하는 성격 이상을 지닌 것인지 의문이다. 이같은 비판은 한국사학을 이데올로기 대립의 결과물로 치환시켜 한국사학을 황폐화시킬 뿐이다.[138]

그러나 역사학에서 '과학적', '실천적' 등의 표현은 논란의 여지가 많다. 실증사학 역시 이데올로기화의 위험성에서 예외가 아니라는 지적은 맞는 말이지만, 이는 사실 모든 역사학에 공통된 문제이기도 하다. 본래 실증사학의 범주 안에 들어있는 사가들은 하나의 공식화된 법칙에 맞추어 역사를 해석하고 미래에 대한 전망하에 실천성을 띠어야 한다면 거부할 것이다. 또한 역사가의 관점, 민족/국가적 정체성이 역사서술에 반영되는 것은 불가피하다고 인정하지만 (우파든 좌파든) 과도하게 정치적 성격을 띠는 데에는 반대할 것이다. 조동걸의 주장처럼 이같은 견해들이 방법론의 지위는 얻지 못하더라도, 그 지향하는 바 역사 서술의 태도나 관점은 분명 존재하는 것이다. 2000년대를 전후하여 사관이나 역사학 방법론 자체가 구시대적 유물로 취급되는 상황이지만, 이상 살펴본 것과 같은 실증사학에 대한 인식들은 기본적으로 현재까지도 이어지고 있는 것으로 보인다.

실증사학에 대한 공격은 근래에도 계속되고 있다. 그런데 특이한 것은 공격을 하는 주체가 진보사학계가 아니라는 점이다. 실증사학을 식민사학과 연결시키는 논법이 재등장하였다.[139] 이덕일은 『우리 안의 식민사관』이라는 책에서 '강단사학=실증사학=식민사학=조선총독부 사관'이라고 강력하게 비판했다. 한국사학자들이 총론에서는 식민사학을 비판하고 모두 극복되었다고 큰소리치지만, 실상 각론에서 식민사학에 대한 언급을 회피하고 있다는 지적은 타당하다. 그러나 결론적으로 자신이 지금까지 아무도 하지 못했던 문제 제기를 하고 있다는 주장에는 문제가 있다. 저자는 이미 실증사학의 이론적 기반이 취약했고, 1930년대와 1970년대 이래 '실증사학=식민사학'으로 보는 논법이 어떠한 의미를 갖고 있는지에 대해 분석한 바 있다.[140] 이미 예전에 모두 제기되었던 문제였음을 밝힌 것이다.

그런데 위 책의 저자는 고대사의 몇몇 부분을 집요하게 물고 늘어지면서 모든 한국사학자들을 식민사학자로 몰아세우고 있다.[141] 또한 다른 학술지 논문을 인용해 랑케 이래 서구 역사학의 흐름을 간단히 무시해 버리고, 신채호 이래 독립운동가 사관으로 돌아가자고 주장한다. 저자의 생각으로는 이는 구시대로의 회귀일 뿐이다. 실증사학과 식민사학, 민족사학이 근대 역사학으로서 미묘하게 공유하고 있는 부분을 잡아내서, 반성하고 극복해 나가야 할 시점에, 조선총독부 사관 대 독립운동가 사관이라는 도식을 내세우는 것이다. 이처럼 역사학을 정치적 관점에서 바라보며 그에 대해 아무런 성찰을 하지 않는 것은, 해당 저자가 그토록 비판하는 식민사관과 닮은 꼴이다.

더 큰 문제는 이같은 주장이 대중들의 가벼운 읽을거리에 그치는 것이 아니라, 학계에까지 파고 들고 있다는 점이다. 위 책의 저자가 인용한 학술지 논문을 보면, 서양은 민족국가를 내세우는 역사 서술을 자랑스러워하는데 왜 우리는 그렇지 못하는가 라는 질문을 던지고, 그 책임을 실증사학에 뒤집어 씌우고 있다.[142] 물론 실증사학의 한계를 저자가 부정하거나 옹호하는 것은 아니다. 그러나 이런 식으로 실증사학을 비판하는 것은 논쟁을 후퇴시킬 뿐이다. 지금 시점은 서양 근대 역사학이 행한 민족국가 우위의 역사 서술을 따라한 일본과 우리 역사학계 — 신채호는 물론 실증사학자들을 포함해서 — 의 문제를 반성할 때이지, 신채호를 비판하는 자는 식민사학자라는 식의 인신 공격을 행할 때가 아니다. 이는 매우 구태의연한 방식이기 때문이다.

제6장

비주류 역사학의 파시즘적 역사인식 비판

기자와 대담하고 있는 문정창의 모습.
(『조선일보』, 1972.8.20)

2. 유사역사학과 국사교과서 국정화 논리, 그 본질은 동일하다.

◆ '민족' 과 '애국' 의 이름으로 포장한 유사역사학의 실체

- 한국의 유사 역사학 세력은 비학술적 근거와 논리로 자신들의 주장을 강변하고 선동하는 방식으로 대중을 현혹하였다.

- 이들은 가짜 역사서로 판명난 '환단고기류' 의 위서(僞書)를 활용하거나, 각종 사서(史書)에 대한 후대 역사가의 주석(註釋)을 1차 사료로 둔갑시켰다. 이러한 엉터리 연구를 통해 역사상을 자의적으로 재구성하는 한편, 기존 학계의 연구 현황에 대한 과장과 왜곡도 서슴지 않았다.

- 그러나 유사역사학자들이 식민주의 사학의 극복을 위해 제시한 방법은 상고시대에 '거대하고 강력했던 민족국가' 를 상정하는 것이다. 최근에는 고대사뿐 아니라 고려와 조선의 역사상에 대해서도 이러한 허황된 주장을 펼치고 있다.

- 이것은 과거 일제 식민사관의 지리적 결정론('반도적 성격론')을 내면화한 쇼비니즘의 퇴행적인 모습, 더 나아가 파시즘적 행태에 불과하다. 국민들의 이성적인 역사인식을 마비시키고 우리 사회를 획일화된 전체주의로 몰고 갈 위험성이 크다.

한국역사연구회 등에서 유사역사학의 실체를 밝힌다며 마련한 전시회 리플렛.
(한국사연구회, 〈한국사회의 파시즘, 유사역사학〉전시회 리플렛, 2017.10.28)

이 장에서 먼저 다루려고 하는 것은 최동, 문정창 등의 역사관이다. 일단 이들을 어떠한 용어로 범주화할 수 있을까? 대중적으로 가장 많이 알려진 용어는 '재야사학'이다. '재야사학'은 그 반대편에 '강단사학'이라는 연구자 그룹을 상정하는 용법이다. 대체로 양 연구자 그룹은 지속적으로 대립해 왔지만, '재야사학'과 '강단사학'이라는 명칭 자체를 거부하지는 않아 왔다. 다만 재야사학 측에서 스스로 '민족사학'이라고 칭하면서 반대편의 강단사학은 '식민사학'이라고 몰아붙였기 때문에 강단사학으로 불려지는 것에 대해 당사자들은 탐탁지 않았을 것이다. 2010년대 들어 이른바 강단 사학자들은 재야사학을 아예 역사학으로 인정하지 않겠다는 입장을 취하게 된다. 여기서 등장한 말이 '유사역사학', '사이비 역사학'이다. '눈사람에 사람이라는 말이 붙어 있다고 해서 사람이 아니듯'이 '유사역사학'도 역사학이 쓰는 방법을 사용하지 않기 때문에 아예 역사학으로 인정할 수 없다는 것이다.[1]

그러면 '역사학이 쓰는 방법'이란 무엇일까? 이덕일의 『한국통사』라는 책을 보면 나름 '사실'과 '해석'에 대한 입장을 보이고 있다. 모든 사료에는 기록자의 주관이 들어가 있기 때문에 사실과 해석은 구분하기 힘들다는 인식은 일반적인 역사학자들의 그것과 별 차이를 보이지 않는다.[2] 그들의 실증에 문제가 있고 관점이 우리 공동체에 적절하지 않다고 말할 수는 있지만, 역사학으로 인정하지 않겠다는 것은 학문 권력의 남용이다. 이른바 '유사역사학'이라고 해도 학계에서 인정하는 역사학인 '일반 역사학'과 제도권 학계에서 전혀 인정하지 않는 '비非역사학' 사이에 위치한다고 보는 것이 이성적이다.[3]

저자는 '유사역사학'이라는 용법이 '강단사학'과 '재야사학' 간의 유사성을 덮어버리려는 의도하에서 널리 쓰이게 되었다고 본다. 애초에 제도권 학위를 가진 이들이 '재야사학'과 동일한 주장을 하는 상황이 되었기 때문에라도 '강단사학'과 '재야사학'의 명명법은 유효하지 않다. 그러면 이를 대체할 수 있는 용법은 무엇일까? 바로 '주류 역사학'과 '비주류 역사학'이다. 여기서 '주류'와 '비주류'의 구분은 상대적인 것이다. 근현대 시기 역사학의 '주류'는 국가 기관과 대학이라는 제도권을 중심으로 형성되었다. 근대국가의 구성원으로서 국민 정체성을 형성하는 데에 '국사'라는 틀이 중요한 역할을 했다.[4] 즉, 국민 교육을 담당하는 자국사 교과서의 기조를 주도하는 이들을 '주류' 역사학자들로 볼 수 있다. 반면 '비주류' 역사학의 범주는 다양하다. 이른바 유사역사학이나 뉴라이트 역사학, 탈근대 역사학 등 스펙트럼이 매우 넓다. '유사역사학'이 아니라 '비주류 역사학'으로 명명했을 때, 그들이 '주류 역사학'과 어떠한 점에서 닮아있고 어떠한 점에서 다른지 성찰해 볼 수 있게 된다. 또한 '주류 역사학'이 되고자 하는 '비주류 역사학'의 '욕망'과 기득권을 지키려는 '주류 역사학'의 차별화 전략도 드러날 수 있다. 이 글은 일단 '비주류 역사학' 중 (주류 역사학에 의해) '유사역사학'으로 지칭되는 이들에 대해 살펴보도록 하겠다.[5] '비주류 역사학'과 '유사역사학'이라는 용어를 문맥에 따라 혼용할 것이다.

먼저 1960, 70년대 최동, 문정창의 저술들에서 공통적으로 드러나는 역사인식을 찾아보려고 한다. 그리고 그 역사인식이 파시즘적 세계관에 입각해 있는 것은 아닌지 검증해 보려고 한다. 더욱 중요한 것은 그러한 파시즘적 역사인식이 주류 역사학과 일정하게 공유되고 있었던 것은 아닌지 살펴보는 일이다. 이들에 대한 학계와 언론의 언술 등을 역추적하여 이를 밝히려고 한다.

최동과 문정창의 저술을 파시즘적인 것으로 규정하고 비판하는 연구는 이미 이문영에 의해 이루어졌다. 문정창이 최동의 『조선상고민족사』를 읽고 감명받았으며, 문정창은 안호상을 만나 함께 재야사학의 역사학계 매도 프레임을 짰다는 것이다.[6] 안호상, 최동, 문정창으로 이어지는 '유사역사학'이 '위대한 민족'을 노래하며 거짓말로 대중을 선동했다며 그것이 바로 파시즘이라고 비판했다.[7] 파시즘이라는 일정한 잣대로 역사가의 역사인식을 검증해보는 일은 중요하다. 이문영의 작업은 주류 학계가 비주류 역사학을 공격할 때 이용하기 좋은 논리를 하나 제공해 주었다. 그러나 안호상, 최동, 문정창의 저술에 보이는 역사인식을 본격적으로 분석하고 있지 않을 뿐더러 무엇보다도 동일한 잣대를 주류 학계에는 적용하지 않는다는 점에서 신뢰성이 떨어진다. 비주류 역사학 측에서도 주류 역사학을 파시즘적이라고 비판하고 있는 실정이기 때문에 더욱 그렇다. 비주류 역사가들은 '강단사학=식민사학=파시즘≠독립운동의 논리=민주주의'의 도식을 만들어 냈는데,[8] 주류 학계의 '유사역사학=식민사관=파시즘=전체주의≠민주주의'의 도식과 놀랍도록 흡사하다.[9] 양자가 서로 자신은 '민주주의'이고, 상대방은 '파시즘'이라고 공격하고 있는 것이다. 따라서 이 글은 최동, 문정창의 저술들에 보이는 민족주의, 민주주의 이해를 파시즘의 관점에서 분석하고, 동 시대 주류 학계의 역사인식과 비교해보는 작업을 수행하고자 한다.

1. 1960년대 최동의 민족주의와 민주주의 이해

최동은 1966년 『조선상고민족사』라는 책을 출간하여 비주류 역사학자들의 고대사 인식에 큰 영향을 끼친 인물이다. 그런데 그의 본래 직업은 의사다. 1930년대 한국인 최초로 법의학자, 기생충학자, 임상병리학자로 활동한 인물로 기억된다.[10] 의학자에서 역사학 저술가로의 변신이 갑자기 이루어진 것은 아니었다. 1930년대 최동은 『조선문제를 통하여 본 만몽문제』라는 소책자를 일본에서 자비로 간행했다.[11] 비슷한 시기 그는 일본 동북제국대학에서 법의학을 공부하고 있었는데, 해당 소책자를 통해 일본인들과 교류하고 있었다.[12] 일본인, 조선인, 만주족, 몽골족, 한인 간의 융합과 공존을 도모한다는 점에서 일본의 대륙 정책에 위배되지 않았기 때문에 가능한 일이었다.[13] 생물학적, 인종적 민족 문제에 지속적으로 사로잡혀 있던 최동의 본격적인 연구 결과물이 『조선상고민족사』인 것이다. 최동의 아들 역시 그의 아버지가 히틀러 등장 전후 유행하던 판게르마니즘, 대민족주의, 유전학, 우생학, 레이시즘의 영향을 받았을 것이라고 추정하고 있다.[14] 또한 최동이 최남선, 이광수, 정인보, 홍이섭, 김철준 등을 좋아하거나 교류하고 있었으며 '민족주의자'로 자처하고 있었다고 증언하고 있다.[15]

애초에 최동의 아버지가 관직에 오른 것은 박영효 덕분이었다.[16] 최동은 『조선상고민족사』 권두언에서 박영효, 서재필, 안창호가 정신감화의 원동력이라고 밝혔다. 아울러 최남선, 정인보, 이광수에게 경의를 표한 후 신채호의 영향을 받았다고 고백하였다. '친일' 여부와 무관하게 '문명개화'와 '민족주의'를 표방한 역사가들에게서 스스로의 학적 계보를 찾고 있는 것이다. 『조선상고민족사』에 서문을 써준 이도 문화민족주의 역사가[17] 장도빈張道斌이었다. 전문역사가라고 할 수 있는 장도빈이 비전문가에 불과한 최동의 역사책에 어떠한 기대를 걸고 서문까지 써준 것일까? 장도빈의 서문에서 눈에 띄는 단어들은 '위대한 역사', '위대한 국가민족', '민족의 번영', '나라의 발전' 등이다. 즉, 위대한 역사를 통해 국가민족의 위대성을 밝히자는 것이다. 그 중에서도 고대사가 중요한 이유는 조선 왕조 이래 사대주의로 인해 쇠퇴해지기 이전, 세계 최강국, 선진국가로서의 민족적 면모를 확인하기 위해서다. 쇠약해진 민족 정기가 3·1운동, 광복, 4월혁명 등을 통해 민족 정의로 되살아났다고 보았다.[18] 민족주의와 민주주의를 아무런 이질감없이 융합시키는 논법이기도 하다.

최동은 전문역사가가 아니라는 핑계 아래 고대 한민족의 '영광스러운' 역사상을 한층 더 과감하게 묘사할 수 있었다. 인류 최초의 문명이 바빌론문명이고, 바빌론문명이 애급문명을 탄생시켰으며 애급문명이 희랍고대문명으로 계승되었는데, 바빌론문명을 만든 이들 중 일부가 동쪽으로 넘어와 동이족이 되었다는 것이다. 그 동이족이 바로 과거 중국고대문화의 건설자이며 일본문화의 선구자임이 확실하다고 보았다.[19] 일제 말기 아시아주의의 발상, 즉 아시아인들이 서구인들보다 못하지 않다는 것과 그 아시아문명의 중심이 중국이 아니었다는 것 등을 교묘하게 차용하여 민족주의적으로 분식粉飾한 것이라고 평가할 수 있다. 최동만큼 급진적이지는 않았다고 하더라도, 고대 한민족의 영광스러운 역사상을 되살려내겠다는 사명감 자체는 신채호 이래 한국 민족주의 역사가들에게 공통된 정서였다. 그래서 최동이 '단군신화를 재평가'하고 그 '인류학적 함축성'을 규명하겠다고 했을 때, 공감을 얻기도 했던 것이다.

최동의 독특성은 과감한 논지에만 있는 것이 아니었다. 서술 과정에서 기독교 신앙이라는 종교적 보편성, 민주주의라는 정치사상적 보편주의를 의식하고 있었다는 점을 눈여겨볼 필요가 있다. 이에 대한 최동의 생각은 『조선상고민족사』의 부록 「건국이념과 실천, 단군사상과 민주주의」에 상세하게 드러나 있다. 최동은 단군사상이 현대적 민주주의와 완전히 일치한다고 확언하였다.[20] 민주주의를 한국 고대 사상에서 찾으려는 시도들은 해방 이후 드물지 않게 발견된다. 안호상의 경우가 대표적인데 그는 1950년대 민족주의와 민주주의의 결합 논리를 개발해냈다. 안호상은 고조선과 신라 등에서 임금을 뽑을 때 민의 뜻에 따랐다면서 우리 민족사를 되살리는 것이 민주주의 가치에도 부합한다고 주장했다.[21]

최동 역시 안호상 등이 내세운 '한국적 민주주의' 담론의 영향을 받은 것으로 보인다. 그러나 서구 자유주의와 민주주의 등에 대한 지식이 없다 보니까 좀 더 과감한 논법을 전개한다. 특히 『삼국유사』에 나오는 구절 중 '수의천하數意天下'는 박애주의, '탐구인생貪求人生'은 평등주의, '홍익인간弘益人間'은 자유주의라는 현대민주주의의 3대 사상자유, 평등, 박애으로 해석된다고 주장하였다.

〈표 1〉 최동의 『조선상고민족사』에서 민주주의에 대한 이해

『삼국유사』 원문	일반적 해석	최동의 해석
수의천하 (數意天下)	천하에 자주 뜻을 두어	만물과 인간을 애호한다. 전지 전능하시고 무소부재하신 천부의 인자하심이 전 인류에게 보편, 균점(均霑)된다.
탐구인생 (貪求人生 (世의 오기?))	인간세상을 구하고자 하였다.	탐내여 구하였다고 직역함은 부당. 탐내실 리가 없는 것. 인간을 구제하시기 위하여 예수님을 세상에 보내신 것과 마찬가지. 신인(神人)합치의 사상으로 계급타파, 만민평등 이념 양성. 복지증진, 인권보장.
홍익인간 (弘益人間)	인간을 널리 이롭게 하다.	전반적 인간생활의 향상, 발전 원리. 이는 인간지능을 자유로운 분위기에서 능률화함에 있으니 자유주의가 중요한 기본적 요소.

앞의 논리들이 단순화와 비약으로 이루어져 있다는 점은 누구나 쉽게 파악할 수 있을 것이다. 현대민주주의를 자유, 평등, 박애로 한정짓는 이유가 무엇인지, '탐구貪求'가 '탐내여 구하다'가 아닌 이유는 무엇인지, 아무런 근거도 제시하지 않고 있다. 그러한 상태에서 단군신화의 몇몇 구절을 현대민주주의의 3대 사상과 일치시키기 위해 비약을 감행하는 것이다. 그런데 저자의 관심은 그러한 비약을 가능케 한 최동의 세계관 자체에 있다. 그에게 중세 기독교 사상과 현대 민주주의 사상의 작동 원리는 동일한 것이다. 그리고 그 기독교 사상을 기준으로 해서 단군 사상의 의미를 멋대로 확장시켜 버린다. 애당초 신에 의한 보편적 가치 추구 및 만민 평등 실현을 '박애'와 '평등'으로 해석해 버림으로써, 단군신화 역시 민주주의 사상으로 승격될 수 있었던 것이다.

홍익인간을 자유주의 사상으로 해석하는 것 역시 기본적으로 비약이다. 인간 생활을 향상시키기 위해 자유가 필요하므로 홍익인간에 자유 사상이 들어있다는 논법은 당연히 성립될 수 없다. 그런데 여기서도 저자의 관심은 최동이 자유주의를 어떻게 이해하고 있는가에 있다.

> 개인주의와 자유주의는 판이하고 표면상 유사한 듯하나 이율배반의 원칙이 엄연히 있고 양자 간에는 사멸의 심구深溝가 중간에 개재하고 있다. 자유주의는 개인 의사를 존중하되 그 개인 의사의 건설면과 사회적 요소를 존중함이지 결코, 사회를 이탈한 개인주의, 사회에 유해한 개인의 의사는 사회에 적敵이며 이기주의에 불과하고 자유주의의 범주를 이탈하고 있는 것이다. 자유주의는 사회 전체를 위한 자유이며 사회에 연대성이 있고 사회를 위한 자유주의이며 사회 전체가 유익을 받을 수 있는 자유주의를 의미하고 그 생명이 유지될 수가 있다.[22]

자유주의는 자유로운 개인의 존재를 불가결한 요소로 전제하는 이데올로기다.[23] 그럼에도 불구하고 한국 근현대사에서는 자유주의와 개인주의를 분리시키고, 개인주의를 다시 공동체에 해로운 이기주의와 등치시키는 사고방식이 지배적 담론이었다.[24] 망국의 책임을 '전통적' 개인주의에 돌리는 신채호의 논법이 대표적이다.[25] 개인주의가 극복해야할 전통적 악습으로 규정됨으로써, 反자유주의적 민족주의國家주의가 새롭게 받아들여야 할 근대 사상으로서의 위상을 차지하게 되는 것이다. 물론 개인의 자유와 공동체의 유지 및 이익 간 충돌을 막기 위한 대책은 필요하다. 문제는 신채호나 최동에게 개인의 자유는 사적인 것, 사악한 것에 불과했다는 점이다. 즉, 개인의 자유는 민족국가의 자유에 종속되어야만 한다. 민족國가의 자유가 보장될 때, 민족國가 구성원 간 평등도 확보된다.

최동은 강자의 자유, 권력가의 자유, 특권자의 자유만 행세되는 것이 후진국가의 특징이라고 비판한다.[26] 그러면 이때 강자의 자유, 권력가의 자유는 누가 통제할 것인가의 문제가 발생한다. 대중의 힘을 신뢰하고 평등의 가치를 정말 중시한다면 사회주의나 공산주의가 대안적 이데올로기가 될 것이다. 물론 최동은 사회주의적 민주주의나 공산주의적 민주주의를 배척한다. 뿐만 아니라 자본주의적 민주주의도 배제 대상이다. 그리고 나서 남는 것이 '조선적 민주주의'다. '전인류에 공통될 수 있는 단군사상에 연원을 둔' 조선적 민주주의가 대안이다.[27] 자유주의와 사회주의를 모두 부정한 상태에서 전통民족 사상에 뿌리를 둔 '한국적 민주주의' 운운하며 대중을 동원하는 정치이념이 여기서 등장한다. 저자는 이것이야말로 안호상, 안재홍, 손진태 이래 박정희에 이르기까지 한국 현대사에서 일정한 계보를 가진 파시즘적 세계관의 핵심임을 제1부에서 논한 바 있다.

최동은『조선상고민족사』마지막 부분에서 바빌론, 애급, 희랍문명이 서쪽으로 계속 가 로마, 아메리카 대륙을 횡단한 후 현재 동아 대륙 연안에 상륙 중에 있는 느낌이라며 감회를 밝혔다.[28] 앞서 바빌론 문명이 동천東遷하여 찬란한 동이족 문화와 세계 최대강국 고구려로 이어졌다고 큰소리쳤지만, 결국 그러한 주장들이 서양문명에 대한 열등감의 표출임을 마지막에 고백한 셈이다. 우리와는 다른 문명권을 표준이나 기준으로 삼는 것 자체는 잘못이 아니다. 최동의 사례는 애써 그러한 측면을 숨기는 데에서 오히려 여러 가지 문제가 발생함을 잘 보여준다.

2. 1960, 70년대 문정창의 민족주체사관 해부

1) 문정창 저술에 나타난 파시즘적 세계관

최동이 고대사에서 한민족의 영광스러운 과거를 묘사해 주목받던 시기, 침탈과 저항의 근대사를 본격적으로 밝혀냈다며 등장한 인물이 문정창이다. 둘은 아카데미즘 사학의 경력이 없는 비전문 역사가라는 점에서 공통점을 갖는다. 그 중 문정창은 주류 역사학계의 약점을 집요하게 파고들어 사회적 관심을 끌어냈다는 점에서 특징적이다. 신문 기사만 보면 문정창은 주류 학계에 속해 있지는 않지만 전문 역사가로 인정받았다. 역사학계에서 그를 무시할 수 없었던 것은 단지 대중 언론의 호감을 사고 있었기 때문만은 아니었다. 최동과 마찬가지로 문정창 역시 일단 저작의 분량부터 방대했다. 이들은 수많은 자료들을 나열하면서 주류 역사학 못지않게 실증주의적인 것처럼 보이려 했다. 또한 민족적 관점과 논지를 매우 선명하게 제시하였기 때문에 주류 역사학의 진중한 논조와 대비되지 않을 수 없었다. 주류 역사학 역시 민족주의를 표방했기 때문에 더욱 그러하였다. 실증과 민족적 관점, 양 측면에서 모두 주류 역사학보다 더 나은 것처럼 보이려 애썼음을 알 수 있다. 최동은『조선상고민족사』한 권 저술에 그쳤지만, 문정창은 근대사에서 시작해 고대사를 거쳐 한일관계사까지 쉬지 않고 저작을 발표하며, 주류 역사학계에 도전했다.

문정창의 저서 목록을 연도별로 정리하여 그의 관심사가 어떻게 이동했는지 살펴보자.

〈표 2〉 연도별 문정창의 저서 목록

연도	저서명
1964	근세일본의 조선침탈사
1965	(군국일본)조선점령삼십육년사
1966	(군국일본)조선강점삼십육년사 중
1966	(군국일본)조선강점삼십육년사 하
1966	단군조선사기 연구
1969	고조선사 연구
1970	일본 상고사
1971	한국고대사
1973	(한국사의 연장)고대 일본사
1975	백제사
1976	(이병도 저)한국고대사연구 평
1977	광개토대왕 훈적 비문론
1978	가야사
1979	(한국-슈메르)이스라엘의 역사

1966년을 기점으로 연구 대상 시기가 변화됨을 알 수 있다. 개항 이후 일본의 침탈사와 일제 시기 수탈사를 정리한 뒤, 1966년 이후로는 고대사

로 관심 분야를 바꾸었다. 먼저 단군조선의 '실체'를 밝히고, 그 틀 안에서 일본고대사까지 '새로' 썼다. 이어 고대사 각 분야별 책들을 내어놓으며 주류 학계의 최고 권위자인 이병도의 저작을 직접 논박하는 단계로까지 나아갔다. 문정창은 근대사 연구를 시작하게 된 동기가 정치적인 데에 있음을 감추지 않았다. 1965년은 한일 수교가 맺어진 해이다. 문정창은 그러한 정치적 이슈에 맞추어 『조선점령삼십육년사』 집필에 나섰음을 암시했다. '36년간의 통치가 유익했다'는 횡역橫逆의 소리가 연발되는 현실에 자극받아 '허물로 인해 자숙하던' 자신이 나서게 되었다는 것이다. 그에게 일본 지배 정책은 동서고금에 없을 정도로 '철두철미한 수탈', '잔혹한 형옥', '극심한 차별', '황솔荒率한 민족말살'로 요약되는 것이었다. 그럼에도 불구하고 주류 역사가들이 '갑오경장'이니 '현대화의 기점'이니 '을사보호조약'이니 하는 미화 용어들을 따라하여 '국민 일반의 사관을 그르치고 있음을 방관할 수 없었다'는 것이 집필에 나선 또 다른 이유다. 집필을 촉구하는 이들도 있었다고 한다. 그러면서 '감정에 치우치지 않고 과불급 없이 사실史實대로 기술하겠다'는 다짐도 덧붙이고 있다.[29] '식민사관'이라는 용어가 직접 등장하고 있지는 않다. 그러나 '왜곡된 식민사관에 빠져 있는 주류 역사학'에 맞서 '객관적 사실에 입각하고 대중적 지지에 기댄 민족사관으로 정치 현실에 대응하는 재야사학'의 대결 구도가 성립되는 순간이기도 하다.

『조선강점삼십육년사』 중권에서 문정창은 한일 국교 정상화를 직접적으로 문제삼는다. 앞서 상권의 서문은 1965년 2월에 쓰여진 것이었고, 중권의 서문은 1965년 12월에 쓰여졌다. 같은 해 6월에 있었던 한일 수교 과정을 지켜보던 문정창은 '일본과 일본국민이 그 죄과를 솔직히 인정하지 않은 채' 국교 정상화가 이루어졌기 때문에 '조선과 조선인민이 일본과 일본인들로부터 당한 피해 계산서'를 작성해야 한다는 생각을 하게 된다. 일본인들이 죄악에 관한 증거를 인멸하기 위해 수많은 문서들을 불태웠지만 법령, 관보와 민족지 등은 어쩌지 못했다는 것이다. 그러한 자료들을 가지고 사이토齋藤實 총독 통치 기간의 고갈지어涸渴之魚 정책물마른 웅덩이의 고기떼처럼 진멸하여 동북아의 마야족이 되는 것을 파헤쳤다고 주장했다. 이 시기 일제 통치 정책은 '교육, 문화, 사회 모든 면에서 조선민족의 정신, 언어, 역사, 전통, 습속 등을 탈취, 박멸, 제거하여 반병신, 반일본인으로 만드는' 것이었다.[30]

문정창이 말하는 '객관적 사실'이란 어떠한 것일까? '감정에 치우지지 않으려면' 문서 자료에 입각해야 한다. 그런데 일본인들은 자신들에게 불리한 자료를 숨기거나 불태워버렸다고 전제되어 있다. 따라서 빠진 부분들을 역사가가 '자유롭게' 상상해서 채워넣는 것은 정당한 행위가 된다. 그렇게 하기 위해서는 먼저 자료 은폐의 사실 자체가 '객관적으로' 증명되어야 한다. 문정창은 데라우치 총독이 우리 민족 고유의 사회史誌 등을 날조하기 위해 1910년 11월부터 서점, 서원 등을 급습, 압수하여 20만 권의 서적을 불살랐다고 하였다.[31] 그러나 문정창이 인용하고 있는 『제헌국회사』에는 제대로 된 근거가 나오지 않는다고 한다. 사실은 교과서를 목적으로 출판했다가 인정받지 못한 '불온' 출판물들 최대 10만 권이 압수된 것이다. '악랄한 일제였기에 분서 사건 정도는 능히 하고도 남았을 것이라는 한국인의 일반 정서'가 상상을 객관적 사실로 둔갑시켰다고 여겨진다.[32] 문정창 스스로 '일본인들의 모든 소행과 수법으로 미루어 보아, 단군에 관한, 이 나라에 유익한 모든 사료들을 불살라 버렸을 것은 의심할 필요가 없다'고 말하고 있다.[33]

문정창 글들의 권위는 대부분 이런 방식으로 생성된다. 몇몇 자료들을 민족 감정으로 확대 해석하고 과장된 수사법으로 언론과 대중의 관심을 이끌어낸다. 그렇게 세상에 널리 알려진 명제들은 그 자체로 힘을 갖게 되어서, 문정창의 또 다른 억측들을 정당화시키는 논거로 작용한다. 예를 들어 과장된 수사법이란 이런 것이다. '을사협약'의 불법성을 지적하면서 '배달민족의 조국이었던 대한제국의 국권을 강탈한 것이니 배달민족의 천추의 치욕이오 원한'이라고 덧붙이고 있다.[34] '배달민족의 원한'이라는 표현은 '감정에 치우치지 않겠다'는 다짐과는 거리가 멀어 보인다. 1898년 11월 황국협회가 만민공동회를 급습한 사건에 대해서는 '국가와 민족의 운명을 위하여 싸우는 애국단체인 독립협회와 외세를 등에 업은 반국가 반민족적인 모리배와의 사이에 일어난 비극적인 동족상잔의 전투'라고 평가하고 있다.[35] '동족상잔'이라는 현대 한국전쟁 관련 수식어를 끌어다 쓰고, '국가', '민족', '애국' 단체와 '반국가', '반민족', '매국' 단체라는 이분법적 구도로 역사상을 단순화시키고 있다. 또한 독립협회를 현대민주주의 사상에 기반한 단체로 규정하면서도, 무엇이 민주적인 것인고 무엇이 민족적인 것인지 제대로 구분하지 못하고 있다. 그러한 한계는 김숙자, 신용하, 유영렬 등 초창기 주류 역사학자들의 민권운동 인식에서도 발견된다. 민권'론'과 민권'운동', '민권'운동과 '민족'운동이 뒤섞여 사용되고 있다는 점이 지적된 바 있다.[36] 표현은 절제되어 있다 하더라도 민족주의적 정서로 역사상을 단순화시키는 방식 자체로부터는 주류 역사학도 자유롭지 못한 것이다.

또한 문정창은 일본 경찰서장이 멋대로 조선인에게 징역형을 내림은 '인권 유린'이라고 비난하고, 김홍집, 송병준 등에 대해서는 '매국 역적배'

라고 규탄하였다.[37] 보편적 인권이 정말 중요하다면 김홍집이나 송병준이 추진한 개혁 사업들의 의미에 대해서도 짚어주어야 할 것이다. 그러나 그저 군주와 국가에 대한 '불충不忠'만이 문제될 뿐이다. 그에게 '민주주의', '인권' 등의 어휘는 '민족적 관점'으로 환원되는 경우에만 유효하다. '공산주의'도 마찬가지다. 반공을 내세운 박정희 정권 하임에도 문정창은 일제시기 공산주의 독립운동을 서술하는 데 거리낌이 없었다. '불사의 조직력으로 불식不息의 항쟁을 전개한 좌익계 애국지사들' 중에는 '신출귀몰한 전술로 일본군과 경찰들을 벌벌 떨게 한 김일성 등 조선인 유격대들'이 있었다.[38] 그러나 공산주의 운동은 철저히 민족운동에 종속되어야만 하는 것이었다. 다음 구절을 보자.

> 이민족의 압제와 외래자본주의의 침식하에서 신음하며, 또한 계급분화가 충분히 되어 있지 않은 한·중 양국의 사회적인 기반 위에서, 공산주의가 노농계급 일당독재에의 길을 강행하고, 민족주의 운동자들과 대결한다는 것은, 민족통일전선 형성에 저해되는 일이었다. 뿐만아니라 이민족의 제압·수탈하에서 신음하는 식민지 또는 반식민지인 한·중 양국에 있어서는, 그러한 계급투쟁 이전에 해결하여야 할 지상과제가 있었으니, 그것은 곧 민족역량의 총집결에 의한 외적의 격퇴와, 외래자본주의의 침식을 방어하는 일이었다.[39]

식민지하 계급문제를 민족문제와 일치시키는 역사인식은 백남운으로부터 비롯되어 후대에까지 이어져 왔다.[40] 이 부분에서도 문정창은 주류 역사학계와 소통 가능한 정도의 역사인식을 보여주었다고 볼 수 있다.

한편 문정창은 『조선강점삼십육년사』 중권에서 조선사편수회의 역사 왜곡 작업을 집중적으로 다루고 있다. 그가 왜 고대사 연구로 나아가는지도 이 부분에서 추정 가능하다. 문정창은 단순히 일제의 수탈이 참혹했다고 말하는 것을 넘어서, 그 실상이 왜 드러나지 않는가를 밝히고자 했다. 주된 책임은 왜곡된 역사관에 지워진다. 핵심은 일본보다 2,000년이나 오랜 역사와 문화를 자랑하는, 고조선의 역사를 삭제하려는 음모에 있다. 문화민족 조선인을 폭력으로만 억압할 수 없어 문화면에서 공략하기 위해 '한반도가 그 개벽부터 북은 중국의 속국이요, 남은 일본의 식민지였다'고 한 것이다.[41] 한사군의 위치와 임나일본부설, 기마민족설이 중요시되는 이유가 여기에 있다. 애초에 문화적으로 우등한 민족은 열등한 민족을 식민통치해도 괜찮은 것인가 하는 질문은 던져지지 않는다. 문정창이 그러한 명제 자체에는 거부감을 느끼지 않았기 때문일 것이다. 그가 내세우는 조선 민족의 우수성 옆편에는 일본 민족의 야만성이 놓여져 있었다. 그는 일본군국주의자들이 본래 '성악性惡하고 교활하여 신의가 없고 악행을 미화, 장식, 은폐하기에 천재적인 기능을 가지고 있다'고 말한다. 일본인들 전체가 '도국소인島國小人의 협량狹量'을 가지고 있다는 인종적 편견도 숨기지 않는다.[42]

문정창의 인종 우월론은 사실상 군국주의 자체를 옹호하는 데까지 나아간다. 물론 표면적으로는 일본의 군국주의를 비판한다. 제2차 세계대전 시기 일본군 장교들이, 발흥한 독일에 대한 숭배심에서 나치스와 동맹을 맺었다며, '남의 나라를 해할 줄 모르는 선량한 배달민족'은 '침략전을 일으켜 남의 나라를 해하려는 독일, 일본'과 다르다고 주장한다.[43] 그런데 기묘하게도 조선인사회가 지원병 제도에 (복잡한 심정으로) 찬성했다는 말을 꺼낸다. '영양이 양호하고 골격이 튼튼한 일본인 장정들이 허약한 조선 청년들을 압박(壓迫)하는 사회현상'이 가슴 아프다며, '조선인 2세들의 체력을 일본인 청장년들과 같이 건장하게 만들어 내려면, 다소의 희생을 내더라도 조선인 청소년을 일본군대에 입대시켜 신체의 발육을 도우며 단련을 꾀함이 양책(良策)'이라는 것이다.[44] 강한 신체와 강한 국가에 대한 선망을 내밀하게 드러내고 있다. 강국 일본에 대한 동경심을 들키지 않기 위해 일본 민족의 열등함과 수탈의 잔혹함이 더 부각되어야 했던 것이다. 다른 한편 '옛날 씩씩하고 건장하였던 우리 조상들'의 모습을 무리하게 상상하는 이유도 여기에 있다. 강자, 강국의 자리는 일본이 아니라 우리가 차지했어야 했다는 아쉬움 때문이다.

이와 같이 일제는 근대사 영역에서 침탈 과정 자체를 왜곡하고, 조선민족의 우수성을 훼손시키기 위해 고대사를 건드렸다. 따라서 근대사와 고대사를 바로잡는 것이 한국사학계의 사명이다. 그런데 문정창이 보기에 이 나라 사학가들은 일제의 교육을 받아 그릇된 사관으로 주체성을 잃어버렸다. 여기에서 이병도의 『국사대관』이 그 표적이 되었다. 상고사의 시대구분을 '한사군 설치 이전'과 '이후'로 한 것, '갑오경장', '민비 시해 사변', '을사보호조약', '광주학생사건'이라고 지칭한 것 등, 사관, 시대구분, 역사용어, 필치 모두가 문제다.[45] 한일 국교 정상화를 둘러싸고 벌어지던 사회적 혼란상 덕분에 문정창은 자신의 논점들이 사회적 이슈가 되는 현상을 경험했다. 그 결과 주류 역사학을 공격하여 그 대안이 되고자 하는 욕망을 품었던 것은 아닐까? 그런데 실질적으로 주류 역사학과 문정창의 역사학 사이에 차이점은 어디에 있었는가? 이 대목만 놓고 보면 문정창은 자신이 더 '민족적 관점'에 입각해 있다고 주장할 따름이다. 그런데 뒤에서 보겠지만 이병도 등 주류 역사학자들 역시 '민족적 관점'을 표방하고 있었다.

그러면 1966년 이후 일련의 고대사 관련 저술에서 문정창이 말하고 싶었던 바는 무엇이었을까? 자료와 관점의 측면에서 근대사 연구 때와 유사한 논리들이 발견된다. 첫째, 중요한 자료들이 부당한 의도 하에 소실되었다는 이유로 역사가의 자의적인 상상이 정당화된다. 김대문의 『화랑세기』가 전해지지 않는 이유는, 용감한 화랑들의 계보와 행적이 후일 사대주의 유학도들의 눈에 거슬렸기 때문이다.[46] 김부식이 『삼국사기』에서 조선족 고유의 사기史記를 일체 무시하고 중국 역대 왕조에 유리하게 해석, 취사해 노예사관을 수립한 이유는, 애초에 『삼국사기』가 금나라 군주에게 바쳐진 글이기 때문이다.[47] 물론 추정에 불과하다. 그러나 백제가 요서, 산둥반도를 200년간 점령한 일, 대동강이 패수가 아니고 평양이 한대의 낙랑군이 아니라는 사실 등이 모두 『삼국사기』에 실려있지 '않기' 때문에 '맞는' 사실이 되어 버린다. 신채호의 글도 이러한 가설들의 근거가 된다.[48] 둘째, '자의적인 상상'을 통해 그려내고자 하는 역사상은, 민족국가의 요구에 부응하는 사람들의 모습이다. 화랑도가 창설된 이유는 '가열화되는 쟁패전과 넓어진 영토를 유지하기 위해 용맹과 재능을 겸비한 인물들이 시대적으로 '요청'되었기 때문이다. 국선도와 불교가 연결되어 이들에게 '나라를 위하여 목숨을 바친다'는 철학이 주입되었고 그 결과 '신라의 국혼'이 되었으며 통일도 가능해졌던 것이다.[49]

이처럼 1970년대 문정창은 고대사 연구를 통해 '국가 발전에 대한 역사의 공헌'을 언급하면서 근대사 연구 때보다 더욱 능동적인 역사상을 수립해 나갔다. 1973년의 기고문에서 그는 북한 학자 김석형의 『고대조일관계사』와 이진희의 『광개토왕릉비의 연구』를 소개하며 '우리 조상들의 찬란 위대한 역사 활동'을 밝히고 '광개토대왕 비문에 대한 일본인들의 범행을 적발한 일'을 통해 '창조하여야 할 이 나라 새로운 역사의 기반'이 닦여졌다고 평가하였다.[50] 1968년 박정희 명의로 선포된 「국민교육헌장」과 당대 국사교과서 국정화를 염두에 둔 표현이 분명해 보인다. 나아가 그는 역사적 가정 설정과 보편적 명제 제시에도 주저하지 않는 모습을 보였다. '삼국이 자주통일 되었다면 동북아 대제국으로 군림하였을 것'이라거나 '역사의식이 왕성한 민족은 결코 망하지 않으므로 유사 이래 '모든' 정복자들은 반드시 피정복민족의 역사말살작업에 착수하였다'는 언급 등이 그러하다.[51] 흥미로운 것은 동일한 잡지에서 서양의 자유주의 역사를 연구한 전문가가 '역사 연구는 다른 어떤 목적의 수단이 되어서는 안된다'고 절규하고 있었던 점이다. 국가 목적 추구에 역사를 이용한 사례로 해방 전 일본과 같은 파시즘전체주의과 소련, 북한 등의 공산주의를 꼽으며, 식민사관 극복 운운하며 역사의 현재성과 주체성을 강조하는 것에 우려를 표했다.[52] 실제 히틀러는 『나의 투쟁』에서 역사학과 역사교육을 국가적 목적 달성을 위한 수단으로 여겼고,[53] 당대 '반反식민사학'을 표방하며 등장한 신진 역사학자 강만길은 '잘못된' 국가권력과 결탁한 실증사학은 비판하면서도 '민족사회의 현재적 요구'에 부응하는 일, 즉 '학문의 현재성' 자체는 옹호하였다.[54] '국가적 목적을 위한 역사학의 역할'을 둘러싼 논쟁에서 문정창의 연구가 일정한 위상을 차지할 수 있는 구도가 형성되어 있었던 것이다.

문정창은 이병도 학설 비판 과정에서 '국가에 기여하는 역사학'의 모습을 더욱 적극적으로 구현하였다. 해방 후 한국고대사에 대조적인 두 인사 —중국에서 공부한 정인보와 일본에서 공부하고 조선사편수회에서 일한 이병도— 가 있었는데, 정인보가 북으로 끌려가는 바람에 이병도가 교학의 권좌를 차지했다. 이후 '고대일본의 남한지배설'과 '평양-한낙랑군설'

이라는 일제의 침략사관—200여 년간 왜의 노민奴民, 300여 년간 중국의 식민지였다는—이 퍼져나감으로써 '국사에 대한 혐오증'이 생겨났다, 이에 박정희 대통령이 '국적있는 교육'을 외치게 되었다고 진단하였다.[55] 자신이야말로 국가에서 필요로 하는 역사가라는 자신감이 표출되고 있다. 백두산에서 발상發祥한 '민족 최초의 신성한 국가 단군조선'을 부정하는 것은 '스스로 굴屈해 들어가 민족과 조국의 욕辱을 자초하는 사고와 자세'라고 비판하고, 이병도가 왕검성의 위치를 두고 '횡설수설'한다고 조롱하였다.[56] 이후 재야사학자들에게 애용되는 논법이 여기에서 완성된다. 주류학계가 민족적 관점에서 굴욕적 자세를 지니며, 실증적 차원에서 '횡설수설'한다는 비판이 그것이다.

이병도는 재야사학의 이러한 비판들을 의식하면서 1976년 『한국고대사연구』를 펴냈다. 여기서 그는 '충분한 논거와 이론', '고전에 대한 냉엄한 분석비판'이 결여된 반박에 대응할 생각이 없음을 분명히 했다.[57] 이병도는 고조선의 중심지, 낙랑군의 위치가 모두 대동강 유역임을 재확인하면서 역사학자의 자세로 몇 가지를 요구하였다. 고기록에 설화적 요소가 있음을 인정해야 한다는 점,[58] 당시 사회상태를 무시하고 '근대 우리의 확대된 의식과 관념으로 해석'해서는 안된다는 점,[59] 그러나 후대에 기록되었다고 해서 날조라며 부인하는 것도 '경솔하고 무모하고 비과학적인 태도'라는 점,[60] '중국의 발달된 고급 제도와 문화'로 인해 사대사상의 맹아가 튼 것도 사실이라는 점[61] 등이다. 대체로 역사가가 현재적 관점에서 당대적 맥락을 무시함으로써 생기는 오류를 경계했다고 보여진다. 그런데 문정창에게는 고대 기록을 맹목적으로 믿거나 무조건 부정하는 태도를 모두 비판한 점이 '횡설수설'로, 중국 문화의 우수성을 인정한 점이 '비자주적인 태도'로 비추어졌을 것이다.

그러나 이병도의 역사관이 사료 비판, 당대적 맥락 중시에만 머문 것은
아니다. 그는 해방 직후부터 『국사대관』, 『한국사대관』이라는 이름으로
출간해온 개설서를 통해 자신의 역사인식을 보여주었다. 역사는 '발전',
'진보'한다며 '법칙과 가치'의 발견을 통해 '특수성과 일반성'의 조화를 이
루어야 한다고 보면서 '현재 현실을 망각한 죽은 학문으로 관념하여서는
안된다'고 하였다.[62] 실증론만큼이나 현재적 관점을 중시한다는 생각을
드러낸 것이다. 그는 역사의 주체로서 '민족'의 존재 형태에도 관심을 보
였다. 헤겔 역사철학 용어라고 할 수 있는 '역사적인 민족'이라는 어구를
사용하였고, 중국 문화의 우수성을 인정하면서도 '사대주의의 능동적이고
활동적인' 면모를 부각시켰다.[63] 한국민족이 '단일인종'은 아니지만 '혼잡
한 복합체'도 아니라며 그 기원을 추적하였다.[64] 고조선이 북방 중에 '가장
앞섰던 선진국'이라거나 일본제국주의는 '강도, 약탈자, 침략자'로서 '잔
악한 식민지 착취정책'으로 '우리의 기름진 강산과 고혈이 일인의 자양소'
가 되었다는 표현 등은 문정창의 그것과 별 차이를 보이지 않는다.[65] '개인
의 이익을 위하는 소아 정신을 희생'시켜 '민족, 국가의 지도원리인 대아
정신'에 집중해야 한다[66]는 구절도 마찬가지다. 어쩌면 이병도와 문정창
의 민족국가 중심적 역사인식이 일정하게 공유되거나 상호 영향을 주고받
았을 가능성도 있다. 당대 사회와 학계의 지배적인 분위기가 그러했기 때
문이다. 문정창은 『(군국일본)조선점령삼십육년사』에서 이병도의 『국사대
관』을 종종 인용하고 있었다. 이병도뿐만 아니라 이선근, 신석호, 홍이섭
등 역사가들의 글을 충실하게 인용하면서 그들의 권위를 이용하였다. 그
러다가 이병도의 글을 직접 공격하는 데까지 나아갔을 때에는 문정창 나

름의 결단이 있었을 것이다.

한편 문정창은 에가미江上波夫의 '천황기마민족설'을 인용하여 고대일본이 '삼한삼국인의 이주지'이기 때문에 '한국사의 연장'이라고도 주장하였다.[67] '기마민족설'이 '임나일본부설'과 공존할 수 있음은 무시하고 자의적으로 해석한 것이다. 이어 만주에서 고구려를 토멸한 당이 단군조선 관련 문헌을 소각하였고, 일본이 종전 후 대마도 조선 관계 유적을 파괴했다며, '자료인멸설'을 또다른 방식으로 내놓았다. '역사가 시작된 이래 미개한 작은 섬나라였던' 일본이 조선 침략을 통해 '세계의 일등국'이 되었다는 '뒤틀린' 역사인식도 여전했다.[68] 주변국의 왜곡에 맞서 자국사를 재구성하던 수준의 역사학이 주변국의 역사를 재서술할 정도까지 성장할 수 있었던 것은, '국가권력과의 결탁'에 대한 기대감이 커졌기 때문일 것이다.

2) 문정창 저술에 대한 학계와 언론의 반응

이상 문정창의 역사 연구에 대해 당대 학계와 언론은 어떠한 반응을 보였을까? 앞서 말했듯이 언론은 문정창의 연구 성과에 지속적으로 관심을 보였으며, 학계도 단순히 '이단시'하거나 무시하지 못했던 것으로 보인다. 1964년 『근세일본의 조선침탈사』가 처음 나왔을 때부터 언론의 반응은 호의적이었다. 『조선일보』는 '학계에 대한 불만', '통설에 대한 비판'에서 나왔으나 '막연한 애국심만 작용하고 있지는 않'고 '경제적인 기본에서 고찰되'고 있기에 '대일굴욕외교반대투쟁'의 교과서가 될 수 있겠다는 기대감을 드러냈다.[69] 『동아일보』는 국사편찬위원회 『한국사』에 나오는 '일본의 침략상과 특별히 다르'지는 않으나 '정치·외교 중심 체계에서 벗어나 하부구조적인 분석을 도모'하고 있다고 평가하였다.[70] 주류 학계가 갖지 못한 무언가를 찾아내려 애쓰는 모양새다. 1965년 후속편이 나오자 시대적 상황 때문인지 언론의 관심은 더욱 증폭되었다. '한일국교 재개'를 앞두고 '식민통치의 잔악한 본질'을 폭로하여 '식민지시대연구 개막의 종'을 울렸다는 것이다. '편벽된 견해'나 '중복된 서술' 정도는 부차적인 흠이었다.[71]

이처럼 언론에서 역사학적 의의와 단점까지 언급할 수 있었던 것은 해당 저서에 대해 주류 학계 연구자의 서평이 나왔기 때문이다. 동학농민운동 등을 연구하던 김용덕은 『역사학보』에 기고한 글에서 『군국일본 조선점령삼십육년사』를 '일제시대에 대한 첫 개설', '식민지시대 연구의 본격적인 개막', '구체적인 통계숫자 풍부하게 구사', '기만성과 약탈성 규탄' 등의 표현을 써가며 높게 평가하였다. 그러면서도 '편벽된 견해'와 '중복된 내용'을 지적하고 있는데 예를 들어 '천우협의 동학혁명 참가', '매국역적 김홍집' 등의 서술을 문제삼았다.[72] 얼핏 '통설에 대한 비판'이라는 문구와 '첫 개설서'라는 문구가 서로 모순되는 것처럼 보인다. 그런데 앞서 보았듯이 문정창이 비판하는 통설은 이병도의 개설서였다. 개항 이후 근대사를 다루는 연구자로는 이선근 정도가 등장하였는데, 그 역시 주류 역사학계 소속으로 보기는 어렵다.[73] 따라서 주류 학계가 문정창 저술의 문제점을 전문적으로 지적할 역량을 아직 갖추지 못했다고 볼 수 있다. 김용덕 역시 2년 후에는 문정창의 저술이 '용감한 개척의 첫 괭이'이긴 하지만 그 정도로 만족할 수 없다며 학계의 분발을 촉구하였다.[74]

학계가 문정창 저술의 역사학적 의의를 마지못해 인정하고 있는 상황에서, 사회적 이슈로 떠오른 한일 국교 재개와 직접적으로 연계된 저서의 등장은 언론 입장에서 훌륭한 기삿거리였다. '총독부 실무자로 오래 있으면서 수집한 자료'라는 점에서, '일본인들이 밀려오는 요즈음'이기 때문에 더욱 많은 참고가 된다고 여겨졌다.[75] '역사가와 논쟁을 하던 중 자존심 때문에 저술을 시작했다'는 에피소드나 '우리 민족이 일본과 일인들로부터 받은 피해의 계산서'라는 문구, 고대사 연구를 시작하겠다는 다짐 등이 그대로 신문에 실렸다.[76] 문정창은 1966년 광복절을 앞두고는 일본인들의 악랄한 행동들을 아이들에게 이야기해주는 '할아버지'로 등장하기도 했다.[77] 이처럼 그에게는 대중적인 역사가로서 각인될 수 있는 특권이 계속 주어졌다. 문정창이 책을 낼 때마다 언론은 기사를 내보냈다. 신채호, 정인보, 최남선, 황의돈, 최동의 뒤를 이어 단군조선을 연구했다는 기사,[78] 『일본상고사』에서 대마도 지배를 다루었다는 기사가 이어졌다.[79] 그의 근대사 연구는 박은식, 이선근의 그것과 나란히 나열되었고,[80] 문정창이라는 역사가 때문에 '한국상고사'라는 연구 분야가 새롭게 설정되었다.[81] 일제 시기 도청, 총독부 근무와 군수 재임 시 '죄지은 몸'도 '역사의 증인'으로 미화되고,[82] '학계도 강단도 외면한 채 서재에 묻혀 사는 고집센 학자'로 묘사되었다.[83] 사실 문정창의 연구들이 그 정도의 가치—솔직하고 자기반성적인 회고담—는 있다고 생각된다. 그러나 시대적·정치적 상황과 학계의 허구적인 대립 구도가 문정창에게 과도한 위상을 부여함으로써 결과적으로 불명예스러운 명성을 남기게 한 것은 아닐까?

1970년대 문정창은 전국역사학대회 발표「한국사학사론」,[84] 한국사연구위원회 주최「광개토왕릉비에 관한 세미나」참석,[85] 배달문화연구원과 한국고대사학회 공동주최 단군역사 학술강연회 참석,[86] 단재 신채호전집 간행위원회 회원[87] 등의 각종 대외 활동을 통해 역사 전문가로서 대우받았다. '한국사연구사업위원회'[88] 김원룡, 손보기 위원 등은 '문정창의 일본상고사가 우리나라에서 푸대접받고' 있는 이유에 대해 해명해야 했고,[89] 일본 정치인의 망언이 나오자 신문은 문정창의 '동서고금에 없었던 일본의 야만적인 가혹 행위'에 대한 기고문을 실어 주었다.[90] 문정창 대외 활동의 정점은 1975년 10월 「국사찾기협의회」 결성이다. 안호상, 박창욱 등과 함께 문정창은 한국고대사학회를 대표하는 '민간사학자'로서 참여하였다. 언론은 이 사실을 전하면서 대학내 신진학자들의, '아카데미사학도 극복해야할 많은 문제를 안고 있으나 민간사학의 상투적이고 전근대적인 고대사 논쟁은 오히려 한국사학의 발전을 저해하는 역기능을 한다'는 말을 전했다.[91] 일종의 '양비론'인 셈인데 논점은 명확하지 않다. 문맥으로 보아 신진학자들은 아카데미즘사학(의 연구방법론)과 민간사학(의 민족적 관점)의 결합을 추구했다고 볼 수 있다.

이후 「국사찾기협의회」는 문교부장관을 상대로 「국정국사교과서 오류시정 및 정사正史 확인」 행정소송을 냈고,[92] 역사학 관련 10개 학회 대표들이 '비과학적 주장으로 국민을 오도하는 행위 중지를 촉구하는' 경고성명서를 발표하자 문정창은 다시 반박문을 신문에 게재했다. '재야사학에 대한 비난공격은 총화체제 하에서 유감된 일'이며 '민족사는 민족 전체가 수호하여야 한다'는 것이다.[93] 주류 학계가 자신들 역시 '일제사관을 극복하려고 노력해 왔다'고 하는데 '낙랑유적'의 사례만으로도 인정할 수 없다고 반박하였다.[94] 낙랑군 위치를 식민사학자 여부 판가름의 바로미터로 사용하는 비주류 역사학의 수법이 어디에서 기원했는지 알 수 있게 해준다. 같은 해 학술 분야 이슈로 많은 학자들이 '국사찾기 시비'를 1순위로 꼽았고, 신문은 '인신공격을 포함한 재야인사들의 비논리적인 비판도 나쁘지만 자신들의 연구에만 급급, 일반국민들의 국사인식을 높이는데 게을리한 국사학자들에게도 책임이 있다'는 양비론의 입장에 섰다.[95] '식민사관 극복'이라는 대립 구도가 허구임을 보여주는 대목이기도 하다. '민족적, 국가적 목적에 기여하는 역사학의 역할'을 문제삼는 시각은 어디에도 없기 때문이다. 21세기를 앞둔 시점까지도 '안호상 식의 국가주의적 단군론'이 극복되었는지에 대한 의문이 제기되고 있었다.[96]

최동은 『조선상고민족사』라는 책에서 인류 최초의 문명을 만든 이들 중 일부가 동쪽으로 넘어와 동이족이 되었다고 주장하였다. 또한 안호상 등이 내세운 '한국적 민주주의'와 유사하게 단군 사상을 현대민주주의와 완전히 동일시하였다. 그에게 민주주의는 '이기주의에 불과한 개인주의'를 넘어서 '민족국가의 자유'를 보장하기만 하면 되는 것이기 때문에 그러한 비약이 가능했던 것이다. 한편 한일 수교로 인해 반일 정서가 팽배하던 시기 일제 수탈상을 규명하겠다고 나선 이가 문정창이었다. 그는 일제가 자신들에게 불리한 자료는 모두 없애버렸다면서 침탈상을 과장하는 감성적 수사법으로 언론의 관심을 받았다. 나아가 일제가 조선 민족의 우수성을 훼손하기 위해 고조선의 역사를 지워버렸다며 고대사 연구에 뛰어들었다. 그의 연구는 '왜곡된 식민사관에 빠져 있는 주류 역사학' 대 '객관적 사실에 입각하고 대중적 지지에 기댄 민족사관으로 현실에 대응하는 재야사학'의 대결 구도 형성에 기여하였다. 그러나 주류 역사학을 대표하는 이병도의 역사관 역시 사료 비판, 당대적 맥락 중시에만 머문 것은 아니다. '민족, 국가의 지도원리인 대아정신'을 중시하는 민족주의적 정서는 공유되고 있었다. 근대사 분야에서도 '민족주의적 정서로 역사상을 단순화시키는 방식 자체'는 주류 역사학과 문정창의 연구 사이에 큰 차이가 없었다. 그러면 재야사학자나 유사역사학자로 불리는 비주류 역사학자들의 역사 인식은 파시즘적 세계관에 입각해 있다고 볼 수 있을까? 안호상, 문정창 등이 참여한 '국사찾기협의회'를 후원하는 이들이 1985년 펴낸『국사광복의 횃불－민족혼의 사활문제』라는 책, 2010년대 중반 동북아역사지도 사업 '불합격' 사건과 관련하여 주류 역사학계와 '유사역사학' 간에 벌어진 논쟁 등을 통해 살펴보도록 하겠다.

3. 현대 비주류 역사학의 파시즘적 세계관

재야사학자나 유사역사학자로 불리는 비주류 역사학자들의 역사인식은 어떠한 세계관과 현실인식에 입각해 있는 것일까? 여기서는 세 가지 자료를 통해 추적해 보고자 한다. 먼저 1985년 국사찾기협의회후원회에서 출간한『국사광복의 횃불－민족혼의 사활문제』라는 책이 있다. 통일신라 국경선을 수정해야 한다고 국사편찬위원회에 탄원 운동을 벌이다가 묵살당했다는 김세환이라는 인물이 국사찾기후원회 후원회장을 자처하고, 이병도 사학계 인물들로 구성된 국사편찬위원회를 안호상 중심의 민족사가로 대체하라고 요구하는 내용이다. 그래야만 '영광의 민족사'를 배울 수 있다며 '전 국민의 숙원熱願' 운운하며 '영명한 대통령각하의 특명'을 기대하면서 쓴 책이다.[97] '국사찾기협의회' 지지자들임을 표방하고 있지만, 안호상이 '원색적 표현은 제외'하고 감수해주었을 정도로[98] 1차원적이고 저속한 수사법들로 가득하다. 비주류 역사학 자체가 학문적 자질을 의심받고 있는 상황에서, 그보다 더 극단적으로 비학문적인 내용의 책인 셈이다. 그렇긴 한데 이 책은 비주류 역사학의 역사관이 대중에게 어떠한 형태로 수용될 수 있는지를 솔직하게 보여주고 있다는 점에서 흥미롭다.

얼핏 각계각층의 인사와 지식인들이 주류 역사학계의 역사 왜곡에 놀라 글을 보내온 것처럼 구성되어 있지만, 실제로는 『자유』지나 신문의 기고문 등을 편저자가 멋대로 발췌, 각색한 것이다. 이 책에서 사용되고 있는 몇가지 특징적인 수사법을 살펴보자. 첫째, '역사학은 국가적 목적을 위해 존재한다'고 노골적으로 주창한다는 점이다. '사실이 아니어도 상관없다'는 태도를 보이는데 세계사적, 보편적으로 역사학이 본래 그러한 것이기 때문이다. 중국의 편사정신 삼대원칙은 '중국의 수치는 빼버리고, 외국을 깎아내리며, 외국역사는 간략하게 쓰는 것'이다.[99] 일본 역시 '국사를 정치 도구화해서 치욕은 모두 감추어버리고 엉터리 영광사를 미화과장'하고 있다.[100] 즉, '세계 각국이 모두 자국사를 미화하고' 있는데 우리만 '나쁜 것도 그대로 쓴다는 망국의 편사정신'을 갖고 있다고 한탄한다.[101] 국가민족의 이익을 위해 부끄러운 것은 감추고, 자랑할 만한 일은 과장해야 한다. 일본은 '제2차 세계대전 패전 기록을 29자로 얼버무려 국가위신을 유지해 놓았는데, 우리는 병자호란 패전 기록을 장장 472자로 자세하게 써놓았다'고 비난하였다.[102] 가족이나 가문의 경우에도 그러하기 때문에 이는 인간의 보편적 정서'인지상정'라고 인식한다.[103] 이들이 생각하는 애국심은 국가를 위해 목숨바치려는 마음이다. '백제, 고구려가 중국 영토를 3, 4세기 동안 지배한 사실을 구체적으로 교육시켰더라면 중공군을 그렇게 두려워하지 않았을 것'이라는 구절에서[104] 이들이 생각하는 '역사학의 존재 이유'도 파악될 것이다.

둘째, 역사학에 대한 가치판단의 기준이 철저하게 '정치적인' 데에 있다는 점이다. '정치적인' 관점은 필연적으로 '현재성'과 연계된다. '현재 정세에 대한 판단'과 연결된다는 뜻이다. 식민사관을 '이적사관利敵史觀'으로 지칭하는 논법이 이러한 사고방식에서 나오게 된다. 이병도가 '일제 사적 단史賊團이 묻어놓고 간 고정간첩 기능을 광복 후 37년간 계속'하고 있다면서,[105] '역사학의 적賊'과 '국가의 적賊'을 동일시한다. 여기에서 '국가의 적' 개념은 현존하는 국가권력에 정당성을 부여하고 그 권력에 편승할 수 있도록 해준다. 박정희, 전두환이 '식민사관 일소를 분부'했는데[106] 밑에서 국사편찬위원회가 속임수를 쓰고 있다는 논법이 전개되는 이유도 여기에 있다.[107] 물론 '국가의 역사 편찬'에 대한 문제의식은 찾아볼 수 없다. '국사교과서'를 왜 '한국사교과서'라고 부르자고 하는지 전혀 납득하지 못한다.[108] 자신들의 '민족사관'으로 '만주대륙도 수복'하고 '유물사관 공산주의의 침략'도 '정복격퇴'할 수 있다며 호소할 따름이다.[109] 단군을 부정한다는 점에서 '일제사학자'와 '공산주의자'가 동일시된다.[110] 국사편찬위원회의 '민족주체성' 운운은 '개소리'로 치부되며,[111] 진짜 '민족사관파'가 맞는지 사상 검증을 시도한다.[112]

셋째, 5공화국을 '선진조국 창조에 힘차게 다스려 나가는 나라'라고 표현하는 데서 알 수 있듯이,[113] 현존하는 정치권력의 정당성을 따지지 않기 때문에 인권이나 민주주의는 모두 부차적인 문제가 된다. 교과서에 '첩의 소생이 사회적으로 천대받았다'는 내용을 왜 쓰냐고 따지면서 '현세도 서자들이 다수인데 치욕의 원한'이 생길 것이라고 염려한다.[114] 불평등에 대한 언급을 사회적 화합의 장애 요인으로 인식하는 것이다. 화백제도가 프랑스혁명보다 앞선 '세계민주주의의 효시'이므로 화백의 우두머리인 경주 이씨 이알평을 모신 곳에 '민주주의 발상지'라는 안내판을 세워야 한다는 단순논리에서 '민주주의'에 대한 몰이해가 단적으로 드러난다.[115] 조선의 '사색당파'는 '영국의 정당정치보다 앞선 세계정당정치의 기원'으로 추켜

세워진다.[116] 인권과 민주주의에 대한 피상적 이해는 인종 차별 발언도 주저하지 않게 해준다. 일본인들을, '하체를 벗고 개 모양으로 거리를 쏘다니던 야만종南蠻, 버러지'으로 부르는 혐오 발언이 반복된다.[117] 인간으로 보지 않기 때문에 '원자탄이 왜족에게 투하되어 하룻밤 사이에 수십만이 소멸'된 일도 축하할 일이 된다.[118] 그 수십만 속에 조선인 수만 명이 있다는 사실은 외면된다. 일본 민족 비하는 '체질으로나 정신으로 가장 우수한 우리 민족'의 '성스러운 단일민족 혈통'을 부각시키기 위해 필요한 것이기도 하다.[119]

넷째, 이들의 역사인식은 대체로 안호상, 문정창 등의 그것을 바탕으로 하고 박정희, 전두환 정권의 민족주체사관에서 벗어나 있지 않으나,[120] 일부 좌충우돌적인 입론을 내세우기도 하였다. '3,000여 회나 외세의 침략을 받은 약소민족'이라는 명제를 '왜적사단의 농간'이라며 비난하는 인식이 그러하다.[121] 박정희 정권 국난극복사관의 핵심 전제를 '자학사관', '패배주의사관'으로 몰아붙이고 있는 것이다.[122] 한편으로는 영남 출신 독재자들에게 잘 보이기 위해서인지 당군唐軍을 불러들여 백제와 고구려를 공격한 신라의 행동이 잘못되었다는 신채호의 관점은 받아들일 수 없다고 말한다. 미군을 이용해 남북통일을 하려 해도 잘못이 아닌 것과 마찬가지라는 논리다.[123] '독립기념관' 건립에 부정적인 태도도 예상 밖이다. '일제하의 국치를 과잉부각하는 독립기념관에 1,000억이나 투자를 할 필요없다'며,[124] 일본이 천황을 중심으로 세계적 강국이 된 것처럼 민족정신의 구심점으로 '국립단황전'이나 '대륙민족기념관'을 만들면 '국가발전과 민족중흥의 원동력'이 될 것이라고 주문한다.[125]

그러면 이 책에 등장하는 세계관을 파시즘적이라고 평가할 수 있을까?

자유주의와 공산주의를 모두 배척하고, 유구한 민족의 기원과 계보를 신성시하며, 현존 국가 권력을 절대시하여 내부의 배신자들을 과거 역사와 현재 사회에서 찾아내려 한다는 점 등에서 분명 파시즘적 요소를 보인다. 그러나 1950년대 안호상의 일민주의 저술들과는 달리, 자유주의와 민주주의에 대한 나름의 해석과 비판은 찾아볼 수 없다. 파시즘을 근대국민국가의 이데올로기 중 하나로 규정할 경우, 자유주의와 민주주의에 대한 이해 부족은 결격 사유가 된다. 왜냐하면 대중의 반反자유주의, 반反공산주의 정서를 민족주의적 열정으로 승화시켜 국가 발전의 원동력으로 삼는 데에서 파시즘의 힘이 나오기 때문이다. 김세환 등이 아무리 '국민의 뜻'에 따라 '민족사관'을 추구한다고 외쳐봤자 '민족주의'의 내용이 허상에 머무는 한, 대중에게는 독재자에 아부하는 무리에 불과한 것이다. 그런 측면에서 보자면 이 책에서 '매국사학자'로 공격당하는 주류 역사학자들의 민족주의가 좀 더 파시즘의 원형에 가까운 것은 아닌지 생각해 볼 수 있다. 『국사광복의 횃불』에 따르면 주류 역사학계의 이기백 등은 '민족주의가 전부는 아니다, 과학적으로 보아야 한다, 진실을 알아야 한다'는 논리로 대응하고 있었다. 역사학의 본질에 대한 아카데미즘사학자의 고민이 엿보인다. 또한 이기백은 재야사학에 맞서 일반 시민들과의 소통이 필요함을 깨닫고 1987년 『한국사시민강좌』 개설에 나서기도 했다.[126] 그러나 자유주의와 민주주의에 대한 뚜렷한 입장을 가지고 비주류 역사학의 민족주의에 대응한 것인지는 의문스럽다.[127] 오히려 누가 더 '민족적'인가, 누가 더 '실증적'인가를 두고 양자는 경합 관계에 있었다. 주류 역사학이 '식민사관 청산'과 '역사학의 민주화, 대중화'를 내세우고 비주류 역사학이 '학문적 체계'를 갖추어 가게 되면, 양자의 차별성은 점차 줄어들게 될 것이다. 예를 들어 『국사광복의 횃불』에는 서울대 국사학과 교수로서 신민족주의사학의 계승을 내세우던 한영우의 글—민족적 열등감과 패배감을 가져온 식민사학의 잔재청산이 시급하다—도 인용되어 있다.[128] 주류 역사학계 역시 (파시즘적 세계관에 바탕한) 민족주의 역사관을 극복하지 못하고 있는 것은 아닌지 유의하면서, 이후 양자의 논쟁을 재구성해 볼 필요가 있다.

두번째 자료는 근래 주류 역사학과 비주류 역사학 간의 논쟁과 관련된 것들이다. 논란의 발단은 국가로부터 학자들에게 주어졌던 재정 지원이 취소된 사건이었다. 2016년 8년간 47억 원의 국가 예산이 투입된 동북아역사재단 동북아역사지도 사업에 독도 표기가 안되어 있는 등 '부실'하다며 '불합격' 처분되는 일이 발생했다. 실제로는 한사군의 위치가 평양이라고 하는 것은 '식민사학'과 다름없다는 재야사학의 주장이 받아들여진 것이라고 언론은 전했다.[129] 주류 역사학자들은 학계에 대한 정치권력의 부당한 개입으로 간주하고 강력히 규탄하기 시작했다. 그리고 그 공격의 화살은 관련 정치인들을 배후에서 사주했다고 여겨진 비주류 역사학자들에게로 향했다. 1970, 80년대 그러했던 것처럼 양자는 자신들이 국가권력의 지원을 받을 자격이 있다며 인정 투쟁을 벌인 셈이다.[130] 자신들의 학문이 민족, 국가, 대중을 위해 더 쓸모있다고 호소하며 경합한 것이다. 이때부터 '유사역사학'이란 용어가 활발히 사용되기 시작되었다.

유사한 수련 과정을 거친 저자에게 주류 아카데미즘 사학자들의 문헌학적, 고고학적 실증이 더 설득력있게 다가오는 것은 어쩔 수 없는 일이다. 그러나 한사군 위치 등의 역사적 진실을 따지는 것은 저자의 능력 밖이기도 하고 관심사도 아니다. 살펴보려는 것은 왜 그 역사적 진실이 중요하다고 말하는가, 왜 상대방의 주장은 받아들일 수 없다고 말하는가이다. 즉,

논쟁 참여자들의 발화 속에서 그들의 세계관을 엿보려고 한다. 먼저 주류 역사학계의 생각을 대변하는 정요근, 기경량, 이문영 등의 주장을 보자. 기본적으로 유사역사학은 수준 미달의 고증으로 소설같은 이야기를 하며 합리적 역사 해석의 범주를 넘어 버렸다고 폄하한다.[131] 그런데 더 큰 문제는 유사역사학이야말로 식민주의 사학을 계승하고 있다는 점이다. 유사역사학자들이 영토 문제에 집착하는 이유는 주류 학계를 일제 시기 타율성론의 하나인 반도적 성격론과 연계시키기 위해서인데 '이는 전혀 사실이 아니다'. 오히려 식민주의 사학은 만선사처럼 한국사의 공간적 범위를 더 넓히는데 적극적이었다는 것이다.[132] 그러나 반도사관과 만선사관 모두 식민주의 역사학에 해당하는 것이므로, 이러한 주장 역시 일면적이다. 오히려 주류 역사학과 비주류 역사학 모두 식민주의 역사학의 계보에서 자유롭지 못했다는 것이 진실에 가깝다.

비주류 역사학을 식민주의 역사학과 연결시킴으로써 주류 역사학은 두 가지 비판점을 더 확보하는 효과를 얻게 된다. 식민주의 역사학이 그러했던 것처럼 매우 '정치적'이며 '파시즘적' 역사학이라는 비난이 그것이다. 유사역사학이 스스로 신채호 등의 민족사학을 계승한 진정한 후계자라고 자처하지만 실제로는 자기중심의 전체주의와 국가주의의 틀 속에서 세상을 이해할 뿐이다.[133] 박정희, 전두환 정권이 내세운 민족주체사관에 편승하고 역사학계를 '친일식민사학'으로 매도하며 대중을 선동하는 일들이 모두 역사의 정치화에 해당할 것이다. 주류 역사학계 역시 식민사학 극복과 민족사학 계승을 표방했기 때문에 더욱 억울한 일이다.[134] 역사를 정치적으로 이용하는 것은 파시스트나 하는 짓이라는 논리가 이어진다. 초창기 유사역사학 활동을 주도한 안호상, 문정창, 박창암 등이 모두 '극우파시스트'였다는 것이다.[135] 『환단고기』를 세상에 퍼트린 임승국이 국회에서 히틀러의 말을 인용하여 자기 주장을 펼쳤다는 기록이 소환되었다.[136] '친일파' 최동, 문정창이 자국 미화에 부끄럼이 없었던 이유는 '아리아인 최고를 외친 나치즘'과 '만세계일계의 황국신민을 외친 일본제국의 사상'을 모태로 했기 때문이다. '학문이 국가를 위해 봉사하면서 위대한 민족을 노래한 경우'가 '나치 독일과 일본제국'이었다는 사실도 유사역사학의 파시즘적 성격을 증명해준다.[137] 유사역사학의 파시즘적 세계관에 대한 통렬한 비판이다. 그러나 의아한 생각도 든다. 스스로는 민족사관을 계승했다고 주창하지만 상대방으로부터 식민사관을 계승했다며 공격을 받고 있는 주류 역사학계에 대해서는 동일한 잣대를 들이대고 있지 않기 때문이다.

홍미로운 것은 이 논쟁 과정에서 주류 역사학계의 신진학자들이 대거 전면에 등장했다는 점이다. 이들은 유사역사학의 실체를 파헤치고 대중에게 알리는 데에 상당히 적극적인 역할을 수행했다. 2017년 10월 28일, 고려대에서 열린 전국역사학대회에서는 '한국사회의 파시즘, 유사역사학'이라는 전시회가 열렸다. 이 전시회 리플렛을 보면 유사역사학을 파시즘으로 낙인찍고 공격하겠다는 입장을 명확히 하고 있다. '민족과 애국의 이름으로 포장한 유사역사학의 실체'는 '식민사관의 지리적 결정론을 내면화한 쇼비니즘의 퇴행'이자 '파시즘적 행태'에 불과함으로 '민주주의 가치를 훼손함으로써 우리 사회를 전체주의로 몰아갈 위험'이 크다고 경고하고 있다.[138] '유사역사학=식민사관=파시즘=전체주의≠민주주의'의 도식이 설정되고 있다. 그런데 식민사관과 비슷한 논리를 가지고 있으면 무조건 파시즘인가? 어떠한 역사관이 어떠한 이유에서 파시즘적인지 학술적으로 증명하고 있지 못하다는 점에서 이들의 도식 역시 '대중선동'의 성격을 갖는다. 홍미로운 것은 같은 리플렛 중 '유사역사학과 국사교과서 국정화 논리가 그 본질은 동일하다'는 구절이다. 뉴라이트 역사학을 포함해 비주류 역사학 전체를 싸잡아서 비학술적, 대중선동적 파시즘 행태로 규정하고 있다. 이러한 구도에서는 주류 역사학자들만이 학술적이면서 동시에 민주주의 가치에 부합하는 학자군이 된다. 이들의 관점에서 '대중선동' 대對 '민주주의', 그리고 '파시즘' 대對 '민족주의' 간의 본질적인 차이점은 무엇일까?

유사역사학의 대응은 주류 학계의 신진학자들을 '무서운 아이들'로 비하하고 전혀 새롭지 않다고 비아냥대는 것으로부터 시작했다. 기본적으로 한사군의 위치나 임나일본부 조작설 등의 역사상은 1970년대 안호상, 문정창 등이 세운 골격에서 크게 달라지지 않았다. 우리 역사가 '대륙에서 전개된 것이 사실'이라면 그렇다고 말하는 것이 '실증'이고, 이 사실을 부인하면 역사가 아닌 것이다.[139] 그런데 주류 학계를 공격하는 논거에서는 이전과는 다른 관점을 선보인다. '이적사관' 등 비민주적 용어는 사용하지 않고, 오히려 주류 학계보다 자신들이 '과학적 역사학'과 '민주주의 가치'를 옹호한다고 밝히고 있는 것이다.[140] 민족주의와 민주주의 이념을 전취하기 위해 주류 학계를 파시스트로 규정하기에 이른다.

조선총독부 역사관을 추종하는 식민사학이 객관적 파시즘이다. (…중략…) 이런 파시스트가 만든 관학이 식민사관이고, 이를 추종하는 것이 현재의 강단사학계다. 이런 파시스트에 맞서 목숨 걸고 싸운 많은 이들은 역사학자들이었다. (…중략…) 역사학에서 독립운동의 논리가 나왔다. 이들은 모두 철저한 민주주의자들이었다. 21세기에도 '대일본제국'을 추종하는 식민사학자들이 이런 선열들의 역사학을 파시스트라고 매도한다. 그러면서 우매한 대중과 역시 우매한 진보 인사들이

이를 모른다고 호도한다.[141]

앞서 주류 학계 신진학자들의 도식과 놀라울 정도로 유사하다. '강단사학=식민사학=파시즘≠독립운동의 논리=민주주의'의 도식이 성립된다. 식민사학이 모두 파시즘인지, 독립운동의 논리가 모두 민주주의인지는 증명되어야 할 논제에 불과하다. 그러나 주류 학계 역시 이들 명제를 자명한 것으로 수용해 버리기 때문에 효과적으로 대응하지 못하고 있는 것이다. 애초에 식민주의 역사학의 계승 여부를 자의적으로 해석한다는 점에서 양자는 공통적이다. 식민주의 사학의 연구방법론과 연구성과를 공유하면서 애써 부인하는 것이다. '총론으로는 식민사학을 비판하고 각론으로 들어가면 식민사학을 반복한다'[142]는 비판은 양자에게 모두 해당되는 일이다. 유사역사학의 강단사학 공격 논리를 한 번 살펴보자.

> 중국 사료와 현재 중국의 하북성, 내몽골 등지에서 출토되는 각종 고고학 유물들은 한국 고대사의 강역이 한반도와 만주 전 대륙에 걸쳐 있었다고 말하고 있다. 그런데 이런 사실을 서술하는 것은 일제 (A)식민사학이 만든 '지리적 결정론'에 빠지는 것이란다. 그럼 '지리적 결정론'에 빠지지 않기 위해서는 한국 고대사의 강역이 대륙부터 한반도, 일본 열도에까지 걸쳐 있었다는 사실을 부인하고 (B)식민사학자들처럼 반도에 국한되어 있었다고 주장해야 하는가?[143]

자신들의 주장이 **식민사학(A)**의 그것과 유사하면 그저 '역사적 사실'이어서 어쩔 수 없는 일이고, 상대방의 주장이 **식민사학(B)**과 공통되면 '식민사학의 계승'이라고 비난하고 있다. 앞서 보았듯이 주류 학계도 식민주의 역사학과의 유사성을 자의적으로 적용하고 있었다. 양자 모두 상대방을 식민사학으로 몰아붙이는 데에 이토록 열심인 이유가 무엇일까? 식민주의 역사학이 자연스럽게 파시즘과 연결되고, 그 반대편에 있다고 상정되는 민족사학은 별다른 의심없이 민주주의와 동일시되는 학계의 풍토와 대중들의 인식 때문일 것이다. 주류 학계의 신진학자가 '역사학계는 1960, 70년대의 대부분을 민족사의 부활 작업에 바쳤다'고 주장하자, 비주류 역사학자는 '민족을 버리고 역사를 버린 이들이 과연 민족사학자'인지 따져보자고 맞받아친다.[144] 민족주의 역사학 자체가 파시즘적 세계관을 지니고 반민주주의적, 반자유주의적 입장에 서 있을 수 있다는 점은 고려 대상이 되지 못한다.

비주류 역사학의 파시즘적 세계관을 살펴보기 위한 세번째 자료로 유사 역사학의 대표 저술가라고 할 수 있는 이덕일의 글들을 보자. 2014년 나온 『우리 안의 식민사관』과 2019년 나온 『한국통사』라는 책에 그의 역사관이 잘 드러나 있다. 이전까지의 재야사학이 '식민사학' 대^對 '민족사학'의 대립 구도 설정에 머물렀다면, 이덕일은 '조선총독부 사관' 대^對 '독립운동가 사관'이라는 틀을 추가했다. 대중들이 대립 지점을 더 선명하고 쉽게 알아볼 수 있도록 하려는 전략으로 보인다. 그러면서 주류 역사학계의 계보도 친절하게 정리해 주었다.

전통 시대부터 사대주의 역사관이 있었고, 해방 이후에는 실증사학이 곧 식민사학이라는 이야기는 새롭지 않다. 그러나 노론사관, 조선총독부 역사관 등의 용어를 사용하고, 신민족주의 사학을 이 계보 속에 포함시킨

노론사관(중화 사대주의 역사관)

↓

식민사관(일화日華 사대주의 역사관, 조선총독부 역사관)

↓

신민족주의 사학 → 실증사학

점은 이전과 다르다. 자신들이 신채호 이래 민족사학의 유일한 적통임을 과시하기 위한 것으로 여겨진다. 민족사학일 뿐만 아니라 '진짜' 근대역사학이라고 자처하기 시작한 점도 흥미롭다. 이를 위해 몇 가지 억지 논리를 가져온다. 동양에서는 서양보다 1천 년 전에 근대 역사학이 수립되었다, 실증사학은 랑케 실증주의조차 제대로 수용하지 못했기에 '주의'를 떼고 '실증사학'이라고 해야 했다는 주장 등이 그것이다.[145] 우리 전통 속에 이미 근대성의 핵심이 있다고 하면서도 한편으로 서양 근대의 기준으로 비추어 봐도 그렇다는 말이 매번 덧붙여진다. 어찌 되었든 간에 '근대역사학'으로 인정받고 싶은 욕구가 생긴 것은 이들에게 새로운 현상이다.[146] '자국사를 긍정적으로 보려는 노력을 악의적으로 민족주의라고 비난하는 나라는 한국밖에 없다'면서 '식민사학을 비판하는 학자들을 민족주의라고 비판하는 것은 조선총독부에서 한국 독립운동가들을 비판한 논리 그대로'라고 항변한다.[147] 앞서 보았듯이 주류 역사학 측이 유사역사학을 비판하는 이유가 '민족주의'에 있는 것은 아니다. 그렇지만 '민족주의=근대주의'라는 명제를 근본적으로 건드리지 못하고 '과도한 민족주의나 국수주의가 문제다' 정도의 인식을 보여준다면, 유사역사학의 자기정당화 논리를 결코 분쇄하지 못할 것이다.

역사학의 정치성, 현재성을 자의적으로 해석하는 궤변 역시 발견된다.

이덕일은 조선총독부 사관을 '과학적인 역사 연구를 통해 만들어진 것이 아니라 한국을 영구 지배하려는 목적에서 급조된 정치 이론이자 정치 선전'이자 '파시스트의 눈으로 한국사를 바라본 것'이라고 비판한다.[148] 그러면서 동시에 중국 학자들은 '자국의 이익을 위해' 산융, 동호를 끌어들여 비파형 동검 출토 지역과 고조선을 단절시키고 있다고 치고, 한국 학자는 '대체 어느 나라의 이익을 위해' 그런 주장을 하냐고 반문한다.[149] 역사가 국가의 정치적 이익을 복무해야 한다는 사고방식은 1980년대 『국사광복의 횃불』의 그것과 완전히 동일한 것이며, 이덕일이 그토록 비판하는 파시즘의 논리이기도 하다. 제국의 견지에서 식민사학을 창출하는 것과 식민지 백성이 이를 추종하는 것은 완전히 다르다면서 '노예 사관'이 아니라 '주인 사관'을 갖자는 주장[150]도 결국 국가 이익에 기여한 식민주의 역사관, 파시즘 역사관을 흠모한다는 자기 고백에 다름아니다.[151]

주류 학계의 계보를 정리한 이덕일은 나아가 자신 나름의 한국사 통사 책을 펴냈다. 그 책의 서설 「국사를 보는 눈」에서 다시 근대역사학의 특성에 대해 논지를 펼치고 있다. 일단 첫 구절부터 엉뚱한 주장을 하고 있다. 우리나라에서 '국사'가 암기과목화된 이유가 '중화 사대주의와 친일 식민사학 관점으로 앞뒤가 다른 말들이 나오기' 때문이라는 것이다.[152] 사실은 정반대다. 역사교육의 목적이 역사적 사고력 함양이 아니라 여전히 민족의식 고취에 머물러 있기 때문에 주입식 교육이 되는 것이다.[153] 유사역사학의 주장들이 역사 교과서에 채택되면 그러한 폐해는 아마도 더 심해질 것이다. 이어서 '무서운 아이들'의 조선총독부 역사관 사수를 비난하다가 갑자기 북한 역사학을 칭송하기 시작한다. '전체주의 정치체제에 고난의 시기 등을 겪으면서도 버틸 수 있는 가장 큰 힘은 식민사학을 극복한 역사관'에 있다는 것이다.[154] 1970년대 문정창이 민족사관의 관점에서 북한 역사학을 높게 평가한 일을 연상시킨다. 또한 이덕일이 계속해서 주류 역사학을 닮아가고 있음을 보여주는 서술들이 있다. '자국의 역사를 실재 존재했던 대로 서술하는 것'이 '랑케 실증주의의 핵심'이라며 단순화하고, '모든 민족주의는 일정한 정도의 국수주의가 내재되어 있다'며 '피해자'의 민족주의는 괜찮다고 정당화하면서, '개인의 자유와 평등이 보장되는 사회, 국가권력이 국민에게 복종하는 사회'를 만들자는 다짐으로 끝맺고 있다.[155] 이러한 구절들만 보면 '민족적 관점'을 좀 더 중시하는 '주류 역사학자'의 주장이라고 해도 믿겨질 정도다.

그러나 실제 시대별 본문 서술로 들어가 보면 이덕일의 관심사가 어디에 있는지 드러난다. 그는 일관되게 혈통과 영토, 즉 '피와 땅'에 대해 질문을 던진다. '한국사의 활동 범위'부터 정해야 한다며 '동이족 전체를 대상으로 할 경우 중국 하북성, 요녕성, 흑룡강성, 길림성을 비롯해서 한반도와 일본 열도까지' 한국사에 포함된다고 전제한다.[156] 역사를 혈통과 영토의 관점에서 보겠다는 입장을 분명히 한 것이다. '약소국이었던 신라가 백제, 고구려라는 두 강대국을 꺾고 승리한 원동력을 찾아서 계승하는 것이 역사를 공부하는 목적'이라는 구절은 주류 역사학의 교과서를 떠올리게 하지만, 정작 그 다음에 주로 나오는 것은 '통일신라의 강역' 문제다.[157] 이어서 '요나라 왕실은 고구려의 후예인가?', '금나라 시조는 고려 사람인가?' 등의 질문이 계속된다. 왕건이 '고구려를 계승했다는 국가 명칭에 걸맞은 천손의식을 되살리고, 광활했던 옛 고구려 강역을 어떻게 현실의 강역으로 만들 것인가' 과제로 삼았다는 서술도[158] 현재의 관점이 과거에 과도하게 투영된 것이다.[159]

국내 정치 분야에서도 나름 '개혁'의 의미를 짚어주고 있는데 파시즘적 성향을 엿볼 수 있다. '무신정권이 새로운 사회에 대한 지향점을 제시하는 데 실패'해서 '민중봉기의 시대'가 도래했다는[160] 서술만 보면 얼핏 별 문제 없어 보인다. 그러나 이덕일은 정치적 이해관계와 사회경제적 요인들을 단순화시키고 그 대신 다수의 민중 대^對 소수의 (대외의존적) 지배층의 대립 구도를 부각시킨 후 대외적인 요인특히 영토, 군사적 지배 관계으로 모든 것을 설명하려는 경향을 보인다. 이는 파시즘적 역사인식의 특성이라고 할 수 있다. 고려 말 신진사대부가 '대토지 소유자들을 타도 대상으로 본 것은 진보적인 사상체계이지만 농민들을 지배 대상으로 본 것은 보수적인 사상'[161]이라는 인식 역시 시대착오적 관점이다. 그 밖에도 '명분없는 쿠데타를 일으킨 세조가 남긴 부정적 유산은 조선이 정상적인 사회로 나아가는 데 큰 장애요소가 되었다', '소중화는 자신의 마지막 정체성마저 부인하는 극단적 사대주의의 길이었다', '영조가 신분제 철폐를 통해 자유롭고 평등한 미래로 나가야 했다', '흥선대원군이 평등하고 개방적인 사회를 지향해야 했다', '고종은 시대착오적 전제권 강화에 매달렸다' 등[162] 후대의 관점에서 역사상을 단순화하는 한 줄 평들이 여기저기서 보인다. 역사학은 필연적으로 현재적 관점을 가질 수밖에 없지만, 당대의 상황과 맥락을 고려하지 않으면 시대착오가 되는 것이다. 앞서 고대사에서는 한사군의 위치 등을 두고 주류 학계와 엄청나게 각을 세우고 있는 듯이 떠들었지만, 고려와 조선 시대사로 들어서면 주류 학계의 시각과 큰 차이를 보이지 않는다. 단지 '진보', '자주', '발전' 등의 개념을 속류화하여 대중들이 쉽게 이해할 수 있도록 한 후, 자신이 대중의 편에 서서 주류 학계와 맞서 싸우는 투사인 것처럼 꾸미는 것이다.

마지막으로 2019년 이덕일의 역사 서술이 이전 재야사학의 주요 주장 들을 어떻게 계승하고 있는지 간단히 검토해 보자. 1970년대 안호상 등은 국사교과서 개정을 요구하면서 특히 다음 8개항을 지적한 바 있었다.

1. 고조선의 영토가 동북은 바다요 북은 흑룡강 서남은 현 중국의 북경인 것을 빼버렸다.
2. 단군 앞 시대 1200년 역사를 빼 버렸다.
3. 단군을 신화로 돌려 부정하고 단군과 기자의 역사 2040년을 없애 버렸다.
4. 연나라 위만을 고조선의 시조라고 왜곡했다.
5. 위만의 서울 왕검성이 중국 산해관 근처인 것을 대동강 유역으로 쭈그 렸다.
6. 낙랑이 북경지역인데 대동강유역으로 쭈그렸다.
7. 백제가 약 400년 "서기 3세기부터 6세기까지" 동안 중국 중남부를 통치 한 사실史實을 빼버렸다.
8. 통일신라의 영토가 68년 동안 만주 길림에서 북경까지였던 것을 대동 강 이남이라고 왜곡했다.[163]

고조선의 강역과 계통, 낙랑군 위치 등의 문제는 2019년 이덕일의 책에 서도 여전히 강조되고 있다. 그러나 백제의 요서 통치는 '장악' 정도로 묘 사하고, 통일신라의 영토 오류에 대해서는 가설 정도로 취급하고 있다.[164] 또한 문정창 등이 매우 중시했던 광개토대왕비문 조작설에 대해서도 '일 제가 유리한 글자만 남겨두었기 때문에 왜의 실체를 파악하기 쉽지 않다' 는 언급 정도로 그치고 있다.[165] 기마민족설이나 『삼국사기』 금제金帝 현상설 등은 아예 다루고 있지 않다. 근거가 너무 빈약한 이슈는 건드리지 않고, 상대적으로 주류 학계와의 차별성이 도드라지면서 대중의 호응을 얻을 수 있는 사안들에 집중하고 있다고 볼 수 있다. 이 부분에서도 '근대민족주의 역사학'과 닮아가려는 유사역사학의 욕망을 확인할 수 있을 것이다.

4. 주류 역사학과 비주류 역사학의 계보

다시 한번 비주류 역사학의 범주와 계보에 대해 생각해 보자. 1970년대 한국사학계에서는 '식민사학 극복'이라는 구호가 횡행하였다. 당대의 상황을 간단히 말하면 주류 역사학계가 식민사학을 극복하고 민족사학을 수립하겠다고 야심차게 선언하였으나 비주류 역사학자들로부터 여전히 식민사학에 불과하다고 공격받고 있는 형국이었다.[166] 이러한 논란은 국가가 역사교육을 독점하는 국정 국사교과서가 만들어지면서 더 확대되었다. 1974년 한국고대사학회 등에서 국사 교과서가 단군을 신화로 규정한 것이 식민지사관의 답습이라고 비판하자, 해당 학자들은 '의외'라는 반응을 보였다고 한다.[167] 식민사학을 옹호하는 이들은 없고 상대방을 식민사학자라고 비난하는 이들만 있었다. 식민사학자라고 비난받는 이들 중에는 '과학적이고 합리적인 사관'을 방어 논리로 내세우는 경우도 있었다.[168] 그러나 '실증사학'은 '식민사학'과 연관된다는 혐의로부터 자유롭지 못했기 때문에 결국 '민족사학' 주창으로 나가는 이들이 많았다.[169] 실증사학 역시 '국민/민족'과 같은 정치적인 이념을 강하게 추구했던 것이다.[170]

앞에서 살펴본 대로 근래 고대사 분야에서 유사역사학 논란이 뜨겁다.

〈표 4〉 주류 역사학과 유사역사학의 상호 비판 구도

구분　　　　　　저자의 관점	주류 역사학	유사역사학
주류 역사학의 관점	민족사학 아카데미즘 사학	식민사학
		국수주의 사학 파시즘 사관 독재정권 결탁 사학
		사이비 역사학
유사역사학의 관점	식민사학 친일사학 조선총독부 사관	민족사학 독립운동가 사관
	황국사관 관제사학 나치 파시즘 역사관	
	실증사학 강단사학	

그 대립 구도는 1970년대의 그것과 크게 다르지 않다. 양자가 상대방을 어떻게 규정하는지 표로 구현해 보면 다음과 같다.

주류 역사학과 유사역사학, 양자는 상대방을 무엇이라 지칭하며 공격하고 있는가? 제3자의 입장에서 보면 매우 흥미로운 점을 확인할 수 있다. 상대방을 묘사하는 용어들이 상당히 유사하다는 점이다. 크게 셋으로 나눌 수 있는데, 첫째는 식민-친일사학으로 몰아붙이는 것이고, 둘째는 권력지향적인 파시즘 사학으로 규정짓는 것이며, 셋째는 학문으로서의 자격 미비를 강조하는 방식이다.

이 중 식민사학이라는 비난의 정도가 양측 모두 가장 강하다. 그런데 저자는 이들이 왜 그렇게 핏대를 올려가며 상대방을 공격하는지 잘 이해가 되지 않는다. 왜냐하면 양측 모두 일리 있는 이야기이기 때문이다. 유사역사학이 식민사학을 계승했다는 주류 역사학의 주장도 맞는 말이고, 주류 역사학이 식민사학을 계승했다는 유사역사학의 주장 역시 맞는 말이다. 즉, 양측 모두 식민주의 역사학을 일정하게 계승했고, 식민주의 역사학의 연구방법론과 연구성과를 공유한다. 유사역사학은 자신들을 유일무이한 '민족사학'으로 꾸미기 위해 주류 역사학계를 온갖 부정적인 세력과 결부시킨다. 박근혜 정권 시기 역사교과서 국정화도 주류 역사학계에서 한 일이라고 주장하고, 일본 극우파의 관점으로 한국사를 바라보는 뉴라이트와 일란성 쌍둥이라고도 말한다.[171] 물론 뉴라이트의 교학사 교과서 검정 채택과 국정화 시도를 한 몸이 되어 막아냈던 주류 역사학계의 입장에서는 도저히 받아들일 수 없는 이야기다. 흥미로운 것은 당시 주류 역사학계에서는 뉴라이트 역사관의 핵심인 식민지 근대화론을 곧 식민사관의 계승이라고 공격했다는 점이다.[172] 그러나 정작 식민지 근대화론자 중에서는 '근대'='절대선'으로 보는 관점 자체를 문제삼으며 역사적 실상을 보자고 주장하는 경우도 있었다.[173] 여기서도 주류 역사학과 비주류 역사학의 표면적 갈등 속에 식민주의 역사학을 어떻게 볼 것인가의 문제가 잠재되어 있음을 발견할 수 있다.

일제 시기와 해방 이후 주류 역사학과 비주류 역사학의 계보를 단순하게 도식화해보면 다음과 같다.[174]

<표 5> 한국 근현대 주류 역사학과 비주류 역사학의 계보

시기 \ 구분		주류 역사학		비주류 역사학		
근대	식민주의 역사학	관학아카데미즘사학		민간사학		
	한국사학	실증사학		(신)민족주의 역사학	사회경제사학	
현대		민족사학(반(反)식민사학, 내재적 발전론)		재야사학	뉴라이트 역사학	포스트모던 역사학
		(민족적) 민중사학				
		내적 역사발전론	트랜스내셔널 역사학	유사역사학	식민지 근대화론	탈민족 (식민)주의론

일반적으로 일제 시기 역사학은 식민사학과 민족사학으로 구분된다. 그럴 경우 위 표에서 관학아카데미즘사학과 민간사학은 식민사학에 해당하고, 신민족주의 역사학과 사회경제사학은 민족사학에 포함된다. 실증사학도 민족사학 안에 들어가 있지만, 사실상 식민사학에 속한 것으로 치부하려는 관점도 존재한다. 즉, '민족적' 관점에서 보면 일본의 민간사학과 한국의 신민족주의 역사학, 사회경제사학을 한 편에 놓는 것은 있을 수 없는 일이다. 그러나 역사학이라는 '아카데미즘'의 관점에서 보면 사회경제사학은 신민족주의 역사학보다는 실증사학이나 관학아카데미즘사학과 더 친연성을 보인다. 역사학파를 구분하는 기준에 대해 다시 생각해 보아야 할 필요성이 있다. 해방 후의 상황도 기본적으로 유사하다. 보통 '아카데미즘'을 기준으로 강단사학과 재야사학을 나눈다. 재야사학 외에도 '근대화'를 중시하는 뉴라이트 역사학이나 '탈근대'를 중시하는 포스트모던 역사학 모두 비주류 역사학으로 취급받는다. 그러나 사실 비주류 역사학의 여러 부류 역시 역사학적 방법론을 무시하지 않는다. 주류 역사학보다 '민족'과 '근대'의 가치를 더 내세우기도 한다. 반면 주류 역사학은 스스로

'실증사학'의 방법론과 '민족사학'의 주체성을 모두 겸비하고 있다고 자부해 왔다. 그렇다면 도대체 '주류'와 '비주류' 간의 차이는 학술적으로 어떻게 설명될 수 있을까? 국가 권력과의 길항 작용 속에서도 학문 권력의 주도권을 잃지 않아 왔다는 점은 말할 수 있다.

해방 이후 한국전쟁을 거치면서 신민족주의 역사학자들과 사회경제사 학자들이 납북되거나 월북하는 바람에 1950년대까지 한국의 역사학계에서는 실증사학의 영향력이 강했다. 그러나 1960년대 이후에는 신민족주의 역사학과 사회경제사학의 계승·발전을 표방하는 학자들이 다시 등장하였다. 이러한 경향은 1960년 4·19 혁명 이후 민족주의 붐, 1960년대 말 이후 박정희 정권의 민족주의 고창과 국사 교육 강화 등 국가적·사회적 분위기와 맞물려 가속화되었다. 한국 역사학계는 역사 교육이 '국가주의 이데올로기' 강화에 이용되는 것에 거부감을 표했지만, 한국사 교육 강화 정책 자체는 반대하지 않았다. 이와 같이 세계사적 발전 과정이라는 보편성의 전제 위에 한국사의 특수성을 밝힘으로써 민족사를 발전적으로 체계화하고자 하는 이론인 '내재적 발전론'이 1960, 70년대 한국사학의 방법론적 기초로 자리잡았다. 식민사학 대 민족사학이라는 대립구도가 설정되어 있었으나 '반反식민사학'만으로는 학문적 실질을 채울 수 없기 때문에 '내재적 발전론'이 정립된 것이다. 사실 '내재적 발전론'이란 용어는 훗날 일본 학계의 영향으로 개념화된 것이다. 오늘날에는 해당 용어가 제기된 사회적 맥락과, 지칭하는 역사 연구 경향의 다양성이 무시된 채 한국 역사학계를 단순화시켰다는 점에서 비판을 받기도 한다.

1960, 70년대 한국사학계 주류 학자들은 두 가지 측면에서 학문적 제약을 받고 있었다. 첫째, 과학적인 실증을 지나치게 강조할 경우 '식민사학

자'로 공격받을 수 있었고, 둘째, 사회경제적 발전을 지나치게 강조할 경우 공산주의자로 공격받을 수 있었다. 냉전 체제하 반공이데올로기에 편승한 국가 권력이 민족주의를 표방하였기 때문에 빚어진 상황이었다. 민족사학이 갖고 있는 약점들은 1980년대 이후 여러 방면에서 비판의 대상이 되었다. 먼저 국수주의적 재야사학자들이 고대사 영역에서 주류 민족사학자들을 싸잡아 식민사학자로 매도하였다. 한편 식민지 근대화론자들은 조선 후기 내재적 발전의 가능성을 부정하고 식민지 수탈론의 민족적·이념적 편향을 문제삼았다. 본래 식민지 수탈론은 우리 민족의 '내재적 발전'이 일제의 침략과 수탈 때문에 좌절되었다는 입장에서 나온 입론이었다. 1980년대 말 대내적으로 민주화 운동이 성취를 거두고 세계적으로 냉전 체제가 종식되었으나 한반도의 사회적·사상적 혼란은 지속되었다. 민족사학 내부에서는 학문 내외의 상황에 대처해야 한다는 인식이 형성되었다. 그렇게 하여 민중사학이 표면 위로 떠오르게 되었다.

진보적 민중사학자들은 역사의 주체로서 민족 대신 민중을 설정하였다. 민중은 전근대사에서 생산력 발전의 담당자이자 근·현대사에서 변혁 운동과 민족해방 운동의 주체로 인식되었다. 1988년 신진 학자들이 새롭게 발족시킨 한국역사연구회라는 학회는 '과학적·실천적 역사학'의 수립을 내세웠다. 기존의 민족사학이 모호한 민족 개념을 앞세워 왕조의 지배 체제와 현재의 분단 체제를 용인하였다는 반성에서 출발한 역사의식이다. '민중 해방에 기여하는 것'이 역사가의 임무가 되기 때문에 '학문적 실천성'과 연결된다. 그러나 민중사학 내에 민족이라는 주체가 사라진 것은 아니었다. 오히려 '민중'은 '민족' 만큼이나 모호하고 도식적인 범주라는 비판도 제기되었다. 실제 민중의 삶에서 출발한 것이 아니라 변혁론에 민중을 끼워 넣었다는 것이다.[175] 결국 민중사학도 당위와 도식의 거대 담론인 근대 역사학의 이론틀을 넘어서지 못했다. 새로운 역사학에 대한 기대감은 포스트모던 역사학의 등장으로 다시 점화되었다.

현실 사회주의권이 무너진 혼란기인 1990년대 한국에 들어온 포스트모더니즘은 특히 탈민족주의의 인상이 강했다. 종래 한국 역사학이 민족사학으로서의 성격을 강하게 지녀온 것에 대한 반작용의 측면도 있었다. '민족국가를 역사 발전의 주체이자 대상으로 한 역사 서술은 사실상 국가권력을 정당화하는 이데올로기적 기제'라며, 유럽에서 동아시아로 이어지는 '국사'의 대연쇄를 끊어내야 한다는 주장까지 제기되었다.[176] 그러자 유럽과 동아시아에서 '네이션'의 역사적 개념은 다르며, 현실적으로도 중국과 일본보다 먼저 '민족주의'를 포기해서는 안된다는 반론이 나왔다.[177]

신채호 이래 한국 역사학은 '민족·민중의 발전 과정'을 '과학적'으로 밝히기 위해 노력해 왔다. 랑케의 역사주의부터 마르크스의 역사적 유물론과 포스트모던 역사학까지 서구 역사학을 자기 것으로 만들어 왔고, 식민주의 역사학부터 재야사학, 뉴라이트 역사학까지 학계 내외의 공격에 대응해 왔다. 한국 역사학의 자기 성찰적 고민은 2000년대 이후에도 진행형이다. '내재적 발전론'이 '내적 역사발전론'으로 이름을 바꾸어 건재한가 하면, '민족'과 '근대'를 바라보는 데에서 상반된 입장이라고 할 수 있는 '트랜스내셔널 역사학'을 추구하는 학자들이 공존하고 있기도 하다.[178]

근래 유사역사학 비판에 앞장서고 있는 이문영은 '재야사학'이라는 용어 대신 '유사역사학'이라고 부르자고 제안한 사람이 바로 자신이라고 주장한다. 본래 '재야사학'이라는 말은 1975년 안호상 등이 '국사찾기협의회'를 결성하면서 쓰이기 시작했는데, 이들은 '역사학'의 방법론을 아예 사용하지 않기 때문에 서양에서 유래된 '유사역사학' 또는 '사이비 역사학'이라는 표현이 더 적절하다는 것이다.[179] '유사역사학'과 동일한 주장이 '강단학계'에서도 나오고 있는 실정을 반영한 것으로 보인다. 이문영의 책을 보면 유사역사학이 지닌 파시즘적·민족주의적 성향의 폐해를 신랄하게 지적하고 있다. 그런데 반복해서 말한 대로 주류 역사학 역시 유사한 문제점들을 가지고 있음에도 그에 대해서는 별다른 언급을 하지 않고 있어서 설득력이 떨어진다. 주류 역사학 측은, 낙랑군이 평양에 있었던 것이 사실인지 아닌지 논쟁을 벌이다가도 갑자기 파시즘적·국수주의적 관점을 문제삼곤 한다. 그럴 것이 아니라 낙랑군의 위치를 중시하는 것 자체가 국수주의적 관점이라고 명료하게 지적하면 된다. 그렇게 하지 못한다면 주류 역사학 스스로 민족을 유일한 주체로 삼는 역사 내러티브로부터 자유롭지 못함을 드러내는 것이다. 이러한 문제들은 해방 이후 식민주의 역사학과 민족사학 간 대립 구도의 계보와 본질을 깊게 살피지 못하고 있기 때문에 발생하는 것이다.

파시즘적 역사인식과
역사교육의 문제

해방 이후 교육이념 정립 과정에서 민주주의와 민족주의의 관계

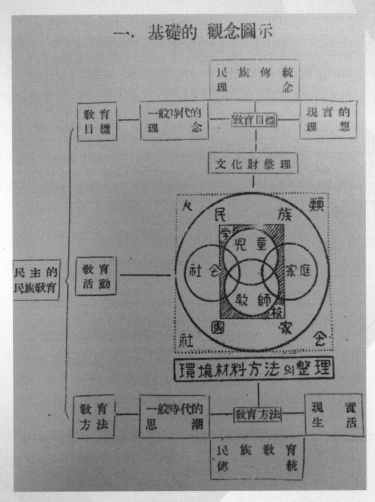

거창공립국민학교장 전정일(全晶鎰)이 그린 민주적 민족교육의 기초적 관념 도시 (圖示).(문교부, 「민주적 민족교육연구대회특집」, 『민주적 민족교육연구』 제1집, 1949, 160쪽)

1945년 해방 직후 한국인들은 새로운 국민국가를 만들 수 있게 되었다는 기대감에 사로잡혀 있었다. 또한 그렇게 하기 위해서는 적절한 교육이념을 수립하여 국민 양성 교육을 조속히 실시해야 한다는 사명감 역시 강했다. 이는 몇몇 교육 전문가에게 맡길 수 있는 문제가 아니라 유력 지식인들이 다 함께 참여해서 결정해야 할 사안이었다. 그러나 미군정 설치, 분단, 냉전 체제, 좌우대립, 전쟁으로 이어지는 시대적 상황에서 교육의 방향성을 차분하게 고려할 여유는 많지 않았다. 더군다나 새로운 교육은 백지 상태에서 출발하는 것이 아니라 식민지 교육의 경험 속에서 형성될 수밖에 없었다. 따라서 식민지 교육을 어떻게 정의하느냐, 당대 정치적 상황을 어떻게 인식하느냐에 따라 새로운 교육의 의미는 달라지게 되어 있었다. 이때 마련된 교육 제도와 교육과정 등은 이후 조금씩 변화했지만, '홍익인간'이라는 교육이념은 여전히 존속하고 있다. 이는 단순히 하나의 구호가 박제화되어 남아 있음을 뜻하지 않는다. 해방 직후 지식인과 대중들의 교육에 대한 인식이 일정하게 후대에까지 영향을 끼쳐왔음을 말해 준다.

그러므로 해방 이후 교육이념 정립 과정을 되돌아보는 일은 오늘날 교육의 문제점들을 이해하는 데 필수적인 사항이다. 관련 연구도 많이 이루어졌다. 손인수는 '민주주의', '민주주의교육', '새교육', '신민족주의' 개념 등을 정의하고, 교육이념으로서 홍익인간의 제정 경위와 타당론, 비판론을 검토하였으며, 일민주의와 '민주적 민족교육'론과의 연관성도 살폈다. 타당론과 비판론이라는 단어에서 알 수 있듯이, '홍익인간'은 일제 '팔굉일우'의 재판再版이라는 비판, 또한 '민주교육' 앞에 '민족적'이라는 단어를 붙이는 것은 '히틀러의 악몽'을 떠올리게 한다는 비판 등도 소개하였다.[1] 그러나 손인수는 기본적으로 홍익인간, 일민주의 교육, 민주적 민족교육, 국민교육헌장 등을 모두 '한국이 처한 시대적현실적, 민족적 상황에 맞추어 변용된 민주교육 혹은 보편적 교육' 정도로 이해하고 있었다. '민주교육'과 '민족교육' 간 이념적·교육방법론적 갈등 양상을 심각하게 인식하고 있지는 않았다.

근래에는 당대 교육주도세력오천석, 백낙준 등과 비주류 세력안호상, 손진태, 안재홍 등을 나누고, 다시 비주류 세력 중 안재홍, 손진태 등 민족주의 계열 학자들을 분리시키는 방식이 정설로 받아들여진다.[2] 그런데 이러한 입론은 몇 가지 역사적 평가를 바탕에 깔고 있다. 첫째, 교육이념 면에서 교육주도세력과 비주류 세력 간에 차이는 별로 없었다. 둘째, '미국식 민주주의'를 내세우느냐 '민족'을 내세우느냐에 따라 차이가 발생했는데, 안호상의 '민족교육'은 수단이자 이데올로기였고 안재홍, 손진태의 '민족교육'은 목적이자 '사회가 나아가야 할 방향'이기 때문에 다시 양자는 구분해야 한다.[3] 셋째, 일제 황국사관과 군국주의 교육을 뒷받침한 사공환 같은 인물이 초기 교육정책을 세우는 데 중요한 역할을 한 이유는 친일 반민족 행위 청산이 제대로 이루어지지 못했기 때문이다.[4] 결국 일민주의 교육 등을 비판하는 것처럼 보이지만, '민주교육'과 결합된다고 '여겨지는' '민족교육'에 정당성을 부여한다는 점에서는 손인수의 연구와 크게 다르지 않다.

본고는 이상의 전제들에 대한 의문에서부터 시작한다. 첫째, 안호상 등이 교육계에서는 비주류였지만, 정치적 영향력 및 그가 내세운 민족주의 사상의 사회적 파급력은 교육주도세력보다 더 컸다. 위에서 말했지만 해방 직후 교육정책의 방향은 교육계 인사들의 뜻대로만 설정될 수 없었다. 즉, 당대 민족주의 교육에 대한 광범위한 공감대가 있었고, 그로 인하여 민주주의 교육의 내용이 실질적으로 훼손되고 있었음에 유의해야 한다.

둘째, 민족주의 교육 지향이라는 측면에서 안호상과 안재홍, 손진태 사이의 차이를 과도하게 부각시켜서는 안 된다.[5] 저자는 이들에게 '파시즘적 역사인식'이 공유되고 있었음을 제1, 2부에서 밝혔다. 파시즘과 민족주의 개념을 명확히 한 후에 이들의 담론을 분석할 경우 새로운 결론이 도출될 수 있다. 셋째, 이처럼 당대 민족주의자들이 내밀하게 파시즘적 세계관을 공유하고 있었다는 점에서, '친일 청산' 문제로 단순화시키는 것은 당대 역사상 이해에 도움이 되지 않는다. 본문에서 보겠지만 당대 교육관료와 현장 교육자들은 자신들이 말하고 있는 '민족주의 교육'이 독일이나 일본의 파시즘 교육과 동일함을 인지하고 있었다. 그럼에도 불구하고 '민주적'이라는 수식어 하나만 붙이면 완전히 달라지는 것처럼 꾸몄다. 미군정기 '미국식 민주주의 교육'의 반대편에 '민족주의 교육'을 설정하면서도, 마치 자유주의, 개인주의, 사회주의, 파시즘 교육 모두와 구분되는 '민주주의 민족교육'이 존재하는 것처럼 발화하고 있었다. 따라서 중요한 것은 '민주주의 민족교육론' 안에 '민주주의 교육'의 실체가 무엇인지 밝혀내는 일이다. 이와 관련된 문제제기가 오천석에 의해 꾸준히 제기되었기 때문에 그의 글들도 참고해야 한다.

이처럼 본고에서는 해방 이후 교육이념 정립 과정을 특히 민주주의와 민족주의의 관계에 주목하여 분석해 보고자 한다. 관련하여 안호상, 오천석 등의 글과 교육 전문가들 및 현장 교육자들의 글을 포괄적이면서도 세밀하게 살펴볼 필요가 한다. 해당 자료들은 이미 알려져 있는 것들이지만 '파시즘적 역사인식'의 측면에서 구체적으로 분석 대상이 된 바는 없었다. 1절에서는 교육이념 '홍익인간' 채택 과정에서 발생한 쟁점을 정리하고, 2절에서 안호상과 교육관료 등의 '민주주의 민족교육' 인식과 현장 교육자들의 '민주주의 민족교육론' 이해 방식을 검토할 것이다. 3절에서는 해방 직후 민주주의와 민족주의의 관계 설정 방식에 대한 오천석의 비판적 입장을 살펴보려고 한다.

1. 교육이념 '홍익인간' 채택 과정의 쟁점

미군정기 조선교육심의회에서 교육이념으로 제시된 '홍익인간'은 대한민국 정부 수립 이후 논란 끝에 교육법에 실렸다. 이후 계속해서 비판이 있었지만 2022년 시점에도 교육기본법 2조 '교육은 홍익인간의 이념 아래 모든 국민으로 하여금 인격을 도야하고 자주적 생활능력과 민주시민으로서 필요한 자질을 갖추게 함으로써 인간다운 삶을 영위하게 하고 민주국가의 발전과 인류공영의 이상을 실현하는 데에 이바지하게 함을 목적으로 한다'는 구절 속에 살아 남아 있다.[6] 홍익인간이 교육이념으로서의 지위를 유지할 수 있었던 이유는 '민족적'이면서도 '민주적'인 의미를 품고 있는 것으로 간주되어 왔기 때문이다.[7] 예를 들어 개인보다 국가를 우선시하는 것이 좋지는 않지만, 우리 처지에서 국가에 봉사하는 국민을 육성하는 것 역시 중요하다고 여겨졌다. 아동 중심의 민주교육과 애국 국민 육성의 민족교육이 나란히 같이 갈 수 있다고 믿어진 것이다.[8] 즉, '민주주의'와 '민족주의'가, 한국인들이 후속세대에게 전하려고 하는 양대 사상이라는 점은 틀림없다. 그러나 '홍익인간' 채택 여부를 둘러싼 논쟁을 돌아보면, 민주주의와 민족주의의 관계 설정이 간단하지 않았음도 알 수 있다. 한 쪽 개념의 내용을 어떻게 채워 넣느냐에 따라 다른 쪽 개념의 의미와 용법도 완전히 달라지게 된다. 그럼에도 불구하고 두 개념을 자의적이고 편의적으로 조화시키려는 논법들이 여기저기서 발견된다. 홍익인간 채택 과정 전후의 논쟁을 통해 검토해보자.

미군정기 조선교육심의회에서 처음 홍익인간을 제안한 인물은 백낙준이었고, 당대 단군 숭배 분위기와 위원장 안재홍 덕분에 통과되었다고 알려져 있다. 그러나 반대의 목소리가 적어도 세 방향에서 나왔다. 홍익인간이 일본의 팔굉일우와 마찬가지로 복고주의 반동사관이라는 백남운, 단군민족주의는 개인의 자유를 제약하는 전체주의가 될 수 있다는 오천석, 파시즘과 군국주의를 민족주의의 산물로 보는 미군정 당국이 그들이다. 정부 수립 후 교육법 제정 과정에서도 논란이 일었으나 '인류공영'이라는 단어를 넣는 것으로 타협되었고, 초대 문교부장관 안호상의 의지도 크게 작용하였다.[9] 이렇게 상정된 교육법안이 1949년 11월 9일 국회에서 어떠한 반대에 부딪혔는지 좀 더 자세히 살펴보자. 결과적으로 모두 부결되었지만 다양한 수정안이 제기되었다. 원안 '대한민국교육은 홍익인간의 이념 아래 모든 국민으로 하여금 인격을 완성하고 자주적 생활능력과 공민으로서의 자질을 구유具有하게 하여 민주국가발전에 봉사하며 인류공영의 이상 실현에 기여하게 함을 목적으로 한다'에 대한 수정안의 내용과 제안 이유를 정리해 보면 다음과 같다.

〈표 1〉 1949년 11월 9일 국회에서 논의된 교육법 수정안 분류[10]

제안자	수정안의 내용	제안 이유
1. 조한병 외	'민족정신을 함양하며' 삽입	그 나라의 교육에는 그 나라의 근본정신(민족정신)이 반드시 들어가야 함.
2. 황두연 외	'일민주의를 신봉 실천함으로써' 삽입	일민주의는 이승만박사가 제시한 국시(國是)임.
3. 김우식 외	'도의정신을 함양하고 윤리를 강명(講明)하여' 삽입	도의윤리에 결함이 있으면 완전한 민족이라고 하기가 어려움.
4. 김수선 외	'홍익인간의 이념 아래' → '교육은 한민족의 우수한 소질을 개발 육성함으로써'	'귀신이 인간에 이익을 준다는 추상론'으로는 절대 안 됨.
	'인격' → '민족인격'	그냥 '인격'이라고 하면 개인주의에서 나온 것이므로 반대함.
	'민주국가' → '민족적 민주국가'	미국식(자본주의, 개인주의), 소련식(통계 숫자식) 민주국가가 아님을 명확히 해야 함.
5. 허영호 외	'홍익인간' → '민주공화국가'	군주제에서도 통용되는 홍익인간이라는 문구는 막연함.

1, 2, 3번의 경우 '홍익인간'은 그대로 둔 채 '민족정신', '일민주의', '도의정신' 등의 용어를 더 집어넣자는 의견이고, 4, 5번은 '홍익인간'이란 용어를 아예 삭제하자는 의견이다. 당시 문교부장관 안호상은 일민주의에 입각하여 교육정책을 시행하고자 했다. 그에게 일민주의 교육은 '민주적 민족교육'과 동일한 것이었다.[11] 그러나 제헌의회 의원들에게 교육이념은 특정 정권의 정책 구호를 넘어서 영구적인 것이어야 했다. 또한 '한민당도 일민주의를 좋아해서 민국당으로 당명을 바꾸었다'는 발언에 소란이 일 정도로 아직 이승만 정부에 대한 지지는 불안정한 상태였다. 한편 '민족정신'이나 '도의정신' 등에 대해서는 그 자체에 반대하는 것은 아니지만 원안에 모두 반영되어 있다는 생각이 컸던 것으로 보인다. 이영준 문교사회위원장은 원안에 '개인, 국가, 인류'의 입장이 모두 들어가 있으며, 다른 조항에 가면 '충국애족', '신의' 등의 단어가 나온다고 해명했다. 따라서 '민족정신', '일민주의', '도의정신' 등의 용어 삽입 안건은 모두 부결되었다.

문제는 홍익인간을 아예 삭제하자는 주장들이다. 막연하고 추상적이라는 지적이 공통적으로 나왔다. '유심론이든 유물론이든 철학을 근거로 하지 않기 때문에 아무 가치가 없다'는 비판도 있었다.[12] 흥미로운 것은 4번과 5번 모두 홍익인간을 삭제하자는 것이지만, 민주주의와 민족주의에 대한 관점은 상반된다는 점이다. 앞에서 본 대로 애초 홍익인간에 대한 부정적인 시선은, 민주주의와 자유주의의 가치를 제한하고 전체주의, 즉 파시즘적 논리가 될 수 있다는 우려 때문이었다. 군주제와 민주공화제를 구분해야 한다는 5번 수정안이 그러한 입장과 이어져 있다. 그런데 4번 수정안은 개인주의, 자본주의, 공산주의에 모두 반대한다는 점을 더 명확히 하라고 요구하고 있다. 민주주의라는 단어 속에 담겨져 있는 각종 정치·경제 체제와 이데올로기를 모두 부정하면서도 '민주주의'라는 용어 자체는 버리지 않는다. 그렇다면 그러한 민주주의 안에는 '민족주의'만 남을 뿐이다. 그것이 '민족적 민주국가'라는 용법의 의미다. '홍익인간'이 막연하고 추상적 용어라며 배척하지만, 마찬가지로 추상적인 '민족' 개념으로 대체했을 따름이다. 물론 이 수정안 역시 폐기되었다. 그러나 아주 짧게 논의되고 만 5번 수정안을 제외하고는, '홍익인간', '민족정신', '민족적 민주국가' 중 무엇이라고 부르든 '민주주의'라는 보편적서구적 가치를 우리 방식으로 제한, 변용해야 한다는 공감대가 형성되어 있었다고 볼 수 있다. 그러한 제한과 변용이 파시즘과 전체주의로 이해될 수 있음을 충분히 인지하고 있었음에도 불구하고 그러하였다.

　물론 해방 정국에서 파시즘은 금기시된 이데올로기였다. 그러나 식민지 경험 속에서 민족 주체와 대중적 지지를 앞세워 강력한 국가 건설을 열망하던 지식인들은 많이 있었다. 파시즘이 가진 잠재적인 힘은 그렇게 인식

되고 있었다. 광복군 총사령관을 역임한 지청천이 1948년 7월 5일 제헌
의회에서 한 발언을 보자.

> 우리가 입국기본정신이 민주주의에 있지 않습니까. 그리해서 민주주의에
> 의해서 정치체제를 세우며 또한 만민평등에 전민족적 경제체제를 세우며 전
> 체주의를 주장하는 공산주의와 일부 무산자를 선동하여 완전자주독립을 찾
> 는다는 것은 절대 배격하는 것이 아닙니까. 그 반대에 제한이 없는 자유경제
> 무제한 자본주의를 역시 배격하는 것입니다. (…중략…) 소위 전체주의라는
> 공산주의체제와 모든 그 무제한 자본주의를 취하지 않고 우리는 어떻게 하면
> 말하자면 국가권력으로서 철두철미 민족주의로 나가야 되겠습니다. 그러고 경
> 제면에 들어가서는 사회주의로 나가야 되겠습니다. 이것은 다시 말하면 민족
> 사회주의입니다. 조선이 금후의 나가야 할 길이라는 것을 나는 확신하는 것입
> 니다.[13]

'민주주의'로 시작된 입국정신이 '민족사회주의', 즉 파시즘으로 변모하
는 기묘한 화법을 여기에서 발견할 수 있다. 처음에 입국정신은 민주주의
라고 밝혔으나 공산주의, 자유주의, 자본주의라는 내용물을 모두 제거하
고 나서 남은 것은 '국가권력으로서 철두철미 민족주의'뿐이다. 여기에 경
제면의 사회주의를 덧붙여 '민족사회주의'라고 표현하였다. 공산주의에
반대하면서 주창하는 '경제적 사회주의'란 무엇일까? 균등경제를 표방한
좌파들의 '인민민주주의'가 대중들에 의해 지지받는 현실을 의식한 수사
법일 것이다. 조소앙 등이 삼균주의를 표방한 것도 마찬가지 맥락이다. 그
런데 '민족사회주의'는 파시즘 중에서도 종족적 혈통을 강조한 '나치'를

우리 말로 번역한 것이기도 하다. '민족적 힘'을 중시하면서 '민족사회주의'로 나아가자고 주장하는 언론인도 '나치즘'으로 오해하지는 말아 달라고 당부해야 하는 시대였다.[14] 이러한 변명이 오히려 '민족사회주의'와 나치즘의 연관성을 강력히 시사해준다. 자유주의, 자본주의, 공산주의에 모두 반대하면서 '민족적 전통'과 '강력한 국가'를 표방하여 대중을 동원하는 것이 바로 파시즘, 나치즘, 군국주의 정치 메커니즘의 핵심이다.

안호상의 '일민주의'와 안재홍, 손진태의 '신민족주의' 이념에서 공유되고 있는 세계관도 그러한 틀 안에 있었다. 자신들의 민족주의가 파시즘이 아님을 증명하기 위해 민족사에서 민주주의적 요소를 끌어왔으나, 개인과 전체의 관계 설정은 얼버무리고 있던 점도 공통된다. 개인과 전체의 관계에서 자유주의, 개인주의적 방식을 거부하기 때문에, 남는 것은 유기체적, 전체주의적 방식이다. 즉, '민족과 국가의 발전을 위한 개인의 희생'이라는 명제를 거부할 수 있는 지식인은 당대 한국에서 소수에 불과했다. 이러한 지적 분위기 속에서 교육법 1조에 '홍익인간'이 교육이념으로 무사히 채택되고, 유지되었다. 당대 지식인들이 '민주주의 민족교육론'을 어떻게 받아들였는지 좀 더 구체적으로 살펴보자.

2. '민주주의 민족교육론'의 정립 과정

1) 안호상과 교육관료 등의 '민주주의 민족교육' 인식

'민주주의 민족교육론'은 이승만 정부 초대 문교부장관 안호상에 의해 주창된 교육 이념이다. 앞서 본 대로 '민족적 민주국가', '일민주의' 등의 용어는 교육법에 수록되지는 못했다. 안호상, 손진태, 안재홍 등의 민족주의 지식인들은 오천석 등 미국 유학생 출신의 새교육 운동 지지자들에 비해 교육계에서 비주류 세력으로 인정된다.[15] 또한 안호상의 교육 정책이 미군정기의 그것과 얼마나 달랐는지, 제대로 실현되었는지, 이후 계승되었는지 등에 대해서도 부정적인 평가가 일반적이다.[16] 그러면 '민주주의 민족교육론'은 안호상 개인의 독특하고 일시적인 입론에 불과했던 것일까? 저자는 그렇지 않다고 본다. 교육법에 '홍익인간'이 실려 유지되는 동안에는 '민주주의 민족교육론' 역시 일정하게 정당성을 획득하고 있는 것으로 보아야 한다. '민주주의 민족교육론'이 여러 사람들에 의해 다양하게 해석된 채 수용, 변주되었지만, 기본적으로 교육이념을 민주주의와 민족주의의 결합으로 여기는 사고방식 자체는 한국 현대사에서 줄곧 지배적이었다는 뜻이다. 먼저 안호상과 다른 교육관료 등이 '민주주의 민족교육'을 어떻게 인식했는지 살펴보자.

안호상은 정부 수립 두 달 후 국회에서 교육 정책 방향에 대하여 연설하였다.[17] 그의 논리 구조는 간단 명료하다. 현 단계에서 우리에게 필요한 것은 민족의식이다, 민족의식을 강하게 하려면 민족교육을 해야 한다, 따라서 민주주의교육이라는 말은 집어치우고 민족교육으로 바꾸어야 한다는 것이다. 왜 민족의식이 중요한가를 증명하기 위해 민족주의 역사학의 역사관을 인용한다. 우리도 고대에는 뛰어난 민족의식이 있었는데, 점차 중국숭배가 많아져 민족의식이 박약해지고 조선의 혼도 잊어버리게 되었다는 것이다. 그런데 안호상은, 민족교육은 배타적일 것이라는 고정관념으로부터 벗어나기 위해 앞서 부정했던 민주주의를 다시 끌어들이는 모순적 화법을 사용한다. 다만 이때의 민주주의는 자본주의도 아니고, 제국주의도 아니고, 공산주의도 아니고, 파쇼주의도 아니어야 한다. 그래서 '민주주의 민족교육'이 되는 것이다. 민족주의의 배타성과 민주주의의 비자주성을 모두 지양해서 '민주주의 민족교육'으로 결합시키지만, 정작 그 내용은 현존하는 정치 이데올로기들을 대부분 부정함으로써 비어있게 된다. 그 비어있는 공간을 민족, 민중, 국가로 채운 것이 바로 파시즘이다. 안호상은 구체적으로 '민중에게 한글 보급', '성인에게 민족사상 재교육', '초등 의무교육', '직업교육' 등의 방안을 제시했다. 물론 이러한 정책들은 당시 신생국가에 필요한 것이었다. 다만 그러한 정책의 지향점이 어떠한 세계관 위에 서 있는가를 규명하는 작업 역시 중요하다.

안호상과 교육관료, 그리고 현장 교육자들이 '민주주의 민족교육'을 어떻게 인식하고 있었는지 잘 보여주는 자료들이 있다. 1949년 3월 28일과 29일, 서울사범대학 강당에서 문교부 주최로 개최된 민주적 민족교육연구대회가 그것이다. 민주적 민족교육을 고창해 온 문교부가 제1선 교육에까지 침투시켜 급속한 효과를 얻기 위해 준비한 대회다. 전국 국민학교 교원 대표자 700여 명을 참가시켜 각 시도 대표 2명씩이 15분 동안 발표했다. 대회를 참관한 기자는 안호상 장관의 강연으로 '민주적 민족교육의 본질이 구명究明'되었다고 전했다.[18] 대회 발표문 출간 즈음에 문교부 고등교육국장 사공환, 문교부 기획과장 조재호, 편수관 이상선, 편수관 최병칠, 장학관 심태진 등은 『민주주의 민족교육론』이란 책을 펴냈다. 민주적 민족교육연구대회 결과물 출간에 맞춘 이벤트였음을 짐작할 수 있다.

기자가 '민주적 민족교육의 본질 구명'으로 평가한 안호상의 강연은 어떤 내용이었을까? 안호상의 지론인 일민주의가 교육이념에 적용되는 방식을 보여준다.[19]

개인의 평등	
민족의 자유	→ 민족교육 ←→ 개인주의교육 ← 일본의 전체주의
~~나~~라의 참된 민주주의	→

유럽의 자본주의
일본의 전체주의
스탈린의 세계주의, 국제주의

온갖 긍정적 가치들은 민족교육이 독점하고, 그 대립항으로서 개인주의 교육을 세워두고 있다. 본래 자유주의, 공산주의가 자유와 평등 가치를 중시함에도 불구하고, 저들의 이데올로기는 개인주의, 침략주의라는 '부정적' 어휘로 일축시켜 버린다. 전체주의와 개인주의는 극단적으로 대립적인 가치일 수밖에 없는데, 안호상의 논법 속에서는 전체주의 일본이 침략과 식민지배를 위해 식민지 조선에 개인주의를 부식시킨 것으로 해석된다. 반면 우리의 민족교육은 대내적으로 평등, 대외적으로 자유를 지향한다. 뿐만 아니라 우리는 역사적으로 참된 민주주의를 꽃피운 민족이기도 하다. 보편적 가치를 민족 외부에서 찾을 필요가 없어지게 되는 것이다. 따라서 이러한 민족교육은 '신성'한 것이고, 이를 부정하는 자는 '매국노'로 취급받아야 한다. 민족교육이 '배타적, 독선적, 제국주의적으로 되기 쉽다'는 말에 대해서는 다시 한번 변명을 꺼내든다. '민족'의 의미를 알지 못하기 때문에 하는 이야기라면서, 민족은 '자연적 산물'이자 '역사적 산물'이라고 덧붙인다. 당대 민족청년단을 만들고 초대 국무총리로 일하면서 동일 핏줄로서의 민족을 강조한 이범석 같은 인물도 있었다. 그래서 핏줄을 덜 부각시키는 인물은 덜 배타적인 것처럼 보이기도 한다.[20] 그러나 혈통과 무관하게 개인을 전체에 철저히 종속시키는 사고방식만으로도 파시즘의 본질적 속성은 충족된다.

그런데 안호상의 파시즘적 세계관은 다음과 같은 구절에서 더 두드러진다.

민주적 민족교육은 민주적 민족국가를 만드는 데 있고 민주적 민족국가는 민주적 민족교육을 하는데 있다는 것입니다. 그러므로 **교육론과 국가론을 부합** 符合시키지 않으면 안된다고 생각합니다.[21]

오천석의 교육관에서 보겠지만, 근본적으로 국가가 교육의 목적을 설정한다는 생각 자체가 민주주의 교육이론과 충돌하는 지점이다. 어떠어떠한 국가를 만들기 위해서 어떠어떠한 교육을 해야한다는 사고방식이 바탕에 있는 한, 교육은 국가권력이 행하는 정치활동의 수단으로 전락할 수밖에 없다. 이는 정확히 히틀러가 나치즘 체제를 구축하면서, 박정희가 유신 체제를 수립하면서 고수했던 교육관이기도 하다. 히틀러는 민족의 일원으로서 자긍심을 가지도록 교육해야 하며, 특히 역사교육은 그러한 목적을 위한 수단이라고 보았다.[22] 박정희도 민족의 고유성, 전통, 주체의식을 토대로 신한국관을 확립해야 한다고 강조했다.[23] 현존하는 국가권력의 정당성을 증명하기 위하여 과거 민족의 역사를 불러내는 데에 교육의 역할이 있다는 관점이다.

그러면 교육관료들은 안호상이 주창한 '민주주의 민족교육론'을 어떻게 받아들였을까? 교육 전문가들의 입장에서 보자면, 관념적인 역사철학 용어들을 남발하는 안호상의 언술을 그대로 이해하는 데에는 어려움이 있었을 것이다. 그런데 이들의 이해방식은 향후 '민주주의 민족교육론'이 구체적인 교육 정책으로 어떻게 변용되어 나갈지 예측할 수 있게 해주기 때문에 중요하다. 저자별로 정리해 보면 다음과 같다.[24]

5명의 논자는 기본적으로는 민주주의와 민족주의를 대립적, 모순적 개념으로 인정하고 있다. 따라서 두 개념을 결합시킨 술어를 어떻게 이해해

〈표 2〉 1949년 『민주주의 민족교육론』에서 필자별 '민주주의 민족교육론' 평가.
(사공환 외, 『민주주의 민족교육론』, 동심사, 1949)

필자	'민주주의 민족교육론'에 대한 평가
1. 최병칠, 「교육사조적으로 본 민주주의 민족교육」	혹자는 '민주적 민족 교육'을 19세기 '국가주의 교육론'(↔ 발달주의, 심리주의, 진보주의)으로 오해. 그러나 서구도 국가주의에서 출발해 민주주의 교육과 조화 도모했고, 우리같은 조국 재건 상황에서는 국가주의 필요.
	하지만 두 차례 대전을 초래한 민족주의를 내세워서는 안 될 것.
2. 사공환, 「우리민족과 민족교육」	민족을 떠나 역사는 의의를 상실함. 민족주의는 봉건사상도 국수주의도 아님.
	신라 화백제에 나타난 민주주의 원리를 전민중적, 전민족적 신민주주의로 발전시켜야 함.
	서구의 민주주의는 실제로는 개인주의, 자본주의, 계급주의, 세계주의라는 강자의 철학임. 우리는 '신민주적 민족주의', '국가사회주의'를 해야 함.
	민족주의는 본질적으로 민주주의 모순이나 '민주적 민족교육'은 독자적 내용을 가진 한 개의 술어임. 즉 민족을 본체로 한 민주교육이므로 민족 내부의 분열 요소는 다 제거해야 함.
3. 조재호, 「민주적 민족교육 소견」	민족적 민주국가의 국민은 일면으로 본다면 자유인이면서도 타면으로 본다면 민족인임.
	사대적 심성과 개인주의적 생활태도를 박멸시켜야 함.
4. 심태진, 「학습지도개론 – 사회생활과를 중심으로」	민주적 민족 교육은 '학생 각자의 개성 능력의 자유로운 발전을 도모하여 민족 문화를 앙양하며 인류문화 향상에 공헌하는 교육'임. '신교육'이나 '민주주의 교육'이라는 세계 공통의 일반적이고 보편적인 교육을 우리 국가 우리 민족에 적응시킨 구체적이고 특수화한 교육임.
	이러한 '한국식 민주주의 교육'은 전체주의에 입각한 교육은 아닐 것임.
5. 이상선, 「민주주의 민족교육의 현재와 장래」	교육의 독자성을 인정함과 동시에 정치와의 연관성도 고려해야 함. 현실적으로 가장 큰 문제는 공산주의와의 대립. 정부 수립 이전 제창된 민주주의 교육에서도 민족정신을 무시한 것은 아니지만, 민족 상잔(相殘)의 폭행 속에서 민족정신 진작 필요 생김. 민주주의 민족교육을 통해 민족의식이 계급의식에 이기도록 해야 함.
	민주주의 민족교육은 국가 발전을 추구한다는 점에서 영구적인 이념이기도 함.
	다만 민족지상주의나 전체주의가 되어서는 안되므로 민족의식을 국가적 결합 원리로 도입함에 그쳐야 함.

야 할지 난감해하는 모습이다. 위에서부터 정해져 내려왔다는 점에서 정당성을 논할 대상은 아니다. 자신들의 교육관을 주어진 결론에 꿰어맞추는 방식이 될 수밖에 없었다.[25] 최병칠은 19세기 민족주의, 국가주의 교육을 넘어서 듀이와 킬패트릭에 의해 제창된 진보 교육운동으로 나아가야 한다는 입장을 지니고 있었다. 그러나 '조국 재건 상황'에서 국가주의 교육도 현실적으로 필요하다는 논리를 미봉책으로 제시한다. '자유인과 민족인'의 양면성을 이야기하는 조재호나 '민주주의 교육의 보편성'과 '민족

교육의 특수성'을 함께 언급하는 심태진 역시 두 개념의 봉합을 위해 소극적인 태도로 일관한다. 반면 이상선은 좀 더 적극적으로 자신의 의견을 개진한다. '민주주의 민족교육론'이 정부 수립 이후 갑작스럽게 주어진 명제임을 부정하지 않은 채 자신 나름의 해석을 추구한 것이다. 즉, 현실적 이유와 영구적 이유가 각각 있다. 공산주의와의 대립, 민족 상잔이라는 위기 속에서 계급의식에 승리하기 위해 민족의식 고취 교육이 필요하다는 점이 현실적 이유다. 그러한 교육이 궁극적으로 민족과 국가 발전에 이바지한다는 점에서 영구적 이유도 된다. 그러나 민족의식 강조가 민족지상주의나 전체주의가 되어서는 안된다는 논리 역시 적극적으로 전개한다. '민족국가라 함은 민족주의를 내포하고 있는 민주주의 국가가 아니라, 우리나라가 단일민족으로 구성되었다는 특성을 말할 뿐'이라거나 '공통된 민주주의 원리를 무시하고 우리 민족 독특한 민주주의로 나갈 수 없다'는 언술에 이르면, 앞서 '민족의식 고취' 주장과는 결이 다르다는 느낌마저 준다. 모순적인 용어 결합으로 구성된 교육이념에 상응하여 모순적인 이해방식을 드러내는 것이 아닌가 여겨질 정도다.

이상 4명과 다르게 고등교육국장 사공환은 '민주주의 민족교육론'을 강력하게 옹호하는 입장이다. 그도 글 말미에 민족주의와 민주주의가 본질적으로 모순된다는 언급을 하고 있기는 하다. 그러나 전체적으로 보자면 그러한 모순에 대한 고심은 찾아볼 수 없다. 그런데 사공환이 '민주주의 민족교육론'을 정당화시키는 논리들은 그가 독창적으로 만들어낸 것이 아니다. '민족을 떠난 역사는 의의를 상실한다'는 명제는 신채호의 것이고, 민족사에서 민주주의 원류를 찾아내는 방식은 안호상의 것이며, 자본주의와 계급주의를 강자의 철학으로 규정하여 '신민족주의', '신민주주의'를 내세우는 논법은 안재홍, 손진태의 것이다. 즉, 당대 민족주의 역사가들의 역사인식과 세계관을 여기저기 짜집기해 놓았다고 할 수 있다. 그러면서 이러한 민족주의를 '국가사회주의'로 명명하고 있기도 하다. 앞에서 보았듯이 '민족사회주의', '국가사회주의'는 나치의 번역어다. 사공환은 일제 시기에 이미 히틀러를 위대한 인물로 칭송한 바 있고,[26] 일본 군국주의 찬양의 글들도 여러 편 썼었다.[27] 안호상은 '개인주의'가 일제 군국주의의 유산이라고 말한 바 있으나, 사공환의 사례를 보면 전체주의적 세계관이야말로 식민지 경험에서 나온 것임을 알 수 있다.[28] 겉으로 일본에 적대적이지만 일제의 전체주의적 사고방식을 무의식적으로 추종하고 있다는 것은 오천석의 문제제기이기도 했다.[29] 이처럼 '보편적, 진보적 민주주의 교육'의 대립항인, '특수하며 반동적인 민족주의 교육'의 내용은 사실상 파시즘과 동일한 것이었다. 그럼에도 불구하고 양자는 결합 가능한 이념으로 여겨졌다. 여기에는 해방 후 냉전, 반공 체제 형성과 극우 정권 수립이라는 현실 정치적 이유가 개입되어 있다. 뿐만 아니라 반공과 민족주의를 공통분모로 하는 지식인들 간의 암묵적 동의도 바탕에 깔려 있었다. 안재홍, 손진태의 신민족주의 역사관과 안호상, 사공환의 파시즘적 세계관은 교육이념 정립 과정에서 문제없이 호환될 수 있었다. 특히 진보적 민주주의 교육과 반동적 민족주의 교육 간의 충돌과 혼종 양상이 두드러진 교과목이 있었다. 바로 신설된 사회생활과, 그 중에서도 역사교육 분야였다.

일본의 전제적 교육으로부터 진보주의 민주교육으로 전환하는 과정에서 일어난 가장 큰 혁신이 수신, 역사, 지리 등을 종합한 사회생활과 설치였다.[30] 사회생활과라는 교과명은 1946년 9월 등장했고, 1955년 제1차 교육과정이 제정, 공포될 때는 사회과로 명명되었다. 문교 당국자나 현장 교사들 모두 사회생활과 도입에 처음에는 당혹했다고 한다.[31] 초창기 사회과의 보급과 정착에 크게 기여한 인물이 안호상이었다. 그는 사회과교육 전공자가 아님에도 교육행정가로서 일정한 역할을 했고, 사회과 '공민' 영역 교과서도 집필했다. 교과서에는 사회유기체설에 입각하여 개인은 국가를 위해 존재한다는 내용을 실었다. 미국식 민주주의를 도입하기 위한 교과 도입에 유기체적 민족주의 교육을 주창하는 인물이 앞장섰다는 점에서 아이러니한 상황이었다. 이는 이후 사회과 정체성을 둘러싼 논란이 계속된 이유를 추론케 해준다.[32]

사실 사회과교육을 민족주의적으로 변용시키는 문제에 앞서, 민족주의 역사학자들은 한국사를 사회과에 포함시키려는 시도 자체에 반대했다. 미군정 학무국 한국인 관료들과 친분이 있던 역사학자 황의돈의 경우가 대표적이다. 그는 관계자 회의석상에서 미국식으로 사회생활과 과목을 두는 것은 '우리의 역사를 팔아먹는 것이나 다름없다'고 호통치며 퇴장하였다고 한다.[33] 사학사에서 황의돈은 유심주의적 민족주의 역사학과 달리 '사회현상이나 제도 등의 다원적인 형태를 주목'한다는 점에서 문화주의 역사학으로 분류되기도 한다.[34] 그러나 황의돈이 쓴 교재 『초등국사』나 『중등국사』 등을 보면 국조 단군을 강조하고 만주 정벌을 '고토 수복'의 관점으로 접근하는 방식 등에서 민족주의 역사학과 별 차이를 보이지 않는다.[35] 그가 민족청년단의 '민족 지상, 국가지상' 이념 정립에 기여했다는 증언도 있다.[36] 민주주의 교육을 민족주의 사상으로 변용시켜야 한다는 생각은 전반적인 교육이념 수립 과정에서 강한 영향력을 행사하고 있었다. 나아가 사회과 및 역사과 교육 정착 과정에서도 유사한 관점이 개입되어 있었던 것은 아닌지 탐구해볼 필요가 있다.

2) 현장 교육자들의 '민주주의 민족교육론' 이해

이번에는 1949년 3월 말 민주적 민족교육연구대회에서 발표된 글들을 통해 현장 교육자들의 '민주주의 민족교육론' 이해 방식을 검토해 보자. 각 지역을 대표하는 20명의 발표문들 핵심 요지를 정리해 보면 다음과 같다.[37]

〈표 6〉 1949년 3월 '민주적 민족교육연구대회' 주요 발표 요지.
(문교부, 「민주적 민족교육연구대회특집」, 『민주적 민족교육연구』 제1집, 1949, 43~205쪽)

일련번호	발표자	발표 요지
1	서울 혜화공립국민학교장 윤재천	민족교육은 개인보다 국가를 위한 국민교육이다.
		민주주의 교육과 통제주의 교육은 다르지 않다. 나치스의 '독재적 민족교육'과 구별하기 위해 '민족교육' 앞에 '민주주의'를 붙였을 뿐이다.
		민주주의 민족교육의 방법은 삼일정신(민족의 생명은 개인의 생명보다 위대)에 있다.
2	서울 청구공립국민학교 교감 강주희	적극적인 민족정신 앙양을 위해 민족위인 초상을 전시하고, 사대사상을 배격해야 한다.
3	수원 반월국민학교장 신종덕	편협한 배타 독선적 국수주의로 연결되기 쉬운 민족주의의 특성 때문에 민주주의를 가미한 것이다.
		홍익인간은 침략성 내포한 팔굉일우와는 다른 것이며, 사회생활과가 애국애족하는 홍익인간의 국민양성에 제일 적당한 과목이다.
4	청주 주성국민학교 이임조	획일적, 주입적, 배타적, 독선적이 되기 쉬운 민족주의 교육의 결함은 '민주적'으로 해소될 것이다.
		가장과 스승에 복종하고, 현모양처의 부덕(婦德)을 되살리는 민족도덕 교육이 필요하다.
5	옥천 죽향공립국민학교 정상우	정신적으로는 민족교육, 방법적으로는 민주교육, 이 두 교육을 완전히 합치시키면 된다.
6	조치원 제일공립국민학교 권용복	해방 후 군정 기간 미국의 민주주의 교육을 그대로 수입 실시한 것이 성과를 내지 못했으니, 이제부터는 학교 생활 구석구석에 민족혼을 불어넣을 줄 방법을 찾아야 한다.
7	홍성 결성공립국민학교 최정옥	아동의 개성 생활 중심의 민족적 아동관을 가져야 한다.
		삼일정신을 통해 봉건사상적인 반민족교육방식을 극복해야 한다.
8	전주사범부속국민학교교감 채준석	민족정신의 정화(精華)라고 할 수 있는 화랑도정신 삼일정신을 계승하여 민족혼 국가정신의 함양으로 민족의식을 앙양하는 것이 교육목표다.

일련번호	발표자	발표 요지
9	군산공립사범부속 국민학교 김윤만	개인 소질의 신장과 아울러 투철한 민족적 인격을 통해 민족 내지 국가의 존재 가치를 세계에 발현해야 한다.
		민족 사상을 위해 죽을 수 있는 국민을 만드는 교육은 반드시 민족적이어야 한다.
		강자의 철학과 약자의 철학은 다른 것이고, 제1차 세계대전 패배 이후 20년 만에 강해진 독일을 본받아야 한다.
		개인주의교육과 계급적 교육은 모두 잘못된 것이고, 국민총동원의 교육 개조가 필요할 뿐이다.
10	전라남도 장학사 안도영	철저한 민족국가의식 속에 민족정신통일 교육을 추진해야 한다.
11	송정서공립국민학교교장 임재순	국사교육을 철저히 해서, 고조선의 결백순진성, 고구려의 굳센 무(武)정신, 신라의 화랑오계 혼을 가르쳐야 한다.
12	안동 중앙공립국민학교 교장 유천수	사람다운 교육이라는 인문주의 교육이념은 너무 추상적이다. 우리는 인류로서가 아니라 먼저 국민으로서 민족으로서 존재하는 것이다.
		아동지상주의, 개성 존중 교육이 개인주의교육으로 변질되지 않도록, 국민의 일원, 민족의 일원임을 전제해야 한다.
13	대구공립국민학교장 김양배	우리 민족의 진로는 민족부흥이고, 따라서 교육의 목표는 민족부흥교육이다. 일시적인 것이 아니라 영원한 교육목표다.
		민족의 자유 없이 개인의 자유도 없다. 교육의 목적이 개인의 완성에 있다는 개인주의와 개인은 사회를 위해 희생해야 한다는 전체주의 모두 적절하지 않다.
14	개성 만월공립국민학교 교장 김광수	홍익인간은 사람으로서 최고가치실현이며 최고윤리인 동시에 최종의 도덕적 가치이며, 모든 교육적 활동은 민족생활로부터 일어나지 않는 것이 없다.
		민족 각원은 유기적 전체의 일부이며, 민족 전통대로 어른 말씀은 명령이며 법률이며 규칙인즉 이에 잘 복종하는 것이 민족정기를 앙양하는 길이다.
15	부산 동광공립국민학교장 허립	민주주의 교육은 개인주의, 이기주의로 흐르기 쉽고, 민족주의 교육은 독선, 배타적으로 흐를 위험이 있다.
		해방 이후 민주교육을 새교육이라 했지만 적합하지 않았다. 전체주의 국가관에서는 무조건 복종을 요구하는데, 우리도 국가적 총단결을 위한 단체생활 훈련이 필요하다.
16	거창 공립국민학교장 전정일	홍익인간의 정신은 민족 성장발전을 기도하는 민족적 정신생활의 발단이요, 영구불변의 정신생명이다.
		전통을 싫어하고 자유를 요망하는 새교육은 경박하다. 민족교육 내에 민주교육은 내포되어 있으며 민주교육과 민족교육은 분리될 성질이 아니다.
17	춘성 천전공립국민학교	민주교육은 전인민에게 교육의 균등한 기회를 주고 피교육자 본위의 교육의 민주화를 의미하고, 민족교육은 민족의 자주 영생 발전 향상을 위

일련번호	발표자	발표 요지
	한상익	한 교육이다.
		해방 이후 자유병 환자와 민주주의 유행병자가 너무나 많음은 절통(切痛)스럽다.
18	횡성 청일공립국민학교 김동회	미국식 민주교육은 민족 자체를 잊어버린 중심이 없는 교육이며, 우리에게 맞지 않는 교육이었다.
		학예회, 자치회 등 아동들의 생활 속에서 얼마든지 애국정신을 고취할 수 있다. 민족적 자존심을 갖게 해야 한다.
19	서울사범대학부속 국민학교 김기서	민주주의 민족교육은 우리 대한민국의 영구불변한 교육이념이라야만 할 것이며 결코 일시적 흥분이나 또는 편협한 민족적 감정에 그쳐서는 안된다.
		그릇된 민주주의사상 때문에 여러가지 혼란과 폐단이 적지 않았으나 절대 민주주의교육 자체의 결함이 아니다. 일본이나 독일의 예를 보더라도 원래 민족주의는 배타적이요, 독선적이요, 국수적이요, 고립적인 경향으로 흐르기가 쉬운 것이다.
		민족교육 구호 때문에 국어교육, 역사교육만 중시된다거나 학급자치회 등이 운영되지 않는 일은 아쉽다.
20	대구사범대학부속 국민학교 교사 박달희	일제 시기 교사 중심의 획일적 교육을 벗어나고자 아동 중심의 민주주의 교육이 시도되었다. 아동수가 많은 현재로서는 분단학습지도가 대안이다.

20명의 현장 교육자들은 민족교육과 민주교육의 관계에 대하여 다양한 방식으로 이해한 상태에서 각자 나름의 의미를 부여하고 있었다. 크게 두 그룹으로 나누어 볼 수 있다. 첫 번째는 '민주주의 민족교육'을 사실상 '민족주의 교육'과 동일시하는 이들이다. 19, 20번 논자를 제외한 18명의 발표자가 모두 그러하다. 즉, 대다수의 관점인데 문교부장관 안호상의 입론에 전적으로 동조하는 것처럼 보인다. 화랑도정신, 삼일정신=민족의 생명은 개인의 생명보다 위대 계승을 내세우고, 개인주의 교육과 계급적 교육을 모두 부정하며, 유기적 구성원인 개인이 민족을 위해 희생해야 한다는 발언들은 안호상이 줄곧 해왔던 말들이다. 홍익인간을 민족정신의 발단이자 정신생명으로 절대화하는 방식에서도 민족주의 교육에 대한 반성이나 고민은 찾아

보기 어렵다. 앞서 교육전문가 이상선은 민주주의 민족교육이 영구적인 교육목표가 될 수 있을까 고심하는 모습을 보였지만, 현장 교육자들은 '민족부흥교육'이 현실적이자 영원한 교육목표라는 데에 의문을 제기하지 않았다13번. 인류로서가 아니라 국민이자 민족으로 먼저 존재한다는 논법은 신채호 이래 민족주의 역사학자들에게 면면히 이어져온 사고방식인데, 그러한 생각 위에 '사람다운 교육이라는 인문주의 교육이념'은 간단히 무시되고 만다12번.[38]

물론 민족주의 교육이 배타적 성격을 띨 수 있다는 점을 이들이 모르는 것은 아니다. 그러나 해방 이후 미군정의 민주주의 교육이 우리 실정에 맞지 않았다는 강한 불만 속에 그러한 우려는 묻히고 있었다. 일본이나 독일이 바로 배타적, 국수적 민족주의 국가였다는 19번 논자의 주장도 함께 묻혔다. 제1차 세계대전 패배 이후 20년 만에 강해진 독일을 본받아야 한다거나 '국민총동원'의 교육개조가 필요하다는 발언이 나오고9번, 홍익인간은 침략성을 내포한 팔굉일우와 다르다는 논리가 별다른 논거없이 되풀이되었다3번. 나치스의 '독재적 민족교육'과 구별하기 위해 '민족교육' 앞에 '민주주의'를 붙였지만, 정작 차이가 무엇인지는 말하지 못한다1번. 일제시기 교육이 주입식이었다는 반성을 하면서도, 주입식이 되기 쉬운 민족주의 교육의 결함은 '민주적'으로 해소될 것이라고 모호하게 처리하고 있다4번. 주입식 교육의 폐해가 민족주의 교육으로부터 나왔음을 인지하면서도, 우리의 민족교육은 민주적이기 때문에 다르다고 변명하고 있는 것이다. 문제는 해당 논자들이 '민주교육'의 내용이 무엇인지 제대로 다루고 있지 않다는 점이다. 16번 발표자경남 거창공립국민학교장 전정일는 '민주적 민족교육'을 벤다이어그램으로 도식화하여 이해하고 있었다. '민주적 민족교육'

으로 카테고리를 만들었지만, 그 아래의 교육목표, 시대 이념과 사조, 현실적 이상 모두 '민족전통이념'과 '민족교육전통'으로 설명될 뿐이다. 아동, 가정, 교사, 학교를 둘러싸고 있는 '민족 국가'의 밖에 다시 '인류 사회'가 있다고 형상화되어 있긴 하지만 관심 밖으로 보인다.

첫 번째 그룹 논자 중에서 일부가 '민주교육'의 내용을 별도로 다루고 있기는 하다. 17번 논자가 대표적이다. 교육 자체가 민주화되어야 하고, 피교육자 본위의 교육이 이루어져야 하는 것이다. 그러나 해당 논자 역시 결론적으로 해방 이후 민주주의 유행병자가 많다며 민주교육과 민족교육의 결합을 막연히 주문하고 있다. '아동의 개성 생활 중심'을 말하고 있지만, 아동관 앞에 '민족적'이라는 수식어가 들어가면서 본래의 의도는 희석된다7번. 아동지상주의, 개성 존중 교육은 개인주의 교육으로 변질되지 않도록 해야 한다12번. 결국 민주주의, 자유주의, 개인주의, 계급주의를 모두 배척하고 남은 민족주의 교육의 내용은 과연 무엇인가? 민족 전통대로 어른 말씀을 잘 들어 민족정기를 앙양시키는 것이고14번, 가장과 스승, 남편에 복종하는 아이를 키워내는 민족도덕 교육이었다4번. 정신적으로는 민족교육, 방법적으로는 민주교육을 시행해 합치시키면 된다고 하지만5번, 이미 민족주의 교육이 상위의 교육목표로 설정되는 순간, 민주적인 방법이라는 것은 그 가치와 효용성을 잃게 되는 것이다. 애국정신과 애국적 자존심 고취를 위한 수단에 불과한 학생 자치회가18번 본래의 역할을 할 수 있었겠는가?

이 발표회에는 위의 논자들과는 구별되는 소수 의견19, 20번도 두 번째 그룹으로 포함되어 있었다. 특히 19번 논자인 서울사범대학부속초등학교 김기서는 1번에서 18번 논자들의 주장을 정면으로 반박했다. 출발점은

'민주주의 교육'의 핵심이 본질적으로 무엇이냐는 질문을 던지는 것이었다. 이는 '민주적'이라는 수식어만으로 '민족주의 교육'의 폐해가 그냥 극복되는 것처럼 말하는 이들에 대해 행해진 통렬한 반론으로 볼 수 있다. 구체적으로는 국어교육과 역사교육만이 중시되고, 학급 자치회가 잘 운영되지 않는 상황을 민족주의 교육에 편향된 교육현장의 문제로 지적하였다. 20번 논자도 일제 시기 교사 중심의 획일적 교육과 해방 이후 아동 중심의 민주주의 교육을 대비시키고 있다. 그러면 19번 논자 김기서가 생각하는 '민주주의 교육'의 내용은 무엇이었을까? 이는 같은 해 8월에 발표한 글에 좀 더 자세하게 나와 있다.

> 대한민국정부가 수립된 이후에는 국가적 요청이랄까 민주적 민족교육이 그 기본이념으로 되어 있습니다. 거기다가 시국의 장세壯勢까지도 가담하게 되어 지금이야말로 우리 민국의 교육은 바야흐로 민족교육 일색으로 물들여 놓은 듯한 감을 가지게 되어 있습니다. (…중략…) 오늘날 민족교육을 떠들게 된 이후로서는 어느 사이에 모두가 다 민주주의 교육은 이미 잊어버리고 먼 옛날 이야기 같은 감을 가지게 된 것도 어느 정도 사실 같습니다. (…중략…) 민족정신의 앙양을 강조하는 나머지 소위 감명을 주는 교육 다시 말하면 귀를 통하는 강연식 설교식 교육으로 후퇴하고 있는 경향이 퍽 많다고 합니다. 그러나 여러분 이러한 교육은 이미 일제시대에 다 경험한 것이며 일본인들 자체도 그러한 교육에 대하여는 지금 큰 반성을 하고 있는 것이 사실입니다. (…중략…) 한동안 학습지도법을 중심으로 한 소위 새 교육의 연구가 활발하였는데 최근에 와서 일시 정돈 또는 후퇴하는 상태에 있다는 점은 여러 번 지적되고 있는 사실입니다. (…중략…) 첫째로 환경의 구성과 그의 활용에 대한 것입니다. (…중략…) 둘째로 체험을 통한

학습입니다. (…중략…) 셋째로 교사와 아동과의 접근에 대한 문제입니다.[39]

김기서의 논법을 도식화하면, 환경, 체험, 아동을 중시하는 진짜 민주주의 방식으로 교육을 해야 하는데, 지금 미군정 교육 정책에 대한 반작용으로 과도하게 '민족교육'이 주창되고 있으며, 그 결과 일제 시기 강연식, 설교식 수업으로 퇴행하고 있다는 것이다. 엄밀히 말하면 환경, 체험, 아동 중시가 왜 '민주주의'인지 김기서도 설명하고 있지는 못하다. 애초에 파시즘적 민족교육을 비판하면서 그 반대편에 민주교육을 놓았을 뿐이다. 역사적으로 파시즘이 제도적 민주주의나 대중적 포퓰리즘과 공존해왔음을 감안한다면, 핵심은 '민주적'이라는 수식어 자체에 있는 것이 아니라 '민주주의'의 내용에 있음을 알 수 있다. 민주주의 교육이 민족주의 교육과 어떻게 구분될 수 있을지에 대해서는 오천석의 글들을 통해 좀 더 살펴보도록 하겠다.

3. 오천석의 교육관에서 민주주의와 민족주의의 관계

오천석은 교육이념 정립 과정에서 안호상과 대척 관계에 있던 인물이다. 오천석은 김성수, 백낙준, 김활란 등과 함께 해외에서 고등교육을 받은 교육전문가 집단의 일원으로 교육주도 세력 중 핵심 인물로 분류된다. 유력한 초대 문교부장관 후보이기도 했다. 반면 안호상, 손진태 등과 일선 교사들이 참여한 조선교육연구회는 교육주도 세력에 비하여 상대적으로 민족주체성 교육을 더 강조했다.[40] 오천석은 '홍익인간'을 교육이념으로 삼는 데에 반대한 것부터 시작해서, 일관되게 안호상 등의 민족주의 교육에 대하여 비판적 입장을 취했다. 그는 1970년대 박정희 정부 시기까지도 교육관 관련 글들 속에서 민주주의 교육과 민족주의 교육의 관계에 대하여 고찰했다. 시기별 주요 저서에서 오천석 교육관의 핵심 사항을 뽑아 보자.

〈표 7〉 오천석의 저작들에서 민주주의교육과 민족주의교육에 대한 관점

출처	민주주의교육에 대한 관점	민족주의교육에 대한 관점
「민주주의교육의 건설」, 1947[41]	개인의 가치가 국가나 사회 위에 있다는 사상이 민주주의의 기본적 신조	일본적 잔재는 국수주의, 전체주의, 국가지상주의
「민주교육을 지향하여」, 1960[42]	듀이의 교육이론을 처음 소개한 것이 자신. 헤겔적 관념론에서 벗어나 생활, 경험, 생각, 아동 중심, 사회적 환경 중시가 듀이의 기본적 교육사상.	교육개혁을 방해하는 세력의 극단적 민족주의가 새교육운동을 외국의 모방이라고 규정하고 배격.
		피히테가 말했던 것처럼 '민족중흥은 교육으로'라는 구호가 우리에게 필요
『민족중흥과 교육』, 1963[43]	서구 민주국가들은 법으로 제정된 교육목표가 없음. 관이 모든 시민에게 통용될 정신적 가치를 결정할 권리를 갖지 않음.	한국 교육목표의 특수성은 민족의식과 국가관념 강조. 사대주의와 식민 경험에서 적절한 것.
	'선의의 독재'는 불가피하다는 생각은 잘못. 히틀러, 무솔리니, 도조의 독재도 선의, 애국심에서 출발.	단일혈통 순수민족을 자부했던 것이 독일인과 일본인.
		우리의 민족의식이 박약했던 것은 역사적 사실. 민족주의는 인도주의, 세계주의라는 목적 달성을 위한 수단.
『민주주의의 참된 모습, 국민정신무장독본』 2, 1968[44]	민주주의가 비능률적이라 하여 비난할 수는 없음. 능률만을 구한다면 독재 국가에서 가장 쉽게 구할 것.	현대의 민주주의적 정치 모양을 갖춘 기관으로 화백, 고구려 군공회의 등이 있었음.
『발전한국의 교육이념탐구』, 1975[45]	민족주의를 '자유주의적 민족주의'로 해석한다면 민주주의와 하등의 모순 없이 공존 가능. 문제는 개인주의를 민족주의 내지 국가주의와 어떻게 조화시킬 것인가. 서구적 민주주의를 개인주의적이라고 단죄하는 일에는 반대함.	근대 민족주의에는 '자유주의적 민족주의'와 '통체적(統體的) 민족주의'가 있음. 조국의 우월성을 신조로 삼는 나치즘 등이 통체적 민족주의. 많은 신생국가, 약소국가가 통체적 민족주의 수용.
	안호상이 '민주적 민족교육', '일민주의교육'을 내세웠지만, 실제로는 '국수주의적 민족교육'에 불과. 손진태의 사상도 동일.	민족중흥을 위한 민족의식 강화는 분명 교육적 과제.

출처	민주주의교육에 대한 관점	민족주의교육에 대한 관점
		한국적 교육이념으로 제시된 화랑도는 무사도(武士道)의 일종. 신채호 등에 의해 과대평가된 느낌.
	민족주의를 민주화하는 일이야말로 발전한국의 과업인 동시에 우리 교육의 과업.	
『외로운 성주(城主)』, 1975[46]	일본에 대한 강렬한 적개심에도 불구하고 전체주의적 사고방식은 무의식적으로 추종, 모방됨.	
	이미 민족정신에 불타 있는 국민에게, 거듭 민족정신을 강조하기보다는 민주주의 원리에 기초한 사회 수립을 위하여 민주교육에 역점을 두었던 것임.	
	민주주의교육에 대한 열이 식어갈 무렵, 이에 찬물을 끼얹은 것이 정부 수립과 더불어 문교당국에 의하여 강력히 기치가 올려진 민족주의교육. 원천적으로 민주주의와 민족주의가 공존할 수 없는 사상이 아니지만, 당시 제창된 민족주의는 편파적 성격이 농후.	
	「국민교육헌장」은 민족이 처한 시대성을 감안해 평가해야겠지만 지나친 민족주의 강조는 위험성 내포하는 것.	
	해방 이후 민주교육('새교육 운동')과 민족교육('민족적 민주교육') 모두 실패. 오늘날 남은 것은 '입시준비' 교육뿐.	

오천석이 일관되게 지지했던 '민주주의 교육'의 내용이 듀이의 진보주의 교육사상이었다는 점은 명백하다. 그런데 그는 자신의 교육관을 실현시키기 위하여 끊임없이 '민족주의 교육론'과의 대결 구도에서 이길 만한 논리를 개발해야 했다. 오천석이 민족주의에 입각한 교육론을 왜 문제삼았는지 두 가지 측면에서 생각해 보자. 첫째, 오천석이 문제삼는 민족주의 교육론은 사실상 파시즘적 세계관에 입각해 있었다. 해방 직후 상황에서 그는 '민주주의교육'을 주창하는 데에 그치고 있지만, 1970년대의 회고담에서는 안호상, 손진태 등의 '민주적 민족교육론'을 노골적으로 비판하였다. '국수주의적 교육'에 불과하며 나치에 이어 신생국가들이 받아들인 통

체적 민족주의, 즉 파시즘에 입각해 있었다는 입장이다. 조국의 우월성을 신조로 삼는 것이 민족주의의 본질적 속성이다. 물론 그렇지 않은 민족주의, 즉 자유주의적, 개인주의적 민족주의도 존재한다면서 대안으로 제시한다. 여기서 드는 의문은 그냥 '자유주의', '개인주의'라고 하면 됨에도 왜 굳이 '자유주의적 민족주의'라고 표기하고 있는가 하는 점이다. 또한 듀이의 진보주의 교육사상이 자유주의 정치사상과 등치될 수 있는가 하는 점도 따져보아야 할 것이다.

둘째, 이처럼 오천석 역시 '민족주의 교육'의 몇몇 담론들로부터는 벗어나지 못하고 있다는 점을 지적할 수 있다. 오천석이 교육계에서는 주도 세력이었을지 모른다. 그러나 해방 이후부터 박정희 정부 시기까지 줄곧 확대된 정치계, 학계, 대중들의 민족주의 열풍 와중에서 자신은 사회적으로 소수자라는 방어의식 역시 작지 않았다. 우리의 민족의식이 역사적으로 약했던 것은 사실이고, 현실 정치에서 민족의식을 강화시켜야 하는데, 교육을 통해서만 가능하다는 인식을 오천석 역시 가지고 있었다. 그렇기 때문에 개인주의와 민족주의 내지 국가주의를 어떻게 조화시킬 것인가 고민하고, '민족주의의 민주화'를 교육 과제로 내세웠던 것이다. 이와 같이 오천석은 민주주의 교육과 민족주의 교육의 관계에서 자유주의와 파시즘의 대립 구도를 발견하고 적절하게 문제화하는 모습을 보이기도 했지만, 결과적으로 민주주의와 민족주의의 조화 가능성을 모색하고 민족주의의 배타성을 우려하는 인식 수준에 머물러 버렸다.

그런 측면에서 볼 때, 1970년대 중반 시점에서 민주교육'새교육 운동'과 민족교육'민족적 민주교육' 모두 실패하고 입시교육만 남았다는 개탄은 재음미해 볼 필요가 있다.[47] 입시지옥으로 인한 교육의 황폐화가 민주교육과 민족교육의 실패 때문이라면 2022년에도 유효한 문제의식이기에 더욱 그러하다. 사실 오천석이 민주교육과 민족교육의 관계 설정을 원칙대로 밀고 나갔다면, 이 부분에 대한 해석은 달라져야 한다. 즉, 민주교육과 민족교육 중 어느 쪽도 성공하지 못해서 입시교육에 머문 것이 아니다. (파시즘적) 민족교육으로 인해서 (진보적) 민주교육이 제대로 이루어지지 못했기 때문에 한국 교육이 실패한 것이라고 해야 적절한 평가가 된다. 오천석은 내심 그러한 이야기를 하고 싶었는지 모른다.

이처럼 오천석은 박정희 정부 시기 교육도 긍정적으로 보지 않았다. 「국민교육헌장」에 대한 평가도 유보적이었다. 기본적으로 관망하는 태도였다. 박정희 정부 역시 강력하게 민족교육을 표방했기 때문일 것이다. 그런데 박정희 정부 시기의 민족교육은 그 이전의 것과 차별화된다는 시선도 존재했다. 교육학자 손인수에 따르면 홍인인간은 모호한 신화에서 나온 환상적인 교육이념이므로 청산되어야 한다. 또한 일민주의도 일본의 국수주의와 독일의 독재주의를 계승한, 시대착오적 전체주의 이념에 불과하다. 그러면서 민족교육의 확립, 조국근대화에 필요한 인재 양성이라는 구체적인 목표를 설정하자고 주장했다.[48] 또다른 교육학자 한기언 역시 안호상의 '일민주의교육', '민주적 민족교육'과 '학도호국단'이 히틀러 유겐트를 연상케 하고, 별다른 영향력도 없었다고 보았다. 그러나 교육이념으로서 '민족의 역사성'민족주체성, 역사와 문화에의 호소 자체는 높게 평가해야 한다고 하였다.[49] 안호상의 민족교육을 파시즘적 세계관에 입각한 것으로 비판하면서도, 「국민교육헌장」 제정 시점에서 새롭게 떠오른 '민족주체적 교육'의 진정성에 대한 기대감을 보이기도 했다.[50] 민족교육의 파시즘적 성격을 제대로 통찰한 것이 맞는지 의심스러운 대목이다.

이들 교육학자들의 박정희 정부 교육정책에 대한 기대감을 단순히 어용적, 정치적 성향 정도로 치부해서는 안된다. 해방 이후 지속적으로 추구되어 온 '민주주의의 한국화'를 박정희 정부가 정립시키는 데 나름 성공하였다고 볼 수 있다. 그 배후에는 강한 정치력과 일정한 대중적 지지가 깔려 있었다. 「국민교육헌장」 제정과 한국사 교과서 국정화에서 보이듯이 박정희 정부의 민족교육은 안호상의 그것에 비해 이론적, 실천적으로 실체가 있었다. 민족교육 정립 과정에서 박정희는 전통, 민족, 역사를 적극적으로 활용하였다. 서구의 민주주의는 붕괴되고 있는 반면, 단일민족 국가인 우리는 민족의 역사와 전통 속에 나아갈 길을 찾는 것이 더 용이하다고 진단되었다. 젊은 세대가 민족주의를 죄악시하는 것은 '극히 나이브한 어리석은 생각'으로 취급받았고, 교육은 국가의 이익을 옹호해야 하는 것이었다.[51] '민족주체성이란 민족적 자아, 역사적 자아, 역사적 현실에 처한 민족적 실존의식'으로 정의되고, '배타독선적인 민족지상주의'와의 관련성은 별다른 논거 제시없이 부인되었다. 교육 영역에서 민족주체성은 '민족이나 국가를 주체로 하고 그 민족과 국가의 발전을 위한 교육'이었다. 화랑-동학-3·1독립투쟁정신으로 이어지는 민족신앙을 부흥시키고, 광개토대왕의 개척정신을 본받아야 하지만, 이는 파시스트나 일본군국주의자들의 정치적 역사조작과는 다르다고 주장되었다.[52] '민족주체성', '한국민주주의', '국적있는 교육' 등의 교육이념이 타당한지 답하기 어렵다며 중립적 입장을 보인 교육학자들조차도 '교육은 국가발전을 위한 수단'이라는 명제 자체는 부정하지 못하는 시대였다.[53] 이상과 같은 인식 방법은 사실 안호상의 파시즘적 세계관에 모두 들어가 있는 것이었다. 배타적, 파시즘적 민족주의를 한쪽으로 몰아내고, 자신의 민족주의는 자주적, 민주적이라는 논법이 되풀이되는 것이다.

'홍익인간'이 대한민국 교육이념으로 채택되기 전에 국회 논의 과정에서 여러 반론이 제기되었다. 민주주의와 자유주의의 가치를 제한하고 파시즘적 논리가 될 수 있다는 우려가 있었으나, 대체로 '민주주의'라는 보편적서구적 가치를 우리의 처지에 맞게 (민족적으로) 변용시켜야 한다는 공감대가 형성되어 있었다. 그러하기에 초대 문교부장관 안호상에 의해 '민주주의 민족교육론'이 제창될 수 있었던 것이다. 안호상은 민족주의의 배타성과 민주주의의 비자주성을 모두 지양해서 '민주주의 민족교육'으로 결합시켰다고 주장했다. 그러나 현존하는 정치 이데올로기들을 대부분 부정함으로써 비어 있게 된 공간을 민족, 민중, 국가로 채웠다는 점에서 파시즘적이었다. 1949년 3월 열린 민주적 민족교육연구대회 발표문들과 『민주주의 민족교육론』이란 책을 통해 교육관료 및 현장 교사들이 안호상의 '민주주의 민족교육론'을 어떻게 받아들였는지 엿볼 수 있었다. 교육관료들은 기본적으로 민주주의와 민족주의를 대립적, 모순적 개념으로 인정하면서도 두 개념의 봉합을 위해 소극적인 태도를 취했다. 고등교육국장 사공환처럼 신채호, 안호상, 안재홍, 손진태 등의 민족주의 역사인식을 짜깁기해 '민주주의 민족교육'을 정당화시키는 경우도 있었다. 당대 미국식 민주주의를 도입하기 위해 신설된 사회생활과 내용이 '유기체적 민족주의'에 빠지는 모순도 발생했다. 현장 교사들 역시 화랑도정신, 삼일정신 계승을 내세우고 개인주의 교육과 계급적 교육을 모두 부정하며 개인이 민족을 위해 희생해야 한다는 (안호상의) 입론에 동조하는 경우가 많았다. '민주주의 교육'의 핵심이 본질적으로 무엇이냐는 질문을 던지고 미군정 교육정책에 대한 반작용으로 과도하게 '민족교육'이 주창되고 있다고 진단하는 이도 일부 있었지만 소수였다. 교육전문가 오천석 역시 '민주주의 민족 교육론'에 일관되게 반대하였다. 그는 민족주의 교육론이 사실상 파시즘적 세계관에 입각해 있다고 비판하였다. 그러나 결과적으로 민주주의와 민족주의의 조화 가능성을 모색하고 민족주의의 배타성을 우려하는 인식 수준에서 더 나아가지는 못하였다.

2020년대 현재 대한민국 교육의 지향점이라는 측면에서 보면 점차 민주주의가 중시되는 추세를 보인다. 그러나 민족주의적 가치도 그 힘을 상실한 것은 아니다. 민족주의와 민주주의 가치를 등치시키고, 그 반대편에 친일파, 매국노, 독재자, 파시스트 등을 한묶음으로 위치시키는 언술들이 정치인, 학자, 언론인 등에 의해 반복되고 있기 때문에 가능한 일이다. 물론 '민주주의 교육'의 본질이 무엇인지 따지는 일은 간단하지 않으며 본고에서 감당할 수 있는 사안이 아니다. 그러나 적어도 '민주주의'의 내용을 '자유주의'와 '개인주의'의 측면에서 보았을 때, '민족주의 교육'은 역사적 맥락에서 '민주주의'가 아니라 오히려 '파시즘'에 가깝다는 점은 본서를 통하여 논증되었다고 생각한다.

제8장

역사교육의 정치적 성격 고찰

한국사학계 원로들이 한국프레스센터에서 '역사교육에 대한 권력과 정치의 개입을 개탄한다'며 기자회견을 열고 있다.(「사학자들 "역사교과서 국정 전환은 유신회귀"」, 『한겨레』, 2013.11.12)

1. 한국사 교과서 국정화 논쟁 재검토

2013년 '교학사 **한국사** 교과서 검정 통과 논란'이 거세게 일어났다. 그러나 실제 고등학교에서의 채택이 전무하다시피 함으로써 사람들의 관심사에서도 점차 멀어져 갔다. 기본적 사실관계의 오류가 적지 않았고, 우편향적 관점에 기대 여론을 무시하고 무리하게 추진되었다는 점에서 예견된 바였다.[1] 그러나 교학사 교과서의 채택율이 0%에 가깝다고 해서 모든 문제가 해결된 것은 아니었다. 정부에 의해 수능필수화 등 국사교육의 강화가 결정되었고, 나아가 국정교과서로의 복귀가 결정되었다가 사회적 논란 끝에 좌절되었다. 그렇게 국정화는 좌절되었지만 여전히 중고등학교 한국사 교과서는 검정 체제를 별 문제없이 유지하고 있다. 그러나 지금이야말로 '국정화 논쟁'을 계기로 역사교육의 본질을 되돌아볼 때라고 할 수 있다.

당시 교학사 교과서 논란과 국사교육 강화 논의 등에서 나온 주장들을 되돌아보자.

역사교과서 문제에 대한 정부·여당의 인식이 매우 우려스러운 지경으로 치닫고 있다. 그제 정홍원 국무총리가 국회 예산결산특별위원회 정책질의에서 고교 한국사의 국정교과서 전환 필요성을 언급하더니 어제는 새누리당 중진 김무성 의원이 "다른 교과서는 몰라도 국어와 국사 교과서는 국정체제로 전환해야 한다는 주장에 대해 활발한 논의가 필요하다"며 맞장구쳤다. 정부·여당의 책임있는 인사들이 아예 드러내놓고 유신 시절의 국정교과서로 돌아가자며 분위기를 띄우는 판이니 황당하기 짝이 없다. (…중략…)

국정교과서 체제는 박정희 정권 때인 1974년 기존의 검정체제를 뒤엎고 실시한 제도다. 권위주의 정권을 정당화하고 일률적인 역사의식을 주입하기 위한 의도였음은 말할 나위가 없다. 지금의 검정교과서 체제는 그 위험성과 폐해를 줄이고 교육의 자율성과 다양성을 살리기 위한 학계의 요구와 사회적 합의의 산물이다. 이를 과거로 되돌리려는 것은 매우 의도가 불순할 뿐 아니라 위험천만하기까지 하다. 교학사 교과서 파문을 과거 회귀의 빌미로 삼으려는 기도는 당장 그만두어야 한다.

최근의 교과서 논란을 일으킨 것은 교육부와 이른바 '엉터리' 뉴라이트 교과서다. 멀쩡한 기존 교과서를 '좌편향'이라고 공격하고 부실·오류·편향·왜곡투성이 교과서로 말썽을 일으킨 데서 문제가 시작됐다. 검정제도의 문제도 그런 교과서를 검정 통과시키고 부실 등이 드러나자 수정·보완으로 사실상의 재검정 기회를 준 교육부에 있지 검정제도 자체에 있다고 할 수 없다. 더욱 기막힌 것은 문제를 일으킨 쪽은 교학사 교과서인데 오히려 다른 교과서가 공격의 표적이 되고 있는 사실이다. 검정체제를 문제삼아 국정체제로 돌아가자는 얘기는 말썽을 일으킨 쪽에서 말썽이 많으니 옛날로 돌아가자는 것과 다를 바 없다. 현재 수정보완 대조표를 제출한 교학사와 교육부의 권고안을 대부분 받아들여 자체 수정을 마친 7종의 교과서가 교육부의 결정을 기다리고 있다. 새학기를 불과 넉달 남겨놓고 학교 현장의 혼란이 예상되는 상황에서 국정교과서 논란까지 나오고 있으니 참으로 걱정이다. 논란을 차단해야 할 정부·여당이 이를 부추기고 있는 것은 적절치 않다.[2]

길 한복판에서 매를 맞고 있다. 거의 집단 린치 수준이다. 말리는 사람도 거의 없다. 교학사가 펴낸 고교 한국사 교과서 얘기다. 매를 맞아도 싸다면 그만한 이유가 있어야 한다. 하지만 앞뒤를 살펴보면 왜 몰매를 맞아야 하는지 납득하기 어렵다.

이 교과서는 우파 시각에서 쓴 한국사 교과서다. 7종의 다른 교과서와 함께 검정 절차를 밟았다. 최종 합격 판정에 앞서 올해 5월 본심사를 통과했을 때부터 좌파 세력의 집중 표적이 됐다. 민주당까지 나서 "김구 선생과 안중근 의사를 테러리스트로 표현하고 있으며 4·19혁명을 학생운동으로 폄하하고 5·16군사정변을 혁명으로 미화하고 있다"고 공격했다. 헛발질이자 사실무근이었다. 교학사 교과서 최종본에는 '4·19혁명' '5·16군사정변' '5·18민주화운동'으로 기술되어 있었다. (…중략…)

틀린 것은 반드시 수정해야 하지만 단순한 실수를 '친일'로 몰아가는 근거로 내세우고, 이 정도 잘못을 놓고 "책장을 넘길 때마다 오류가 있다"고 표현하는 것은 과도하다. 일부 단체는 '한국판 후소샤 교과서'라는 꼬리표를 붙였다. 일본의 극우 교과서와 같은 책으로 매도한 것이다. 이 교과서에 대한 최근 비판은 분명 '마녀사냥'으로 흐르고 있다.

더구나 어느 역사적 사건은 왜 작게 취급하고 어떤 것은 크게 취급했느냐고 시비를 거는 것은 수긍하기 힘들다. 교과서 검인정 체제는 다양한 교과서를 만든다는 취지에서 도입됐다. 어느 역사학자는 "다른 분야는 보수 세력이 장악했으나 역사학계만은 아니다"라고 말했다. 좌파 역사학자들의 득세를 자신 있게 드러낸 말이다. 이들이 쓴 여러 권의 교과서에 맞서 우파 교과서 하나가 나왔다. 당연히 관점이 다를 수밖에 없다. 교학사 교과서가 검정을 통과한 것은 정부가 정한 집필 기준 내에서 교과서를 썼음을 의미한다. 기준을 벗어나면 검정을 통과할 수 없다. 정해진 범위 내에서 우파적 역사 해석을 했다는 뜻이다.

공격의 선봉에 서 있는 사람들은 주로 역사학자들이다. 그러나 이들은 2008년 좌편향으로 비판 받았던 금성출판사의 근현대사 교과서에 대해 이명박 정부가 수정권고를 하자 이번과는 정반대 반응을 보였다. 여러 단체들이 "다양성을 중시하는 검정교과서 취지를 무력화하는 일"이라고 반발했다. 최근에도 금성출판사 교과서의 필자였던 한 학자는 "역사 해석은 다를 수 있다. 교과서 집필의 자율성을 해치는 어떤 시도도 막아야 한다"고 주장했다. 그러던 사람들이 지금은 교학사 교과서의 검정 취소를 요구하고 있다. 처음부터 우파 교과서의 싹을 잘라버려야 한다는 살벌함 같은 것이 느껴진다.[3]

한국사학계를 옹호하는 측에서는 1970년대 국정교과서 체제의 부활 의도를 의심하며, 교학사 교과서가 내용 면에서 부실하다는 점을 부각시키고 있다. 반면 교학사 교과서를 옹호하는 측에서는 내용상 오류는 수정하면 그뿐이라며 역사 해석의 다양성을 주장해온 좌파 역사학자들의 태도가 모순적이라고 방어하고 있다. 양자는 얼마나 대립적인 것일까? 사실의 실증을 중시하고 국가권력에 종속되지 않는 다양한 역사 해석을 지향하고 있다는 점은 마찬가지다.

그런데 한국사학계는 왜 교학사 교과서의 다양성을 수용하지 않는 것일까? '어느 역사적 사건은 왜 작게 취급하고 어떤 것은 크게 취급했느냐고 시비를 거는 것은 수긍하기 힘들다'는 지적은 일리가 있는 것이다. 한국사학계는 역사 해석이 독점되었던 과거를 비판하면서도 역사 해석의 주도권을 내줄 수 없다며 다양성을 허용하지 않는 태도를 취하고 있다. 또한 5·16군사정변을 혁명으로 할 수 없는 데서 알 수 있듯이 교과서가 아니라 교과과정 자체가 다양성을 제한하고 있는 것도 사실이다. 반면 역사학계 내 주도권을 갖지 못한 뉴라이트 측에서 다양성 운운하는 것도 전략적 선택임은 쉽게 알 수 있는 일이다.

그렇게 본다면 양자 모두 겉으로 내세우는 것과는 달리 역사해석의 다양성을 용납하지 않고 있으며, '올바른' 국가권력의 입장에서 역사를 서술하는 것은 '정치적 편향성'이 아니라고 생각하고 있다고 볼 수 있다. 자신의 행위가 '정치적 성격'을 갖지 않는다고 믿는 데에서 오류는 시작된다. 논쟁의 방향이 어그러지는 것이다. 논쟁의 발전을 위해서는 각각의 정치성을 인정한 위에서 그 정치적 지향의 정당성으로 상대방을 설득해야 할 것이다.

오늘날 일반적으로 역사교육의 목적이라 하면 민족 정체성의 확립과 역사의식 및 역사적 사고력 함양 등을 꼽는다. 문제는 역사교육에 가치 판단이 개입될 수밖에 없다는 점이다. 특히 국가 공교육의 중요 부분으로서 역사교육이 이루어지고 있어서 상황은 더 복잡해진다. 다시 말해 역사학 자체가 그러하거니와 역사교육에서도 특정한 사건이나 인물, 시대에 대한 서술에 관점이 들어갈 수밖에 없는데, 특히 초·중등 역사교육을 주도하고 있는 것이 국가이기 때문에 국가의 개입에 대해 논하지 않을 수 없다는 뜻이다.

사실 국가가 역사교육에 개입하는 것은 우리만의 특수한 문제가 아니다. 19세기 역사학을 분과학문으로 성립시킨 랑케가 역사서술의 주체를 민족국가로 설정한 데에서 알 수 있듯이 근대역사학은 태생부터 국가권력과 결합되어 있었다. 한국, 중국, 일본 등 동아시아 국가들도 이같은 역사 서술 체계를 수용하였다. 서구 국가들은 1960년대 이래 포스트모더니즘의 영향 하에 자국사 중심 역사연구에 대한 반성을 해 왔으나, 오히려 동아시아에서는 오늘날 국가주의적 역사 서술이 더 강화되고 있는 실정이다.

신채호 이래 한국의 역사학자들도 망국의 위기감 속에서 역사학을 통해 민족 정체성을 유지해야 한다는 사명감을 강하게 가지고 있었다. 해방 이후 그토록 바라던 국민국가가 건설되었지만, 좌우 대립 속에 분단과 전쟁, 냉전이 계속되면서 국가는 여전히 신성한 존재로 개인을 억누르게 된다. 독재정권은 민족의식 고취를 현 정권에 대한 충성으로 연결시키고자 했고, 역사교육은 그 수단이었다. 1970년대 초반 국사교과서의 국정화, 공무원시험에 국사과목 추가 등 국사교육 강화책은 그러한 의도에서 나온 것이었다. 따라서 민주화가 이루어진 1990년대 초반 국사의 위상이 '시민사회의 교양' 과목 정도로 내려앉은 것은 독재정권과의 결탁에 대한 반작용의 성격을 지닌 것으로 볼 수 있다.

그런데 2000년대 중반 이후 다시 국가 주도의 국사교육 강화 지침이 내려지고 있다. 여기에는 중국의 동북공정, 일본의 독도영유권 주장 등에 대한 대응과 일부 설문 조사 등에서 나타난 학생들의 역사지식 부족 등이 명분으로 내세워지고 있다. 이런 상황에서 사람들은 흔히 '국사교육 강화'는 좋지만 '잘못된' 교과서로 배우면 하지 않는 것만 못하다고 말한다. 교학사 교과서가 바로 그 '잘못된' 교과서의 예일 것이다. 그러나 교학사 교과서가 잘못되었다고 보면서 국가 주도의 국사교육 강화에 대해 거부감을 갖지 않는다면 교학사 교과서의 잘못을 제대로 인식하지 못하고 있는 것이다.

사실 교학사 교과서의 가장 큰 문제는 단순히 친일·독재 옹호에 있는 것이 아니라, 전형적으로 국가주의적, 근대주의적, 발전주의적 시각에 입각해 있다는 점이다.[4] 이것들은 근대 초기 급진개화파들로부터 일제 시기 부르주아민족주의 세력을 거쳐 해방 이후 독재정권에까지 줄기차게 이어져온 이데올로기이며, 현 시점에서도 그 영향력을 잃지 않고 있다. 예를 들어 친일을 했어도 독재를 했어도 경제성장에 이바지했으면 그것이 곧 애국이라는 논법이 성립되는 셈인데, 교학사 교과서뿐만 아니라 기존 역사교과서 역시 그같은 논리를 완전히 부정하지 못하고 있다는 점이 더 큰 문제이다. 따라서 교학사 교과서 논란과 역사교과서의 국정화는 '무엇이 더 나은 역사교육인가'라는 논제의 성격을 퇴보시켰다고 할 수 있다. 국가의 개입으로부터 벗어나 역사교육의 본질을 고민해야 할 시점에서 좌우대립이라는 구시대적 논쟁으로 회귀해 버린 것이다. 이것이야말로 교학사 교과서와 역사교과서의 국정화가 가져온 가장 큰 폐해이다.

2013년 11월 12일, 한국사 원로 교수들은 교과서 문제에 대해 기자회견을 열었는데, 이날 등장한 핵심 구호가 바로 '역사교육에 대한 권력과 정치의 개입을 개탄한다'는 것이었다.[5] 이른바 이 원로 교수들은 1970년대 정권에 의한 한국사 교육 강화 과정을 몸소 경험한 분들이다. 당대 한국사학계 전체가 국정교과서화에 반대했던 것은 아니다. 그러나 세월이 지나면서 '권력과 정치의 개입'은 역사교육에 이롭기는커녕 오히려 해가 된다는 인식이 학계에는 상식화된 것으로 보인다. 그럼 국가의 개입만 없으면 역사교육이 정상화될 수 있을까? 다양한 정치 세력들에 의해 더 흔들리지는 않을까? 도대체 역사교육의 본질이란 무엇인가? 일단 역사교육의 본질로는 역사적 사고와 통찰력 함양 등 역사교육 자체가 지닌 내재적 가치의 추구를 들어야 한다.[6] 이 본질적 요소가 손상되지 않는 범위 안에서, 역사교육은 외재적 가치 추구의 수단도 될 수 있다. 역사학계, 역사교육학계, 교육학계 뿐만 아니라 각종 다양한 정치·사회 세력들이 역사교육에 요구하는 사항들이 있게 마련이다. 이런 현상 자체는 잘못된 것이 아니다. 모든 역사학 및 역사교육은 현재적 관점에서 벗어날 수 없으며, 현재적 관점 속에는 각 세력의 정치적 판단이 내포될 수밖에 없기 때문이다. 다만주의할 것은 현재적 관점과 정치적 판단이 너무 과도할 경우, 역사적 실상을 왜곡하고 나아가 역사교육의 내재적 가치 추구에 방해가 될 수 있다는 사실이다. 민족적·국가적 관점도 마찬가지이다. 얼핏 민족이나 국가는 개인과 집단 등 사적인 세력들의 이해관계를 조정하는 공공성을 담보하고 있는 것처럼 여겨지기도 한다. 그러나 구성원들의 무관심 속에 국가의 공공성은 얼마든지 훼손될 수 있다. 역사학자들은 과도한 국가의 개입을 견제하면서 학계 스스로의 역량으로 공공에게 이로운 관점을 찾아 나가야 한다. 또한 그러한 역사학의 성과 위에 교육적 관점에서 유의미한 것들이 무엇인지 합의하고 도출한 결과물이 교과서여야 한다.

저자는 교학사 교과서 검정 통과 논란에서 역사교과서 국정화 논란으로 이어지는 과정 속에서 역사학계와 역사교육학계의 대응이 적절했는지를 되돌아보고자 한다. 위 논란 속에 두 개의 대립 전선이 그어져 있다고 생각한다. 특정 교과서의 불공정한 검정 통과를 막고 국정화를 저지하는 것이 목적인 1차 전선에서 학계의 대응은 일단 성공적이었다. 학계 외부에서 그 존재를 드러낸 거대한 적의 실체가 확인되자 학계 내부의 균열과 갈등은 봉합되고 대동단결하여 맞서 싸우고 있는 형국이다. 그러나 이미 또 다른 전선이 학계 내부에도 존재해 왔다. 역사학과 역사교육의 본질적 측면에서 기존 학계에 문제가 없는가에 관련된 논쟁이다. 단기적으로 보면 학계 내부의 갈등을 부각시킨다거나 적군의 횡포함이 아군의 대의를 자동적으로 정당화시키지 못한다고 지적하는 일은 1차 전선에서의 싸움에 보탬이 되지 못할 것이다. 그러나 장기적으로 두 전선은 연동되어 있다. 많은 사람들이 지적했듯이 '반동'은 오래가지 못했다. 그렇다면 더 중요한 것은 그 다음의 행보다. 저자는 두 전선의 연동되는 측면이자 향후 역사학계와 역사교육학계가 중시해야 할 키워드로 '정치성'과 '다양성'을 꼽고 싶다. 두 주제어가 작금의 논란에서 어떻게 사용되고 있는지 살펴보고, 이를 교육 일반, 근대 역사학의 흐름, 역사교육의 본질적 목적 등의 관점에서 검토해 보려고 한다.

2. 역사학과 역사교육의 정치적 성격 문제

이 글은 역사교육이 기본적으로 정치적 성격을 갖고 있다고 전제한다. 먼저 이를 교육 일반의 측면에서 증명하고, 이어 역사교육론의 차원, 역사학 자체의 성격, 역사학과 역사교육의 관계 등에서 논하고자 한다. 첫째, 교육 일반의 정치적 성격이다. 헌법은 교육의 정치적 중립성을 규정하고 있다. 근대 이후 교사들에게는 정치적 의미에서뿐만 아니라 문화적·종교적·세계관적 중립이 요구되어 왔다. 그러나 근래 전교조 교사들의 시국선언 관련 사안에 대한 판례에서 보이듯이 교사들에 대한 정치적 중립성 요구를 구시대적 발상으로 치부하는 경우도 생겨나고 있다.[7]

또한 여기서 '정치적 중립성'이란 말에는 교육이 외부의 정치적 압력으로부터 자유로워야 한다는 의미도 내포되어 있다. '정치적 중립성'이 문제가 되는 단계는 대부분 초·중등학교의 공교육이고 이 공교육을 책임지고 있는 것이 국가이기 때문에, 정치적 압력을 행하는 주체 역시 국가권력이 된다. 즉 우리가 '정치적'이라고 할 때, 대개 교육에 관여하는 양대 주체인 국가권력과 교사의 역할을 문제 삼게 된다.

문제는 무엇이 정치적인가, 특히 중립적이지 않고 편향적이라고 말할 수 있는가에 대해 의견이 일치하지 않는다는 점에 있다. 예를 들어 1948년 4·3사건을 국가권력이 '폭동'으로 규정하던 시대에 이를 '항쟁'으로 가르치는 교사가 있었다면, 양자는 서로 자신은 '중립적인 사실'을 말하는 것이고 상대방은 '정치적 편향'에 빠져 있다고 주장했을 가능성이 농후하다. 국가권력의 요구가 주로 교육과정과 교과서의 형태로 교육현장에 전달된다는 점에서, 각종 교과서 논쟁도 기본적으로 이와 같은 구도에서 바라볼 수 있을 것이다.

그런데 국가권력과 개별 교사의 역관계를 놓고 보면 전자가 압도적이다.[8] 따라서 교육의 정치적 중립성을 논할 때 먼저 국가권력과의 관계를 논할 필요가 있다. 역사적으로 교육의 정치적 편향성은 대부분 국가권력과의 영향 관계에서 비롯되었다. 특정 세력에 의해 장악되어 그들의 정치적 의도가 관철되는 국가권력의 영향을 받으면서도, 겉으로는 '중립적' 국가권력에 의해 교육이 좌우된다는 인식을 갖게 만드는 것이 문제였던 것이다.

물론 국가권력이 교육과정에 영향을 미치는 방식은 시대에 따라 달라져 왔다. 1980년대까지는 특정 정치집단이 국가의 이름을 도용하여 교육개혁담론을 독점했다는 점을 쉽게 파악할 수 있다. 그러나 1990년대 정치체제의 민주화가 진전된 이후로는 특정 집단이 국가의 배후에 존재한다고 보기는 어려워졌다. 그럼에도 불구하고 교육을 선점하려는 다양한 집단과 계층의 갈등은 오히려 더 치열해졌다고 볼 수 있다.[9] 예를 들어 국정 국사교과서를 보면 예전처럼 국가권력의 요구가 일방적으로 받아들여지는 것은 아니지만, 각종 이해관계를 가진 집단들의 압력에 의해 짜깁기식 편집이 될 가능성이 높아졌다.[10] 줄기차게 계속되고 있는 사회과 통합 문제의 경우, '학문의 논리라기보다는 교육과정 정치학의 문제'라고 단언되고 있다.[11] 즉 과거와 같이 단순 논법으로 증명할 수 있는 문제는 아니지만, 여전히 교육은 정치적 성격을 띠고 있다고 볼 수 있다.

역사교과서 국정화가 다시 추진되었을 때 그에 대한 반발이 대대적으로 이어진 바 있다. 그러나 사실 검정교과서조차 국가에 의해 규정된 교육과정을 벗어날 수 없음에도 불구하고, 그러한 점이 인식되지 못한다는 점에 근본적인 문제가 있다. 다시 말해 역사교육을 포함해 모든 교육의 정치성 문제는 국가권력의 개입을 당연시하는 우리 사회의 분위기와도 관련된다.[12] 특정 정치권력에 의해 교육의 중립성이 훼손된다는 비판이 오랫동안 계속되어 왔음에도 불구하고, 한편으로 '교육의 정치적 중립성'에 대한 엄밀한 정의 없이 '국가권력의 중립적 성격'에 대한 기대도 막연하게 이어져 왔다. 따라서 '교육의 정치적 중립성'과 관련해 국가권력 및 교사의 역할과 행동 반경에 대한 사회적 합의를 도출하기 위한 노력이 필요할 것이다.

둘째, 역사교육 이론에서는 역사교육의 정치적 성격에 관해 어떠한 입장을 보이고 있을까? 사실 역사교육의 방법론은 좁은 의미의 교과교육 문제에 집중되는 경향이 있다. 국민 정체성 형성이나 동아시아 역사분쟁 대응 등을 위한 역사교육은 교과교육 외적 성격으로서, 이같은 요구는 교과교육의 방법론으로서 해결할 수 없다는 것이다.[13] 한편으로 조심스럽게 역사 지식의 사회적 효용에 대한 의지가 과거에 대한 성찰과 유희적 가치를 압도하게 되면, 역사적 판단이 앞서고 역사 해석에 오류와 편견이 끼어들 위험이 커진다고 지적하기도 한다. 역사를 통해 '교훈'을 얻는 것은 역사 탐구의 부산물이지 역사 연구의 목적은 아니라는 것이다.[14] 교훈과 효용성이라는 명분을 앞세워 끼어드는 역사학 외부의 압력이 역사적 사고와 통찰력 학습이라는 역사교육 본연의 목적을 짓누르는 현상에 대한 우려가 엿보인다. 역사와 정치는 불가분의 관계에 있으나 역사교육을 현실 정치화하는 것은 잘못이다. 결과적으로 '교학사 교과서 파동'과 '한국사 교과서 국정화 움직임'은 '교과서 해체적 읽기'까지 포함한 '비판적 사고'를 강조하게 했고, 이는 '역사적 사고력'이라는 '본래적 가치' 담론과 연결된다.[15]

이같은 점은 근대 역사학이 태동한 서구 역사교육의 변화 양상에서도 확인된다. 영국이나 독일은 교육의 분권성이 강하여, 역사교육의 내용 선정이나 교수 방법 등을 지역사회, 학교 또는 교사에게 위임하는 경우가 많다고 한다. 반면 프랑스나 이탈리아의 경우는 비교적 중앙집권적이며, 유럽 전체적으로 역사교육의 목표가 자국민의 긍지를 고양시키고 애국심과 도덕심을 주입하는 경향이 있었다. 그러나 20세기 중반 이후에는 자국사 중심 또는 유럽사 중심에서 광역적 현대사 중심의 원칙을 내세우며 자성적 모습을 보이기도 했다. 이는 인식자의 주관성과 텍스트의 비판적 읽기 및 쓰기를 강조하는 포스트모던 역사학의 대두와도 관련된다.[16]

하지만 한국을 비롯한 동아시아 국가들의 경우 여전히 민족국가의 정체성 함양이 중시되며, 서구의 경우도 정권의 성격에 따라 그러한 양상이 나타나기도 한다. 프랑스에서는 19세기 말 제3공화국 이래로 공화주의 공교육이 확립되는 과정에서 역사교육이 민족정체성을 함양하는 데 널리 이바지해 왔다. 그런데 특히 2007년부터 2012년까지의 5년 동안 집권한 사르코지 대통령은 역사교육에 대한 과도한 정치적 개입으로 문제를 일으킨바 있다. 그는 '하나의 민족정체성'을 내세우면서 우파 후보로서 좌파 역사인물들까지 아우르고자 했으며, 레지스탕스 기억을 전유하기 위해 17세의 나이로 총살당한 기 모케 사건을 끌어와 그의 편지를 역사교육에 활용하라고 주문했다. 그러자 역사가와 교사들은 레지스탕스 운동 전반의 역사적 맥락을 생략한 채 개인의 희생만을 부각시키는 것은 무모한 애국심만을 조장할 뿐이라며, 공권력의 교육 현장 개입에 반발하였다. 정권의 교체에 따라 역사교육의 내용과 체제가 달라지는 일은 민주주의 국가에서도 낯설지 않은 셈이다.[17]

동아시아 중국의 경우는 그러한 경향이 더욱 강하다. 중국의 역사교육은 대체로 사회주의 사상과 중화민족 개념을 모두 중시했으나, 점차로 보편성을 띨 수밖에 없는 사회주의 사상보다는 중국적인 특색을 담을 수 있는 '중화민족' 개념이 더 중요한 역할을 하게 되었다고 한다. 애국주의를 역사교육의 첫 번째 목적으로 내세우다 보니 교과서 서술에도 모순이 나타나게 된다. 근현대 제국주의 세력의 침략전쟁에 대해서는 강한 도덕성을 내세우면서도 전근대 중국의 대외 침략전쟁에 대해서는 입을 다물고 있는 것이다.[18]

반면 일본의 경우 전후 미국식 민주주의 교육개혁 도입과 전쟁 책임 문제 때문에 민주주의와 평화가 내세워지고 내셔널리즘적 요소는 적었다. 그러나 전쟁 책임을 명확히 제시하기 보다는 그저 내셔널리즘 부재의 역사교육이었기 때문에, 간간히 내셔널리즘의 욕구가 분출되어 왔다. '새로운 역사교과서를 만드는 모임'의 후쇼사판 역사교과서가 바로 그 빈틈을 노린 것으로 볼 수 있다.[19] 후쇼사판 역사교과서 이전에도 수차례에 걸친 '이에나가 소송'에서 알 수 있듯이 역사교육의 내용과 성격을 둘러싸고 일본 사회 내부에서 논쟁이 있어 왔다.[20] 한국이나 중국처럼 민족국가의 정체성을 일방적으로 내세운 것은 아니고 그에 대한 반대도 꾸준히 있어 왔지만, 제국주의 유산을 제대로 청산하지 못한 일본의 역사교육에서 국가권력에 의한 정치적 편향성이 부활할 가능성은 얼마든지 있다고 생각된다.

셋째, 역사학의 의미와 관련해 '역사는 과거의 있었던 일을 사실 그대로 서술하는 것이고, 여기에 정치적 목적이 개입되면 역사를 왜곡하는 것'이라는 명제가 일반적으로 받아들여지는 것으로 보인다. 일반인들의 생각이 그렇고, 언론에서도 그러한 취지의 기사를 내며, 역사 전문가라는 사람들조차 그렇게 이야기한다. 서로 격렬하게 대립하였던 교학사 저자들과 여타 교과서 저자들도 마찬가지인데, 재미있는 것은 양쪽 다 '자신들은 있는 사실 그대로를 말하는데, 상대방은 정치적 편향으로 역사를 왜곡한다'고 주장한다는 점이다. 이때 물론 단순한 사실 관계의 오류를 '왜곡'이라고 표현하지는 않는다. 하지만 사실의 선택과 나열에 어떠한 의도가 확인되는 경우, 비판하는 쪽에서는 '정치적 편향에 의한 왜곡'이라고 주장하고 비판받는 쪽에서는 '사실에 입각한 다양한 관점'이라고 항변하는 경우가 생긴다.[21]

그러나 '단언컨대' 위의 명제는 순진한 환상이거나 자기 기만에 불과하다. 역사학 자체가 그러하고, 역사교육은 더욱 더 '사실 그대로'가 아니라 현재의 관점에 의해 조정된 내용이 될 수밖에 없다. 다름 아니라 이것이 바로 역사교육의 '정치적 성격'이기도 하다. 특히 국가권력의 개입이 문제시되는 이유는 근대역사학의 성격 자체가 그러하기 때문이다. 여기서 근대역사학이라 함은 단순히 근대 시기에 형성된 역사학을 뜻하지 않는다. 우리가 현재 알고 있는 역사라는 학문 자체가 근대성을 가지고 있다는 말이다. 그렇다면 역사학의 근대적 성격이란 무엇인지, 근대 이전의 역사학은 어떠하였는지 따져볼 필요가 있다.[22]

먼저 근대 이전 역사학의 특징으로는 동서양 공통적으로 종교 경전에 입각한 도덕주의를 꼽을 수 있다. 도덕적·윤리적 판단이 중요하다는 뜻이다. 예를 들어 조선 시대 당시에 역사 서술을 하는 학자는 광해군에 대해 객관적이고 사실적으로 쓸 수 없다. 폐모살제라는 윤리적 판단이 다른 역사적 사실들을 압도하기 때문이다. 반면 실증을 중시하는 근대역사학에서는 광해군이 재평가된다. 그가 실리외교에 능한 군주였다는 것이다. 이처럼 실증을 중시한다는 점은 근대역사학의 첫번째 특징이자 가장 기본이 되는 사항이기도 하다. 물론 지금도 역사학에 도덕적 판단을 요구하기도 한다. 하지만 근대 이전 시기처럼 절대적 가치기준이 되지는 못한다고 볼 수 있다.

근대역사학의 두번째 특징은 '민족국가'라는 주체를 설정한다는 점이고, 세번째는 민족국가가 단선적, 목적론적, 진보주의적으로 나아간다고 여긴다는 점이다. 역사학이 이같은 특성을 갖게 된 데에는 19세기 독일의 철학자 헤겔의 역사철학이 큰 역할을 했다. 헤겔은 대문자 H를 사용한 History 개념을 성립시켰다. 사실 서구에서 근대 이전의 역사학에서는 특정 지역, 특정 가문의 역사'들'이 병존하고 있었다. 그런데 헤겔은 수식을 받지 않고 단수로 존재하는 역사 개념을 사용한 것이다. 무슨 차이가 있는 것일까? 특별한 수식이 없어도 역사의 주체는 항상 민족국가로 상정되어 있고, 민족국가의 거대한 흐름 속에서 다른 사소한 사건들은 곁가지로만 존재하며, 이 흐름은 어떠한 목적을 향해 나아가는데 그것이 곧 진보이다. 즉 민족국가가 진보·발전해간 이야기가 바로 근대역사학이다.

오늘날 탈근대역사학의 입장에서 보면 '근대성'을 성취의 대상이자 당위로 본다는 점에서 진보적 성향의 한국사학계나 보수적 성향의 뉴라이트나 큰 차이가 없다. 앞서 말한 것처럼 교육에 대한 국가권력의 개입을 근본적으로 비판하지 못하고, 양자 다 상대방의 정치적 편향성만을 이야기하는 것도 역사학의 근대성에 대한 성찰이 부족하기 때문이다. '올바른' 국가권력의 관점에서 역사교육이 이루어진다 하더라도 그것이 객관적 중립이 아니라 민족국가라는 특수자를 주체로 설정했다는 점에서 현실 민족국가 체제와 연동될 수밖에 없으며 그러한 의미에서 정치적임을 인정할 필요가 있다.

즉, 역사는 겉보기에 객관적인 사실만 나열하는 것 같이 보여도 사실을 선택하는 과정에서 필히 역사가의 관점을 동반할 수밖에 없으며 관점이란 곧 그의 세계관이자 정치적 판단이라는 점을 인정한다면, 정치적 성향을 지닌다는 사실 자체가 공격의 대상이 될 수는 없다. 물론 정치적 목적성이 지나쳐 역사적 사실에 부합하지 않게 될 가능성에 유의할 필요가 있다. 또한 역사가의 정치적 목적이 사회 공공의 이익에 얼마나 부합하는 것인가도 지속적으로 검증되어야 할 것이다. 그러나 이같은 자기반성은 애써 '정치적 중립'을 가장하기보다는 오히려 솔직하게 자신의 '정치적 성향'을 드러내야 이루어질 수 있는 것이다.[23]

3. '다양한 관점'이라는 명제 속에 내재된 쟁점들

역사교과서 국정화 논란 속에서 수많은 발표, 선언, 기사, 구호 등이 쏟아져 나왔다. 그 중 '역사교육의 다양성'과 관련된 명제들을 모아보면 다음과 같은 용법들을 볼 수 있다.

① 한국사 교과서 국정제가 도입되면 역사교육이 획일화돼 민주사회의 발

전과 세계화시대에 필요한 폭넓고 다양한 사고의 형성과 창의적인 사고 능력을 가진 시민을 키우기 어렵게 된다.[24]

② 역사 교과서 단일화 주장은 역사 또는 역사학에 대한 잘못된 이해에서 비롯된 것이다. 우리가 알고 있는 역사는 과거의 사실들로만 구성된 것이 아니다. 그것은 과거에 존재했던 수많은 사실들 가운데 선택되고 해석된 결과물이며, 그 선택과 해석을 하는 학문이 바로 역사학이다. 그렇기 때문에 역사는 결코 단일할 수 없으며, 역사학자의 관점에 따라 다양해질 수밖에 없다.[25]

③ 국정제가 좌우에 치우치지 않는 균형 잡힌 역사 서술을 한다고 하지만, 어디까지나 그것은 과거 역사적 사건에 대한 한 가지 역사 해석만 강요하는 것이다. 지금 이 현장에서 벌어지고 있는 사건에 대해서도 다양한 관점에서 해석하고 설명할 수 있다면, 과거의 사건에 대해서는 왜 그것이 하나의 관점으로만 서술되어야 한단 말인가?[26]

④ 고의적 조작이 없더라도 역사교육은 편견에서 자유로울 수 없으며 다양한 시각이 충분히 인정되지 못하는 경우는 매우 흔하다. 역사교육에서 지배적인 단일 서사가 있을 경우 다양성을 탈색시킨다.[27]

⑤ 검정 역사교과서는 여러 제도적 장치로 통제를 받아서 다양성을 잃고 있다. 역사해석이 다를 수 있다는 것은, 교과서를 국정화해야 하는 근거가 아니라 오히려 다양하게 발행해야 하는 근거이다.[28]

⑥ 다양성을 존중해야 한다고 떠들던 사람들이 '교학사' 교과서에 대해서는 생각이 다르다고 친일·독재 교과서로 낙인을 찍었다. (교학사 교과서를 뺀) 7종 역사 교과서는 다양성을 강조했으나 실상은 좌편향 교과서로 무늬만 다양성 있는 교과서일 뿐이다.[29]

⑦ '07 개정 교육과정이나 '09 개정 교육과정에서 '대강화의 원칙'은 잘못 규정한 것이다. 이로써 출판사마다 집필자마다 자신의 역사서술 관점이 춘추필법이라고 우길 수 있게 된 것이다. 7가지의 검정 교과서가 있다면 그것은 다양성이라기보다 불완전한 혹은 편향된 7가지 역사관점을 자라나는 가치관 형성기 학생들에게 퍼붓는 셈이다.[30]

①번부터 ⑤번은 국정화에 반대하는 입장의 다양성 논의고, ⑥, ⑦번은 국정화에 찬성하는 입장의 다양성 논의다. 하지만 동일한 입장이라 하더라도 다양성에 대한 인식 수준은 미세하게 차이를 보인다. 먼저 ①번은 국정화 반대론 중 가장 일반적인 관점으로 다양한 사고의 형성을 키워야 하는 민주사회에 국정교과서는 어울리지 않는다고 말한다. 반대로 ⑥번은 국정화 찬성론 중 가장 일반적인 관점으로 기존 교과서가 다양하기는 커녕 획일적으로 좌편향되어 있었다고 주장한다. 이 경우 다양성이란 말 그대로 다양한 정치적 입장과 다양한 역사적 해석이 교과서에 반영되어야 한다고 풀이할 수 있다. 그러나 실제 대립 양상을 볼 때, 양쪽 진영이 교과서 상 다양한 정치적 입장과 역사적 해석의 병존을 인정하는지 의문이다.

다른 주장들은 논자에 따라 미묘한 입장 차이를 보인다. ②번은 이 글의 취지와 마찬가지로 역사학 자체가 다양할 수밖에 없다고 단정짓는다. ③번은 역사교과서의 다양함이 역사학의 현재성에서 나옴을 암시하고 있다. ④번은 역사교육에서 지배적인 단일 서사가 다양성에 위배된다고 말한다. 기존의 역사교과서 역시 이런 지적에서 자유로울 수 없다. 나아가 ⑤번 논자는 검정제 역시 다양성을 억눌렀다는 점을 인정해야 한다며 자유발행제를 염두에 둔 주장을 펼치고 있다. ⑦번의 경우 기존 검정교과서가 다양하지 않다는 점을 인정하지 않지만 해법은 전혀 다르다. 진정한 춘추필법에 입각한 정통사관을 가르쳐야 한다는 입장이다. ⑥번이 모호하게 다양성을 옹호하며 교학사 교과서를 옹호하는 입장이었다면 ⑦번 단계에서는 좀 더 노골적으로 역사교과서에 대한 개입 욕망을 드러낸 셈이다. 대체적으로 역사학 전공자들은 국정화에 대한 1차적 대응을 넘어서 다양성이란 가치를 역사학 및 역사교육의 본래적 성격과 연결시키고 있음을 알 수 있다. 하지만 아직까지는 막연한 수준이다. 어떤 측면에서 다양성과 역사학의 본질이 연결될 수 있을까?

근대 역사학이 분과학문으로 정립된 19세기 이래 다양성은 역사학의 본질과 여러 부면에서 관련되어 왔다.

〈표 7〉 랑케 이래 근대 역사학의 흐름

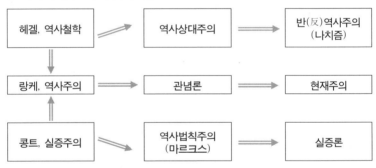

흔히 역사학의 관점과 해석은 다양하다고 이야기한다. 이때 '다양하다' 함은 실은 주관적, 현재적, 정치적 관점이 존재함을 염두에 두는 것이다. 그런데 주관적, 현재적, 정치적 관점은 필연적으로 상대주의화되었다는 비판을 받게 된다. 위의 표를 보면 랑케의 역사주의 속에 내포되어 있는 그런 성격이 역사상대주의를 낳았고, 나치의 반反역사주의로까지 이어졌음을 알 수 있다. 신칸트학파 리케르트를 인용하여 역사적 개성, 현재적 관점을 강조한 니시다 나오지로西田直二郎 단계에서 일본 역사학이 역사주의를 재해석하고 전체주의와 결탁한 것도 같은 맥락이다.[31]

그런데 위의 표에서 알 수 있는 또 한가지 사실은, 애초 랑케의 역사주의가 이같은 상대주의화의 위험에서 벗어나기 위해 애를 썼다는 점이다. 후대 랑케에 대한 인식 자체에 '독일 관념론의 전통을 계승한 철학적, 주관적 성격'과 '역사사실의 객관적인 대립과 재생'이라는 두가지 대립된 상이 병존해 왔다. 이는 과학적 요구와 철학적 요구에 각각 대응하면서 역사학의 독립성을 쟁취하려 했던 랑케의 노력과 연관지어 생각해볼 수 있다.[32] 관념적, 주관적, 정치적, 철학적이다 등등의 비판에 대응하기 위해 실증, 법칙, 보편, 과학, 객관 등의 개념이 사용되었다. 딜타이, 크로체, 콜링우드를 거쳐 E.H.카에 의해 정식화된 '현재와 과거의 대화'라는 역사학에 대한 정의는 바로 이같은 맥락에서 성립한 것이다.

예를 들어 콜링우드는 불편부당한 객관적 역사의 서술은 불가능할 뿐만 아니라 바람직하지도 않다고 보았다. 역사란 한 인간으로서의 역사가가 자신의 주관적인 생의 체험을 바탕삼아 과거 사람들의 경험과 사상을 재구성해내는 작업이기 때문이다.[33] 그렇게 해서 성립된 역사연구방법론이 재연再演이다. 이에 따르면 역사학은 연구자의 주관성에 따라 무한정으로 상대주의화되고 만다. 하지만 재연의 과정 자체는 객관성과 보편성을 띠고 있다는 점에 주목해야 한다. 얼핏 연구자의 직관적 인식으로 보이는 것도 얼마든지 객관적 추론이 될 수 있다. 요컨대 연구자는 현재에 속한 자신의 주관적 관점을 숨긴 채 객관성을 내세우지 말고, 과거에 속한 행위자들의 주관적 입장을 객관적인 방법으로 고찰하도록 노력해야 한다는 것이다.

한국사학사에서도 유사한 현상을 확인할 수 있다. 대표적 실증사학자인 이병도는 자신의 연구 방법론에 대한 질문에 랑케같은 실증주의적 입장, 한마디로 실증적 방법론이라며 객관적 입장을 강조했다. 그러나 해방 이후 그는 이전과 다르게 민족과 국가관에 대한 자기 주장을 펴면서 외부적 요구에 부응하였고, 정치적 입장도 적극적으로 폈다.[34] 1970년대 역사교과서의 국정화를 주도한 이선근 역시 방법론상으로는 실증을 고수했지만 다른 한편으로는 민족사관을 내세우며 국가권력과의 결합을 정당화했다.[35] 한국사학사에서 다양성을 주창하며 역사학에 현재적, 정치적 입장을 반영시키는 사례는 어렵지 않게 찾아볼 수 있다. 문제는 실증과 객관도 함께 내세우며 자신의 입장이 보편성을 띤 것처럼 꾸민다는 데에 있다. 결과적으로 자신의 (보편적) 관점과 어긋나는 타인의 주장은 '다양성'이 아니라 '편향'으로 취급될 가능성이 높아지게 된다. 특히 역사교육에서 사용되는 교과서는 역사가 자신을 숨기고 마치 역사가 스스로 기술되는 듯한 경향이 있다.[36] 역사교과서는 객관적인 사실로만 구성되어 있고, 또한 그래야만 할 것 같은 환상을 주게 되는 셈이다.

계속해서 과거 역사교과서의 국정화 과정을 돌아보며 다양성 문제를 살펴보고자 한다. 즉 한국 근현대사에서 국가 우위의 역사학이 지배적 담론이 되었다는 점을 염두에 두고, 교학사 한국사 교과서 논란과 현정권의 역사교과서 국정화 정책을 살펴볼 필요가 있다. 이 문제는 또한 1970년대 이후 일정한 주기를 두고 반복되고 있는 것이기도 하다. 출발은 1972년 5월 11일 대통령 정무비서실에서 발표한 국사교육 강화 방안이다. 1968년 1·21 청와대 기습공격 이후 박정희 정권은 반공독재체제 수립에 박차를 가했고, 한국적 민주주의, 한국적 민족주의, 민족주체성의 확립이 그 이데올로기로 표방되었다. 국사교육 강화는 실천 수단이었다. 서울대학교 교양과정에서 국사과목이 없는 점, 공무원시험에 국사시험이 없는 점이 문제점으로 청와대에 보고되었다. 국사학계와 역사교육계 중진 학자들이 망라된 국사교육강화위원회가 조직되었다. 반대가 있었지만 국사교과서의 국정화가 관철되었고 애초 정부가 의도했던 유신체제를 정당화하고 정책을 선전하는 서술이 적나라하게 표현되었다. 국정 국사교과서는 군사정부의 훌륭한 정치 도구의 역할을 수행한 것이다.[37]

당대 한국사학자들은 국사교육 강화에는 찬성했지만 교과서의 국정발행 추진에는 반대했다고 한다. 언론도 식민사학을 비판한다면서 관제와 어용적 방식으로 일을 추진하는 모순을 지적하고 있다.[38] 국정교과서는 도리어 주관적인 민족사관을 만들 수 있기 때문에 졸속주의는 안된다는 것이다.[39] 하지만 이러한 비판이 본질적인 것이었는지는 의문이다. 민족국가를 주체로 설정하는 근대역사학의 틀 자체에 대한 성찰이 이루어지지 않는 한, 식민사학을 극복한다는 민족사학이 오히려 식민사학의 양태를 따라했던 것처럼, 독재정권의 어용사학을 비판한다는 민주진영의 진보사학도 국정교과서의 함정에 빠질 수 있는 것이다.

국사교육 강화 정책에 대한 반발은 20여 년이 지난 1990년대 초반 여타 사회과 과목의 담당자들에게서 나왔다. 이들은, 국사과의 독립은 유신체제를 옹호하기 위한 방편으로 이루어진 특혜였다고 성토하며 제1·2차 교육과정에서와 같이 국사과를 사회과 아래 흡수·통합해야 한다고 강하게 주장하였다. 역사학계 내의 동·서양사 측에서 국사교육이 지나치게 강조되는 대신 그 희생물로 세계사 교육이 약화되었다고 판단하여 국사교육의 독립을 비난하기도 했다. 이러한 정치적 성토 분위기를 미국 유학파 중심의 한국교육개발원이 교육과정에 실현하였다.[40] 1970년대 '국적 있는 교육' 표어 아래 국책 과목이었던 국사는 1990년대 '시민사회의 교양' 과목 정도로 위상이 내려앉았다. 그렇게 20여 년이 지난 요즈음, 동북공정·독도영유권 문제 등 동아시아 역사분쟁의 격화와 국내 진보-보수 진영 간 과거사 해석을 둘러싼 대립 속에 다시 국사교육 강화의 흐름이 되살아나고 있다.

교학사 교과서 검정 채택과 한국사 교과서 국정화 추진 과정에서 논쟁의 당사자들은 모두 표면적으로는 교과서의 다양성을 주창했다. 그러나 자세히 보면 양자 모두 겉으로 내세우는 것과는 달리 역사해석의 다양성을 용납하지 않고 있었다. 어쩌면 '올바른' 국가권력의 입장에서 역사를 서술하는 것은 '정치적 편향'이 아니라고 생각하는 것이다. 자신의 행위가 '정치적 성격'을 갖지 않는다고 믿는 데에서 오류는 시작된다. 논쟁의 발전을 위해서는 각각의 정치성을 인정한 위에서 그 정치적 지향의 정당성으로 상대방을 설득해야 할 것이다. 바꾸어 말해 '정치적 중립성'을 가장하며 국민정체성 함양을 앞세울 것이 아니라, '정치를 역사화'하는 역사적 통찰과 사고력 함양을 통해 정체성 고찰 단계로 나아가야 한다는 것이다.

실제 논쟁의 양쪽 당사자들은 어느 정도 수준의 다양성을 수용할 채비가 되어 있을까? 역설적이게도 양자가 다양성 인정 범주의 기준으로 잡고 있는 것 자체는 동일하다. 바로 '헌법적 가치'라는 것이다. 특히 교학사 교과서 집필진은 이를 강하게 내세우고 있다. '역사교육에서 다양한 관점과 다양한 측면이 권고되어야 한다'고 생각하지만 주된 관점이 전제되어 있어야 하고 그 주된 관점이 바로 대한민국 사관=헌법사관이라고 주장한다. 1948년 수립된 대한민국 정부를 부정적으로 표현하는 것은 바로 이같은 사관에 어긋난다는 것이다.[41] 교학사 교과서의 또다른 대표 논자 역시 역사교과서의 '좋다, 나쁘다'의 기준설정은 대한민국의 헌법적 가치에 충실하냐'라고 확언하고 있다.[42] 그러면서 과거 자유민주주의를 교육과정에 넣자는 것에 반대한 이들이 '헌법정신'을 부정한 것이라며 '과잉정치화한 집단'이라고 표현하였다.[43] 이는 특정 교과서 집필진의 사적인 의견이 아니라 박근혜정부의 공식적 입장이기도 하다. 교육부는 외신기자 대상 브리핑에서 자신들의 목표가 '객관적인 사실에 입각하고 헌법 가치에 충실한 균형잡힌 교과서의 개발'이라고 밝힌 바 있다.[44] 주류 한국사학계도 헌법적 가치 논쟁에 적극 대응하고 있다. 대표적으로 1948년 '대한민국 수립'을 강조하는 것은 대한민국 임시정부 계승을 명기한 헌법 가치와 충돌한다는 주장이 그것이다. 이는 결국 친일파와 그 후손들을 '건국 공로자'로 둔갑시키려는 불순한 의도라고 의심한다.[45] 또한 역사교육의 자주성, 전문성, 정치적 중립성이야말로 헌법정신이라고 항변한다.[46]

양자 모두 상대편의 관점이 '헌법적 가치'에 어긋난다고 주장하고 있다. 그렇다면 이에 대한 판단은 누가 할 수 있을까? 법리적 문제이므로 헌법학자들에게 맡기면 될까? 박근혜정부는 역사교과서의 국정화를 추진하면서 현대사 분야에 역사학계 외부의 헌법 전문가들을 집어넣겠다고 공공연하게 이야기한 바 있다. 바로 위와 같은 맥락 때문일 것이다. 그렇다면 이는 또 역사학계 논쟁과는 별개의 문제가 되어 버린다. '헌법적 가치'에 대한 역사학자들의 판단과는 별도로, 특정한 텍스트가 '헌법적 가치'에 부합하는지, '헌법적 가치'에 대한 입장이 다양할 수 있는지 등등에 대해 학계뿐 아니라 일반인들의 판단이 다양할 수 있는 것이다. '역사의 정치화'가 아니라 '정치의 역사화'가 필요하다는 논법에 따른다면, 이같은 다양한 논의들 속에서 역사학이 정쟁의 수단에 머무르게 할 것이 아니라 역사학 내부로 논의를 끌고 와야 할 것이다. 그러기 위해서는 단순히 정쟁에 유리한 부분만을 되풀이하지 말고, 먼저 자신과 다른 정치적 입장을 가진 세력 및 이들을 지지하는 사람들이 엄연히 존재함을 인정해야 한다. 그들의 정치적 의도와 자신의 그것이 어떻게 다른지, 왜 '헌법적 가치'에 대한 해석 차이가 발생하는지에 대한 분석이 곁들여져야 더 설득력을 갖출 수 있게 될 것이다.

마지막으로 역사교육의 다양성 문제를 한국사학계 및 역사교육학계의 초등학교 역사교과서의 국정체제에 대한 입장을 통해 살펴보도록 하겠다. 역사교육에서 다양성이 절대적으로 필요하고, 국정교과서는 다양성과 절대 병존할 수 없다면, 두 가지 의문이 제기될 수 있다. 하나는 국정 역사교과서의 검정화가 왜 그렇게 늦어졌는가 하는 것이고, 두 번째는 당시 초등학교 사회과(역사) 교과서 역시 국정이었는데 왜 문제제기가 없었는가 하는 점이다. 초·중등학교 역사 교과서 발행제가 국정제에서 검정제로 전환하기 시작한 것은 7차 교육과정부터였다. 김영삼 정부하에서 규제 완화 명목으로 논의가 시작되었다고 한다. 이때 중·고등학교 세계사, 고등학교 한국 근현대사는 검정 체제로 변환되었으나, 이외에는 모두 국정제가 유지되었다. 중·고등학교 한국사 과목의 검정제가 완성된 것은 2007년 개정 교육과정에서의 일이다.[47]

시간상으로 보면 검정화 논의가 시작된 지 12년이나 걸려서 검정화가 이루어진 것이다. 당대 정부의 결정 과정에서 어떠한 논의가 있었는지, 역사학계와 역사교육학계가 어떠한 입장을 전달했는지 정확하게는 알 수 없다. 다만 현재와 같은 격렬한 대응이 없었다는 점은 명확하다. 물론 개별 연구자가 논문에서 여러모로 국정보다 검정 교과서의 질이 더 좋다고 언급하고, 국정제 유지가 '정치적 결정'이라고 비판한 적은 있었다.[48] 그러나 이같은 주장이 학계에서 크게 다루어지지는 않았다. 교과서의 내용이 주류 한국사학계의 관점에서 벗어나지 않은 이상 별다른 문제의식을 느끼지 못한 것이 아닐까? 오히려 문제제기는 뉴라이트 진영에서 나왔다. 이들은 국정 한국사이든 검정 한국근현대사이든 좌편향되었다며 교과서포럼을 만들고 대대적으로 문제를 제기했다. 이후 논쟁의 진행 상황은 우리가 익히 알고 있는 바대로다.

뒤늦게나마 국정화 논란으로 교과서 발행 체제의 중요성을 깨달았다고 밝히는 학자들도 많다. 다행스런 일이다. 그러나 역시 역사교육의 본질적인 측면까지 깨달음의 대상이 되었는지는 의문스럽다. 당시 초등학교 사회과 교과서의 국정체제에 대한 문제제기가 없었다는 점이 그 근거다. 2015년도부터 배포되는 초등학교 5학년 2학기 사회과 교과서 실험본에 친일적 표현이 있다고 언론들이 대대적으로 보도했지만 이는 제대로 된 문제제기라고 보기 어렵다. 초등학교 한국사 영역 교과서 국정화의 기원은 일제 시대다. 식민지배 초기 총독부 측은 초등교육에 역사교과를 아예 집어 넣지 않았다. 그러다가 1920년대 들어 일본의 심상소학교 국사 교과서를 재편성한 『보통학교국사』를 통해 일본사와 조선사를 이원적으로 가르쳤고, 1930년대에는 『초등국사』를 만들어 양자를 통합했다.[49] 전시체제기 '민족말살정책'과 '조선학 촉진'의 수사修辭들이 기묘하게 병존하면서 국가주의적 역사교육이 절정에 달했음을 보여주는 것이다.[50]

해방 이후 일본 초등교육에서 역사교과서는 검정체제로 환원되었지만 정작 우리는 오랜 기간 국정체제였다. 근래 들어 일제 시기나 군사독재정권 시기와 같은 강력한 전체주의 체제에서 역사교과서에 대한 국가권력의 개입이 반복되고 있다는 점이 자주 환기되고 있지만, 그 외 시기에도 관성처럼 국정체제가 유지되고 있었던 점에 대해 역사학계 및 역사교육학계가 자성하는 것이 먼저 아닐까? 물론 초등교육의 특수성, 사회과와 역사과의 관계 등 그밖에 고려 사항도 존재한다. 그러나 중등교육에서 역사교과서의 검정화에 오랜 시일이 걸렸고, 초등 한국사 교과서 체제에 대한 문제제기가 매우 늦게 이루어졌다는 사실 자체는 역사학 및 역사교육의 다양성에 대한 인식이 이제야 비로소 형성되기 시작했음을 의미한다. 다양성의 관점에서는 학계와 시민사회, 일반인들의 운동이 역사교과서의 자유발행제를 주창하는 방향으로 전환해 가는 것이 자연스럽다. 실제로 2020년대 들어 새 초등 사회과(역사) 교과서는 검정 체제로 바뀌는 것으로 알고 있다. 그러나 현재 주류 학계의 분위기로 보아서 검정 교과서라고 해서 국정 교과서와 크게 다를 것으로 기대되지 않는다. 자유발행제로 가는 과정도 순탄치 않을 것이다. 국정화에 반대했던 이들 역시 역사학 및 역사교육의 다양성에 대해 아직 피상적 인식을 벗어나지 못하고 있기 때문이다.

한국역사연구회는 한국사 연구자 600명 이상을 회원으로 보유하고 있는 학회다. 현재 한국사학계에서 가장 영향력이 큰 단체라고 할 수 있다. 학회는 정부의 역사교과서 국정화 방침이 결정된 직후 학회원들에게 편지를 발송했는데, 다음과 같이 끝맺고 있다. "현 정권의 역사 교과서 국정화 기도는 역설적으로 역사 교과서 단일화가 아니라 자유발행제라는 역사교육의 민주적 이상의 실현을 앞당기는 계기가 될 것이라고 확신합니다."[51] 한국사학계 최대 규모 학회가 자유발행제를 공식적으로 언급했다는 것은 매우 반가운 일이다. 그리고 이를 '역설적'이라고 표현한 점도 흥미롭다. 그동안 역사교육의 의미에 대해서 깊게 생각해보지 않았는데, 정부의 국정화 방침을 계기로 오히려 앞으로 나아갈 길을 명확히 깨달았다는 인식을 내포하고 있는 것 아닐까? 이는 본 저자도 마찬가지다. 이전에는 막연하게 왜 자유발행제에 대한 이야기가 나오지 않을까 의문만 가졌었는데, 이번 논란을 바라보면서 무엇이 문제였는지를 파악할 수 있게 되었다.

즉, 역사교과서 자유발행제 논의가 시작되는 것은 역사교육의 본질적 측면이 관심 대상으로 부상했음을 뜻한다. 따라서 어차피 국정화라는 반동적 흐름이 꺾인 이후 자연스럽게 나아갈 길이다. 하지만 현 시점에서는 국정화에 대한 반대 구호 이상의 의미를 얻지 못하고 있는 것도 사실이다. '국정화=획일화'라는 구도를 만들다 보니 '다양성=자유발행제'의 도식이 등장한 것이다. 자유발행제 논의가 구체화된다면 필히 다양성 문제가 도출될 것이다. 극단적인 예를 들자면 교학사 교과서보다 더 노골적으로 반동적인 교과서가 등장할 수도 있다. 4·3이 '항쟁'이나 '사건'이 아니라 '폭동'으로, 5·16이 '쿠데타'나 '군사정변'이 아니라 '혁명'으로 기술되는 교과서가 나올 수 있다. 다양성이라는 용어를 액면 그대로 사용한다면 그러한 교과서도 허용되어야 한다. 하지만 현재 한국사학계의 입장에서는 어림없는 일이다. 그럴 경우 다양성은 다시 일정한 기준으로 한정되고 만다. 국정화에 반대한다면서 검정을 강화시키자는 모순적인 발언을 하게 되는 이유도 여기에 있다. 또한 성서적 교과서관, 현장 교사 및 학생에 대한 불신 등을 한국사학계 역시 가지고 있기 때문이기도 하다.

무한대의 다양성을 허용할 수 없다면 그때 세워지는 기준은 어떠한 것일까? 그 기준이 바로 역사교육의 정치적 성격과 직결된다. 어떠한 내용을 학생들에게 가르쳐서는 안된다고 말할 때, 그 속에는 발화자가 생각하는 역사교육의 목적이 반영되어 있는 것이며, 그 목적이 곧 발화자의 정치적 입장이다. 역사교육을 통해 민족의식을 가져야 한다거나 대한민국에 자긍심을 느껴야 한다거나 민주시민으로서 자질을 함양시켜야 한다거나 역사적 성찰을 해야 한다거나 이 모든 것에 정치적곧 현재적 관점이 투영되어 있다는 뜻이다. 이 중 어느 것이 더 중요한 가치인가, 어떤 방식의 역사교육이, 어떤 내용의 교과서가 도움이 될 것인가는 논쟁의 대상이 될 수 있다. 문제가 되는 것은, 자신의 주장은 '올바른' 진리이고 상대방은 '정치적' 편향이라며 깎아내리는 태도다. 이는 다양성이라는 가치에도 위배된다. 역사교육의 정치적 성격에 대한 고찰 없이 다양성만 강조하는 것은 공허하다.

근래 있었던 세계 역사교육학계의 교육과정 논쟁에서도 위와 유사한 논점이 확인된다. 서구에서는 '시민의식과 애국심을 배양하기 위해 단순한 국가/민족주의적 서사를 제공하려는 전통적이고 보수적인 경향'과 '세계주의적 관점에 기초한 다원적 교육과정을 추구하는 진보적 경향' 모두, 역사교육이 특별한 정치적 목적에 봉사하기를 원한다는 점에서는 마찬가지라며, 역사적 사고를 강조하는 교육주의적 경향을 중시하는 흐름이 있다고 한다.[52] 우리의 경우 시민의식과 애국심 배양을 역사교육의 목적으로 설정하는 것 자체가 역사교육 밖에서 온 '정치적' 요구라는 점도 아직 인지되지 못하고 있는 실정이다. 그러나 한편으로 역사교육의 내적 본질에 충실한 '비정치적' 교육방법이 존재한다는 믿음도 위험하다. '역사교육이 정치적 성격을 띤다'는 명제와 '역사교육은 정치적이어서는 안 된다'는 당위는 다른 것이기 때문이다. 다시 한번 말하지만 역사라는 학문 자체가 정치적 성격에서 자유로울 수 없다. 그러므로 '역사교육의 정치적 성격'을 제대로 인식한 상태에서 역사교육의 본질적 사고를 어떻게 가르칠 것인가를 고민하는 것이 현실적으로 가장 유의미한 태도라고 판단된다.

제9장

초등 사회과(역사) 교과서의
파시즘적 역사인식

빼앗기자, 외국에 망명하여 공부하거나 국내에 남아 숨어서 공부하였다. 그러나, 이들은 모두 한결같이 강한 민족주의를 내세우며 오랜 역사와 전통을 가진 우리 나라를 다시 찾아야 한다고 주장하였다. 신 채호, 박 은식은 대표적인 사람이며, 그 후에도 많은 역사가들이 나왔다.

<민족 문화의 성장>

쇠사슬에 묶인 생활 속에서도 민족의 혼을 키워 나가려는 운동은 그치지 않았다. 3·1 운동이 무자비한 탄압으로 꺾이게 되자, 민족 문화 운동이 곧 독립 운동이라는 생각으로 여러 가지 활동을 펴 나가기 시작하였다.

탐구 활동

신채호가 역사책을 쓴 까닭 생각해 보기

◉ 신채호는 일본의 역사 왜곡에 맞서 우리나라의 역사를 연구해 여러 역사책을 썼습니다. 다음 글을 읽고 물음에 답해 봅시다.

신채호는 대한 제국 시기와 일제 강점기에 활동한 독립운동가이자 역사가, 언론인이다. 그는 여러 신문에 일제 침략의 부당성을 비판하고 한국인의 자긍심을 높이는 글을 썼다.

또한 『이순신전』, 『을지문덕전』과 같은 우리 역사 속의 영웅에 관한 전기를 썼다.

△ 신채호

그는 『조선 상고사』에서 고조선부터 시작하는 우리 고대사를 소개해 우리나라의 역사를 축소하고 왜곡하던 일본 역사가들의 주장을 정면으로 반박했다.

△ 『이순신전』　△ 『을지문덕전』

◉ 신채호가 『이순신전』, 『을지문덕전』과 같은 전기를 쓴 까닭을 써 봅시다.

역사 연구를 '강한 민족주의'로 설명하는 1973 교과서와 신채호의 역사 연구를 '한국인의 자긍심'으로 설명하는 2015 교과서.

이 장에서는 1973년 공포된 3차 교육과정과 2015 교육과정 문서 중 초등 사회과 역사 관련 부분을 검토하여, 각 교육과정의 목표와 지향점 등을 분석해보고, 양자 사이에 차이점은 무엇일지 생각해 보려고 한다. 여러 연구들이 공통적으로 전제하고 있는 바에 따르면 3차 교육과정의 국가주의적 교육방침이 2015 교육과정에서는 나타나지 않아야 한다. 실제로 그러한지를 비판적으로 검증해보는 것이 본고의 주된 목적이다.

1970년대 국정화된 국사 교과서는 군사 정부의 정치 도구로서 역할을 수행했다.[1] 국난 극복의 민족주체사관에 입각하여 쓰여진 국사교과서는 자랑스러운 민족사의 계승자를 자처하는 현존 국가 권력에게 정당성을 부여해 주었다. 1990년대 들어 국사 교육 강화 정책이 유신 체제 유지를 위해서 나왔다며, 국사과를 사회과에 통합시키고 세계사 교육 역시 강화해야 한다는 목소리가 거세졌다.[2] 그런데 2000년대 들어 동아시아에서는 중국의 동북공정 추진, 일본의 역사교과서 왜곡과 독도 영유권 도발 등 국가주의적 갈등이 심화되었다. 한국 사회에서도 이러한 국제 정세에 맞서 한국사 교육을 다시 강화시켜야 여론이 형성되기 시작하였다. 같은 시기 세계사적으로는 탈냉전, 신자유주의의 세계화 움직임 속에서 지역 간 통합, 다문화 이주 사회에 대한 대응 요구가 커진 것과는 대조되는 현상이었다.

2010년대 역사교육의 방향성을 둘러싸고 한국 사회의 상황은 한층 더 복잡해졌다. 뉴라이트 역사가들과 일부 우파 정치인들은 한국사학계 주류 연구자들이 좌경화되었다고 매도하고 자신들의 입맛에 맞는 한국사 교과서를 만들어내고자 하였다. 이들이 만든 교학사 교과서가 고등학교 검정 과정에서 채택되었으나 채택률이 저조하자 국정화까지 시도하였다가 좌절된 사실은 이미 알고 있는 바대로다. 당시 한국사 교과서의 국정화를 둘러싼 논쟁에서 반대하는 측은 사실 관계의 오류와 내용의 부실, 친일, 독재 옹호의 관점 등을 비판하였다. 그러나 한편으로 기존 한국사 교과서 역시 국가주의와 근대화론이라는 패러다임으로부터 자유롭지 못하다는 반성 역시 제기되었다.[3]

저자는 앞 장에서 역사교육을 통해 민족의식을 고취해야 한다거나 민주시민으로서 자질을 함양시켜야 한다거나 역사적 성찰을 해야 한다거나 하는 것들이 모두 정치적 관점의 반영이므로 이에 대해 고찰해야 한다고 제안한 바 있다. 역사교육의 정치적 성격에 대한 고찰 없이 다양성만 강조하는 것은 공허하다고 지적한 것이다.[4] 그러나 2020년대 현재에도 역사 교과서와 역사 수업 현장에서 민족의식, 시민의식, 역사의식 등의 개념이 제대로 이해된 채 사용되고 있는지에 대해서는 강한 의구심이 든다.[5] 특히 민주주의, 인권 등의 가치가 민족주의적, 국가주의적 역사 서술 및 교육과 아무런 이질감 없이 병립하는 것으로 생각한다면 이는 매우 심각한 문제다.

일반적으로 식민지배와 분단 체제를 겪어온 한국 사회에서 '국가주의'는 억압적, 폭력적인 이데올로기로 여겨지는 반면에 '민족주의'는 저항적, 실천적인 이념으로 추켜세워진다. 그러나 개념의 본질상 자신이 속한 집단을 위한다는 사고방식이라는 점에서 양자 사이에는 아무런 차이가 없다. 사실 자신이 속한 공동체가 영구히 존속되기를 바라는 마음은 자연스러운 것이기도 하다. 문제는 개인과 집단의 관계를 어떻게 설정하느냐다. 겉으로는 동일하게 민족주의·국가주의를 표방하더라도 실제로는 각각 자유주의적, 사회주의적, 파시즘적, 전체주의적 세계관에 바탕하고 있을 수 있는 것이다. 저자는 앞서 '대중을 정치적으로 동원하기 위해 민족·국가라는 전체를 내세우며 민족적 전통을 소환하는 역사인식'을 '파시즘적 역사인식'

으로 정의하고, 해방 이후 '민주주의 민족교육론' 정립된 이래 '민족주의' 이념이 '민주주의' 교육의 본질을 훼손해 왔음을 논증한 바 있다. 그러면서 한국의 역사교육에서 내세워지는 민족주의국가주의에 파시즘적 성격이 내포되어 있는 것은 아닌가 하는 우려를 가지게 되었다.

위와 같은 가설을 검증하기 위해서 좋은 방법은 국가주의 역사교육이 전형적으로 이루어졌다고 평가받는 1970년대 교육과정 및 교과서를 현재의 그것과 비교해 보는 것이다. 과연 2020년대 사용되고 있는 교과서는 국가주의, 민족주의 나아가 파시즘적 역사인식으로부터 자유로울까? 본고는 이른바 국민 교육의 출발지점이라고 할 수 있는 초등학교 사회과 교육과정과 교과서를 비교 대상으로 선택하였다. 먼저 각 교육과정 문서의 사회과역사 관련 내용을 비교하고, 이어 교과서 내용의 파시즘적 인식을 비교 분석해 보고자 한다.

1. 3차 교육과정과 2015 교육과정 문서의
초등 사회과(역사) 관련 내용 비교

3차 국민학교 교육과정은 1973년 2월 14일 문교부령 제310호로 공포되었고, 해당 교육과정에 의한 6학년 국사 교과서는 1974년부터 일선 학교에서 사용되었다. 3차 교육과정은 총론에서 헌법, 교육법과 함께 국민교육헌장 이념의 구현을 기본 방향으로 삼는다고 명시하고 있다. 국민교육헌장에 담겨 있는 국가 대 개인의 관계 설정이 교육과정에 반영되어 있었으리라 예상할 수 있다. 3차 교육과정은 다음과 같이 3대 기본 방침과 3

대 일반 목표를 내세우고 있다.

〈표 1〉 3차 교육과정의 기본 방침과 일반 목표

기본 방침	국민적 자질의 함양	일반 목표	자아 실현
	인간 교육의 강화		국가 발전
	지식 · 기술 교육의 쇄신		민주적 가치의 강조

일반 목표만 놓고 보면 '자아 실현'이 첫 번째로 내세워지고 있다. 그런데 왜 그러한 목표를 세워야 하는지를 규정하는 '방침'이 그 앞에 먼저 나온다. 그럼으로써 '목표'는 '방침'에 구속받게 된다. '목표'에 앞서 나오는 '방침'은 '우리는 조국 근대화를 조속히 성취하고 국토를 평화적으로 통일함으로써 민족 중흥의 사명을 완수하기 위하여 거족적으로 유신 사업을 추진하여야 할 역사적 시점에 서 있다'는 문장으로 시작된다.[6] 단순히 유신 체제를 정당화시키는 교육과정이어서가 아니라, '근대화', '민족', '역사성'이라는 키워드들이 본 교육과정을 짓누르고 있어서 문제가 되는 것이라고 생각된다. '국민적 자질'의 구체적 내용은 '민족 주체의식의 함양'과 '개인의 발전과 국가의 융성과의 조화'이고, '인간 교육'은 '국민 윤리에 관한 가치관 교육의 강화'로 구성되며, '지식 · 기술 교육' 역시 '국가 경제 발전에 이바지'하는 데서 의미를 갖는다. 현존하는 '국가'의 구성원으로서 '국민'이라는 정체성이 가장 상위에 놓여져 있다. 또한 그러한 '국민'은 '개인'보다도 '민족 주체'로서 존재하는 것이다. '민족'이라는 '역사적' 존재가 '개인'에 대한 '국가'의 우위를 정당화시키는 장치로서 설정되어 있음을 알게 해준다.

위와 같은 방침 아래 '자아 실현'이라는 일반 목표는 유명무실해질 수밖에 없다. '자아 의식의 확립'은 공허한 표어에 불과하다. '민족 중흥의 사명감', '주체 의식', '국민적 연대 의식' 등의 현재의식이 압도적이기 때문이다. 이 교육과정에서 말하는 '민주적 가치'가 파시즘의 범주 안에 있음은 앞에서 밝힌 바 있다. 실제로 3차 교육과정은 '민주 사회에서의 지도성의 중요함을 인식'하고, '민주주의의 여러 가치를 우리 풍토에 알맞도록 인식'하라고 요구하고 있다. 결국 '한국 민주주의의 우수성'을 인식하는 것이 '반공 민주 신념에 투철'한 것과 동일시된다. 기본 방침에서 언급되는 '민족적' 가치가, 일반 목표에서 민주주의의 보편적 가치를 제한하는 '한국적'이라는 수식어에 역사성을 부여하는 역할을 하고 있는 것이다.

이와 같이 민족적, 국가적 가치를 중시하는 교육과정이 국사 교육을 중시하리라는 것도 충분히 예상 가능한 바다. '편제와 시간 배당'을 보면 '사회과 5, 6학년 시간 배당 140시간 중, 70시간은 국사 부문에 배당한다'고 특별히 표기되어 있다. '운영 지침'에서도 '전 학년을 통하여 국사 교육을 강화하되 체계적인 국사 교육은 5, 6학년에서 하도록 한다'는 말이 나온다. 특정 교과에 대하여 '강화'라는 용어를 사용한 경우는 '국사' 교과밖에 없다. 또한 이 교육과정을 현장 교사가 함부로 손댈 수 없다는 점도 명확히 밝혀 두었다. '국가 시책 및 지역 사회의 실정에 비추어', 필요한 경우 '교육 과정에 제시된 내용 이외의 것을 첨가 지도'할 수 있으나, '반드시 국민학교 교육의 목표 및 각 교과 지도 내용 선정의 원칙에 어긋남이 없어야 한다'고 규정해 놓은 것이다.[7] 2020년대 현 시점에서도 분권화, 자율화, 지역화 요구 속에 교육과정의 대강화 논의가 일어나고 있지만,[8] 국가적, 사회적 관심이 큰 역사교육에는 해당되지 않는 것으로 보인다. 또한 교육과정을 국가의 관점에서 신성시하는 경향과 한국사 교과의 민족주의적 편향은 맞물려 있게 마련이다. 이는 국가 권력이 독재 체제일 때나 그렇지 않을 때나 마찬가지다. 스스로 민족주의적 편향에 빠져 있으면서 '교육의 자율화' 또는 '민주주의 역사교육' 운운하는 현장 교사와 연구자들이 여전히 많이 있다.[9]

그러면 3차 교육과정은 사회과 각론에서 구체적으로 어떠한 교과 목표를 내세웠을까? 첫 번째 항목으로 다음의 내용이 나온다.

> 사회 생활에 대하여 올바른 이해를 가지게 하고, 가정, 사회, 국가에 대한 애정을 길러, 국가 발전과 국민적 과제 해결에 적극 참여하는 국민으로서의 자질을 기른다.[10]

이어서 '민주 사회 생활의 특질 이해', '올바른 판단력을 가지고 문제를 해결하는 능력' 등이 나오지만, '국가 발전'과 '국민적 과제'가 우선시된다. 앞서 총론 기본 방침에서 첫번째로 내세운 '국민적 자질의 함양'에 기여하는 교과로서 사회과는 의미를 가지며, 역사교육의 목적도 거기에 매여 있다고 볼 수 있다. 사회과에서 국사과를 분리시켜 강화시키려는 의도도 여기에 있다. 그렇지만 사회과의 목적 자체가 '국민적 자질 함양'에 있다면 국사과가 사회과 안에 포함되어 있든 그렇지 않든 결과는 달라지지 않을 것이다. 실제로 3차 교육과정 공민일반사회 영역은 민주주의 일반론 뒤에 '우리 나라의 민주 정치'를 배치하고 '국민으로서의 책임'과 '민족 중흥에 이바지하려는 신념'을 강조하고 있다. 역으로 2015 교육과정 사회과 교과의 목적인 '민주 시민의 자질 함양'이 3차 교육과정 때의 그것과 확연히 다른 것이라면, 그 안에 부속되어 있는 한국사 영역의 서술 방식도 3차 교육과정 때와는 달라야 할 것이다. 이에 대해서는 뒤에서 검토해 보도록 하겠다.

3차 교육과정 국민학교 6학년 국사 부분은 '우리 민족의 성장'과 '근대 사회로의 전환'이라는 두 대단원으로 구성되어 있다. 하부 목차에 대해서는 뒤에서 다시 보기로 하고, 두 개의 단원으로 구성된 이유부터 살펴보자.

　　민족의 기원으로부터 여러 부족 국가, 삼국, 통일 신라, 고려, 조선을 거쳐 이 국토를 무대로 성장해 온 조상의 발자취를 역대순으로 살펴 가며 각 시대의 특색, 훌륭한 인물과 업적, 대표적인 문화재 등에 관하여 이해하게 하고, 국사와 조상에 대하여 자부심을 가지게 한다.
　　근대 사회를 이룩해 가는 외부 세계와의 접촉 가운데 근대화를 이룩해 나가기 위하여 겪었던 혼란과 고난을 이해하게 하고 민족의 법통을 이어 받은 대한민국이 이제 민족 중흥의 때를 바라보게 되었음을 자각하게 하고 조국과 민족을 위하여 봉사해야겠다는 결의를 가지게 한다.[11]

　'근대성'과 '민족성'이라는 두가지 축으로 역사 과목이 설명되고 있다. 현존 국가가 '근대화'의 도정 속에 생성되었음을 인식하고, 근대화를 추진하는 주체인 우리 '민족'이 지녀온 '역사적' 기원과 계보에 자부심을 느끼게 만들라는 것이다. '조국과 민족을 위하여 봉사해야겠다는 결의'라는 구절에서 현존 국가 권력의 정당성을 민족적 계보 속에 찾겠다는 의도를 엿볼 수 있다. 대중을 정치적 동원의 대상으로 삼는다는 점 자체는 근대 국가의 성격을 보여준다. 그러나 2020년대 현 시점에서 바라보면 너무 단순하며 노골적인 개입으로 느껴진다. 대중들의 역사인식이 발달함에 따라 이와 같이 1차원적으로 파시즘적인 세계관은 거부당할 가능성이 커질 것이다. 2010년대 고등학교 한국사 교과서 국정화 시도가 좌절된 것도 그러한 맥락에서 파악할 수 있다. 그러나 본고의 관심은 보다 본질적인 차원에서 파시즘적 역사인식의 틀 자체가 해체되었는지 확인하는 데에 있다. 이 부분 역시 2015 교육과정과의 비교를 통해 살펴볼 것이다.

다음으로 2015년 9월 23일 발표된 교육부 고시 제2015-74호 초·중등학교 교육과정 총론을 보자. 먼저 이 교육과정의 성격은 '국가 수준의 공통성과 지역, 학교, 개인 수준의 다양성을 동시에 추구하는 교육과정'이자 '학습자인 학생 중심의 교육과정'이라고 규정되어 있다. 교육과정 작성자들이 이전까지의 국가 중심, 상명하달식 교육과정의 문제점을 인식하고 있었다고 여겨진다. 그러나 그러한 지향성이 실제 총론 및 사회과 각론, 교과서에 얼마나 반영되었는지는 따져볼 문제다. 총론은 먼저 '홍익인간의 이념 아래'로 시작되는 교육기본법을 인용한 후, 그러한 '교육 이념과 교육 목적을 바탕으로 교육과정이 추구하는 인간상'을 정의한다. 그리고 교육목표는 학교 급별로 다시 제시하고 있다. '추구하는 인간상'은 '자주적인 사람', '창의적인 사람', '교양 있는 사람', '더불어 사는 사람' 등 4개다. 이 4개의 유형은 핵심역량과 학교 급별 교육 목표에서 일정하게 변용, 반복된다.

4개의 유형을 가만히 보면 '자아'로부터 '주변', '세계', '공동체'로 확장해가는 방향성을 지니고 있다. 특히 각 1번 항목에서 '자아'라는 말과 4번 항목에서 '공동체'라는 말이 반복되고 있다. '개인'이나 '국민' 등의 용어는 사용되지 않고 있지만, 사실상 '개인'과 '집단'의 관계를 말하고 있다고 볼수 있다. 2015 교육과정이 3차 교육과정과 차별성을 갖는지 보기 위해서는 '공동체'의 범주와 의미가 어떻게 설정되고 있는지를 보아야 한다. 핵심역량과 학교 급별 교육 목표에서 공동체에 대한 설명을 모아 보면 다음과 같다.

《표 2》 2015 교육과정 총론의 공동체 관련 내용

항목	공동체 관련 내용
핵심역량	지역·국가·세계 공동체의 구성원에게 요구되는 가치와 태도를 가지고 공동체 발전에 적극적으로 참여하는 공동체 역량.
초등학교 교육 목표	규칙과 질서를 지키고 협동정신을 바탕으로 서로 돕고 배려하는 태도를 기른다.
중학교 교육 목표	공동체 의식을 바탕으로 타인을 존중하고 서로 소통하는 민주 시민의 자질과 태도를 기른다.
고등학교 교육 목표	국가 공동체에 대한 책임감을 바탕으로 배려와 나눔을 실천하며 세계와 소통하는 민주 시민으로서의 자질과 태도를 기른다.

공통적으로 '국가 공동체'를 기준으로 그보다 하위의 '지역 공동체', 그보다 상위의 '세계 공동체'를 병렬적으로 나열하며, 각 공동체의 구성원으로서 '소통', '존중', '배려'의 태도를 요구하고 있다. 또한 그러한 공동체를 만들기 위해 각 구성원에게 필요한 것이 '민주 시민의 자질'이다. 혈연, 운명 공동체를 연상시키는 '민족'이란 용어가 전혀 사용되지 않고 있는 점, 국가에 대한 개인의 기여와 봉사를 언급하지 않고 있는 점, 따라서 개인을 국가에 종속된 존재로 보지 않는 점 등은 모두 3차 교육과정과 확연하게 달라진 점이다. 「학교 교육과정 편성·운영」에서는 '국사 교육의 강화'가 아니라 '남녀의 역할, 학력과 직업, 종교, 이전 거주지, 인종, 민족 등에 관한 편견을 가지지 않도록 지도'하라고 특별히 당부하고 있다.[12] 물론 이러한 교육과정 자체가 국가에 의해 만들어졌다는 점에서 국가적 관점으로부터 완전히 초월할 수는 없을 것이다. 3차 교육과정에서도 '민주적 가치'가 언급된다는 점에서, '민주 시민 자질'의 구체적 내용이 무엇인지도 따져볼 필요가 있다. 즉, 총론에서 이상적으로 제시되는 '개인과 국가의 관계'가 사회과 각론 및 초등 사회과역사 교과서에 얼마나 반영되어 있는지 보려고 한다.[13]

2015 교육과정 사회과 각론에 따르면 사회과에서 육성하고자 하는 민주 시민은 '인권 존중, 관용과 타협의 정신, 사회 정의의 실현, 공동체 의식, 참여와 책임 의식 등의 민주적 가치와 태도를 함양하고, 나아가 개인의 발전은 물론 사회, 국가, 인류의 발전에 기여할 수 있는 자질을 갖춘 사람'으로 정의된다. 아울러 '한국인으로서의 정체성과 세계시민으로서의 자질'을 함께 갖추어야 한다고 요구하고 있다. 앞에서 본 것처럼 3차 교육과정도 '개인의 발전과 국가의 융성의 조화'를 말하고 있다. 이는 국민교육헌장의 정신이기도 하다. 개인과 공동체 간의 조화를 추구한다는 점 자체는 동일하다는 뜻이다. 차이점은 '공동체'의 범주를 어떻게 설정할 것인가, '조화'를 이루는 방법은 무엇인가에 따라 생겨난다. 3차 교육과정에서는 개인이 소속감을 느끼게 되는 공동체는 '국가'로 한정되어 있었다. 그러나 2015 교육과정에서는 국가와 함께 '사회'와 '인류'가 대등하게 나열된다. 이때 국가의 구성원을 '국민'이 아니라 '한국인'으로 호명하는 것도 큰 변화다. '한국인'이라는 명칭이 '세계시민'과 병렬적으로 등장할 때, 20세기의 '민족', '국민' 정체성과는 확연히 다르게 받아들여진다. '개인과 공동체 간의 조화'를 이루기 위해서 필요한 것은 '민족', '국민' 정체성이 아니라 '민주 시민'의 자질임도 명백해진다.

　　그런데 사회과의 목표로 들어가보면 국가적 관점이 좀 더 부각된다. 다음 두 항목을 보자.

- 각 시대의 특색을 중심으로 우리나라의 역사적 전통과 문화의 특수성을 파악하여 민족사의 발전상을 체계적으로 이해하며, 이를 바탕으로 인류 생활의 발달 과정과 각 시대의 문화적 특색을 파악한다.

- 개인과 사회생활을 민주적으로 운영하고, 우리 사회가 당면한 문제들에
  관심을 가지고 민주 국가 발전과 세계의 발전에 적극적으로 이바지하려는 태
  도를 가진다.[14]

여기에서 '민족사의 발전상'과 '국가 발전에 이바지'라는 표현이 등장한
다. 민족사와 '인류의 역사'가 같이 취급되고, '민주' 국가 발전은 '세계 발
전'을 수반하고 있기는 하다. 그러나 '민족사의 발전'과 '국가 발전에 이바
지'라는 표현만 놓고 보면 3차 교육과정 당시 사회과에 요구되었던 것과
별반 차이가 없는 것이다. 이러한 표현이 사회과 내 역사 영역을 염두에
두고 사용된 것이라고 추정해 본다면, 사태는 더 심각해질 수 있다. 역사
영역만 예외적으로 구시대적 교육목표를 유지하기 위해서 이러한 용어들
이 사용된 것일까? 교육과정 성취기준과 교수·학습 방법 및 유의 사항에
서 주목되는 서술들을 몇 가지 살펴보자. 먼저 한국사 내용 요소들이 일반
사회 영역에 섞여 들어간 사례들이 보인다. 예를 들어 '인권을 존중하는
삶'이라는 단원에서 '인권 신장을 위해 관심을 가지고 노력했던 사례들을
관련 역사적 인물허균, 방정환 등과 사회제도경국대전 속 인권 관련 조항 등'를 중심으로
조사하도록 하였다. 형식적으로 보자면 사회과와의 통합이 더 심화된 것
이고, 내용적으로 보자면 한국사를 시대사, 통사가 아니라 주제사로 접근
했다는 점에서 특징적이다. 미국처럼 주제사 중심의 통합 사회과로 가자
는 주장이 일정하게 반영된 것으로 보인다.[15]
'민주 시민'의 상像을 명확히 정립하고 거기에 맞추어 한국사의 내용들
을 적절히 배치하려는 시도 자체는 바람직해 보인다. 그러나 두 가지 지점
에서 한계를 지적할 수 있다. 첫째, 대부분의 한국사 내용들은 시대사로

제시되고 있다는 점이다. 그 시대사가 여전히 '민족국가의 발전상' 묘사에서 벗어나 있지 못하다면, 주제사적 접근법의 의미는 퇴색할 수밖에 없다. 둘째, 주제사적 접근 역시 현재주의적 시대착오를 범할 가능성이 생겨난다는 점이다. 특히나 한국사 전체 내용 요소를 역사적 맥락에서 재배치하는 것이 아니라, 현재처럼 일부 인물이나 사안을 단편적으로 인용할 때 그러한 오류가 발생될 가능성이 커진다. 즉, 현재 사회의 문제의식과 과거 사실에 대한 역사적 사고력을 겸비한 상태에서 한국사 전체를 재구성하지 못할 경우, 단편적이고 피상적인 접근법에서 벗어나기 어렵다.

2015 교육과정은 시대사로 나열되어 있는 내용 요소들에 대해 어떤 점에 유의하라고 말하고 있는가? 2015 교육과정 초등 한국사는 인물사 위주로 구성되며, 초등학생들이 시대별로 알아야 할 역사 인물들을 구체적으로 제시하고 있다.

모두 26명이 등장하는데, 그중 조선 후기 4명을 제외하고 22명이 모두 나라의 발전에 기여하고 외세의 침략에 맞선 인물들이다. 조선 후기 '개혁을 시도한 인물'로 선정된 정약용, 흥선 대원군, 김옥균, 전봉준도 민족의 근대화에 기여했다는 점에서 뽑혔을 가능성이 크다. 즉, 거의 모든 인물이 민족=나라=국가의 위기를 극복하고 발전에 기여했기 때문에 교육과정에 수록되었으며, 이는 결국 배우는 학생들에게 그러한 인물들과 같이 되라고 요구하는 것이기도 하다. 실제로 대단원 '사회의 새로운 변화와 오늘날의 우리'에 대한 설명에서는 '우리나라의 역사 발전 과정을 이해하고, 이를 바탕으로 하여 대한민국의 발전을 위해 노력하는 자세를 기르기 위해 설정되었다'고 밝히고 있다. 앞서 3차 교육과정에 대해 과거 민족의 역사를 통해 현존 국가 권력의 정당성을 추구한다고 비판했었는데, 그것과 별다른 차이점

〈표 3〉 2015 사회과 교육과정에서 제시하는 역사 인물

단원명	역사 인물	선정 이유
나라의 등장과 발전	근초고왕, 광개토대왕, 김유신과 김춘추, 대조영	나라의 발전에 기여한 인물
독창적 문화를 발전시킨 고려	왕건, 서희, 강감찬	고려를 세우고 외침을 막는 데 힘쓴 인물
민족 문화를 지켜 나간 조선	이성계, 세종대왕, 신사임당, 이순신과 곽재우, 김상헌과 최명길	조선을 세우거나 문화 발전에 기여한 인물, 국가적 위기 극복한 인물
새로운 사회를 향한 움직임	정약용, 흥선 대원군, 김옥균과 전봉준	조선 사회의 모순을 극복하기 위해 개혁을 시도한 인물
일제의 침략과 광복을 위한 노력	명성황후, 안중근, 신돌석	일제의 침략에 맞서 나라를 지키고자 노력한 인물
일제의 침략과 광복을 위한 노력	이회영, 김구, 유관순, 신채호	광복을 위하여 힘쓴 인물

이 없는 진술이다. 2015 교육과정 총론에 등장하는 '자아의식', '지역과 세계 공동체'에 대한 관심은 역사 내용 요소 어디에서도 찾을 수 없다.

이는 사회과 교육과정 '교수·학습의 방법'과 '평가의 원칙'에서 언급되는 다음과 같은 진술들과도 모순된다.

학습자의 민주적 가치 및 태도 함양에 도움이 될 수 있도록 쟁점이나 문제 상황, 가치 갈등 상황, 인권 침해 사례 등 다양한 상황이나 사례를 제시하고, 학습자가 합리적인 해결 방안을 모색하고 실천할 수 있도록 사례 및 체험 중심의 교수·학습 방법과 자료를 활용한다.

학습자가 스스로 사회문제나 쟁점을 탐구하거나 가치를 분석하는 기회를 갖도록 각종 사회문제에 대한 시사 자료와 지역 사회 자료를 활용한다.

가치·태도 영역의 평가에서는 국가, 사회적 요구와 개인적 요구에 비추어 바람직한 가치와 합리적 가치의 내면화 정도, 가치에 대한 분석 및 평가 능력, 공감 능력, 친사회적 행동 실천 능력 등을 평가하는 데 중점을 둔다.[16]

'민족사의 발전'과 '국가 발전에 이바지' 여부가 중시되는 역사 교과서에 '쟁점'이나 '가치 갈등 상황'이 제시되어 있기를 바라기는 어렵다. 그렇기 때문에 당연하게도 '학습자 스스로 사회문제나 쟁점을 탐구'하는 것도 불가능하다. '탐구 활동'이 있기는 하겠지만, 대부분 답이 정해져 있는 것일 가능성이 크다. 결국 이러한 교육과정을 통해 '국가, 사회적 요구와 개인적 요구에 비추어 바람직한 가치'를 내면화하고 분석, 실천하는 능력을 평가하라는 말도 공허해질 수밖에 없다. 교과서에 '개인적 요구'가 등장할리 없기 때문이다. 그러한 점에서 저자는 현행 역사 교과의 국가주의적 성격이 3차 교육과정만큼 노골적이지는 않지만, 본질적으로 별로 달라지지 않았다고 본다. 또한 그러한 국가주의 역사교육은 파시즘적 세계관과 친화력이 높다는 점을 문제삼는 바이다.

2. 1973 교과서와 2015 교과서의 파시즘적 역사인식 비교

그러면 구체적으로 두 교육과정에 의해 만들어진 교과서의 목차를 비교해 보자. 먼저 3차 교육과정에 의해 1973년 만들어져 국민학교 6학년에 사용된 교과서이하 1973 교과서와 2009 교육과정에 의해 만들어져 초등 5학년 1학기와 6학년 1학기 사회과에서 사용된 교과서이하 2009 교과서 및 2015 교육과정에 의해 만들어져 초등 5학년 2학기와 6학년 1학기 사회과에서 사용되고 있는 교과서이하 2015 교과서의 목차를 비교해 보면 다음과 같다.

1973 교과서의 대단원과 2009 및 2015 교과서의 중단원이 서로 대응한다고 볼 수 있다. 1973 교과서의 목차는 '민족국가', '발전', '근대'라는 세

〈표 4〉 1973, 2009, 2015 초등 한국사 교과서의 목차 비교

1973 교과서의 대단원	2009 교과서의 대단원	2015 교과서의 중단원
우리 민족과 역사의 시작	우리 역사의 시작과 발전	나라의 등장과 발전
삼국과 민족의 통일		
민족 국가의 형성	세계와 활발하게 교류한 고려	독창적 문화를 발전시킨 고려
민족 국가의 발전	유교 문화가 발달한 조선	민족 문화를 지켜 나간 조선
조선 후기의 사회와 문화	조선 사회의 새로운 움직임	새로운 사회를 향한 움직임
근대화에의 길	근대 국가 수립을 위한 노력과 민족 운동	일제의 침략과 광복을 위한 노력
대한 민국의 발전	대한민국의 발전과 오늘의 우리	대한민국 정부의 수립과 6·25 전쟁

단어로 모두 설명될 수 있다. 역사의 주체를 현재의 '국가'로 설정하고, 그 국가가 달성해야 할 이상적인 상태가 '근대'이며, 근대 국가 이전의 역사는 '민족'이 근대를 향해 달려가는 '발전' 과정으로 묘사하는 것이다. 이러한 구도는 일제 시기 민족주의 역사학과 사회경제사학 등 역사학계 자체가 일정하게 공유하고 있었던 것이다. 특히 해방 이후 신민족주의 역사가 손진태가 1949년 『국사대요國史大要』에서 '민족의 성장 과정'을 기준으로 내놓은 시대구분 방식을 보면 1973 교과서의 그것과 상당히 유사하다.

〈표 5〉 손진태가 1949년 『국사대요』에서 설정한 시대구분법[17]

손진태의 시대구분법	해당 시기
씨족공동사회(민족형성배태기)	신석기
부족국가(민족형성시초기)	고조선
귀족국가(민족통일추진기)	삼국
민족결정기	통일신라
민족의식왕성기	고려
민족의식침체기	조선
민족운동전개기	일제

실증사학으로 출발했지만 민족주의적 관점의 역사 서술로 선회한 이병도의 시대구분법 자체는 '상대上代-중세-근세-최근'으로 단순하지만 국사를 '민족의 발전' 관점에서 보겠다고 밝히고 있다.[18] 한마디로 박정희 정권에서 만들어진 국정 국사 교과서의 역사인식은 주류 한국사학계의 그것을 반영한 것이지, 별종의 것은 아님을 알 수 있다. '민족', '발전', '근대'를 중시하는 역사관은 1970년대 내재적 발전론의 등장과 함께 강화되었다.[19] 자본주의 맹아론에 의거하여 사회경제적 발전상이 더 가미된 것이다. 1980년대에는 '민중'이 새로운 역사 주체로 등장하기도 했으나, 이때의 '민중'은 그 당위적·도식적 인식 구도에서 구래의 '민족'과 호환 가능한 개념이었다.[20] 이후로도 한국사학계 주류의 시각은 이 틀에서 크게 벗어나지 않았다. 1990년대 탈근대, 탈민족의 사조가 부상하면서, 이러한 역사인식에 대한 문제제기가 이루어져 왔고 주류 학계의 반성을 요구했다.[21] 또한 2000년대 중반 교육과정에 '다문화주의'가 요구되면서 '국사' 교과서 이름이 '한국사'로 변경되고 단일민족 성격 등의 강조는 약화되었다. 그 결과물이 2009 교육과정이라고 할 수 있다.[22]

2009 교육과정에서 고려시대를 '세계와의 교류'라는 주제하에 다루고,

조선 시대를 '유교 문화'의 관점에서 접근하도록 하는 것에서 다문화적, 탈민족적 요소를 엿볼 수 있다. '민족 국가'의 '형성과 발전'이라는 대단원명 아래 소주제들을 구성하는 것과는 다른 주제의식이라고 할 수 있다. 그러나 그러한 대단원명들이 교과서 본문의 실제 내용들과 명실상부하지는 못하다. 고려시대 '세계와의 교류'는 벽란도 항에서의 무역이 조금 언급될 뿐이고 여전히 거란, 여진, 몽골에 대한 민족적 항쟁의 사실들이 주로 실려있다. 조선 시대 '유교 문화'라는 주제를 통해 이야기하고 싶은 것이 무엇인지도 불분명하다. 즉, 학계 외부의 다문화적 요구로 인하여 단원명은 그럴 듯하게 바꾸었으나, 실제 내용은 변경된 주제의식을 따라가지 못한 것이다. 역사 교과서의 뿌리 깊은 서술 관행은 쉽게 바뀌지 않았다.

결국 2015 교과서의 중단원명을 보면 그나마 탈민족, 다문화적 용어들이 아예 사라진 것을 알 수 있다. '세계와 활발하게 교류한 고려'는 '독창적 문화를 발전시킨 고려'로, '유교 문화가 발달한 조선'은 '민족 문화를 지켜 나간 조선'으로 바뀌었다. '교류'나 '유교 문화'가 빠지고 '독창적', '민족 문화'라는 용어로 대체되었다. 근대사 단원명에서는 '근대'라는 용어가 없어지고 오로지 '민족 운동'의 관점에서 접근하겠다는 생각이 엿보인다. 단원명만 놓고 보면 2015 교육과정은 2009 교육과정보다도 퇴보했다고 볼 수 있다. 그러나 한편으로 2015 교과서의 서술 내용 자체는 단원명과 달리 다문화적 요소가 좀 더 추가되어 있기는 하다. 이에 대해서는 뒤에서 다시 살펴보겠다.

그러면 1973 교과서가 어떠한 측면에서 파시즘적 역사인식을 드러내는지 살펴보고 2015 교과서에서는 해당 부분이 어떻게 서술되어 있는지 비교해 보자〈부표 1〉참조. 첫째, 순수한 민족 주체의 기원과 계보에 집착한다는 점이다. 민족의 순수성을 부각시키기 위해서 '단일 핏줄'을 내세우게 된다. 그런데 교과서 필자들도 '다른 민족과의 접촉으로 피가 섞여 왔다'는 역사적 사실은 알고 있다. 그래서 '다른 민족과는 달리, 비교적 순수한 핏줄'을 지녀왔다고 선험적 가정을 하게 되는 것이다. 혈연을 통해 형성되는 민족의 순수성은 과학적 증명의 대상이 아니라 역사적 상상의 대상임을 알 수 있다. 또한 고대 시기 여러 국가로 나누어져 있었다는 역사적 사실을 희석시키기 위해 관념적, 추상적 가설을 남발한다. 부여, 동예, 옥저 등의 '부족 국가들이 자연 환경의 차이에 따라 생활 방법에도 차이가 있었으나, 비슷한 점이 더 많았다'는 진술이 그러하다. 구체적으로 어떠한 점이 비슷했는지는 밝히지 않는다. 이미 교과서 맨 앞부분에서 '우리 민족이 서로 나뉘어 나라를 세웠을 때에도, 하나로 뭉쳐 한 나라를 세우려는 소원은 매우 간절하고 끈질겼다'는 선험적 감상이 전제되어 있기 때문에, '부족 국가 간 비슷한 점'은 굳이 증명할 필요가 없는 사안인 것이다.

이런 식의 관념적 진술은 각 시대별로 되풀이된다. 고구려, 백제, 신라 삼국은 '핏줄이 같고 환경이 비슷하였으므로 문화 생활에도 닮은 데'가 많았고, 신라의 통일에 대해 '우리들은 동족이라는 생각을 더욱 굳혀 가며 오늘날에 이르렀다'고 평가하였다. 삼국의 분립과 통일 과정을, 객관적 역사 사실과 당대인들의 시선을 통해서가 아니라 현재의 민족주의적 관점으로 바라본다는 점을 드러낸다. 신라가 백제, 고구려 사람들에게 동족 의식을 넣어 주었다는 명제의 근거로 '자격에 따라 등용'하고 '군제 편성'에 참가시켰음을 제시한다. 왕건이 북방 영토 회복을 위해 나라 이름을 '고려'라고 하였다고 덧붙인다. 그러나 모두 당대적 관점에서 구체적으로 증명되어야 할 명제들이다.[23]

이처럼 순수한 민족성을 잃지 않아 왔기 때문에 근현대의 여러 민족적 위기도 극복할 수 있었던 것이다. 일제의 '무서운 탄압에도 독립 정신은 오히려 불타 오르기만' 하였고, 38도선 분단도 '반만 년의 오랜 역사를 지닌 독립 국가로서 자주적인 생활을 해 온 우리 민족으로서는 도저히 받아들일 수 없는 일'이기에 반탁 운동을 통해 민족적 의기를 보여주었다. 궁극적으로 이처럼 순수한 민족적 기원과 계보는 현재 국가에 속한 국민의 '역사적 사명'을 일깨워주는 역할을 한다. 과거 역사를 통해 미래 '민족의 앞날이 영원할 것'을 알게 되는 것이다. 즉, 순수한 민족성은 과거, 현재, 미래로 이어지는 신성한 것이므로, 지금 이 자리에서 '당신'이 민족을 위해—즉, 현존 국가 권력을 위해—무엇을 해야할지 잘 생각해 보라는 주문이 된다. '민족의 융성이 나의 발전의 기반임'을 깨달아야 하는 것이다. 개인을 국가에 종속시키기 위해 민족의 기원과 계보를 강조한다는 점에서 파시즘적 역사인식의 전형을 보여준다.

둘째, 이처럼 민족의 순수성을 오염시키는 적들에 맞서 싸울 것을 요구한다. 즉, 민족의 순수성을 지키기 위해 우리가 해야할 일이 무엇인지 국사 교과서는 지시해 준다. 무언가에 대한 집단적 부정과 맹목적 배척은 파시스트들이 즐겨 이용하는 정치 도구다. 광개토대왕이 만주 일대를 영토로 만든 것은 '대륙 세력의 침략을 꺾어', '우리 민족을 지키기' 위함이었다. 이처럼 강한 무력으로 영토를 넓혔을 때가 해당 국가의 '전성기'로 명명된다. 고구려가 수나 당 같은 강대국과 맞서 싸운 일도 '자랑'스러워 해야 하는데, 그 국민의 '용맹스러움'을 증명해 주기 때문이다. 고려 시기 거란과 여진족은 '야심'을 품고 살기 좋은 우리 땅을 '넘겨다본' 것이다. 즉, 외부의 적은 '야심'에 찬 '침략자'로만 묘사된다. 이처럼 극히 자기중심적,

협애한 역사상을 심어주는 상황에서는 인간 행위에 대한 역사적, 보편적 사고가 정상적으로 개입될 수 없을 것이다.

외부의 적이 '침략자'로 단순화되는 것에 대응하여 내부 구성원은 '저항하는 투사'로 단순화된다. 삼별초에 대한 서술 사례가 대표적이다. 삼별초는 '호국 정신'과 '민족의 꺾일 줄 모르는 자주성'을 보여준다고 평가된다. 삼별초가 그러한 저항을 하게 된 실제 이유에 대한 연구에서 밝혀진 정치적 맥락은 모두 생략되어 버린다.[24] '침략과 저항'의 이항대립적 역사인식은 근대 일제 식민지기에 대한 서술에서 매우 전형적으로 드러난다. 일제는 '우리 민족을 노예로 만들기 위하여 세계에서도 보기 드문 가혹한 식민지 정책'을 폈으나, 우리의 '독립 정신은 오히려 불타 오르기만 했다'는 진술은 1960년대 재야 역사가 문정창의 역사인식을 거의 그대로 반영한 것이다. 한편 일제 시기 역사학자들이 '모두 한결같이 강한 민족주의를 내세웠다'는 진술도 역사적 사실이 아닐뿐더러 제대로 된 역사적 접근법이 아니다. 저자는 일제 시기 지식인들의 민족주의적 역사인식이 당대 다른 지식인들에 의해 사실상 파시즘적 역사인식과 동일한 것이라고 공격받았던 사실을 분석한 바 있다. 제대로 된 역사교육이라면 학생들로 하여금 '강한 민족주의'의 의미도 생각해 보게 만들어야 할 것이다.

셋째, 근대화와 민주주의를 내세우면서 마치 파시즘이 아닌 것처럼 가장하지만, 다른 한편으로 그 의미를 속류화시킨다. 3차 교육과정 국사 교과서는 조선 후기 '근대화는 외국에서 주어진 것이 아니라, 내부에서 이미 움트고 있었다'고 말한다. 당대 주류 한국사학계의 내재적 발전론이 그대로 반영되어 있다. 실학 운동이 '근대화의 시작'으로 자리매김되고, '양반'이 아닌 '민중' 문화의 확산이 높게 평가된다. 이어서 동학 혁명은 '외국

세력의 배척, 계급 타파, 여성 해방'에 이르기까지 '근대 사상'을 내걸었던 개혁 운동으로, 독립협회의 만민 공동회 운동은 '민주 정치'를 연 것으로 평가된다. 이러한 '근대화의 길'을 일제가 막았다고 직접적으로 진술되어 있다. 뒤에서 다시 보겠지만 2015 교과서에서의 역사상과 크게 다르지 않을 것으로 예상된다. 주류 학계의 관점 자체가 1970년대부터 현재까지 거의 그대로이기 때문이다. 그러나 이러한 내재적 발전론의 틀은 여러 지점에서 비판받아 왔다. 뉴라이트 역사가들은 조선 후기 자본주의 맹아론을 부정했고,[25] 실학, 동학, 독립협회운동 등의 근대성에 대해서도 여러 의문들이 제기되어 왔다.[26] 저자 역시 1900년대 일진회 운동에 대한 연구를 통하여 기존 동학과 독립협회 운동 연구사의 맹점에 대해 지적한 바 있다.[27]

즉, 한국사를 근대화의 과정으로 단순화시키면서 현존 정부가 바로 그러한 역할을 수행하고 있다고 정당화시키는 것이다. 이때 국가 권력과 역사교과서 서술자는 모순적인 상황에 처하게 된다. 근대화만이 바람직한 역사의 방향으로 설정될 경우, 근대화 이전의 전통 사회는 모두 부정의 대상이 되기 때문이다. 박정희 개인의 역사인식도 1960년대 전반, 집권 초반기까지는 그러하였다.[28] 그러나 1970년대 집권 후반부로 넘어가면서는 근대화의 보편성을 서구화로 상대화시키고 민족 전통에 대한 긍정적 평가를 가미함으로써 '자주적한국적 근대화=민주주의'를 정치 과제로 내세우게 된다. 이것이 곧 박정희가 지닌 파시즘적 역사인식의 실체다. 기본적인 틀에서 당대 역사학자들도 이를 부정하지 못했고 그러한 상태로 교과서에도 실리게 되었다. 근대 이전 민족 문화에 대한 긍정적 서술들이 생겨나게 된 배경이다. 불국사, 석굴암 같은 건축물, 대장경, 고려자기, 금속 활자 등 문화적 업적, 세종의 한글 창제 등이 모두 '우리 민족의 세계적 자랑거리'로 취급된다. 얼핏 '근대화의 길'과 '자랑스러운 민족 문화'는 모순적인 역사상으로 보인다. 그러나 '자주적 근대화'나 '한국적 민주주의'라는 조어의 의미를 생각해보면 그러한 모순이 '해소'되는 방식을 추론해볼 수 있다. 한편으로는 근대화의 추진 주체로, 다른 한편으로는 민족적자주적 선도자로 자신을 설정하여, 대외적대내적 적들에 맞서 국민의 단결과 지지를 이끌어내려 했다는 점에서 독일, 이탈리아, 일본의 파시즘 정권은 유사성을 띠고 있었다. 3차 국사 교과서는 바로 그러한 방식들이 한국 사회에서 재현되는 양상을 잘 보여준다.

그러면 위와 같이 파시즘적 관점을 보이는 서술들이 2015 교과서에서는 완전히 사라졌을까? 첫째, 직접적으로 민족의 단결과 결속을 강조하는 용어나 표현은 찾아볼 수 없다. 단군 신화를 '민족 정신'의 차원에서 언급하지 않고, 그저 '고조선 건국과 관련한 이야기'를 소개하는데 그치고 있다. '순수한 핏줄' 같은 표현도 등장하지 않는다. 그러나 민족의 성장과 발전 이야기로서의 역사 내러티브 자체가 없어진 것은 아니다. '주변 여러 세력과 교류하거나 경쟁하면서 그들의 고유한 문화를 만들어 나갔다'는 서술이 1973 교과서의 역사 발전 도식을 대체하고 있다. '고유한 문화', '독특한 문화'라는 표현을 통해 민족적 특수성을 지속적으로 상기시키고 있다. 발해사를 국가의 관점에서 교육시켜야 한다는 입장은 1973 교과서보다 오히려 강해진 느낌을 준다. 1973 교과서에서는 '고구려의 문화적 바탕을 이어받은 나라였기 때문에, 우리 역사에 있어서 중요한 뜻을 지니고 있다'고 되어 있는데, 2015 교과서는 탐구 활동으로 '발해의 역사가 우리나라의 역사인 까닭 알아보기'를 싣고 있다. 동북공정에 대한 대응을 요구하는 국가적, 사회적 요구가 반영된 것으로 보인다. 그러나 답을 정해

놓고 그에 합당한 근거만 제시한다면 역사 수업 자료로서 적절하다고 보기 어렵다. 고려가 발해 유민을 받아들인 일은 '민족 통합'의 관점에서만 서술되고 있다.[29]

둘째, 공동체 외부와 내부의 적을 설정하는 방식의 경우, 이전보다 표현의 수위는 약화되었지만 일정하게 유지되고 있다. 삼국의 '전성기'는 여전히 영토 확장의 측면에서 접근되고 있다. 고려는 외세의 침입을 잘 극복하고 끈질기게 항쟁하여 '독창적이고 고유한 문화'를 발전시켰다. '교류'와 '외교적인 노력'도 덧붙여지지만 기본적으로 '침략'과 '항쟁'의 도식이 사용된다. 삼별초의 '저항'을 보는 관점도 이전 교과서와 크게 달라지지 않았다. 다만 '강화도에 있는 귀족의 생활과 육지에 있는 백성의 생활은 어땠을까?'라는 질문은 유의미해 보인다. '민족적 항쟁'에 가려진 '내부적 갈등'의 요소를 생각해보게 만들기 때문이다. 일제 시대를 보는 관점도 1973 교과서와 크게 다르지 않다. '탄압과 수탈'에 맞서 싸운 사람들을 기려야 한다는 주제의식은 동일하다. 다만 2009 교과서에서 수탈로 인한 고통과 저항의 주체를 막연하게 '민족'이란 용어로 썼던 것과는 달리, '사람들'이란 말을 통해 구체적으로 대상화시키고 있는 점은 달라졌다. 그러나 큰 틀에서는 수탈에 맞서 싸운 '사람들'을 각 개개인이 아니라 집단적이고 동질적인 집단으로 형상화한다는 점은 마찬가지라고 볼 수 있다. '을사늑약을 체결한 우리 민족의 심정은 어땠을까'라는 탐구활동에서는 집단 주체로서 '민족'이 등장한다.

셋째, '근대화'의 도식이 아예 나타나지 않는다. '근대'라는 용어 자체가 거의 사용되지 않는다. 그렇다고 역사 교과서에서 '근대화'의 틀이 정말 사라진 걸까? 그렇지 않다. 조선 후기 실학자들은 '백성의 생활을 안정시키고 나라의 힘을 기를 수 있는 방법을 연구'했고, 독립협회는 '자주독립 의식을 고취하고 나랏일에 자신의 생각을 표현할 수 있는 만민공동회를 개최했다'는 서술 속에 사실상 '근대화의 상'이 들어 있다. 그럼에도 '근대화'라는 용어를 사용하지 않는 현상은 어떻게 보아야 할까? 1990년대 공산주의 국가들의 몰락 속에 유물사관과 관련이 깊은 시대구분론의 역사학적 의의가 줄어든 것도 이유 중의 하나일 것이다.[30] 그러나 근대화의 도식 자체가 잠재되어 있는 상황에서 그러한 용어를 숨기는 것은 오히려 문제다. 차라리 근대의 의미를 표면 위로 드러내놓고 학생들로 하여금 생각하게 만드는 것이 적절하다고 여겨진다. 2015 교과서에서 일제 시기 역사 서술이 오로지 '수탈과 저항'으로 일관하면서 이전보다 오히려 민족주의적 성향이 강해졌다고 느껴지는 이유도 여기에 있다. 근대화의 의미가 무엇인지 말하지 않기 때문에, 일제 시대가 어떠한 측면에서 근대적이지 않은지 생각해볼 여지도 줄어든 것이다.

반면 전통 민족 문화에 대한 자부심 고취 서술은 1973 교과서보다 더 강화되었다. '불국사와 석굴암의 우수성', '고려청자와 직지심체요절'의 독창성, 한글 창제의 과학적 원리 등이 상세하게 부각된다. 근대화가 역사적 과제로 설정되지 않다 보니까 전통 문화에 대한 평가가 더 자유로워진 측면이 있다. 그러나 다른 한편으로 2015 교과서는 지나친 자민족 중심주의를 경계하는 경향도 보인다. 고려 청자 기술이 '중국에서 들어왔음'을 언급하고, 직지심체요절에 대해서도 '금속 활자 제작술의 발달이 정보의 생산과 유통으로 이어지지 못해 사회 변화에 끼친 영향력은 크지 않았다'고 그 한계를 지적한 것은 2009 교과서보다 나아진 점이다. 유교 정치 이념을 소개하면서 '백성들에게도 나라에 충성하고 맡은 일에 최선을 다하는 태도가 강조되었다'고 쓴 부분은 오늘날의 민주주의적 관점이 반영된 것으로 보인다. 이순신을 민족적 영웅으로서만 묘사하지 않고 '어떤 사람이었을지 알아보기'라는 탐구활동을 넣은 것도 주목된다. 역사적 인물을 민족이나 국가의 관점이 아니라 신분, 계층, 개인의 관점에서 바라볼 여지를 주기 때문이다.

1973 교과서와 대조적으로 신라의 화랑도에 대한 언급이 전혀 없고, 신라의 삼국 통일에 대한 서술 분량이 적은 것도 눈에 띈다. 역사 교육을 통해 학생들에게 국가에 대한 충성을 맹목적으로 강요하지 않겠다는 의도로 읽힌다. 2015 교과서는 마지막 부분에서 '오늘날 시민들은 사회 공동의 문제를 평화적이고 민주적인 방법으로 해결하고 있다. 그에 따라 더 많은 시민이 사회 공동의 문제를 해결하는데 참여하게 되었다'고 말하고 있다. 이 역사 교과서가 민주주의, 시민의 관점에서 기획되었음을 엿보게 한다. 앞서 본대로 본문 내용 중에 그러한 서술 의도가 엿보이는 대목들도 있다. 그러나 전체적으로 보자면 시민적 관점이 역사 교과서 전체를 관통하고 있다고 말하기 어렵다. 어떤 대목에서는 1973 교과서와 거의 다름 없는 민족적, 국가적 관점이 드러나기 때문이다. 우리 공동체의 역사 교과서가 파시즘적 역사인식과 시민적 역사인식 중 어느 관점에서 서술되었는지 지속적으로 따져볼 필요가 있을 것이다.

이 장에서는 1973년 3차 교육과정과 2015 교육과정 문서의 초등 사회과 중 역사 관련 내용을 비교·분석한 후, 해당 교육과정에 기반하여 나온 교과서에 파시즘적 역사인식이라고 할 만한 부분이 있는지 살펴 보았다. 3차 교육과정 문서를 보면 '민족'이라는 '역사적' 존재가 '개인'에 대한 '국가'의 우위를 정당화시키는 장치로서 설정되어 있었다. '민족적' 가치가 민주주의의 보편적 가치를 제한하는 '한국적'이라는 수식어에 역사성을 부여하는 역할까지 하고 있었음이 확인된다. '근대성'과 '민족성'이라는 두 가치 축으로 역사 과목을 설명하며 '조국과 민족을 위하여 봉사할 것'을 노골적으로 요구하고 있다. 전형적으로 파시즘적 역사인식을 드러내고 있는 것이다. 2015 교육과정에서는 이처럼 노골적으로 개인에게 국가, 민족에 대한 희생을 요구하는 구절은 나타나지 않는다. 사회과 각론을 보면 '민족', '국민' 정체성보다 '민주 시민'의 자질이 더 중요하다고 밝히고 있을 정도다. 그러나 한편으로 '민족사의 발전상'과 '국가 발전에 이바지'라는 표현 역시 등장하고 있다. 이러한 표현이 특히 한국사 영역을 염두에 두고 쓰여진 것은 아닌지 의심하며, 교과서의 구체적인 서술을 살펴보았다.

3차 교육과정 교과서의 목차는 '민족국가', '발전', '근대'라는 세 단어로 모두 설명될 수 있다. 이는 당대 한국사학계의 역사인식을 그대로 반영한 것이기도 하다. 그러나 2009 교육과정에 이르면 고려시대를 '세계와의 교류'라는 주제 하에 다루고, 조선 시대를 '유교 문화'의 관점에서 접근한다는 점에서 다문화적, 탈민족적 요소를 엿볼 수 있다. 그러나 이러한 단원명은 2015 교육과정에서 다시 '독창적 문화를 발전시킨 고려', '민족 문화를 지켜 나간 조선'으로 환원되었다. 애초에 2009 교육과정도 다문화적 단원명과는 달리 본문 내용은 민족적 항쟁을 주로 다루고 있었다. 한국사학계의 민족주의적 관점에 큰 변화가 없었기 때문에 외부로부터 온 다문화적, 탈민족적 요구는 제한적으로 수용되고 만 것이다.

교과서 내용상으로 보면 1973 교과서는 첫째, 순수한 민족 주체의 기원과 계보에 집착한다는 점, 둘째, 민족의 순수성을 오염시키는 적들에 맞서 싸울 것을 요구한다는 점, 셋째, 근대화와 민주주의를 내세우면서 파시즘이 아닌 것처럼 가장하지만, 그 의미를 속류화시킨다는 점 등에서 파시즘적 관점을 보인다. 2015 교과서는 첫째, 직접적으로 민족의 단결과 결속을 강조하는 용어나 표현은 찾아볼 수 없으나 '고유한 문화', '독특한 문화'라는 표현을 통해 민족적 발전 도식을 유지하고 있다. 둘째, 이전보다 표현의 수위는 약화되었지만 공동체 외부와 내부의 적을 설정하는 방식 자체는 일정하게 유지되고 있다. 셋째, '근대화'의 도식이 아예 나타나지 않는다. 이전 교과서들이 '근대화론'에 매몰되어 있다는 비판을 의식한 것으로 보이지만, 결과적으로 근대화의 도식 자체는 사라지지 않은 채 '수탈과 저항'이라는 민족적 관점만 더 강화시키는 양상을 보였다. 즉, '근대성'의 의미를 생각해볼 수 있는 기회 자체를 박탈했다는 점에서 이전의 역사인식보다 나아졌다고 보기 어렵다. 근대화를 이야기하지 않다 보니까 전통 민족 문화에 대한 자부심 고취 서술은 더 늘어났다. 일부 민주주의적 관점이 반영된 탐구활동도 발견되지만 전체적으로 보자면 시민적 관점이 역사 교과서 전체를 관통하고 있다고 말하기 어렵다. 파시즘적 역사인식의 완전한 극복을 기하기 위해서는 이전 교과서 서술에서 어떠한 부분이 '파시즘적 세계관'을 반영하고 있는지에 대한 반성부터 다시 시작해야 할 것이다. 1973 교과서와 2015 교과서의 서술 내용 비교는 부표로 제시하였다.

〈부표 1〉 1973 교과서에서 파시즘적 서술과 2015 교과서에서 해당 부분 비교

	1973 교과서에서 파시즘적 서술		2015 교과서에서 해당 부분 서술
1. 우리 민족과 역사의 시작	어느 나라든지 발전을 꾀한다고만 하여 곧 발전이 이루어지는 것은 아니다. 때로는 다른 민족의 **침략**으로 위험을 겪기도 하고, 활기를 잃는 일도 있기 때문에, 이를 이겨 내지 못하여 멸망한 민족도 있다. 우리 민족은 이러한 때 단결된 힘과 민족의 슬기로 이를 이겨 내어 오늘에 이른 것이다.	나라의 등장과 발전	고조선이 세워진 이후 삼국 시대까지 등장하는 우리 역사 속 여러 나라들은 주변 여러 세력과 교류하거나 경쟁하면서 그들의 고유한 문화를 만들어 나갔다.
	어느 민족이든지 오랜 세월을 거치는 동안, 다른 민족과 자주 접촉을 하게 되기 때문에, 자연히 그들의 피가 섞이게 마련이다. 그러나, 우리 민족은 다른 민족과는 달리, **비교적 순수한 핏줄을 지녀 왔다.** 피만이 아니라 말도 서로 섞이게 마련이다. 우리말에도 다른 민족의 말이 섞였으나, 우리말의 성질에 맞도록 받아들였기 때문에, 모두 우리말이 되었다. 뿐만 아니라, 우리말에는 방언의 차이가 거의 없다. 우리 민족은 같은 피를 이어 받고 한 가지 말을 써 왔기 해문에, 함께 뭉쳐 외세에 대항하여 자기 자신을 지킬 수 있었다. 우리 민족**이 서로 나뉘어 나라를 세웠을 때에도, 하나로 뭉쳐 한 나라를 세우려는 소원은 매우 간절하고 끈질겼다.**		고조선은 우수한 청동기 문화를 바탕으로 다른 부족을 정복하거나 통합하면서 세력을 확장했다. 그리고 고조선만의 **독특한 문화**를 발전시켰는데 그중에서도 미송리식 토기, 비파형 동검, 탁자식 고인돌이 고조선을 대표하는 문화유산이다. 이 유물들의 분포 지역으로 고조선의 문화 범위를 짐작할 수 있다.
	단군 신화는 우리 민족의 건국 신화로서, 우리 민족이 고난을 겪을 때마다 민족의 정신을 일깨워 주어 왔다.		고조선 건국과 관련하여 다음 이야기가 전해 내려오고 있다.
2. 삼국과 민족의 통일	고구려는 그 세력을 이 땅에서 몰아 내고, 한반도의 북부와 드넓은 만주 일대를 영토로 만들었다. 고구려는 고대 왕국으로 발전하는 가운데 한나라의 군현 세력을 이 땅에서 몰아 낸 후에도 **굳은 의지와 단결력으로** 여러 차례에 걸친 대륙 세력의 침략을 꺾었다. 때로는 서울이 침략당하는 고난을 겪기도 했으나, 결코 굴함이 없이 그들을 물리쳐, **우리 민족을 지키고, 우리 민족의 활동 무대를 넓혀 갔다.**		고구려는 국내성(지안)으로 수도를 옮기고 **꾸준히 정복 활동을 벌여 5세기에 전성기를 맞았다.** 광개토 대왕은 서쪽으로는 요동 지역을 차지하고, 남쪽으로는 백제의 영역이었던 한강 지역으로 세력을 확장했다.
	그 뒤를 이은 장수왕은 뜻을 남쪽에 두어 서울을 국내성에서 평양으로 옮기고, 영토를 넓히니, **이때야말로 고구려의 전성기였다.**		그의 뒤를 이은 장수왕은 광개토 대왕릉비를 세워 광개토 대왕의 업적을 기념했다. 그리고 평양 지역으로 수도를 옮기고 남쪽으로 영역을 더욱 확장했다.

1973 교과서에서 파시즘적 서술		2015 교과서에서 해당 부분 서술
고구려가 수나라나 당나라와 같은 강대한 국가의 침략을 물리친 사실은, 우리 역사상 빛나는 자랑이 아닐 수 없다. 고구려는 거칠고 험한 지역에 자리잡았을 뿐만 아니라, 외적의 빈번한 침략을 막고, 외국과 겨루기 위하여, 국민의 기질도 매우 용맹스럽고 적극적이었다.		백제 역사 유적 지구가 세계 유산에 선정된 까닭은 무엇일까.
세 나라는 핏줄이 같고 환경이 비슷하였으므로, 문화 생활에도 닮은 데가 많았다.		삼국과 가야는 경쟁하면서 갈등을 겪기도 했지만, 교류하면서 문화를 주고받기도 했다.
화랑도들은 국가 발전에 큰 힘이 되었다. 이 삼국 통일로 우리 민족은 문화적으로도 온 겨레가 같은 생활을 하게 되어, 하나의 민족 문화를 이룩하게 되었다. 이로부터 우리들은 동족이라는 생각을 더욱 굳혀 가며 오늘날에 이르렀다. 삼국을 통일하여 민족 국가를 이룩한 후, 신라는 백제와 고구려의 사람들에게 동족 의식을 넣어 주기 위하여 여러 가지 애를 썼다. 즉, 그 정책의 하나로서 옛 고구려인과 백제인을 자격에 따라 등용하였고, 군제 편성에 있어서도 그들을 참가시켰다. 오랜 시일을 거쳐 오는 동안에 우리는 하나의 민족 문화를 이루었는데, 오늘날 우리들의 의식주 양식이나 생활 풍습은 이때부터 하나로 통일되기 시작하였다.		삼국의 통일은 어떤 의미가 있을까요?
불국사, 석굴암 같은 건축물이나, 석굴암 안에 있는 불상, 태종무열왕릉의 비석인 거북의 조각품 등은 지금까지 남아 있는 훌륭한 예술품이다. 이때의 문화 발달로 우리의 민족 문화는 그 뼈대가 굵어졌다.		불국사와 석굴암의 우수성을 알아봅시다. 석굴암에 숨겨진 신라인들의 과학 기술은 무엇일까.
발해는 그 국민의 대부분이 말갈족이었으나, 나라를 다스린 사람들은 옛 고구려인들이었을 뿐 아니라, 고구려의 문화적 바탕을 이어받은 나라였기 때문에, 우리 역사에 있어서 중요한 뜻을 지니고 있다.		발해는 군사, 문화적 힘이 강력한 나라로 발전해 고구려의 옛 땅을 대부분 되찾았다. 발해는 스스로 고구려를 계승한 나라임을 내세웠다. 이에 고구려의 문화를 바탕으로 여러 나라와 활발히 교류해 다른 나라의 문화를 받아들이면서 그들만의 독자적인 문화를 발전시켜 나갔다. 발해의 역사가 우리나라의 역사인 까닭 알아보기.
발해가 만주에서 일어난 거란족에 의하여 망하자(926), 많은 옛 고구려의 후손들이 남으로 내려와 고려에 찾아들었다. 고려는 이들을 따뜻하게 받아들이는 한편, 그 옛날 우리 민족이 활동	독창적 문화를 발전시킨 고려	고려는 후삼국을 통일하고 발해의 유민을 받아들여 민족을 통합했다. 거란이 발해를 멸망시키자 발해 유민을 받아들였으며 북쪽으로 점차 영토를 넓혀 나갔다.

1973 교과서에서 파시즘적 서술	2015 교과서에서 해당 부분 서술
	하던 북쪽의 땅을 도로 찾고자 평양을 중히 여겨 서경을 삼고, 북진 정책을 내세워, 잃었던 땅을 찾는 데 꾸준히 노력하였다.	
3. 민족 국가의 형성	고려를 세운 왕건은 먼저 민족을 다시 통일하는 일에 힘쓰는 한편, 불교를 중심으로 하여 새 나라의 활동을 펴 나가기로 하였다. 또, 북방으로 나라의 힘을 뻗어, 그 옛날 우리 민족이 살았던 땅을 되찾아야겠다는 생각에서 나라 이름도 고려라고 불렀다.	외세의 침입이 여러 번 있었지만, 고려는 이를 잘 극복하고 활발한 대외 교류를 바탕으로 독창적인 문화를 발전시켰다.
	만주와 몽고 지방의 주인이 된 **거란은 고려에 대해서도 야심을 품어**, 마침내는 성종 때 우리 나라에 쳐들어왔다(993). 한편, 우리 나라 북동부에서 만주에 걸쳐 살던 여진족이 보다 생활하기가 좋은 우리 땅을 넘겨다보게 되었다.	거란은 당이 멸망한 이후 당의 북쪽 지역에서 세력을 키워 나라를 세웠다. 고려는 거란이 여러 방면으로 세력을 확장하고 발해까지 멸망시키자 거란을 경계했다.
	삼별초는 고려시대의 **호국 정신**을 나타낸 사람들로서, 우리 민족의 꺾일 줄 모르는 **자주성**을 드높였다.	고려가 강화도로 도읍을 옮긴 까닭은 무엇일까. 강화도에 있는 귀족의 생활과 육지에 있는 백성의 생활은 어땠을까요?
	고려는 몽고의 일본 정벌에 동원되느라고 경제적으로 고통을 받았을 뿐 아니라, 정치적으로도 어려움을 당하였다. 그러나, 고려는 원나라의 간섭으로부터 우리의 것을 지키고, 잃었던 권리와 국토를 찾고자 하는 자주 운동을 그치지 않았다.	몽골의 침입을 받은 나라는 대부분 멸망했다. 이에 비해 고려는 몽골의 간섭을 받았지만, **끈질긴 항쟁과 외교적인 노력**으로 나라를 유지하고 고유의 문화를 지킬 수 있었다.
	민족의 **창조성**을 아낌없이 발휘하여, 우리 민족의 세계적 자랑거리인 대장경, 고려자기, 금속 활자 등 문화적 업적을 이루어 놓았다.	청자를 만드는 기술은 본래 중국에서 들어왔으나 고려는 상감이라는 공예 기법을 도자기에 적용해 상감 청자라는 독창적인 예술품을 만들어 냈다. 고려청자를 보면 고려의 도예 기술이 얼마나 뛰어났는지 알 수 있다. 금속 활자 제작술의 발달이 정보의 생산과 유통으로 이어지지 못해 사회 변화에 끼친 영향력은 크지 않았다. 오늘날 전해지는 금속 활자 인쇄본 중 가장 오래된 것은 『직지심체요절』이다.
4. 민족 국가의 발전	조선 시대에 가장 위대한 업적을 남긴 국왕은 세종 대왕이다. 세종 대왕은 밖으로 국토를 정비하였을 뿐만 아니라, 안으로 **민족 문화를 크게 계발시켰다.** 이리하여, 우리 민족은 우리 글로 우리의 생각을 적을 수 있게 되어, 민족 문화의 새 역사가 이루어지게 되었다.	민족 문화를 지켜 나간 조선	세종은 백성들이 글을 몰라 어려움을 겪자, 이를 덜어 주려고 일부 신하들의 반대에도 우리글을 만들었다. 훈민정음은 혀와 입술의 모양에서 **과학적 원리**를 찾아 창제했다.
	가족의 질서는 가장을 중심으로 확립		조선은 유교 정치 이념을 내세우며 세운 나

1973 교과서에서 파시즘적 서술		2015 교과서에서 해당 부분 서술
되었으며, 그 권위는 매우 존중되었다. 조선 중기 이후로는 유교 중심의 예절 생활이 더욱 굳어져 갔고, 양반뿐 아니라 평민들 사이에도 퍼져 갔다.		라로서 백성을 나라의 근본으로 삼았다. 왕은 충성스러운 신라를 뽑고 신하들은 바른 정치를 펼치려고 노력했다. 백성들에게도 나라에 충성하고 맡은 일에 최선을 다하는 태도가 강조되었다. 백성들은 나라에 충성하고 부모와 어른을 공경하며, 남자와 여자, 아이와 어른 사이의 예절을 지켜야 한다고 했다. 오늘날 전해지는 혼인이나 장례, 제사 문화도 이런 유교의 영향을 받았다.
토요토미 히데요시는 일본을 통일한 후, 대륙 침략의 야망을 품었다. 그리하여, 그는 우선 우리 나라에 대한 침략 전쟁을 일으켰다. 이 임진왜란은 우리가 겪은 큰 국난이었으며, 이로 말미암아 국토는 거의 파괴당하고 국민은 크나큰 고난을 겪어야만 했다.		임진왜란이 일어난 과정과 이를 극복하기 위한 노력을 살펴봅시다. 이순신은 어떤 사람이었을지 알아보기.
5. 조선 후기의 사회와 문화 — 영조 · 정조 시대에 들어와서는 문화의 꽃이 다시 피었고, 새로운 시대를 맞이하는 기운이 싹터 나가기 시작하였다. 특히, 이때의 민족 문화는 양반에게서부터 민중 속으로 번져 갔다. 이와 같이 우리의 근대화는 외국에서 주어진 것이 아니라, 이때 이미 움트고 있었던 것이다.	새로운 사회를 향한 움직임	영조는 탕평책을 펼쳐 나라를 바로 세우고 왕권을 강화했다. 정조는 영조의 탕평책을 이어받아 인재를 고루 뽑고 올바른 정치를 할 수 있도록 노력했다.
주자학만 가지고는 국가의 발전에 이바지할 수 없음을 깨닫고 자기를 먼저 알고, 실제 생활에 직접 도움을 줄 수 있는 학문을 연구하자는 실학 운동은, 우리의 근대화의 시작이며 민족 스스로 개척한 학문 운동이다.		기존의 학문이 사회 문제를 해결할 방법을 제시하지 못하자 실학이라는 학문이 등장했다. 실학자들은 백성의 생활을 안정시키고 나라의 힘을 기를 수 있는 방법을 연구했다. 실학자들은 우리나라의 고유한 것을 중요하게 생각했기 때문에 중국의 것이 아닌 우리의 역사, 지리, 언어, 자연 등을 연구했다.
6. 근대화에의 길 — 동학 혁명은 외국 세력의 배척, 계급 타파, 여성 해방에 이르기까지 근대 사상을 내걸었던 개혁 운동으로, 비록 혁명에는 성공하지 못하였으나, 그 정신은 갑오경장에 많이 반영되었다.	일제의 침략과 광복을 위한 노력	갑신정변 이후에도 일부 양반과 지방 관리의 횡포는 여전히 심했다. 동학 농민 운동의 지도자 전봉준은 고부 군수의 횡포를 막기 위해 뜻을 같이하는 사람들을 모아 군사를 일으켰다. 전봉준과 동학 농민군의 개혁안(일부).
서재필, 이상재, 이승만 등은 독립문과 독립관을 세우고 독립 신문을 발간하여, 국민들에게 자주 독립 정신을 심어 주기에 힘썼다. 또한, 만민 공동회를 열어, 자유 민권 사회를 이루어야 한다고 백성을 계몽하였다. 이때부터 민주 정치에 대한 생각을 하는 사람들이 늘어났다.		독립협회는 자주독립 의식을 고취하고자 청의 사신을 맞이하던 영은문을 헐고 그 자리에 독립문을 세웠다. 또한 누구나 나랏일에 자신의 생각을 표현할 수 있는 만민공동회를 개최했다.

1973 교과서에서 파시즘적 서술	2015 교과서에서 해당 부분 서술
나라는 있으나 주권이 무너지게 되자, 민족의 구국열은 더욱 불타 올랐다.	을사늑약을 체결한 우리 민족의 심정은 어땠을까.
한창 근대화의 길로 발전하려던 우리 민족을 그들의 노예로 만들기 위하여, 세계에서도 보기 드문 가혹한 식민지 정책을 펴 나갔다.	군대에서의 경찰인 헌병들에게 경찰의 임무를 주어 한국인들을 감시하게 하고 독립운동을 탄압하기 시작했다. 조선 총독부는 토지 조사 사업이라는 이름으로 그들의 땅을 늘려나갔고 이 과정에서 많은 농민이 농사를 지을 땅을 잃어버려 생활이 어려워졌다.
무서운 탄압에도 꺾임이 없이 독립 정신은 오히려 불타 오르기만 하였다. 우리 민족의 평화적인 독립 운동을 일본 헌병과 경찰은 총칼로 마구 찌르고 잡아갔으나, 독립 만세 소리는 방방곡곡에 메아리치고 해외 동포들까지도 이에 적극 호응하였다.	일제의 탄압과 수탈이 계속되자 만주와 연해주 등 국외로 떠나는 사람들이 늘어났다. 국내 활동이 어려워진 독립운동가들 역시 다른 나라로 건너가 활동을 이어 나갔다.
역사를 연구하는 학자들은, 일본에 나라를 빼앗기자, 외국에 망명하여 공부하거나 국내에 남아 숨어서 공부하였다. 그러나, 이들은 모두 한결같이 강한 민족주의를 내세우며 오랜 역사와 전통을 가진 우리 나라를 다시 찾아야 한다고 주장하였다. 신채호, 박은식은 대표적인 사람이며, 그 후에도 많은 역사가들이 나왔다.	신채호는 우리 민족의 우수성을 알리고자 우리의 역사와 훌륭한 인물의 이야기를 책으로 펴냈다. 신채호가 역사책을 쓴 까닭 생각해 보기(신채호는 일본의 역사 왜곡에 맞서 우리나라의 역사를 연구해 여러 역사책을 썼습니다). 한용운, 이육사를 비롯한 여러 문인도 꺾이지 않는 민족정신을 그들의 작품에 담았으며, 각종 민간 언론 기관과 청년, 학생들도 독립 의지를 우리 민족에게 심어 주고자 노력했다.
7. 대한 민국의 발전 — 원래가 하나이던 우리 민족이 이로 인하여 남과 북으로 갈리는 비극이 일어났다. 오늘날 우리가 겪고 있는 모든 어려움은, 바로 38도선에 의한 국토의 분단에서 비롯된 것이다. 반만 년의 오랜 역사를 지닌 독립 국가로서 자주적인 생활을 해 온 우리 민족으로서는 도저히 받아들일 수 없는 일이었기 때문에, 소련에 얽매인 공산주의자들을 빼놓고는 온 민족이 신탁 통치를 결사 반대하는 반탁 운동을 일으켜 다시 한번 민족의 의기를 보였다.	[대한민국 정부의 수립과 6·25 전쟁] 미국과 소련은 한반도에 자신의 나라에 유리한 정부를 세우기 위해 38도선을 그어 남쪽에는 미군을 두고 북쪽에는 소련군을 각각 두어 차지했다. 신탁 통치에 대한 소식이 알려지자 우리나라에서는 신탁 통치에 반대하는 사람들과 모스크바 3국 외상 회의의 결정에 찬성하는 사람들 간에 갈등이 일어났다.
오늘날 우리 국민이 완수하여야 할 역사적 사명은 매우 크다. 그 동안 한때 불행했던 역사를 썼고 자주 독립을 이룩한 우리들은, 조국 중흥의 책임을 다하여 선조들의 노력에 보답하고 후손들에게 영광스러운 역사를 물려주어야 한다. 우리는, 민족의 융성이 나의 발전의 기반임	[민주주의 발전과 시민 참여] 오늘날 시민들은 사회 공동의 문제를 평화적이고 민주적인 방법으로 해결하고 있다. 그에 따라 더 많은 시민이 사회 공동의 문제를 해결하는데 참여하게 되었다.

1973 교과서에서 파시즘적 서술	2015 교과서에서 해당 부분 서술
을 깨닫고, 의무를 성실히 수행하여야 하며, 국가와 민족을 위해 자기가 무엇을 할 수 있을까를 찾아 행동하여야 한다. 이러한 정신과 생활이 있을 때 **민족의 앞날은 영원할 것**이며, 번영된 조국을 우리 자손들에게 물려줄 수 있는 것이다.	

주석

머리말

1 유발 하라리, 조현욱 역, 『사피엔스』, 김영사, 2015, 534쪽.
2 E.H.카, 김택현 역, 『역사란 무엇인가』, 까치, 1997, 179쪽.
3 마이클 샌델, 함규진 역, 『공정하다는 착각—능력주의는 모두에게 같은 기회를 제공하는가』, 와이즈베리, 2020, 289쪽.
4 대니얼 마코비츠, 서정아 역, 『엘리트 세습』, 세종, 2020, 157쪽.
5 알렉시스 드 토크빌, 임효선·박지동 역, 『미국의 민주주의』 I, 한길사, 1997(원저는 1848), 340쪽.
6 안건모 외, 『왜 80이 20에게 지배당하는가?』, 철수와영희, 2007, 59쪽.
7 김종준, 『고종과 일진회—고종시대 군주권과 민권의 관계』, 역사공간, 2020, 148쪽.
8 허태균, 『어쩌다 한국인』, 중앙books, 2015, 30~35·158쪽.
9 임지현, 「일상적 파시즘의 코드 읽기」, 임지현 외, 『우리 안의 파시즘』, 삼인, 2000, 30·41쪽.
10 임지현, 「우리 안의 파시즘, 그 후 20년—일상적 파시즘은 어떻게 진화했는가?」, 임지현 외편, 『우리 안의 파시즘 2.0』, 휴머니스트, 2022, 15쪽.
11 임지현, 「프롤로그—'대중독재'의 지형도 그리기」, 임지현·김용우 편, 『대중 독재—강제와 동의 사이에서』, 책세상, 2004, 26·43쪽.
12 장문석·이상록 편, 『근대의 경계에서 독재를 읽다—대중독재와 박정희 체제』, 그린비, 2006 참조.
13 최장집, 『민주화 이후의 민주주의—한국민주주의의 보수적 기원과 위기』, 후마니타스, 2002, 223쪽.
14 이택광, 「다시 파시즘을 생각하자」, 『지금, 여기의 극우주의』, 자음과모음, 2014, 237쪽.

제1장_'파시즘적 역사인식'이란 무엇인가?

1 장문석, 「트랜스내셔널 파시즘으로 가는 길목에서—파시즘 비교 연구의 최근 동향」, 『서양사론』 145, 2020, 250~255쪽.
2 Roger Griffin, *The nature of fascism*, Routledge, 1991, p.26.
3 미즈시마 지로(水島治郎), 이종국 역, 『포퓰리즘이란 무엇인가—민주주의의 적인가, 개혁의 희망인가』, 연암서가, 2019, 38~42쪽.
4 얀-베르너 뮐러, 권채령 역, 『민주주의 공부』, 월북, 2022, 58쪽.
5 로저 그리핀, 「파시즘, 우익의 보수 혁명—'상처 입은 민족'과 '국가의 재생'」, 데이비드 파커 외, 박윤덕 역, 『혁명의 탄생』, 교양인, 2009, 395쪽.
6 노명식, 『자유주의의 역사』, 책과함께, 2011, 48~50쪽.
7 알렉시스 드 토크빌, 임효선·박지동 역, 『미국의 민주주의』 I, 한길사, 1997(원저는 1848), 340쪽.
8 노르베르토 보비오, 황주홍 역, 『자유주의와 민주주의』, 문학과지성사, 1992, 66쪽.
9 라인홀드 니버(Reinhold Niebuhr), 이한우 역, 『도덕적 인간과 비도덕적 사회』, 문예출판사, 1992(원저는 1932), 140쪽. 파시즘 역시 대안 종교로서 기능했다(로저 그리핀, 「파시즘, 우익의 보수 혁명—'상처 입은 민족'과 '국가의 재생'」, 데이비드 파커 외, 박윤덕 역, 『혁명의 탄생』, 교양인, 2009, 414쪽).
10 앤서니 아블라스터, 조기제 역, 『서구 자유주의의 융성과 쇠퇴』, 나남, 2007(원저는 1984), 161·603·604쪽.
11 장문석, 『파시즘』, 책세상, 2010, 89쪽.

12 노명식, 앞의 책, 91쪽.

13 질 들뢰즈, 펠렉스 가타리, 김재인 역,『천 개의 고원-자본주의와 분열증』2, 새물결, 2001, 408~410쪽.

14 로버트 O. 팩스턴, 손명희·최희영 역,『파시즘, 열정과 광기의 정치 혁명』, 교양인, 2005, 322~326쪽.

15 위의 책, 131쪽.

16 위의 책, 449·470·471·483쪽.

17 케빈 패스모어, 이지원 역,『파시즘』, 교유서가, 2016, 168쪽.

18 위의 책, 269쪽.

19 장문석, 앞의 책(2010), 121·125쪽.

20 마크 네오클레우스, 정준영 역,『파시즘』, 이후, 2002, 65·66·87쪽.

21 아르투어 로젠베르크, 박호성 역,『유럽정치사-사회주의와 민주주의』, 역사비평사, 1990(원저는 1938), 314쪽.

22 빌헬름 라이히, 황선길 역,『파시즘의 대중심리』, 그린비, 2006(원저는 1942), 378쪽.

23 김웅종, 「파시즘과 민족주의」,『역사와 문화』11, 2006, 326쪽.

24 홍태영, 「프랑스혁명 이후, 애국주의에서 민족주의로」, 곽준혁·조홍식 편,『아직도 민족주의인가-우리시대 애국심의 지성사』, 한길사, 2012, 230쪽.

25 김종준,『고종과 일진회-고종시대 군주권과 민권의 관계』, 역사공간, 2020, 5~7쪽.

26 마루야마 마사오, 신경식 역,『현대일본정치론』, 고려원, 1988, 154·256·261쪽.

27 위의 책, 261·263·286·294·310쪽.

28 김석근, 「마루야마 마사오에서의 '개인'과 '시민'-'주체' 문제와 관련해서」, 김석근·가루베 다다시 편,『마루야마 마사오와 자유주의』, 아산서원, 2014, 45~46쪽.

29 가타야마 모리히데, 김석근 역,『미완의 파시즘』, 가람기획, 2013, 39·197·254쪽.

30 방기중·전상숙, 「일본파시즘 인식의 혼돈과 재인식의 방향-최근 일본학계의 동향을 중심으로」, 방기중 편,『식민지 파시즘의 유산과 극복의 과제』, 혜안, 2006, 55쪽.

31 방기중 편,『일제 파시즘기 한국사회 자료집 1-일제의 동아지배논리와 파시즘국가론』, 선인, 2005, 편자 서문.

32 홍종욱, 「식민지 파시즘 재론」,『동방학지』187, 2019, 53~59쪽.

33 아돌프 히틀러(Adolf Hitler), 황성모 역,『나의 투쟁』, 동서문화사, 2014.

34 김종준, 「랑케 역사주의 흐름으로 본 한국사학계 실증사학의 방법론」,『청주교육대학교 논문집』51, 2015, 112~114쪽.

35 이광주, 「현대에서의 독일사학의 정통과 전환」, 길현모 외,『서양사학사론』, 법문사, 1977, 253~259쪽.

36 크로체, 이상신 역,『역사의 이론과 역사』, 삼영사, 1978, 254쪽.

37 이한구, 「역사주의와 반역사주의」,『한국사학사학보』24, 2011, 102~106쪽.

38 黑板勝美,『國史の硏究 1, 總說の部』, 文會堂書店, 1918, 307~308쪽.

39 日笠護, 「歷史に對する誤謬觀と敎授者の態度」,『朝鮮の敎育硏究』, 1932.11, 32~34쪽.

40 아돌프 히틀러, 황성모 역, 앞의 책, 526·529·744쪽.

41 위의 책, 516~517, 524쪽.

42 위의 책, 416, 517쪽.

43 위의 책, 841·863·867쪽.

44 위의 책, 912쪽.

45 위의 책, 735쪽.

46 김종준, 「역사수업에서 일진회 다루기―역사적 사고력과 역사의식의 측면에서」, 『역사교육논집』 73, 2020, 116~117쪽.

47 申南澈, 「自由主義의 終焉 ③」, 『매일신보』, 1942.7.3.

48 申南澈, 「自由主義의 終焉 ①」, 『매일신보』, 1942.7.1.

49 申南澈, 「自由主義의 終焉 ②」, 『매일신보』 1942.7.2.

50 申南澈, 「自由主義의 終焉 ④」, 『매일신보』 1942.7.4.

51 신남철, 「東洋精神의 特色―한개의 東洋에의 反省」, 『조광』 79, 1942.5.

52 신남철, 『역사철학』, 1948.1(민속원 영인본), 35~36쪽.

53 위의 책, 42쪽.

54 G.W.F.헤겔, 권기철 역, 『역사철학강의』, 동서문화사, 2008, 16·19·34·48쪽.

55 토마스 만, 원당희 역, 『쇼펜하우어·니체·프로이트―토마스 만, 현대 지성을 논하다』, 세창미디어, 2009, 59·122쪽.

56 아르투어 쇼펜하우어, 홍성광 역, 『의지와 표상으로서의 세계』, 을유문화사, 2015, 382·673쪽.

57 정동호, 『니체』, 책세상, 2014, 252쪽.

58 칼 포퍼, 이명현 역, 『열린사회와 그 적들』 II, 민음사, 1997(원저 초판은 1945), 58·61~62쪽.

59 나종석, 『차이와 연대―현대 세계와 헤겔의 사회·정치철학』, 길, 2007, 36·57~58쪽; 김종준, 『고종과 일진회―고종시대 군주권과 민권의 관계』, 역사공간, 2020, 33~41쪽.

60 칼 포퍼, 이명현 역, 앞의 책, 74·92쪽.

61 황태연, 「G. W. F. 헤겔―민족 국가의 정치철학」, 강정인·김용민·황태연 편, 『서양 근대 정치사상사―마키아벨리에서 니체까지』, 책세상, 2007, 540·545·560·567쪽.

62 朴鍾鴻, 「現代哲學의 動向 (一)」, 『매일신보』, 1934.1.1; 安浩相, 「朝鮮古來思想과 現代思潮와의 關聯性―特히 栗谷思想과 現代思想」, 『동아일보』, 1939.1.8. 신남철이나 박치우의 관점에서 본다면 안호상의 관점은 전형적으로 파시즘의 원천인 헤겔주의라고 할 수 있다(엄정식, 「식민지시대의 한국철학과 민족주의」, 『동아연구』 37, 1999, 62쪽).

63 프리드리히 니체, 정동호 역, 『차라투스트라는 이렇게 말했다』(니체전집 13), 책세상, 2000(원본은 1883~1885), 79·81쪽.

64 강용수, 「니체의 정의론에 대한 비판적 고찰」, 『철학연구』 147, 2018, 22쪽.

65 서영조, 「니체의 자유주의 비판―'군집동물화'로서의 자유주의」, 『한국정치학회보』 31(4), 1997, 45쪽.

66 'Will to Power'는 예전에 '권력에의 의지'로 번역되었으나 요즘에는 보통 형이상학적 원리임을 부각시키며 '힘에의 의지'로 번역되고 있다(최순영, 「프리드리히 니체의 자유민주주의 비판」, 『니체연구』 22, 2012, 195쪽). 그러나 이는 '권력'이라는 용어에 대한 과도한 거부감이라고 생각되기에 본고에서는 '권력에의 의지'라고 썼다(김진석, 『니체는 왜 민주주의에 반대했는가』, 개마고원, 2009, 252~253쪽).

67 뤼디거 자프란스키, 오윤희·육혜원 역, 『니체 그의 사상의 전기』, 꿈결, 2017(원본은 2000), 416·430·439쪽.

68 백승영, 『니체, 철학적 정치를 말하다―국가, 법, 정의란 무엇인가』, 책세상, 2018, 76~77쪽.

69 김정현, 『니체, 생명과 치유의 철학』, 책세상, 2006, 84·90·103쪽.

70 Yablon, C. M., *Nietzsche and the Nazis : The Impact of National Socialism on the Philosophy of Nietzsche*, Cardozo law review 24-2, 2003, pp.741·752.

71 백승영, 앞의 책(2018), 116쪽.

72 정낙림, 「니체의 민주주의 비판」, 『철학연구』 101, 2007, 280·285쪽. 파시즘은 '동종성을 갖춘', '국가 내부' 인민들만의 평등 추진을 극대화시킨다는 점에 특이성을 갖는다(성정엽, 「칼 슈미트의 자유주의국가 비판」, 『서울법학』 27(1), 2019, 11쪽).

73 니체, 백승영 역, 『바그너의 경우 외, 이 사람을 보라』(니체전집 15), 2002, 450쪽.

74 육영수, 「트랜스내셔널 지성사 다시 쓰기─식민지 시기 '한국적 니체'의 생애 연구, 1920~1945」, 『세계 역사와 문화 연구』 34, 2015, 27쪽.

75 곽준혁, 「춘원 이광수와 민족주의」, 『정치사상연구』 11(1), 2005, 88쪽.

76 김정현, 「니체사상의 한국적 수용─1920년대를 중심으로」, 『니체연구』 12, 2007, 40·51·57·63쪽.

77 妙香山人, 「新-人生標의 樹立者, 푸리드리취 니체 先生을 紹介함」, 『개벽』 2호, 1920.7.

78 朴達成, 「東西文化史上에 現하는 古今의 思想을 一瞥하고」, 『개벽』 9호, 1921.3.

79 白頭山人, 「現代倫理思想의 槪觀, 東洋式 倫理思想의 變遷」, 『개벽』 16호, 1921.10.

80 姜晟周, 「强者道德과 弱者道德」, 『청년』, 1922.10.

81 李大偉, 「니체의 哲學과 現代文明」, 『청년』, 1922.11.

82 〈사설〉「力의 源泉, 志操와 信義」, 『동아일보』, 1932.2.1.

83 김정현, 「1930년대 니체사상의 한국적 수용─김형준의 니체해석을 중심으로」, 『니체연구』 14, 2008, 272쪽.

84 백승영, 「창조의 철학과 힘의 철학─열암 박종홍의 니체론」, 『철학사상』 28, 2008, 100쪽.

85 朴鍾鴻, 「現代哲學의 動向 (四)」, 『매일신보』, 1934.1.9.

86 一舟生, 「强力의 哲學─現世의 政治思想을 支配하려는─니체와 파씨즘」, 『신동아』, 1932.8.

87 普專敎授 安浩相, 「니-최復興의 現代的 意義 (二)」, 『조선중앙일보』, 1935.6.25.

88 普專敎授 安浩相, 「니-최復興의 現代的 意義 (完)」, 『조선중앙일보』, 1935.6.30.

89 金亨俊, 「니-체와 現代文化─그의 誕生日을 記念하야 ②」, 『조선일보』, 1936.10.17.

90 金亨俊, 「니-체와 現代文化─그의 誕生日을 記念하야 ③」, 『조선일보』, 1936.10.20.

91 金亨俊, 「니-체와 現代文化─그의 誕生日을 記念하야 ⑨」, 『조선일보』, 1936.10.25.

92 金午星, 「歷史에 있어의 人間인 것─人間은 自己의 휴맨이티를 어떻게 主張해왔나」, 『인문평론』, 1940.3.

93 林和, 「朝鮮文化와 新휴마니즘論─論議의 現實的意義에 關聯하야」, 『비판』 1937.3, 82쪽; 김정현, 「1940년대 한국에서의 니체수용─이육사, 김동리, 조연현의 문학을 중심으로」, 『니체연구』 26, 2014, 310쪽.

94 정은경, 「조연현 비평과 니체」, 『니체연구』, 20, 2011, 75·80쪽. 헤겔 철학과 교토학파의 영향을 받은 김동리는 해방 후 좌익과의 대결 속에서 조국애와 민족혼을 강조하는 파시즘 논리를 드러냈다(김건우, 「김동리의 해방기 평론과 교토학파 철학」, 『민족문학사연구』 37, 2008, 282·285·288쪽).

95 김정현, 「1940년대 한국에서의 니체수용─이육사, 김동리, 조연현의 문학을 중심으로」, 『니체연구』 26, 2014, 313쪽.

96 조연현, 「ニ-チェの創造」, 『동양지광』, 1942.12~1943.1(이경훈 편역, 『한국 근대 일본어 평론·좌담회 선집, 1939~1944』, 역락, 2009에 수록), 207쪽.

97 金亨俊, 「니-체의 歷史觀─(人間에 對한 歷史의 利弊)」, 『농민』 3권 3호, 1932.3.

98 金亨俊, 「니-체의 歷史觀과 그 批判(三)」, 『농민』 3권 4호, 1932.4.

99 육영수, 「트랜스내셔널 지성사 다시 쓰기─식민지 시기 '한국적 니체'의 생애 연구, 1920~1945」, 『세계 역사와 문화 연구』 34, 2015, 43~47쪽.

100 김정현, 『니체, 생명과 치유의 철학』, 책세상, 2006, 154·155·161·166쪽; 슈내델바하, 이한우 역, 『헤겔 이후의 역사철학』, 문예출판사, 1986, 107쪽.

101 프리드리히 니체, 이진우 역, 『비극의 탄생·반시대적 고찰』(니체전집 2), 책세상, 2005, 325·358·359·380·424·488쪽.

102 김종준, 「일제 시기 '역사의 과학화' 논쟁과 역사학계 '관학아카데미즘'의 문제」, 『한국사학보』 49, 2012 참조.

제2장_일제 시기 조선 지식인들의 파시즘적 역사인식 고찰

1 이태훈, 「1930년대 전반 민족주의세력의 국제정세인식과 파시즘논의」, 『역사문제연구』 12권 1호, 2008, 260·264쪽.

2 박찬승, 「일제 지배하 한국 민족주의의 형성과 분화」, 『한국독립운동사연구』 15, 2000, 58·78·92~93쪽; 박찬승, 「이광수와 파시즘」, 화양신용하교수정년기념논총간행위원회, 『한국사회사상사연구』, 2003, 348쪽.

3 문지영, 『지배와 저항-한국 자유주의의 두 얼굴』, 후마니타스, 2011, 67·89쪽.

4 임지현, 『이념의 속살』, 삼인, 2001, 362쪽.

5 박찬승, 「이광수와 파시즘」, 화양신용하교수정년기념논총간행위원회, 『한국사회사상사연구』, 2003, 334쪽.

6 위의 글, 319·339쪽.

7 김현주, 「이광수의 문화적 파시즘」, 김철·신형기 외, 『문학 속의 파시즘』, 삼인, 2001, 100~106쪽.

8 박찬승, 『민족주의의 시대-일제하의 한국 민족주의』, 경인문화사, 2007, 410쪽.

9 魯啞 역, 「國民生活에 對한 思想의 勢力(르본 博士 著『民族心理學』의 一節)」, 『개벽』 22, 1922.4.

10 마크 네오클레우스, 정준영 역, 『파시즘』, 이후, 2002, 31쪽.

11 「젊은 朝鮮人의 所願」, 『이광수전집』 10, 삼중당, 1971(『동아일보』 1928.9.4~19), 199·202쪽.

12 이광수, 「指導者論」, 『동광』 23, 1931.7.

13 춘원, 「힘의 재인식」, 『동광』 28, 1931.12.

14 이광수, 「朝鮮民族運動의 三基礎事業」, 『동광』 30, 1932.1.

15 춘원, 「黙想記錄」, 『동광』 33, 1932.5.

16 이광수, 「朝鮮人의 根本道德-全體主義와 구실主義 人生觀」, 『동광』 34, 1932.6.

17 이광수, 「청년에게 아뢰노라」, 『신동아』, 1932.2(『이광수전집』 17), 311쪽.

18 김상기, 「칼 슈미트의 극우 사상과 우리의 정치적 현실」, 『철학과현실』, 1990.6, 244쪽; 나종석, 「'정치적인 것'의 본질과 칼 슈미트의 자유주의 비판」, 『헤겔연구』 25, 2009, 241쪽.

19 長白山人, 「一事一言, 醞釀二十年」, 『조선일보』, 1933.10.16.

20 長白山人, 「一事一言, 公과 私」, 『조선일보』, 1934.4.24.

21 〈논설〉, 「今日 韓國人士의 中庸」, 『대한매일신보』, 1909.11.25.

22 이광수, 「내선일체와 국민문학」, 『朝鮮』, 1940.3; 이경훈 편역, 『친일문학전집』 II, 평민사, 1995, 71쪽.

23 「인생과 修道-반도 육백만 청년남녀에 고하노라」, 『新時代』, 1941.6; 이경훈 편역, 『친일문학전집』 II, 평민사, 1995, 256쪽.

24 「동포에게 부침」, 『경성일보』 1940.10.1~6·8~9; 이경훈 편역, 『친일문학전집』 II, 평민사, 1995, 128·131쪽.

25 「긴박한 시국과 조선인」, 『신시대』 1941.9; 이경훈 편역, 『친일문학전집』 II, 평민사, 1995, 288쪽.

26 최재서, 「文學新體制化の目標」, 『녹기』, 1941.2; 이경훈 편역, 『한국 근대 일본어 평론 · 좌담회 선집, 1939~1944』, 역락, 2009, 107 · 108 · 110쪽.

27 이상옥, 「최재서의 질서의 문학과 친일파시즘」, 『우리말글』 50, 2010, 351쪽.

28 김남천, 「전환기와 작가─문단과 신체제」, 『조광』, 1941.1; 『김남천 전집』 I, 도서출판 박이정, 2000, 684쪽.

29 咸大勳, 「國民演劇의 現段階─現代劇場結成과 今後進路」, 『조광』, 1941.5, 77~78쪽.

30 임종국, 이건제 교주, 『친일문학론』, 민족문제연구소, 2013(원저는 1966), 508~509쪽. 현실적으로 인식 가능한 것은 '개인'이 아니라 '민족'과 '국민'뿐이라는 문학론은 이광수의 그것과도 상통된다(이경훈, 『이광수의 친일문학 연구』, 태학사, 1998, 253쪽).

31 니시타니 게이지(西谷啓治) 외, 이경훈 외역, 『태평양전쟁의 사상─좌담회 '근대의 초극'과 '세계사적 입장과 일본'으로 본 일본정신의 기원』, 이매진, 2007, 344 · 348쪽.

32 위의 책, 170~171쪽.

33 위의 책, 237 · 239 · 240쪽.

34 위의 책, 191, 206 · 207 · 341쪽; '모랄리세 에네르기'는 랑케가 헤겔의 '세계이성'을 대체하여 사용한 개념으로 보통 '도의적 생명력'으로 번역되나, 이 좌담회에서는 '건강한 생명력', '민족의 생명력'의 의미로 변주되고 있다(김태진, 「근대초극론에서 '도의적 생명력'의 의미─생명과 주권의 만남」, 『일본학』 52, 2020, 93~95쪽).

35 니시타니 게이지 외, 앞의 책, 185~186쪽.

36 니시타니 게이지 외, 앞의 책, 169 · 185쪽.

37 「申興雨に對する檢事の訊問調書」, 『思想彙報』 16, 1938.9, 132쪽.

38 김상태, 「일제하 신흥우의 '사회복음주의'와 민족운동론」, 『역사문제연구』 1, 1996, 166 · 172 · 193 · 195 · 200 · 201 · 204쪽.

39 『국역 윤치호 영문일기』 8, 1929년 2월 11일, 국사편찬위원회, 2016.

40 『국역 윤치호 영문일기』 9, 1935년 1월 22일, 국사편찬위원회, 2016.

41 『국역 윤치호 영문일기』 9, 1935년 1월 24일, 1월 26일, 1월 28일, 1월 31일, 2월 2일, 국사편찬위원회, 2016.

42 『국역 윤치호 영문일기』 10, 1938년 1월 19일, 1월 25일, 1월 28일, 국사편찬위원회, 2016.

43 『국역 윤치호 영문일기』 10, 1938년 1월 20일, 국사편찬위원회, 2016.

44 『국역 윤치호 영문일기』 10, 1940년 1월 4일, 국사편찬위원회, 2016.

45 「同志會及興業俱樂部の眞相」, 『思想彙報』 16, 1938.9, 90쪽.

46 신흥우, 『살 길을 찾자, The Road To Survival』, 源文閣, 1953(집필은 뉴욕에서 1951년), 15 · 76쪽.

47 위의 책, 35 · 49 · 90 · 124쪽.

48 위의 책, 60~62쪽.

49 윤상현, 「1920년대 초반 식민지조선의 자유주의와 문화주의 담론의 인간관 · 민족관」, 『역사문제연구』 31, 2014, 324쪽; 최선웅, 「1910년대 조선에서 자유주의의 두 가지 유형과 성격」, 『역사와 담론』 75, 2015, 107쪽.

50 孤蝶, 「個人主義의 略義」, 『개벽』 2, 1920.7.

51 김윤경, 「개인과 사회, 소아에서 대아로 부분심에서 전체심」, 『동광』 9, 1927.1.

52 〈사설〉 「世界改造의 劈頭를 當하야 朝鮮의 民族運動을 論하노라 (二)」, 『동아일보』, 1920.4.3.

53 「未發見의 民衆, 民衆은 力의 源泉」, 『동아일보』, 1924.2.6.

54 「日本政界의 將來와 朝鮮問題」, 『동아일보』, 1925.1.11.

55 이태훈, 「1930년대 전반 민족주의세력의 국제정세인식과 파시즘논의」, 『역사문제연구』 19, 2008, 253~254쪽.

56 홍종욱, 「1930년대 『동아일보』의 국제정세 인식−사회주의 및 전체주의 관련 기사를 중심으로」, 『한국민족운동사연구』 58, 2009, 81~83쪽.

57 薛義植, 「强力을 標榜한 팟시즘의 輪廓」, 『동아일보』, 1932.1.1.

58 〈사설〉 「파시씀의 動向」, 『조선일보』, 1932.6.20.

59 「現代語辭典」, 『實生活』, 奬産社, 1932.6, 27쪽.

60 「파시즘의 正體!」, 『新階段』, 朝鮮之光社, 1932.12.

61 金明植, 「英雄主義와 파시즘−李光秀氏의 蒙을 啓함」, 『東光』, 1932.3.

62 〈사설〉 「團結과 指導의 批判」, 『조선일보』, 1930.8.21.

63 〈사설〉 「國民主義의 氾濫, 옳으나 그르나 내 나라」, 『동아일보』, 1932.2.7.

64 〈사설〉 「新軍國主義와 國民社會主義, 世界를 風靡하는 파시즘」, 『동아일보』, 1932.7.4.

65 〈사설〉 「獨裁와 非常時, 獨裁는 어데로 가는가」, 『동아일보』, 1933.3.29.

66 〈사설〉 「파쇼의 波濤, 全世界를 席卷」, 『동아일보』, 1933.8.13.

67 〈사설〉 「獨裁主義의 世界的 傾向, 民主主義의 歷史的 ○落」, 『동아일보』, 1934.2.4.

68 〈사설〉 「國民主義와 民族主義」, 『조선일보』, 1932.2.18.

69 〈사설〉 「파시슴과 社會民主主義」, 『조선일보』 1932.4.18.

70 白泰英, 「文化와 反動−나치스 文化政策의 正體」, 『비판』, 1936.9.

71 〈사설〉 「파씨즘의 破綻」, 『조선일보』, 1935.8.14.

72 〈사설〉 「知識人의 파쇼化」, 『조선중앙일보』, 1935.4.19.

73 全永植, 「朝鮮的 이데올로기 問題−특히 파씨슴과의 關聯에서」 (一), 『조선중앙일보』, 1936.3.29; 全永植, 「朝鮮的 이데올로기 問題−특히 파씨슴과의 關聯에서」 (十), 『조선중앙일보』, 1936.4.9.

74 全永植, 「朝鮮的 이데올로기 問題−특히 파씨슴과의 關聯에서」 (十一), 『조선중앙일보』, 1936.4.10.

75 頌兒(주요한), 「强力」, 『동광』 34, 1932.6.

76 「民族的 元氣振興」, 『신동아』, 1932.8.

77 김효신, 『한국 근대문학과 파시즘』, 국학자료원, 2009, 98쪽.

78 黃榮, 「「民族主義指導原理」의 批判」, 『新階段』, 朝鮮之光社, 1933.3.

79 〈사설〉 「朝鮮民族의 指導原理, 家族主義로서 民族主義에」, 『동아일보』, 1932.12.27.

80 金正實, 「파쇼獨裁의 國家理論」, 『신동아』 5권 9호, 1935.9.

81 안호상, 「히틀러, 아인스타인, 오이켄 諸氏의 印象」, 『조광』, 1938.11.

82 후지이 다케시, 「조선민족청년단의 기원에 대한 재검토」, 『역사연구』 23, 2012, 174쪽.

83 「世界의 話題, 東京座談會」, 『조광』, 1941.5, 119쪽.

84 강세형, 「朝鮮文化와 獨逸文化의 交流」, 『삼천리』 13권 6호, 1941.6.

85 강세형, 「『나치스』 문화정책」, 『조광』, 1941.6.

86 강세형(日獨文化協會主事), 「ドイツの國家組織と靑少年敎育」, 『綠旗』, 1941.6.

87 변은진, 「2차대전기 조선민중의 세대별 전쟁인식 비교」, 『역사와현실』 51, 2004, 73쪽.

88 「소화13년 6월 1일, 조흥환 일기」, 『한민족독립운동사자료집 60, 상록회사건 재판기록』 III, 국사편찬위원회, 2004, 276~280쪽.

89 權承烙, 「나는 히틀러를 崇尙한다」, 『학등』 14, 1935.3.

90 김한종, 『역사교육으로 읽는 한국현대사』, 책과함께, 2013, 79~80쪽.

91 「我觀『힛틀러總統』」, 『삼천리』 12권 8호, 1940.9.

92 대중잡지 『삼천리』는 이미 '민족주의'를 '전체주의적' 방식으로 속물화시켜 놓고 있었다(박숙자, 「1930년대 大衆的 民族主義의 논리와 俗物的 내러티브-『삼천리』 잡지를 중심으로」, 『어문연구』 37권 4호, 2009, 357쪽).

93 李相敦, 「全體主義의 登場과 自由主義 沒落-政治思想의 近代的 動態」, 『춘추』 9, 1941.10.

94 김철, 「동화 혹은 초극-식민지 조선에서의 근대초극론」, 『동병희지』 146, 2009, 219쪽.

95 蔡萬植, 「大陸經綸의 壯圖 그 世界史的 意義(下)」, 『매일신보』, 1940.11.23; 「新體制下의 余의 文學活動 方針」, 『삼천리』 13권 1호, 1941.1.

96 채만식, 「時代를 背景하는 文學(二)」, 『매일신보』, 1941.1.10.

97 채만식, 「文壇意見」, 『조선일보』, 1936.1.4.

98 李源朝, 「文壇異議(4)」, 『조선일보』, 1935.11.15.

99 김종준, 「일제 시기 '(일본)국사'의 '조선사' 포섭 논리」, 『한국학연구』 29, 2013, 411쪽.

100 이태훈, 「1930년대 후반 '좌파지식인'의 전체주의 인식과 한계-서인식을 중심으로」, 『역사문제연구』 24, 2010, 91·106쪽.

101 홍종욱, 「'식민지 아카데미즘'의 그늘, 지식인의 전향」, 『사이間SAI』 11, 2011, 123쪽; 장성규, 「카프 문인들의 전향과 대응의 논리-임화와 김남천을 중심으로」, 『상허학보』 22, 2008, 367쪽.

102 이광수, 「一事一言, 生의 原理」, 『조선일보』, 1935.5.26~6.2; 『이광수전집』 9, 우신사, 1979, 419쪽.

103 이광수, 「내선일체와 국민문학」, 『朝鮮』, 1940.3; 이경훈 편역, 『친일문학전집』 II, 평민사, 1995, 70쪽.

104 신흥우, 「自由와 統制」, 『청년』, 1932.10.

105 서인식, 「문화에 있어서의 전체와 개인」, 『인문평론』, 1939.10; 차승기·정종현 편, 『서인식전집 II-신문·잡지편』 역락, 2006, 88쪽.

106 서인식, 위의 책; 차승기·정종현 편, 위의 책, 93쪽.

107 박치우, 「전체주의의 철학적 해명-'이즘'에서 '학'으로의 수립과정」, 『조선일보』, 1939.2.22.~24; 윤대석·윤미란 편, 『사상과 현실-박치우 전집』 인하대 출판부, 2010, 147쪽.

108 박치우, 「동아협동체론의 일성찰」, 『인문평론』, 1940년 7월호; 윤대석·윤미란 편, 『사상과 현실-박치우 전집』 인하대 출판부, 2010, 155쪽.

109 서인식, 「文化의 類型과 段階」, 『조선일보』, 1939.6.18·20~22; 홍종욱 편, 『식민지 지식인의 근대 초극론』, 서울대출판문화원, 2017.

110 서인식, 「第二次大戰을 解剖한다」, 『조선일보』 1939.9.12.~15; 홍종욱 편, 『식민지 지식인의 근대 초극론』, 서울대출판문화원, 2017.

111 「現代의 世界史的 意義」, 『조선일보』, 1939.4.6·8·9·11~14; 홍종욱 편, 『식민지 지식인의 근대 초극론』, 서울대출판문화원, 2017.

112 서인식, 「全體主義歷史觀-그것의 現代的 領尊性에 대하여」, 『조선일보』, 1939.2.21.

113 「전체주의의 논리적 기초」, 『조광』, 1941.1; 윤대석·윤미란 편, 『사상과 현실-박치우 전집』, 인하대 출판부, 2010, 183·190·191쪽.

114 「국수주의의 파시즘화의 위기와 문학자의 임무」, 『조선일보』, 1946.2.11~12; 윤대석·윤미란 편, 『사상과 현실-박치우 전집』, 인하대 출판부, 2010, 276쪽.

115 마크 네오클레우스, 정준영 역, 『파시즘』, 이후, 2002, 71·78쪽.

116 조선총독부 敎學硏修所 講師 大關將一, 「全體主義」, 『文敎の朝鮮』, 1941.1, 30쪽.

117 朴相鉉, 「全體主義의 哲學-特히 「二十世紀의 神話」에 對하여」, 『춘추』 8, 1941.9, 64·72쪽.

118 박찬승, 「일제 지배하 한국 민족주의의 형성과 분화」, 『한국독립운동사연구』 15, 2000, 38쪽; 박찬승, 『민족·민족주의』, 소화, 2010, 94·117·119쪽.

119 安在鴻, 「賤待되는 朝鮮, ① 朝鮮人의 自己貶下」, 『조선일보』, 1935.10.2; 安在鴻, 「賤待되는 朝鮮, ② 文化擁護와 如是我觀」, 『조선일보』, 1935.10.3; 安在鴻, 「賤待되는 朝鮮, ③ 東西諸家誠忠一元論」, 『조선일보』, 1935.10.5; 安在鴻, 「賤待되는 朝鮮, ④ 歷史發展의 久遠性」, 『조선일보』, 1935.10.6; 「獨裁管見」, 『조선일보』, 1936.2.5~14; 안재홍, 고려대학교박물관 편, 『민세안재호선집』 6, 지식산업사, 2005.

120 金南天, 「朝鮮은 果然 누가 賤待하는가?-安在鴻氏에게 答함」, 『조선중앙일보』, 1935.10.18~27; 徐康百, 「파시슴의 讚揚과 朝鮮型的 파시슴-安在鴻氏의 『獨裁管見』을 批判」, 『조선중앙일보』, 1936.2.19~3.4.

121 김명구, 「안재홍의 1930년대 초·중반 파시즘 인식과 사회주의자(서강백)의 비판」, 『한국근현대사연구』 91, 2019, 85쪽.

122 방기중, 『한국근현대사상사연구-1930·40년대 백남운의 학문과 정치경제사상』, 역사비평사, 1993, 220쪽 ; 권희영, 「근대적 공간으로서의 한국자유주의-한국자유주의 연구 서설」, 『한국사학』 17, 한국정신문화연구원, 1999, 9쪽.

123 김명구, 앞의 글, 83~84쪽.

124 田元培, 「論壇時感 (五) 『賤待되는 朝鮮』에 對한 是非」, 『동아일보』, 1935.11.15.

125 安在鴻, 「歷史的 舞臺의 義務를 다하라」, 『춘추』 34, 1943.12.

126 조동걸, 『현대 한국사학사』, 나남출판, 1998, 228쪽.

127 安民世, 「新民族主義의 科學性과 統一獨立의 課業」, 『신천지』 4권 7호, 1949, 8·12~13쪽.

128 김종준, 「국권상실에 대한 일진회의 인식-문명화론과 합방론의 관계를 중심으로」, 『한국독립운동사연구』 40, 2011, 108~111쪽.

제3장_해방 이후 파시즘적 역사인식의 정립 과정

1 서중석, 「이승만정권 초기의 일민주의와 파시즘」, 역사문제연구소 편, 『1950년대 남북한의 선택과 굴절』, 역사비평사, 1998, 18~21쪽.

2 박찬승, 「20세기 한국 국가주의의 기원」, 『한국사연구』 117, 2002, 201~202쪽; 박찬승, 『민족·민족주의』, 소화, 2010, 222~223쪽.

3 한영우, 『한국민족주의역사학』, 일조각, 1994, 217쪽.

4 리차드 로빈슨, 정미옥 역, 『미국의 배반-미군정과 남조선』, 과학과 사상, 1960(초판은 1947), 215~216쪽.

5 그레고리 헨더슨, 이종삼·박행웅 역, 『완역판 소용돌이의 한국정치』, 한울아카데미, 2013(원저 1968, 1988), 273쪽.

6 오유석, 「미군정 하의 우익 청년단체에 관한 연구-1945~1948」, 이화여대 석사논문, 1987, 50쪽.

7 후지이 다케시, 「조선민족청년단의 기원에 대한 재검토」, 『역사연구』 23, 2012, 156~159·173~174쪽.

8 안호상, 『한뫼 안호상 20세기 회고록-하나를 위하여 하나되기 위하여』, 민족문화출판사, 1996, 89·117·119·121·238쪽.

9 안호상, 「히틀러, 아인스타인, 오이켄 諸氏의 印象」, 『조광』, 1938.11.

10 「全國二百五十萬學徒蹶起」, 『동아일보』, 1949.3.9. 그 날 26세의 미국 대사 대리 그레고리 헨더슨도 축사를 했다.

11 「學徒護國隊 一週年記念式」, 『조선일보』, 1950.4.23.

12 안호상, 앞의 책, 1996, 55·70쪽.

13 안호상, 「朝鮮古來思想과 現代思潮와의 關聯性－特히 栗谷思想과 現代思想」, 『동아일보』, 1939.1.8.

14 안호상, 「머리말」, 『국학의 기본학』, 배영출판사, 1979.

15 이병수, 「문화적 민족주의와 현대 한국철학－고형곤, 박종홍, 안호상의 철학적 문제의식을 중심으로」, 『통일인문학』 47, 2009, 102쪽.

16 안호상, 앞의 책, 1996, 230~235쪽.

17 이태우, 「안호상의 독일관념론 철학의 수용과 한국적 변용」, 『인문과학연구』 22, 2014, 134쪽. 안호상은, 일민주의가 이승만에 의해 만들어졌다고 밝히고 다녔다. 그리고 교육정책은 '일민주의'가 아니라 '민족적 민주주의'에 입각한다고 구분하기도 했다(「學徒護國團의 組織은 思想善導에 있다」, 『조선일보』, 1949.4.22). 그러나 나중에는 다시 '민주적 민족교육'과 '일민교육'을 동일시했다(한국교육십년사간행회 편, 『한국교육십년사』, 풍문사, 1960, 45쪽).

18 서중석, 「이승만정권 초기의 일민주의와 파시즘」, 역사문제연구소 편, 『1950년대 남북한의 선택과 굴절』, 역사비평사, 1998, 63쪽.

19 그레고리 헨더슨, 이종삼·박행웅 역, 『완역판 소용돌이의 한국정치』, 한울아카데미, 2013(원저 1968, 1988), 520쪽.

20 철기이범석장군기념사업회, 『鐵驥 李範錫 評傳』, 삼육출판사, 1992, 153~159쪽.

21 「李範錫梁又正氏等除名? 自由黨서 大肅黨運動展開說」, 『경향신문』, 1953.12.11.

22 「除名處分 冷笑 李範錫氏 記者會見」, 『경향신문』, 1953.12.12.

23 「民族勢力을 破壞 自由黨이 八氏除名理由發表」, 『경향신문』, 1953.12.13.

24 안호상, 앞의 책, 1996, 291·294쪽.

25 서중석, 「이승만정부 초기의 일민주의」, 『진단학보』 83, 1997, 157·170·178쪽.

26 서중석, 「이승만정권 초기의 일민주의와 파시즘」, 역사문제연구소 편, 『1950년대 남북한의 선택과 굴절』, 역사비평사, 1998, 25·39·41·46·68쪽. 이러한 봉건성은 이승만의 전근대적, 유교적 충효사상에서 비롯된 것으로 해석된다(서중석, 「정치지도자의 의식과 유교문화－이승만을 중심으로」, 『대동문화연구』 36, 2000, 225쪽).

27 오상무, 「현대 한국의 국가철학－안호상을 중심으로」, 『범한철학』 36, 2005, 76·84·91쪽.

28 김한종, 「일민주의와 민주적 민족교육론에 나타난 안호상의 역사인식」, 『역사와 담론』 45, 2006, 326쪽.

29 박찬승, 『민족주의의 시대－일제하의 한국 민족주의』, 경인문화사, 2007, 415쪽.

30 강정인·하상복, 「안호상의 민족주의에 대한 비판적 성찰－전체와 동일성의 절대화」, 『인간·환경·미래』 10, 2013, 135쪽.

31 마크 네오클레우스, 정준영 역, 『파시즘』, 이후, 2002; 로버트 O. 팩스턴, 손명희·최희영 역, 『파시즘, 열정과 광기의 정치 혁명』, 교양인, 2005 참조.

32 안호상, 『일민주의의 본바탕(一民主義의 本質)』, 일민주의연구원, 1950, 44~47쪽.

33 위의 책, 36~37·41~42쪽.

34 위의 책, 20쪽.

35 위의 책, 57쪽.

36 파시즘은 자유주의적, 민주주의적 위기가 존재한 곳에서만 성립한다는 점에서 '근대적' 이데올로기로

평가된다(로버트 O. 팩스턴, 손명희·최희영 역, 『파시즘, 열정과 광기의 정치 혁명』, 교양인, 2005, 483쪽).

37 안호상, 앞의 책(1950), 73~76쪽.

38 안호상, 『인생과 철학과 교육』, 어문각, 1964, 162~163·170·201~202쪽.

39 안호상, 『민족의 주체성과 화랑얼』, 배달문화연구원, 1967, 33·37·41쪽.

40 위의 책, 74·81쪽.

41 위의 책, 89·92쪽.

42 위의 책, 97쪽.

43 안호상, 앞의 책(1950), 15, 42~44쪽.

44 안호상, 앞의 책(1967), 33쪽.

45 안호상, 앞의 책(1967), 86쪽.

46 김종준, 「한말 '민권' 용례와 분기 양상」, 『역사교육』 121, 2012, 136~137쪽.

47 안호상, 『국학의 기본학』, 배영출판사, 1979, 12~14·41~47쪽.

48 이문영, 「1960~1970년대 유사역사학의 식민사학 프레임 창조와 그 확산」, 『역사문제연구』 39, 2018, 239쪽.

49 최홍규, 『신채호의 역사학과 민족운동』, 일지사, 2005, 192~194쪽. 그러나 신채호의 '종족적, 팽창적 민족주의'는 오히려 '일선동조론'이나 '만선사관'과 유사한 한국판 '만선동조론'의 성격을 지닌다(도면회, 「한국 근대 역사학의 방법론적 기원」, 『한국문화연구』 36, 2019, 31~33쪽).

50 예를 들어 '사이비 역사학'의 왜곡이 '민족의식 과잉'에서 비롯된 '사실 무시'에서 나왔다는 시각이 있다(오항녕, 「사이비 역사학의 평범성에 대하여-역사학의 전문성을 위한 단상」, 『역사학보』 21, 2019, 136쪽). 그러나 '사실의 절대화'로는 이 논쟁을 끝낼 수 없다. 해당 '현재의식의 본질'이 무엇인지 문제삼는 것이 필요하다.

51 1949년 양우정은 안호상 등과 일민주의보급회를 만들어 대민 선전 활동에 나섰으며(「一民主義普及講演 二十七日市民館서」, 『경향신문』, 1949.11.26; 「一民主義普及會 同會目的을 闡明」, 『동아일보』, 1949.12.22), 일제 시기 황국신민의 서사처럼 생활화시킬 생각을 가졌던 것으로 보인다(「一民主義란 무엇? ④, 새로운 哲學을 말하는 座談會」, 『연합신문』 1950.1.24).

52 양우정 편저, 『이승만대통령 독립노선의 승리』, 독립정신보급회, 1948.10.15 발행, 22·29쪽.

53 양우정, 「삼일정신과 민족운동」, 『大潮』, 大潮社, 1949, 89쪽.

54 연정은, 「안호상의 일민주의와 정치·교육활동」, 『역사연구』 21, 2003, 20쪽.

55 브루스 커밍스, 김동노 외역, 『브루스 커밍스의 한국현대사』, 창작과비평사, 2001, 291쪽.

56 임종명, 「해방 직후 이범석의 민족지상·국가지상론」, 『역사학연구』 45, 2012, 178쪽.

57 전재호, 「해방 이후 이범석의 정치 이념-민족주의와 반공주의 중심으로」, 『지역과 세계』 37권 1호, 2013, 57쪽.

58 이택선, 「해방 후 이범석 정치노선의 성격-파시즘 논의와 국제정치적 배경을 중심으로」, 『한국민족운동사연구』 94, 2018, 180쪽.

59 후지이 다케시, 「조선민족청년단의 기원에 대한 재검토」, 『역사연구』 23, 2012, 162~171쪽.

60 체스타 탄, 민두기 역, 『중국현대정치사상사』, 지식산업사, 1977, 183~188쪽.

61 박영실, 「해방이후 이범석의 사상과 정치활동」, 『역사와사회』 31, 2003, 98쪽.

62 허은, 「20세기 '한국적 파시즘'의 역사적 자리매김, 『파시즘과 제3세계주의 사이에서-족청계의 형성과 몰락을 통해 본 해방8년사』(후지이 다케시, 역사비평사, 2012) 서평」, 『역사비평』 103, 2013, 403쪽. 중국의 전시체제는 국민당의 일원적 지도 하에 있긴 했지만, 이러저러한 세력의 주체성을

존중하고 그들의 정치참가 기회를 넓혀 항전에 총동원시키려 했다는 점에서 일본과 달랐다(久保亨, 「東アジアの總動員体制」, 『(岩波講座)東アジア近現代通史 6, アジア太平洋戰爭と「大東亞共榮圈」 1935~1945年』, 2011, 57쪽).

63 이범석, 「민족론」, 『민족과 청년』, 백산서당, 1999, 28·31·47쪽.

64 위의 글, 32·34·39·41·50쪽.

65 위의 글, 28·31·35·37·40·45·48쪽.

66 위의 글, 51~52쪽.

67 이범석, 「민족과 국가」, 『민족과 청년』, 백산서낭, 1999, 60~61쪽.

68 이범석, 「예의 염치를 지키자」, 『민족과 청년』, 백산서당, 1999, 134~136쪽.

69 이범석, 「군중 속으로」, 『민족과 청년』, 백산서당, 1999, 153쪽.

70 박찬승, 『민족·민족주의』, 소화, 2010, 230~231쪽.

71 후지이 다케시, 「해방 직후~정부 수립기의 민족주의와 파시즘 - '민족사회주의'라는 문제」, 『역사문제연구』 14권 2호, 2010, 140~141쪽.

72 강상운 『現代政治學槪論』, 文藝書林, 1948, 104~116쪽.

73 강상운, 위의 책, 118쪽. 대중들이 사회주의에 찬성했다고 하여 잘 알려진 미군정청 조사에서 민의와 무관한 개인독재, 계급독재가 3%씩의 찬성을 받은 데 비하여 대중정치는 85%의 찬성을 받았다(「政治自由를 要求, 階級獨裁는 絶對反對」, 軍政廳輿論局調査, 『동아일보』, 1946.8.13). 여기에서 독재도 일종의 정치형태로 인정되고, 대중정치 옆에 '대의정치'라고 付記되었으며, 최초의 헌법을 누가 통과시킬 것인가(즉, 주권이 누구에게 있는가)의 질문이 던져진 점 등이 흥미롭다.

74 임지현·김용우 편, 『대중 독재 - 강제와 동의 사이에서』, 책세상, 2004 참조.

75 강상운, 앞의 책, 141·193쪽.

76 칼 포퍼, 이명현 역, 『열린사회와 그 적들』 I, 민음사, 2013(원저 초판은 1945), 273쪽; 칼 포퍼, 이명현 역, 『열린사회와 그 적들』 II, 민음사, 1997(원저 초판은 1945), 95쪽.

77 강상운, 앞의 책, 164·193쪽.

78 강상운, 앞의 책, 166·171쪽.

79 〈사설〉 「成人敎育問題, 朝鮮의 特殊性(二)」, 『동아일보』, 1946.2.8.

80 金三奎, 「民族社會主義序曲 5」, 『동아일보』, 1947.3.18.

81 宋建鎬, 「愛國心의 韓國的課題 (3), 다시 「八·一五」를 보내면서」, 『조선일보』, 1957.8.22.

82 宋建鎬, 「愛國心의 韓國的課題 (4), 다시 「八·一五」를 보내면서」, 『조선일보』, 1957.8.23.

83 홍선이, 「손진태 신민족주의론의 '좌우합작적'·'민주주의적' 성격에 대한 재검토」, 『역사교육연구』 32, 2018, 293쪽.

84 안재홍, 「신민주주의와 신민족주의」, 『혁진』 창간호, 1946.1, 11쪽.

85 安民世, 「新民族主義의 科學性과 統一獨立의 課業」, 『신천지』 4권 7호, 1949.8, 12~13쪽.

86 위의 글, 12쪽.

87 손진태, 「한국민족사개론」, 『손진태전집』 1, 태학사, 1981, 289~292·295~297쪽.

88 손진태, 「(國史敎育論)國史敎育 建設에 대한 構想-新民主主義 國史敎育의 提唱」, 『새교육』 1권 2호, 조선교육연합회, 1948.9.15, 48~49·54·58쪽.

89 손진태, 『우리나라 생활-중학교 사회생활과 역사부분』, 을유문화사, 1949, 2~3쪽.

90 손진태, 『우리나라 생활-중학교 사회생활과 역사부분』, 을유문화사, 1950, 3쪽.

91 정창렬, 「1940년대 손진태의 신민족주의사관」, 『한국학논집』 제21·22합집, 1992, 116쪽.

92 남근우, 「손진태의 민족문화론과 만선사학」, 『역사와현실』 28, 1998, 234·240쪽; 김수태, 「손진태의 일제 식민주의사학 비판 재론」, 『한국사학사학보』 2, 2000, 118·133쪽.

93 남근우, 「'신민족주의' 사관 재고-손진태와 식민주의」, 『정신문화연구』 105, 2006, 105~112쪽.

94 이종욱, 「손진태의 신민족주의와 역사만들기의 정체」, 『한국사학사학보』 11, 2005, 60~61·64쪽.

95 홍선이, 「손진태 신민족주의론의 '좌우합작적'·'민주주의적' 성격에 대한 재검토」, 『역사교육연구』 32, 2018, 300·319·321·323쪽.

96 백남운, 「조선민족의 진로」, 『서울신문』, 1946.4.1~13; 「조선민족의 진로 재론」, 『독립신보』 1947.5.8~21, 『백남운전집 4, 彙編』, 이론과 실천, 1991.

97 김정인, 「해방 전후 민주주의'들'의 변주」, 『개념과 소통』 12, 2013, 216쪽. 그런데 김정인은 다른 글에서 백남운과 안재홍이 '민주주의'를 '통합의 길로 나아가는 중도적 가치로서 주목했다'고 평가한다 (김정인, 「민주주의의 눈으로 본 역사학」, 『역사교육』 126, 2013, 346쪽). '연합'을 '민주주의' 가치의 훼손으로 보는 것이 아니라 바람직한 방향으로 여기는 셈이다.

98 서중석은 이들이 백남운 등의 좌우합작노선에 반대하기 위하여 종래의 조선공산당 노선을 되풀이한 것에 불과하다고 폄하하였다(서중석, 『한국현대민족운동 연구-해방후 민족국가 건설운동과 통일전선』, 역사비평사, 2004, 376쪽).

99 이기수, 「백남운 씨의 「연합성 신민주주의」를 駁함-민주주의조선 건실에 옳은 노선을 위하여」, 『신천지』 1권 5호, 1946.6; 심지연, 『조선혁명론연구, 해방정국논쟁사』 2, 실천문학사, 1987, 204~207쪽.

100 김남천, 「백남운 씨 「조선민족 진로」 비판」, 『조선인민보』, 1946.5.12; 심지연, 『조선혁명론연구, 해방정국논쟁사』 2, 실천문학사, 1987, 223쪽.

101 김남천, 「백남운 씨 「조선민족 진로」 비판」, 『조선인민보』, 1946.5.14; 심지연, 위의 책, 227쪽.

102 백남운, 「조선민족의 진로 재론」, 『독립신보』, 1947.5.8~21, 『백남운전집 4, 彙編』, 이론과 실천, 1991, 394쪽.

103 김명구, 「안재홍의 1930년대 초·중반 파시즘 인식과 사회주의자(서강백)의 비판」, 『한국근현대사연구』 91, 2019 참조.

104 김종준, 「한국사학계 반식민 역사학 정립 과정에서 실증사학의 위상 변화」, 『역사문제연구』 31, 2014, 41쪽.

105 이병도, 『國史와 指導理念』, 일조각, 1955, 12·66쪽. 이병도는 1955년 같은 해 나온 『新修 國史大觀』에서 민족, 국가의 발전을 지도원리로 삼는 '대아정신'과 개인, 가족, 당파의 이익을 위하는 '소아정신'을 구분하고 있다. 태평할 때는 소아정신이 문화를 발전시키기도 하지만, 우리의 현실에서는 소아정신의 희생이 필요하다는 입장을 보였다(이병도, 『新修 國史大觀』, 보문각, 1955, 586~587쪽).

106 위의 책, 27·29~30·34~35·47~48쪽.

107 위의 책, 40·84·96쪽.

108 위의 책, 11·40·106~107쪽.

109 위의 책, 109~110쪽.

110 위기 의식 속에 강압적 재구획과 재건의 기치를 내세우는 것은 파시즘 공통의 특성이다(권명아, 「수난사 이야기로 다시 만들어진 민족 이야기」, 김철·신형기 외, 『문학 속의 파시즘』, 삼인, 2001, 275쪽).

111 전인권, 『박정희 평전-박정희의 정치사상과 행동에 관한 전기적 연구』, 이학사, 2006 참조.

112 위의 책, 247쪽.

113 조동걸, 『현대 한국사학사』, 나남출판, 1998, 421쪽.

114 황병주, 「박정희 체제의 지배담론-근대화 담론을 중심으로」, 한양대 박사논문, 2008, 98쪽.

115 황병주, 「박정희 체제의 지배 담론과 대중의 국민화」, 임지현·김용우 편, 『대중 독재-강제와 동의

사이에서』, 책세상, 2004, 491쪽. '대중적 지지'의 실체를 규명하는 일은 쉽지 않겠지만, 박정희 체제는 '대중적 민족주의 정치'라는 파시즘의 최소정의에 부합한다(이상록, 「박정희 체제의 '사회정화' 담론과 청년문화」, 장문석 · 이상록 편, 『근대의 경계에서 독재를 읽다-대중독재와 박정희 체제』, 그린비, 2006, 336쪽). 대중의 입장에서 보더라도 전통적 공동체는 와해되고 개인은 분자화된 상태에서 강력한 집단에 속하고 싶다는 욕구가 파시즘의 수용을 가능케 했다고 가정해볼 수 있다(김진호, 「한국의 작은 독재자들-정치종교와 문화종교 개념으로 살펴보는 퇴행적 대중의 출현」, 임지현 외편, 『우리 안의 파시즘 2.0-내 편만 옳은 사회에서 민주주의는 가능한가?』, 2022, 휴머니스트, 155~156쪽).

116 『박정희대통령 연설문집 5, 제6대편 하』, 대한공론사, 170쪽.

117 마침 학계에서는 역사의 보편적 법칙과 민족의 특수성 간 '조화'를 요구하는 목소리가 나왔다(이기백, 「한국사의 보편성과 특수성」, 『이화사학연구』 6 · 7 합집, 1973, 9~10쪽).

118 3 · 1운동 100주년 기념사업추진위원회 홈페이지, 위원장 인사말(http://www.samil100.org/intro /samilinfo01.php).

119 나미란, 「인권의 관점으로 접근하는 초등학교 3 · 1운동 수업」, 김한종 외, 『시민교육을 위한 역사교육의 이론과 실천』, 책과함께, 2019, 184~185쪽.

120 차지철, 『우리가 세워야 할 座標』 제11판, 법문사, 1971.6.30, 32 · 55~56 · 62쪽.

121 국제과학문화연구소, 『유신의 이념』, 1973.4, 35쪽. 보수파들이 보기에도 '한국적 민주주의'가 '일시적 인 예외상태'인지 '서구민주주의와는 다른 새로운 민주주의 유형'인지 명확하지 않았다는 점이 문제였 다(한국자유총연맹, 『우리가 지키는 자유민주주의』, 1991, 191쪽).

122 현대정치연구회, 『유신정치의 지도이념』, 광명출판사, 1976.1, 29 · 76 · 129 · 161쪽.

123 신범식, 『국난극복의 역사』, 대성문화사, 1963.9, 7~8 · 118 · 135쪽.

124 김종준, 「이선근이 주창한 '민족사학'의 성격과 '식민사학'과의 친연성」, 『식민사학과 민족사학의 관학아카데미즘』, 소명출판, 2013, 149~163쪽.

125 「국수주의의 파시즘화의 위기와 문학자의 임무」, 『조선일보』, 1946.2.11~12; 윤대석 · 윤미란 편, 『사상과 현실-박치우 전집』, 인하대 출판부, 2010, 276쪽.

126 박찬승은 김구의 민족주의를 '자유주의, 문화적 다원주의에 기초한 것', '한국 민족주의의 가장 성숙한 단계'로 평가한다(박찬승, 『민족 · 민족주의』, 소화, 2010, 222~223쪽). '자유'를 강조한 것은 안호상 도 마찬가지였다. 개인과 국가의 관계를 어떻게 보았는지 따져보는 것이 중요하다.

127 김구, 『백범일지』, 국사원, 1947, 3 · 5~8 · 15~17쪽.

128 장준하, 「민주주의의 재인식」(1957.11), 『장준하전집 2, 지식인과 현실』, 세계사, 1993, 117~118쪽.

129 장준하, 「개인의 의미」(1959.10), 『장준하전집 2, 지식인과 현실』, 세계사, 1993, 176~177쪽.

130 장준하, 「누가 국민을 기만하고 있는가?-국민 앞에 석연히 흑백을 가리라」(1963.11), 『장준하전집 2, 지식인과 현실』, 세계사, 1993, 338쪽.

131 장준하, 「민족주의자의 길」(1972.9), 『장준하전집 3, 민족주의자의 길』, 세계사, 1993, 36 · 38 · 42쪽.

132 최민석, 「1950~60년대 자유민주주의 개념의 궤적」, 『개념과 소통』 27, 2021, 291쪽.

133 함석헌, 「씨올」, 『함석헌전집』 14, 한길사, 1985, 327쪽.

134 문지영, 『지배와 저항-한국 자유주의의 두 얼굴』, 후마니타스, 2011, 260쪽.

135 함석헌, 「민족노선의 반성과 새 진로」, 『함석헌전집』 17, 한길사, 1984, 43쪽.

제4장_일제 시기 주류 역사학과 비주류 역사학의 주고받음

1 김종준, 『식민사학과 민족사학의 관학아카데미즘』, 소명출판, 2013 참조.

2 『근대일선관계의 연구』 상권은 2013년에, 하권은 2016년에 각각 김종학에 의해 완역되어 일조각에서

출간되었다.

3 박찬승, 「다보하시 기요시(田保橋潔)의 근대한일관계사 연구에 대한 검토」, 『한국근현대사연구』 67, 2013, 526쪽.

4 하지연, 「다보하시 기요시(田保橋 潔)의 『근대일선관계의 연구』와 한국근대사 인식」, 『숭실사학』 31, 2013, 171·174·191쪽.

5 김종학, 「일본의 근대 실증사학의 에토스(ehtos)와 다보하시 기요시(田保橋潔)의 조선사 연구」, 『한국 문화연구』 34, 2018, 43~44쪽.

6 하지연, 『기쿠치 겐조, 한국사를 유린하다』, 서해문집, 2015, 213쪽.

7 장신, 「서평, '재야 역사학(자)'의 과도한 평가—하지연, 『기쿠치 겐조, 한국사를 유린하다』(서해문집, 2015)」, 『이화사학연구』 51, 2015, 377쪽.

8 본고에서 '비주류 역사학'이란 학계 내 '주류'의 통설에 따르지 않는 경우를 말한다. 그러나 역사적 연구 대상이 '비주류'에 속할 때도 '비주류 역사'라고 부를 수 있다(마이클 파렌티, 김혜선 역, 『비주류 역사』, 녹두, 2003, 13쪽). 두 층위는 일치할 수도 있지만 다를 수도 있다. 따라서 얼핏 사회적 '소수자'에 대해 파고드는 '진보학자'로 보이지만, 정작 자신은 '주류' 학계에 안주하는 연구자들도 있다.

9 윤해동, 「식민주의 역사학 연구 시론」, 윤해동 외, 『식민주의 역사학과 제국』, 책과함께, 2016, 24쪽; 김종준, 「서평, 식민주의 역사학, 극복의 대상인가, 성찰의 대상인가?—윤해동(2018), 『제국 일본의 역사학과 '조선'—식민주의 역사학과 제국』 2, 소명출판」, 『동북아역사논총』 61, 2018, 470쪽.

10 조동걸, 『한국현대사학사』, 나남출판, 1998, 312~313쪽.

11 강진철, 「일제 관학자가 본 한국사의 '정체성'과 그 이론—특히 봉건제도 결여론과 관련시켜」, 『한국사학』 7, 한국정신문화연구원, 1986, 177쪽.

12 조동걸, 「식민사학의 성립과정과 근대사 서술」, 『역사교육논집』 13·14집, 1990, 779·782·802쪽; 박걸순, 『식민지 시기의 역사학과 역사인식』, 경인문화사, 2004, 115쪽; 이만열, 『한국 근현대 역사학의 흐름』, 푸른역사, 2007, 458쪽.

13 芳賀登, 『(批判)近代 日本史學思想史』, 東京 : 柏書房, 1974, 55쪽 ; 미야지마 히로시, 「일본 '국사'의 성립과 한국사에 대한 인식—봉건제에 대한 논의를 중심으로」, 『근대 교류사와 상호인식』 I, 고려대 아세아문제연구소, 2001, 401쪽.

14 백영서, 「'동양사학'의 탄생과 쇠퇴—동아시아에서의 학술제도의 전파와 변형」, 『한국사학사학보』 11, 2005, 169쪽.

15 청일전쟁 직후 일본에서 국가와 학계의 결합은 역사학계에 국한되지 않았다. '국어'와 '국가'의 유기적 결합이 주창되며 '과학적 언어관'를 위축시킨 과정도 유사하게 진행되었다(이연숙, 고영진·임경화 역, 『국어라는 사상—근대 일본의 언어 인식』, 소명출판, 2006(원저는 1996), 155~156쪽; 김종준, 「대한제국기 공문서와 신문 문체에 나타난 전환기적 특성」, 『규장각』 51, 2017, 226쪽).

16 芳賀登, 앞의 책, 95쪽.

17 門脇禎二, 「官學アカデミズムの成立」, 『日本歷史講座 第8卷 日本史學史』, 歷史學研究會, 日本史研究會 共編, 東京 : 東京大學出版會, 1956, 176쪽.

18 나가하라 게이지(永原慶二), 하종문 역, 『20세기 일본의 역사학』, 삼천리, 2011, 53쪽.

19 정요근, 「청산되어야 할 적폐, 국수주의 유사역사학」, 『역사와현실』 105, 2017, 3·19쪽.

20 나가하라 게이지, 앞의 책, 103쪽.

21 旗田巍, 「日本における東洋史學の傳統」, 幼方直吉, 遠山茂樹, 田中正俊 [共]編, 『歷史像再構成の課題 : 歷史學の方法とアジア』, 東京 : 御茶の水書房, 1975, 223쪽.

22 윤해동, 「식민주의 역사학 연구 시론」, 윤해동 외, 『식민주의 역사학과 제국』, 책과함께, 2016, 41쪽.

23 田川孝三 ほか,「座談會-先學を語る-田保橋潔先生」『東方學』65, 東方學會, 東京, 1983, 192쪽.

24 김종준,「식민사학의 '한국근대사' 서술과 '한국병합' 인식」,『역사학보』217, 2013, 251쪽.

25 정상우,「조선총독부의 『조선사』 편찬 사업」, 서울대 박사논문, 2011, 256~257쪽.

26 田保橋潔,『近代日鮮關係の硏究』朝鮮總督府中樞院, 1940, 11쪽.

27 하지연, 앞의 책, 6~7쪽.

28 김종준,「『한성신보』의 한국 민권운동에 대한 인식」,『사학연구』126, 2017, 323쪽.

29 〈사설〉「開明時代」,『한성신보』, 1903.2.18.

30 〈사설〉「大韓帝國」,『한성신보』, 1902.12.5.

31 菊池謙讓,『近代朝鮮史』下, 鷄鳴社, 1939, 539쪽. 기쿠치는 이어서 1899년 '평등한 한청조약 체결'이 일본 덕분인데 일본에 감사하는 조선 정치가를 한 사람도 보지 못했다고 한탄한다(菊池謙讓,『近代朝鮮史』下, 鷄鳴社, 1939, 555쪽). 대한제국에 대한 우호적 평가 역시 '시혜적' 관점의 일부였음을 알게 해준다.

32 이태진,『고종시대의 재조명』, 태학사, 2000, 119~132쪽.

33 田保橋潔,「書評: 朝鮮雜記 第二卷 菊池謙讓 著」,『靑丘學叢』6호, 1931, 161쪽.

34 菊地謙讓,『朝鮮雜記』, 鷄鳴社, 1931, 182쪽.

35 해산된 군인들이 주색과 도박으로 수당을 날려 버리고 정해진 작업이 없어 匪賊이 되는 수밖에 없었다고 서술하고 있다(田保橋潔,『朝鮮統治史論考』, 성진문화사, 1972, 33쪽).

36 永島廣紀,「日本統治期の朝鮮における〈史學〉と〈史料〉」,『歷史學硏究』795, 2004, 18쪽.

37 사료 열람 덕분에 일부 사실 오류가 바로잡혔지만, 기본 틀은 그대로였다고 한다(하지연,「韓末·日帝강점기 菊池謙讓의 문화적 식민활동과 한국관」,『동북아역사논총』21, 2008, 239~240쪽). 반면 서영희는 기쿠치가 『고종실록』에 직접적으로 침략주의적 시각을 반영시켰고, 실록 편찬 때 획득한 자료로 『근대조선사』를 출간하였다고 밝히고 있다(서영희,『조선총독부의 조선사 자료수집과 역사편찬』, 사회평론아카데미, 2022, 225~226쪽).

38 田保橋潔,「書評: 日韓合邦祕史 黑龍會 編」,『靑丘學叢』4호, 1931, 164~166·168쪽.

39 위의 글, 164쪽.

40 內田良平文書硏究會,「解題 內田良平と內田良平文書」,『內田良平關係文書』1卷, 芙蓉書房出版, 1994, 19쪽.

41 최혜주,『근대 재조선 일본인의 한국사 왜곡과 식민통치론』, 경인문화사, 2010, 255~257쪽.

42 釋尾春芿,『朝鮮倂合史』, 朝鮮及滿洲社, 1926, 653~654쪽. 이 글에서 샤쿠오는 자신의 '혼란스러움'이 우치다의 주장을 지지하는 다보하시의 견해 때문이라고 고백하고 있다. 앞서 우치다는 샤쿠오를 방문한 자리에서 조선인들을 동화시키기 위해 참정권을 주어야 한다고 해서 논란이 되었다고 한다(최혜주, 앞의 책, 365쪽). 낭인 중에서도 우치다는 한국 일반 인민의 지배층에 대한 적대감을 잘 이용해야 한다는 입장을 가지고 있었다(黑龍會,『日韓合邦祕史』下, 1930(1966, 原書房), 12~27쪽). 동학 계열의 일진회를 후원한 것도 그러한 이유에서이다.

43 田保橋潔,「書評: 日韓合邦祕史 黑龍會 編」,『靑丘學叢』4호, 1931, 165쪽.

44 위의 글, 167~168쪽.

45 山邊健太郞,『日本の韓國倂合』, 東京, 太平出版社, 1966, 192·257쪽.

46 田保橋潔, 앞의 글, 167쪽.

47 김종준,『일진회의 문명화론과 친일 활동』, 신구문화사, 2010 참조.

48 강창일,『근대 일본의 조선침략과 대아시아주의』, 역사비평사, 2002, 352쪽.

49 이문영,『유사역사학 비판』, 역사비평사, 2018, 79쪽.

50 이문영, 「1960~1970년대 유사역사학의 식민사학 프레임 창조와 그 확산」, 『역사문제연구』 39, 2018, 229쪽.

51 이문영, 앞의 책(2018), 97~98쪽.

52 최종석, 「내재적 발전론 '이후'에 대한 몇 가지 고민」, 『역사와 현실』 100, 2016, 61쪽; 이신철, 「식민주의와 민족주의의 함정을 넘어서 – 한국 근현대사 역사(교육)논쟁의 본질을 향한 탐색」, 『역사와 현실』 100, 2016, 166쪽.

53 윤해동 외, 『식민주의 역사학과 제국 – 탈식민주의 역사학 연구를 위하여』, 책과함께, 2016; 윤해동 외, 『제국 일본의 역사학과 '조선' – 식민주의 역사학과 제국』 2, 소명출판, 2018 참조.

54 金南天, 「朝鮮은 果然 누가 賤待하는가? (完) – 安在鴻氏에게 答함」, 『조선중앙일보』, 1935.10.27.

55 신남철, 「最近 朝鮮研究의 業績과 그 再出發 一. 朝鮮學은 어떠케 樹立할 것인가」, 『동아일보』, 1934.1.1.

56 天台山, 「史學研究의 回顧, 展望, 批判」 (五), 『조선중앙일보』, 1936.1.10.

57 樗山(안재홍), 「朝鮮學의 問題 – 卷頭言을 代함」, 『新朝鮮』 7, 1934.12.

58 안재홍, 「申丹齋學說私觀 – 尊貴한 그의 史學上의 業績」, 『朝光』 6, 1936.4.

59 卞榮魯, 「國粹主義의 恒星인 丹齋 申采浩 先生」, 『개벽』 62, 1925.8.

60 末松保和, 「書評 : 朝鮮社會經濟史(白南雲著)」, 『靑丘學叢』 14, 1933, 190~192쪽.

61 신승환, 『지금, 여기의 인문학』, 후마니타스, 2010, 63~64쪽.

62 김종준, 「일제 시기 '역사의 과학화' 논쟁과 역사학계 '관학아카데미즘'의 문제」, 『한국사학보』 49, 2012, 306~317쪽.

63 기경량, 「'단군조선 시기 천문관측기록'은 사실인가」, '젊은역사학자모임', 『한국 고대사와 사이비역사학』, 역사비평사, 2017, 192쪽.

64 박명규, 「지식 운동의 근대성과 식민성 – 1920~30년대를 중심으로」, 『사회와 역사』 62, 2002, 162쪽.

65 徐康百, 「파시즘의 讚揚과 朝鮮型的 파시즘 – 安在鴻氏의 『獨裁管見』을 批判」 (一), 『조선중앙일보』, 1936.2.19.

66 안재홍, 「歷史的 舞臺의 義務를 다하라」, 『춘추』 34, 1943.12.

67 「국수주의의 파시즘화의 위기와 문학자의 임무」(『조선일보』, 1946.2.11~12), 윤대석·윤미란 편, 『사상과 현실 – 박치우 전집』, 인하대 출판부, 2010, 274쪽.

68 장지영, 「창생하는 국가, 창출하는 기예 – 해방 후 남북의 학술분기」, 『상허학보』 36, 2012, 46쪽.

69 김종준, 「일제 시기 '(일본)국사'의 '조선사' 포섭 논리」, 『한국학연구』 29, 2013, 410~416쪽.

70 김종준, 「랑케 역사주의 흐름으로 본 한국사학계 실증사학의 방법론」, 『청주교육대학교 논문집』 51, 2015, 112쪽.

71 뤼디거 자프란스키, 오윤희·육혜원 역, 『니체, 그의 사상의 전기』, 꿈결, 2017, 142쪽.

72 임상우, 「과학적 역사학과 국가주의 역사서술」, 『역사학보』 224, 2014, 103쪽.

73 〈사설〉 「朝鮮史編修會의 意義」, 『매일신보』, 1925.6.13.

74 〈사설〉 「我史人修의 哀(下), 最後의 精神의 破産」, 『동아일보』, 1925.10.22.

75 〈사설〉 「朝鮮史編纂計劃에 대하야」, 『동아일보』, 1925.6.13.

76 스테판 다나카, 박영재·함동주 역, 『일본 동양학의 구조』, 문학과지성사, 2004(원저는 1993), 372쪽.

77 田保橋潔, 『近代日鮮關係의 研究』, 朝鮮總督府中樞院, 1940, 14~16쪽.

78 田保橋孝三 ほか, 「座談會:先學을 語る – 田保橋潔先生」, 『東方學』 65, 東方學會, 東京, 1983, 182~185쪽.

79 菊池謙讓, 『大院君傳 – 朝鮮最近外交史』, 日韓書房, 1910, 15쪽.

80 연갑수, 『대원군집권기 부국강병정책 연구』, 서울대 출판부, 2001, 3~5쪽.

81 나가하라, 앞의 책, 참조.

82 니시다 기타로(西田幾多郎)로부터 비롯된 교토학파 또한 '세계사의 철학'으로 랑케사학을 바라보면서 당대 총력전 체제를 지지하였다(고야마 사토시(小山哲), 윤해동 역, 「'세계사'의 일본적 전유─랑케를 중심으로」, 비판과 연대를 위한 동아시아 역사포럼, 『역사학의 세기─20세기 한국과 일본의 역사학』, 휴머니스트, 2009, 103~111쪽).

83 柴田三千雄, 「日本におけるヨーロッパ歷史學の受容」, 堀光庸三 外 著, 『(岩波講座) 世界歷史』 30, 別卷 現代歷史學の課題, 東京 : 岩波書店, 1971, 462~464쪽; 芳賀登, 『(批判) 近代 日本史學思想史』, 東京 : 柏書房, 1974, 235쪽.

84 「閣僚 國史 첫강의는 「우리 民族」」, 『경향신문』, 1974.5.22.

85 이선근, 「『復刊』의 말」 (田保橋潔, 『朝鮮統治史論考』, 성진문화사, 1972).

86 김종준, 앞의 책(2013), 171쪽.

87 김의환, 「田保橋潔 교수의 한국학 상의 공과검토」, 『한국학』 11, 1976, 23쪽.

88 위의 책, 13쪽.

89 이선근, 「日帝官學影響 史論의 淸掃」 (『자유』 제2호, 1968.5.4), 『역사와 민족』 霞城學術財團, 1986, 540~541쪽.

90 아돌프 히틀러, 황성모 역, 『나의 투쟁』, 동서문화사, 2014, 744쪽.

91 로버트 O. 팩스턴, 손명희·최희영 역, 『파시즘, 열정과 광기의 정치 혁명』, 교양인, 2005, 108~109쪽.

92 김종준, 『식민사학과 민족사학의 관학아카데미즘』, 소명출판, 2013, 20쪽.

93 서영희, 『조선총독부의 조선사 자료수집과 역사편찬』, 사회평론아카데미, 2022, 9~10쪽.

94 이도상, 「일본의 한국 침략논리와 식민주의사학」, 단국대 박사논문, 2000, 142~143·169쪽.

제5장_한국 실증사학의 민족주의적 관점 재검토 ─────────────

1 신주백, 『한국 역사학의 전환─주체적·내재적 발전의 시선으로 본 한국사 연구의 역사』, 휴머니스트, 2021 참조.

2 이진일, 「근대 국민국가의 탄생과 '국사' ─동아시아로의 학문적 전이를 중심으로」, 『한국사학사학보』 27, 2013.

3 정현백, 「일본 근대역사학의 형성과 서구 역사학의 영향 그리고 개화기 조선─트랜스내셔널 전이를 중심으로」, 『한국사학사학보』 27, 2013.

4 도면회, 「한국에서 근대적 역사 개념의 탄생」, 『한국사학사학보』 27, 2013.

5 김용섭, 「일본·한국에 있어서의 한국사서술」, 『역사학보』 31, 1966, 137쪽. 김용섭도 이것이 적절한 표현은 아니라며 잠정적인 용어임을 밝혔고, 이후 랑케사학이 실증주의로 한정될 수 없다는 연구가 계속해서 나왔지만, 그럼에도 불구하고 '랑케사학=실증사학'이라는 인식은 뿌리깊게 유지되고 있는 것으로 보인다.

6 김영한, 「실증주의사관─꽁트와 버클을 중심으로」, 차하순 편, 『사관이란 무엇인가』, 청람, 1985, 60~61·73쪽.

7 이성무, 「한국사연구에 있어서의 사료와 실증」, 『한국사연구』 91, 한국사연구회, 1995, 177쪽.

8 이희환, 「역사학에 있어서의 역사주의와 실증주의」, 『군산대학교 논문집』 21, 1995, 109쪽.

9 김태준이 국학파와 대척적 위치에 섰다는 점에서 '실증주의적 문헌학파'로 규정되기도 하나 '과학적 사회주의 문학 사관'을 지닌 인물로 보아야 한다는 견해도 있다(전성운, 「김태준─문학의 과학화와 사회주의 문학 사관」, 『우리어문연구』 23, 2004, 132·136·148쪽).

10 天台山, 「鄭寅普論 (一)」, 『조선중앙일보』, 1936.5.15.

11 天台山, 「鄭寅普論 (二)」, 『조선중앙일보』, 1936.5.16.

12 天台山, 「鄭寅普論 (三)」, 『조선중앙일보』, 1936.5.17.

13 金俊, 「史學研究의 回顧, 展望, 批判」 (二), 『조선중앙일보』, 1936.1.4.

14 학예, 「나의 연구테-마, 史料만 남어잇는 朝鮮史-特히 北方開拓에 置重하여」, 『조선일보』, 1939.3.18, 李仁榮(城大朝鮮史研究室).

15 김기봉, 「우리시대 역사주의란 무엇인가」, 『한국사학사학보』 23, 2011, 373쪽.

16 길현모, 「랑케사관의 성격과 위치」, 길현모 외, 『역사의 이론과 서술』, 서강대 인문과학연구소, 1975, 42쪽.

17 길현모, 위의 책, 57 · 67쪽.

18 이광주, 「현대에서의 독일사학의 정통과 전환」, 길현모 외, 『서양사학사론』, 법문사, 1977, 253~259쪽.

19 길현모, 「크로체의 역사이론」, 길현모 외, 『서양사학사론』, 법문사, 1977, 311~313 · 348면. 랑케와 크로체, 카의 차이점에 대해서는 김현식, 『포스트모던 시대의 '역사란 무엇인가』, 휴머니스트, 2006, 참조.

20 크로체(Benedetto Croce), 이상신 역, 『역사의 이론과 역사』, 삼영사, 1978, 254쪽.

21 김기봉, 「우리시대 역사주의란 무엇인가」, 『한국사학사학보』 23, 2011, 386쪽.

22 차하순, 「역사주의사관」, 차하순 편, 『사관이란 무엇인가』, 청람, 1985, 55~56쪽.

23 포스트모던 역사학 역시 역사주의의 상대주의와 주관주의 논쟁의 한 변형으로 이해되기도 한다(김호, 「우리에게 포스트모던 역사학이란 무엇인가」, 김기봉 외, 『포스트모더니즘과 역사학』, 푸른역사, 2002, 335쪽).

24 양호환, 「역사 서술의 주체와 관점 그리고 역사 교과서」, 김기봉 외, 『포스트모더니즘과 역사학』, 푸른역사, 2002, 385쪽.

25 이한구, 「역사주의와 반역사주의」 『한국사학사학보』 24, 2011, 102~106쪽.

26 이상신, 「19세기 독일역사학」, 길현모 외, 『서양사학사론』, 법문사, 1977, 171쪽.

27 조지 이거스, 임상우 · 김기봉 역, 『20세기 사학사』, 푸른역사, 1998, 47~48쪽.

28 김기봉, 「랑케의 'wie es eigentlich gewesen' 본래 의미와 독일 역사주의」, 『호서사학』 39, 2004, 149쪽.

29 김헌기, 「역사주의 이데올로기와 역사학-랑케의 역사담론을 중심으로」, 『사림』 38, 2011, 284쪽.

30 길현모, 앞의 책(1975), 73~75쪽.

31 랑케에 의한 역사학의 제도화 과정은 의외로 더디게 진행되었다는 연구도 있다(김유경, 「19세기 독일 대학과 역사학의 제도화」, 『역사학보』 221, 2014, 474쪽).

32 권달천, 「일본근대사학의 성립에 관한 연구(하)-특히 서양사학의 수용을 중심하여」, 『부산대인문논총』 24, 1983, 395쪽.

33 柴田三千雄, 「日本におけるヨーロッパ歴史學の受容」, 堀光庸三 外 著, 『(岩波講座) 世界歷史』 30, 別卷 現代歷史學의課題, 東京 : 岩波書店, 1971, 445쪽.

34 門脇禎二, 「官學アカデミズムの成立」, 歴史學研究會, 日本史研究會 共編, 『日本歷史講座 第8卷 日本史 學史』, 東京 : 東京大學出版會, 1956, 176 · 183쪽.

35 芳賀登, 『(批判) 近代 日本史學思想史』, 東京 : 柏書房, 1974, 94~95쪽.

36 奈良本辰也, 「文化史學」, 歴史學研究會, 日本史研究會 共編, 『日本歷史講座 第8卷 日本史學史』, 東京 : 東京大學出版會, 1956, 225 · 233~234쪽.

37 柴田三千雄, 「日本におけるヨーロッパ歴史學の受容」, 堀光庸三 外 著, 『(岩波講座) 世界歷史』 30, 別卷 現代歷史學の課題, 東京 : 岩波書店, 1971, 462~463쪽.

38 이와 유사한 분석이 이미 이루어진 바 있다. 일본이 받아들인 랑케사학이 보편성을 잃고 제국주의적 팽창에 기여하게 되는 상황을 어떻게 볼 것인가에 대한 고민을 공유하고 있다고 할 수 있다(이진일, 「근대 국민국가의 탄생과 '국사' – 동아시아아로의 학문적 전이를 중심으로」, 『한국사학사학보』 27, 2013 참조).

39 고아마 사토시(小山哲), 윤해동 역, 「'세계사'의 일본적 전유–랑케를 중심으로」, 비판과 연대를 위한 동아시아 역사포럼, 『역사학의 세기–20세기 한국과 일본의 역사학』, 휴머니스트, 2009, 103~104쪽.

40 西田直二郎, 『日本文化史序説』, 東京 : 改造社, 1943(102판, 초판은 1931년), 127~128쪽.

41 蛯道隆, 「國史教育の眞意義を把握せよ」, 『朝鮮の教育研究』, 1933.8, 56~57쪽. (일본)국사의 조선사 포섭 논리에 대해서는 김종준, 「일제 시기 '(일본)국사'의 '조선사' 포섭 논리」, 『한국학연구』 29, 2013 참조.

42 上田正昭, 「津田史學の本質と課題」, 歷史學研究會, 日本史研究會 共編, 『日本歷史講座 第8卷 日本史學史』, 東京 : 東京大學出版會, 1956, 247~249・251・254・256・266・270쪽.

43 旗田巍, 「日本における東洋史學の傳統」, 『歷史像再構成の課題 : 歷史學の方法とアジア』, 幼方直吉, 遠山茂樹, 田中正俊 [共]編, 東京 : 御茶の水書房, 1975, c1966, 213~223쪽.

44 강상중, 이경덕・임성모 역, 『오리엔탈리즘을 넘어서』 이산, 1997(원저는 1996), 126쪽.

45 스테판 다나카, 박영재・함동주 역, 『일본 동양학의 구조』, 문학과지성사, 2004(원저는 1993), 96쪽.

46 박준형, 「일본 동양사학의 계보와 '실증'주의의 스펙트럼–이케우치 히로시의 '만선사' 연구를 중심으로」, 『한국문화연구』 34, 2018, 34~35쪽.

47 나가하라 게이지(永原慶二), 하종문 역, 『20세기 일본의 역사학』, 삼천리, 2011, 140~141쪽.

48 조동걸, 『현대 한국사학사』, 나남출판, 1998, 238쪽.

49 이도상, 「일본의 한국 침략논리와 식민주의사학」, 단국대 박사논문, 2000, 4쪽.

50 김종준, 『식민사학과 민족사학의 관학아카데미즘』, 소명출판, 2013, 19~20쪽.

51 강만길, 「일제시대의 反植民史學論」, 『한국사학사의 연구』, 을유문화사, 1985 참조.

52 조동걸, 앞의 책, 167, 390쪽.

53 식민권력과 제국대학 아카데미즘의 결합이 식민사학으로 산출되고 있었다. 장신, 「경성제국대학 사학과의 磁場」, 『역사문제연구』 26, 2011 참조.

54 정상우, 「조선총독부의 『조선사』 편찬 사업」, 서울대 박사논문, 2011 참조.

55 한 사립학교에서 임의로 조선사를 가르친 것이 문제화되자(「朝鮮歷史教授로 當局對某校 問題化」, 『조선일보』, 1934.1.28) 총독부 학무국장은 일본사의 범위를 넘어서면 안된다고 엄중 경고하고 있다(「獨立課程으로 絶對로 不許, 渡邊學務局長 談」, 『조선일보』, 1934.1.28). 이에 언론은 역사교육의 중요성으로 응답하며(〈사설〉, 「歷史教育의 要諦」, 『조선일보』, 1934.1.29) 총독부의 조선사 교과서 편찬을 지켜보겠다고 대응하고 있다(〈사설〉, 「朝鮮歷史加增의 議」, 『동아일보』, 1935.2.16).

56 이병도는 경성제국대학과 조선사편수회가 직접적으로 한국사 연구에 자극을 주었다고 밝히고 있다(이병도, 「나는 왜 사학자가 되었나」(1973.5 『학생중앙』), 『斗實餘摘』, 박영사, 1975, 211쪽).

57 후대의 글이지만 반대로 역사학자의 경우 직접적 연구 없이 방법론만 논하는 것에 대해 불만을 드러내기도 했다(「한국사의 전진–두계선생과 한우근 교수와의 대담」(『월간중앙』, 1969), 진단학회 편, 『역사가의 遺香–두계이병도선생추념문집』, 일조각, 1991, 205쪽).

58 당시 역사철학의 부흥이 관측되고 있는데 크로체로부터 비롯된 헤겔 르네상스로 지칭되고 있다(鄭聖奎, 『歷史科學方法論–「이데」型에서「觀念形態型」에』 1, 『조선일보』 1936.4.9). 랑케, 헤겔에서 크로체에 이르기까지의 과정은 조선학계에서 생략된 셈이다.

59 金剛秀, 「朝鮮史 研究의 方法論的 管見(上)」, 『조선일보』, 1935.7.10.

60 신남철, 「最近 朝鮮硏究의 業績과 그 再出發 二. 朝鮮學은 어떠케 樹立할 것인가」, 『동아일보』, 1934.1.2; 신남철, 「朝鮮硏究의 方法論」, 『청년조선』 창간호, 1934.10.

61 金南天, 「朝鮮은 果然 누가 賤待하는가? (六) 安在鴻氏에게 答함」, 『조선중앙일보』, 1935.10.25.

62 홍기문, 「申丹齋學說의 批判」(『조선일보』 1936.2.29~3.8, 8회), 『朝鮮文化論選集』, 김영복·정해렴 편역, 현대실학사, 1997, 185쪽. 홍기문의 역사학 방법론은 김태준, 신남철과 유사한 것으로 평가된다 (정민영, 「193040년대 홍기문의 역사연구」, 충북대 석사논문, 2011, 21~22쪽).

63 金俊, 「震檀學報 第三卷을 읽고」 (一), 『조선중앙일보』, 1935.11.15; 李淸源, 「昨年朝鮮學界의 收穫과 趨勢一考」 (六), 『조선중앙일보』, 1936.1.17.

64 金洸鎭, 「朝鮮歷史學 硏究의 前進을 爲하여」, 『조선일보』, 1937.1.3. 역사를 발전단계로 파악하는 것이 물론 유물사학의 전유물은 아니다. 1940년대 식민정권과 1970년대 독재정권은 유사하게 '역사를 창조하자'는 구호를 내세우고 있다(朝鮮總督 南次郞, 「貴重한 鮮血로서 歷史를 創造!」, 『조선일보』 1939.1.1; 김석수, 「'국민교육헌장'의 사상적 배경과 철학자들의 역할국민윤리교육과 연계하여」, 『역사문제연구』 15, 2005, 107~111쪽). 파시즘적 체제에서 대중을 동원하기 위해 역사학의 미래지향 적 속성을 이용한 셈이다.

65 金洸鎭, 「科學의 黨派性=歷史性」 『청년조선』 창간호, 1934.10; 洪起文, 「歷史學의 硏究, 그의 黨派性과 방법론 (一), (二)」, 『조선일보』, 1935.3.20~21; 全永植, 「論壇時評 朝鮮史硏究의 國際性」 (四), 『조선 중앙일보』, 1935.12.1; 李淸源, 「昨年朝鮮學界의 收穫과 趨勢一考」 (七), 『조선중앙일보』, 1936.1.21.

66 法政大學 金佑憲, 「『李淸源氏著』 朝鮮社會史讀本을 읽고」 (一), 『조선중앙일보』, 1936.7.23.

67 鄭寅普, 「數年來 展開된 朝鮮의 黑點相 論壇·評壇에 보내는 感想 二三」 (下), 『동아일보』, 1934.12.28. 리케르트 등의 독일 신칸트학파는 직관을 중시하는 상대주의적 입장에서 실증주의가 낳은 자연과학의 방법론으로부터의 해방을 의도했다(이광주, 「현대에서의 독일사학의 정통과 전환」, 길현모 외, 『서양 사학사론』, 법문사, 1977, 253~259쪽). 1930년대 니시다 나오지로(西田直二郞) 등 교토학파 역시 이같은 방법론 아래 역사적 개성, 현재적 관점을 중시하고 있었다(西田直二郞, 『日本文化史序說』, 東京: 改造社, 1943(102판, 초판은 1931년), 20~22·118~119·127~128쪽).

68 서인식, 「과학과 현대문화특히 과학 데이에 寄함」(『동아일보』, 1939.3), 차승기·정종현 편, 『서인식 전집 IO역사와 문화』 역락, 2006, 171쪽. 서인식에 대해서는 차승기, 「'근대의 위기'와 시간공간 정치학교토학파 역사철학자들과 서인식」, 『한국근대문학연구』 42, 2003 참조.

69 韓雪野, 「局外人의 一家言 3, 歷史哲學에의 關心分析으로부터 綜合에」 (中), 『조선일보』, 1937.10.15.

70 韓雪野, 「局外人의 一家言 3, 歷史哲學에의 關心分析으로부터 綜合에」 (上), 『조선일보』, 1937.10.14. 한설야의 관점상에서 백남운, 이청원 등의 유물사관적 연구는 역사학계에 포함되지 않는 것으로 보인다.

71 해방 이후 이상백 등은 부르주아역사학, 자유주의사관의 한 전형인 '과학주의'를 표방했으나 다수의 문헌고증사학은 복고적 민족정신사론에 머물렀다고 한다(방기중, 「해방후 국가건설문제와 역사학」, 『한국사 인식과 역사이론』, 김용섭교수 정년기념 한국사학논총 간행위원회, 1997, 101~103쪽). 실증사학이 민족과 과학을 내세웠지만, 퇴영적 인식에 불과하다는 평가다. '반공'과 '자유'를 내세우는 정권에 편승한 상태에서 내세워지는 '민족'이 공허할 수밖에 없었다는 사실을 저자가 부인하는 것은 아니다. 저자의 의도는 실증사학의 계보를 재정리하거나 재평가하는 데에 있는 것이 아니라, 실증사학을 둘러싼 여러 담론들을 통해 민족사학 대 식민사학이라는 구도 역시 실체가 불분명했음을 밝히는 데에 있다.

72 이상백, 「韓國文化史硏究論攷」(1947년 7월), 『이상백저작집』 제1권, 을유문화사, 1978, 4~8쪽.

73 김필동, 「이상백의 사회사 연구방법론적 검토를 중심으로」, 『사회와 역사』 40, 1993, 108~109쪽.

74 이상백, 「학문과 정치이론과 실천의 문제」(『학풍』 2호, 1948), 『이상백저작집』 제3권, 을유문화사, 1978, 521~522쪽.

75 이인영, 「새로운 歷史學의 課題」(『조선교육』 1-4, 1947), 『鶴山李仁榮全集』 4, 국학자료원, 1998, 364~367쪽.

76 이인영, 「우리 民族史의 性格」, 『學風』 창간호, 을유문화사, 1948.10, 11쪽.

77 김성준, 「鶴山 李仁榮의 역사의식」, 『국사관논총』 84, 국사편찬위원회, 1999, 135쪽.

78 이기백, 「신민족주의사관과 식민주의사관」(『문학과 지성』, 1973년 가을호), 『한국사학의 방향』, 일조각, 1978, 118쪽.

79 조윤제, 「나와 國文學과 學位」, 『陶南雜識』, 을유문화사, 1964, 371, 380~381쪽. 조윤제는 실증주의적인 경성제대파와 유물사관파의 대립을 넘어선 제3의 길로 민족사관을 제시했다고 평가된다(김명호, 「陶南의 생애와 학문」, 『고전문학연구』 27, 2005, 49쪽).

80 이병도, 「无涯와 학술적 항쟁심」(1973.1 「양주동 박사 프로필」), 『斗實餘摘』, 박영사, 1975, 195쪽; 이병도, 「창립에서 광복까지」, 『진단학보』 57, 1984, 221쪽.

81 「실증사학과 민족사관-두계선생과 鄭弘俊씨와의 대담」(『학원』, 1984), 진단학회 편, 『역사가의 遺香-두계이병도선생추념문집』, 일조각, 1991, 269~271쪽.

82 「내가 겪은 二十世紀(16), 斗溪 李丙燾 博士」, 『경향신문』, 1972.4.22.

83 「근대 한국사학의 발전-두계선생과 이기백 교수의 대담 (1)」(『서울평론』 78, 1975.5), 진단학회 편, 『역사가의 遺香-두계이병도선생추념문집』, 일조각, 1991, 223~224쪽.

84 「연구생활의 회고(2)-두계선생 구순기념 좌담회」(1986), 진단학회 편, 『역사가의 遺香-두계이병도선생추념문집』, 일조각, 1991, 303쪽.

85 박용희, 「초기 한국사학의 오리엔탈리즘-실증사학과 유물사학의 과학관과 민족사 인식의 문제를 중심으로」, 『이화사학연구』 32, 이화사학연구소, 2005, 45쪽; 김일수, 「이병도와 김석형-실증사학과 주체사학의 분립」, 『역사비평』 82, 역사비평사, 2008, 107쪽.

86 「한국사의 전진-두계선생과 한우근 교수와의 대담」(『월간중앙』, 1969), 진단학회 편, 『역사가의 遺香-두계이병도선생추념문집』, 일조각, 1991, 202쪽.

87 「終章의 문턱서 되돌아본 60年代 (8), 學界 [下], 國學」, 『동아일보』, 1969.12.6.

88 김용섭, 「일본·한국에 있어서의 한국사서술」『역사학보』 31, 1966, 147쪽.

89 이용범, 「한국사의 타율성론 비판-소위 만선사관의 극복을 위하여」『아세아』 1969년 3월호, 75쪽.

90 김용섭, 「우리나라 근대역사학의 발달 2-1930년, 40년대의 실증주의역사학」『문학과 지성』 1972년 가을호, 507~508쪽.

91 강만길, 「민족사학론의 반성-〈민족사학〉을 중심으로」(『역사학보』 68; 『창작과 비평』 39, 1976년 봄), 이우성·강만길 편, 『한국의 역사인식』 하, 창작과 비평사, 1976, 538~539·545쪽.

92 강만길, 「일제시대의 反植民史學論」, 『한국사학사의 연구』, 을유문화사, 1985, 232쪽.

93 「실증사학과 민족사관-두계선생과 鄭弘俊씨와의 대담」(『학원』, 1984), 진단학회 편, 『역사가의 遺香-두계이병도선생추념문집』, 일조각, 1991, 271쪽.

94 김철준, 「국사학의 성장과정과 그 방향」, 『한국의 민족문화-그 전통과 시대성』 1, 한국정신문화연구원, 1978, 266~267·269~273쪽.

95 김철준, 『한국사학사연구』, 서울대 출판부, 1990, 138쪽.

96 한우근의 저작은 실증사학이 고대, 중세를 거쳐 근대 연구에까지 이르렀다는 이정표로 지칭되고 있다(「主體바탕 開化分析, 韓沽劤 著, 韓國開港期 商業연구」, 『동아일보』, 1970.12.24).

97 한우근, 「한국사학의 현황과 전망」(한양대 한국학연구소 제3회 학술세미나에서 강연한 내용으로 『한국학논집』 2집에 收載된 것임, 1982), 『민족사의 전망』, 한국학술정보, 2001, 271~277·287~288쪽.

98 한우근, 「민족사의 전망」('민족사의 이념 대학술회의'(국토통일원 주최), 1977.11), 『민족사의 전망』,

한국학술정보, 2001, 254·256쪽.

99 「民族文化의 올바른 方向 제시를」,『경향신문』, 1978.5.26.

100 실증사학의 테두리에 있으면서도 투철한 민족의식을 지닌 민족사학자로 추앙받던 김상기의 사례 등이 있다(「人間史에 置重한 「民族史學者」－金庠基博士의 學問과 生涯人品」,『동아일보』, 1977.3.23).

101 「韓國古代史硏究 統一的인 古代體系를 試圖, 李丙燾著」,『동아일보』, 1976.4.27.

102 「統一院 주최 학술회의 결산 "民族主義 이념만이 同質性 회복의 열쇠"」,『경향신문』, 1977.11.29.

103 「「朝鮮初期 兩班硏究」펴낸 李成茂교수」,『동아일보』, 1980.4.2.

104 〈사설〉「韓國學센터를 反對한다」,『동아일보』, 1972.5.13.

105 〈사설〉「民族史觀과 國定敎科書」,『동아일보』, 1973.6.27.

106 대표적인 사례로 실증사학의 근세사 연구자로부터 출발해 1970년대 민족사학을 내세우며 정권의 국사교육 강화에 앞장선 이선근을 들 수 있다. 박찬승, 「이선근의 한국사 연구와 역사관」, 김용덕, 미야지마 히로시 편,『근대교류사와 상호인식 Ⅲ－1945년 전후』, 아연출판부, 2008; 김종준,『식민사학과 민족사학의 관학아카데미즘』, 2013, 소명출판 참조.

107 「韓國文化를 생각한다. 내일의 座標를 위하여 (5) "歷史學의 社會科學化 시급"」,『경향신문』, 1981.1.20.

108 「延大·漢陽大 세미나서 활발한 方法論 모색 "韓國學 자료集大成이 先決과제"」,『경향신문』, 1982.6.22.

109 유물사관 역시 역사에서 시간의 현재성을 중시한다는 점은 백남운의 글에서도 확인된다(백남운, 「조선 역사학의 과학적 방법론」(『민족문화』 1, 1946년 7월), 하일식 편,『백남운전집 4, 彙編』이론과 실천, 1991, 124쪽).

110 朴炳培(전 국회의원), 「올바른 歷史觀을 갖자」,『동아일보』, 1981.12.9.

111 〈사설〉, 「民族史를 肯定하기 위한 努力」,『경향신문』, 1986.10.3.

112 이기백, 「근대 한국사학의 발전」(『近代韓國史論選』, 1973),『한국사학의 방향』, 일조각, 1978, 64·76~77쪽.

113 이기백,『한국사학사론』, 일조각, 2011, 199~200·204쪽.

114 민현구, 「민족적 관심과 실증의 방법론－이기백 사학의 一端」,『고병익·이기백의 학문과 역사연구』, 한림과학원 편, 한림대 출판부, 2007, 183쪽.

115 김기봉, 「"모든 시대는 진리에 직결되어있다"－한국 역사학의 랑케, 이기백」,『한국사학사학보』 14, 2006, 137쪽.

116 이기백, 「나의 한국사 연구」,『한국사학사학보』 1, 2000, 232~233쪽.

117 이기백, 「학문적 고투의 연속」,『한국사시민강좌』 4, 1989, 164~165·170·175쪽. 와세다대에서 쓰다 소키치로부터 직접 배운 적은 없다고 밝히고 있지만(「근대 한국사학의 발전－두계선생과 이기백 교수의 대담 (1)」(『서울평론』 78, 1975.5), 진단학회 편,『역사가의 遺香－두계이병도선생추념문집』, 일조각, 1991, 222쪽), 그로부터 영향을 받았을 것으로 추정된다(이기동, 「한국사상사 연구자로서의 이기백」, 한림과학원 편,『고병익·이기백의 학문과 역사연구』, 한림대 출판부, 2007, 126·136쪽).

118 이기백 사학처럼 민족적 관심과 실증적 방법을 잘 결합시킨 경우는 근대 한국사학의 전통에서 좀처럼 찾기 어렵다는 견해도 있다(민현구, 「민족적 관심과 실증의 방법론－이기백 사학의 一端」, 한림과학원 편,『고병익·이기백의 학문과 역사연구』, 한림대 출판부, 2007, 185쪽).

119 이기백, 「일제시대 한국사관 비판－일제시대의 사회경제사학과 실증사학」『문학과 지성』 1971년 봄, 10쪽; 이기백, 「유물사관적 한국사상」(『현대 한국사학과 사관』, 1991),『한국사상의 재구성』, 일조각, 1991, 184~187쪽.

120 이기백,『한국사신론 新修版』, 일조각, 1990, 3~5쪽.

121 이기백, 「반도적 성격론 비판」『한국사시민강좌』 1, 1988, 9~10쪽.

122 이기백, 「과학적 한국사학을 위한 반성과 제의-1979~1983년도 한국사학의 회고와 전망 총설」, 『역사학보』 104, 1984, 137쪽.

123 물론 이때 반식민 역사학으로서 정식화되는 것이 내재적 발전론이며, 1980년대 이후에는 민중사학론과 결합하게 된다(이영호, 「'내재적 발전론' 역사인식의 궤적과 전망」, 『한국사연구』 152, 2011 참조). 이것이 모호한 개념인 민족사학을 대체했다고 볼 수 있다. 하지만 식민사학 및 실증사학과의 관계 설정의 관념성과 불완전함은 이후에도 계속된다고 생각된다.

124 김당택, 「이기백사학과 민족문제」, 『역사학보』 190, 2006, 325쪽.

125 이기백, 「역사학회의 어제와 오늘」(『역사학보』 99·100 합집, 1983), 『한국사상의 재구성』, 일조각, 1991, 135쪽.

126 김기봉, 「민족과 진리는 하나일 수 있는가?-이기백의 실증사학」, 비판과연대를위한동아시아역사포럼, 『역사학의 세기-20세기 한국과 일본의 역사학』 휴머니스트, 2009, 298쪽.

127 이기백, 「한국사의 진실을 찾아서」, 『한국사시민강좌』 35, 2004, 237쪽.

128 전덕재, 「이기백의 사학과 한국고대사 연구」, 『한국고대사연구』 53, 한국고대사학회, 2009, 94쪽.

129 홍승기, 「실증사학론」, 『현대 한국사학과 사관』, 일조각, 1991, 41·62·65·82쪽.

130 이성무, 「한국사연구에 있어서의 사료와 실증」, 『한국사연구』 91, 한국사연구회, 1995, 178~179쪽.

131 이장우, 「실증사학의 반성과 전망」, 『한국사시민강좌』 20, 1997, 34쪽.

132 정재정, 「일제시대 역사학의 사조와 역사의식」, 『한국사상사대계』 6, 한국정신문화연구원, 1993, 50·67·74쪽.

133 이철성, 「식민지시기 역사인식과 역사서술」, 한국사편집위원회 편, 『한국사』 23, 한길사, 1994, 162쪽.

134 이영호, 「해방 후 남한 사학계의 한국사 인식」, 한국사편집위원회 편, 『한국사』 23, 한길사, 1994, 181쪽.

135 김기승, 「식민사학과 반식민사학」, 『한국역사입문』 3, 풀빛, 1996, 420~421쪽.

136 신주백, 「1930년대 초중반 조선학 학술장의 재구성과 관련한 시론적 탐색」, 『역사문제연구』 26, 2011; 김종준, 「일제 시기 '역사의 과학화' 논쟁과 역사학계 '관학아카데미즘'의 문제」, 『한국사학보』 49, 2012 참조.

137 조동걸, 『현대 한국사학사』, 나남출판, 1998, 217·237·390쪽.

138 김인걸, 「현대 한국사학의 과제-과학적 역사학의 비판적 계승」, 『20세기 역사학, 21세기 역사학』, 한국역사연구회 편, 역사비평사, 2000, 31·57·60·66쪽.

139 이덕일, 『우리 안의 식민사관』, 만권당, 2014.

140 김종준, 『식민사학과 민족사학의 관학아카데미즘』, 소명출판, 2013.

141 이 같은 논리 역시 새로울 것이 없다. 이종욱이 이미 줄기차게 문제 제기하였고, 그에 대해 많은 논쟁이 있어 왔다. '황국(국체)사관-식민사관-실증사학-민족사학'의 계통을 제시하며 식민사학에 입각한 실증사학이 민족사학을 왜곡해 왔다는 주장이다(이종욱, 「실증사학의 벽을 넘어 새로운 역사 읽기-한국고대사연구 100년 : 현재-쟁점」, 『역사학보』 170, 2001, 312~314쪽).

142 박양식, 「서양 사학이론에 비추어 본 한국 실증사학」, 『숭실사학』 31, 2013, 346~348쪽. 임종권도 기본적으로 비슷한 논리다(임종권, 『한국 실증주의 사학과 식민사관』, 한가람역사문화연구소, 2020, 참조). 랑케 실증주의 역사학이 실제로는 민족주의 역사학이므로 우리도 그렇게 하자는 것이다. 저자가 밝혔듯이 이병도 등 한국 실증사학자들이 바로 그렇게 해왔다.

제6장_비주류 역사학의 파시즘적 역사인식 비판

1 이문영, 『유사역사학 비판』, 역사비평사, 2018, 6~7쪽.
2 이덕일, 『이덕일의 한국통사―다시 찾는 7,000년 우리 역사, 선사시대-대한제국 편』, 다산북스, 2019, 17쪽.
3 최성철, 「진실을 가장한 허구―서양에서의 유사역사학 사례들」, 『한국사학사학보』 38, 2018, 370쪽.
4 임지현, 「'국사'의 안과 밖―헤게모니와 '국사'의 대연쇄」, 임지현·이성시 편, 『국사의 신화를 넘어서』, 휴머니스트, 2004, 27쪽.
5 대표적으로 정요근은 유사역사학이 '합리적 역사 해석의 범주'를 넘어 버렸으며 '전체주의와 국가주의 의 틀 속'에서 세상을 이해한다고 보았고(정요근, 「청산되어야 할 적폐, 국수주의 유사 역사학」, 『역사와 현실』 105, 2017, 5·8·11·19쪽), 기경량은 유사역사학이야말로 식민사학과 '극우파시스트'의 계보 속에 있다고 비판하였다(기경량, 「한국 유사 역사학의 특성과 역사 왜곡의 방식」, 『강원사학』 30, 2018, 90~92쪽).
6 이문영, 「1960~1970년대 유사역사학의 식민사학 프레임 창조와 그 확산」, 『역사문제연구』 39, 2018, 229·239쪽.
7 이문영, 『유사역사학 비판』, 역사비평사, 2018, 282쪽.
8 이주한 외, 『매국의 역사학자, 그들만의 세상』, 만권당, 2017, 55쪽.
9 한국역사연구회, 〈한국사회의 파시즘, 유사역사학〉 전시회 리플렛, 2017.10.28.
10 이규식·양정필·여인석, 「최동의 생애와 학문」, 『의사학』 제13권 제2호(통권 25호), 2004, 285쪽.
11 이규식 외, 위의 글, 288쪽. 『친일인명사전』에는 이 글이 『재만조선인통신』에 3회에 걸쳐 기고되었다고 되어 있다(친일인명사전편찬위원회, 『친일인명사전』 3권, 민족문제연구소, 2012, 696쪽).
12 최동은 『조선상고민족사』 권두언에서 齋藤 총리와 林, 荒木 등 일본 군부 요인들, 內田良平 등 대륙낭인들 을 만나 '조선민족해방'의 필요성을 대국적 견지에서 역설요구했다고 밝혔다. 그러나 이문영에 따르면 이때 최동은 우치다 료헤이와의 교류를 통해 흑룡회의 일본민족 대륙지배설을 알게 되었고, 이후 이를 모방하여 『조선상고민족사』를 내놓게 된 것이다(이문영, 『유사역사학 비판』, 역사비평사, 2018, 79~83쪽). 우치다는 '漢族의 이주 이전, 지나대륙에 야마토민족이 독립국가를 만들고 대문화를 건설' 했다고 주장하였다(강창일, 『근대 일본의 조선침략과 대아시아주의』, 역사비평사, 2002, 352쪽).
13 이규식 외, 앞의 글, 291~295쪽.
14 연세대학교 의과대학 의사학과, 「나의 아버지, 최동―최선홍 연세대학교 사학과 명예교수 인터뷰」, 『연세의사학』 제20권 제1호, 2017, 145쪽.
15 연세대학교 의과대학 의사학과, 위의 글, 146·150쪽.
16 이규식 외, 앞의 글, 286쪽.
17 조동걸은 장도빈을 대표적인 문화주의 역사가로 꼽는다. 문화주의는 도덕적 감상론에 빠지기 쉬워 민족운동 선상에서 탈락해 간 경우도 있었다고 보았다(조동걸, 『현대 한국사학사』, 나남출판, 1998, 179~180쪽).
18 장도빈, 「서문」, 『조선상고민족사』, 동국문화사, 1966, 3쪽.
19 최동, 『조선상고민족사』, 동국문화사, 1966, 10~11쪽.
20 위의 책, 1203쪽.
21 안호상, 『일민주의의 본바탕』, 일민주의연구원, 1950, 15·42~44쪽.
22 최동, 앞의 책, 1201쪽.
23 노명식, 『자유주의의 역사』, 책과함께, 2011, 43쪽.
24 1900년대 한국에서 '자유' 개념은 '강자'와 결합하면 '횡포', '약자'와 결합하면 '독립', '개인'과 결합하

면 '방종'의 어감을 띠었다(김종준, 「1900년대 한국 언론의 '자유' 이해와 용법」, 『인간연구』 38, 2019, 21~22쪽).

25 김종준, 『고종과 일진회-고종시대 군주권과 민권의 관계』, 역사공간, 2020, 147~148쪽.
26 최동, 앞의 책, 1202쪽.
27 최동, 위의 책, 1207쪽.
28 최동, 앞의 책, 1216쪽.
29 문정창, 『(군국일본)조선점령삼십육년사』, 백문당, 1965, 3쪽.
30 문정창, 『(군국일본)조선강점삼십육년사』 중, 백문당, 1966, 2~3쪽.
31 문정창, 위의 책, 455쪽.
32 장신, 「한국강점 전후 일제의 출판통제와 '51종 20만권 분서(焚書)사건'의 진상」, 『역사와현실』 80, 2011, 214 · 226 · 231쪽. 식민지 수탈론을 대표하는 신용하도 비슷한 논법들을 사용한다. 일제가 피스톨과 측량기를 들고 '신고주의'의 방법으로 토지를 약탈하였다고 주장하였다가(신용하, 『「조선토지조사사업」 연구』, 한국연구원, 1979, 38 · 55쪽), 뉴라이트 역사가 이영훈에 의해 '상업화된 민족주의'에 기댄 '신화'라고 부정당했음에도 불구하고(이영훈, 『대한민국 이야기』, 기파랑, 2007, 71~79쪽), 여전히 일제가 자신들에게 불리한 기록을 남겨놓지 않았을 것이라고 얼버무리고 있다(신용하, 『일제 식민지정책과 식민지근대화론 비판』, 문학과지성사, 2007, 473쪽). 근래 신용하는 고조선문명이 고중국(황하)문명에 앞선 동아시아 최초의 문명이라며 '편견'에 가득찬 중국 고문헌기록 대신에 '진실'만을 보자고 주장하고 있다(신용하, 『고조선문명의 사회사』, 지식산업사, 2018, 8~9쪽). '제국주의적 민족주의'과 '민족해방적 민족주의'를 이항대립으로 파악하고 '혈연의 공동'을 중시하는 관점에서 근대사와 고대사를 연결시키는 역사인식은 신채호, 문정창의 그것과 판박이라고 할 수 있다(신용하, 『한국민족의 기원과 형성 연구』, 서울대출판문화원, 2017, 247 · 364쪽).
33 문정창, 『(군국일본)조선강점삼십육년사』 중, 백문당, 1966, 486쪽.
34 문정창, 『근세일본의 조선침탈사』, 백문당, 1964, 643쪽.
35 문정창, 위의 책, 548쪽.
36 김종준, 「민권운동의 연구사 검토 및 새로운 유형화」, 『한국 근대 민권운동과 지역민』, 유니스토리, 2015, 25~26쪽.
37 문정창, 『(군국일본)조선점령삼십육년사』, 백문당, 1965, 32 · 43 · 77쪽.
38 문정창, 『(군국일본)조선강점삼십육년사』 하, 백문당, 1966, 233~235쪽.
39 문정창, 『(군국일본)조선강점삼십육년사』 중, 백문당, 1966, 295쪽.
40 방기중, 『한국근현대사상사연구-1930 · 40년대 백남운의 학문과 정치경제사상』, 역사비평사, 1993, 220쪽.
41 문정창, 『(군국일본)조선강점삼십육년사』 중, 백문당, 1966, 455 · 467~468쪽.
42 문정창, 위의 책, 473~475쪽.
43 문정창, 『(군국일본)조선강점삼십육년사』 하, 백문당, 1966, 567 · 605쪽.
44 문정창, 위의 책, 344쪽.
45 문정창, 『(군국일본)조선강점삼십육년사』 중, 백문당, 1966, 483~484쪽.
46 문정창, 『한국고대사』 1, 백문당, 1971, 64쪽.
47 문정창, 위의 책, 331~335쪽.
48 문정창, 위의 책, 66 · 332~334쪽.
49 문정창, 위의 책, 62~66쪽.
50 문정창, 「(民族史 再構成의 諸問題)國史再建의 方法的 叙說」, 『북한』 20호, 1973년 8월호, 70 · 73쪽.

51 문정창, 위의 글, 69쪽.
52 노명식, 「(民族史 再構成의 諸 問題) 植民主義史觀과 그 克復－「國史바로잡기運動」을 옳게 하기 위한 試論的 接近」, 『북한』 20호, 1973년 8월호, 64쪽.
53 아돌프 히틀러(Adolf Hitler), 황성모 역, 『나의 투쟁』, 동서문화사, 2014, 557~559쪽.
54 강만길, 「전망 국학연구의 방향」, 『동아일보』, 1978.6.17.
55 문정창, 「(이병도 저)한국고대사연구 평」, 백문당, 1976, 3~4쪽.
56 문정창, 위의 책, 16 · 25 · 50쪽.
57 이병도, 『한국고대사연구』, 한국학술정보, 2012(원저 1976), 自序.
58 이병도, 위의 책, 31쪽.
59 이병도, 위의 책, 113쪽.
60 이병도, 위의 책, 31쪽.
61 이병도, 위의 책, 111쪽.
62 이병도, 『한국사대관』, 보문각, 1964, 2~3쪽.
63 이병도, 위의 책, 3~4쪽.
64 이병도, 위의 책, 9쪽.
65 이병도, 위의 책, 19 · 546~547쪽.
66 이병도, 위의 책, 563~564쪽.
67 문정창, 『(한국사의 연장)일본 고대사』, 인간사, 1989(원저 1970), 85~86쪽.
68 문정창, 위의 책, 282 · 290 · 297쪽.
69 「近世日本의 朝鮮侵奪史」, 『조선일보』, 1964.4.28.
70 「文定昌 著, 近世日本의 朝鮮侵略史」, 『동아일보』, 1964.5.25.
71 「文定昌 著 軍國日本 朝鮮占領36年史」, 『동아일보』, 1965.5.25.
72 김용덕, 「군국 일본 조선점령36년사」 上, 문정창, 국판 472면, 1965년 4월, 서울 백문당 간, 500원」, 『역사학보』 28, 1965, 106 · 110쪽.
73 이선근은 자신을 신채호, 안재홍, 정인보의 민족사학 계승자로 위치지우고 역사학계와 국가권력 간 '거간꾼' 역할을 했으나 아카데미즘 역사가로 인정받지는 못했다(김종준, 「이선근이 주창한 '민족사학'의 성격과 '식민사학'과의 친연성」, 『식민사학과 민족사학의 관학아카데미즘』, 소명출판, 2013, 147~149 · 159쪽).
74 金龍德, 「獨立運動史研究의 現況과 問題點」, 『조선일보』, 1967.8.15.
75 「文定昌 著 軍國日本 朝鮮占領史」, 『경향신문』, 1965.9.27.
76 「文定昌씨의 軍國日本 朝鮮强占36年史(中卷)」, 『경향신문』, 1966.5.28.
77 「쓰라린 일제통치 36년」, 『경향신문』, 1966.8.13.
78 「神話說 뒤엎는 檀君研究」, 『조선일보』, 1966.8.9.
79 「文定昌著 日本 上古史」, 『동아일보』, 1970.11.5.
80 「우리學界」, 『경향신문』, 1968.3.2.
81 「韓国上古史의 새로운 追求」, 『조선일보』, 1969.7.15.
82 「日의 韓國侵略史를 集大成」, 『동아일보』, 1967.2.28. 문정창은 1937년부터 조선총독부 농림국에서 근무하다가 1943년에는 황해도 은율군수로 승진하였으며, 『朝鮮의 市場』, 『朝鮮農村博體史』 등을 저술했다(친일인명사전편찬위원회, 『친일인명사전』 1권, 민족문제연구소, 2009, 796쪽).
83 「萬歲도 서커스도 景氣도 사라지고 近代化로 幕내린 哀歡2千年」」, 『조선일보』, 1972.8.20.

84 「全國歷史學大會 25日 개최 「歷史敎育課題와 方向」 主題로」, 『동아일보』, 1971.6.24.

85 「韓國史연구委세미나 「廣開土大王碑」 규명 위해 "日·中共과 共同調査 바람직"」, 『동아일보』, 1973.1.24.

86 「30일 배달文化硏서 檀君歷史 학술강연」, 『매일경제』, 1973.5.30.

87 「申采浩 39주기 맞아 全集刊行委를 발족」, 『경향신문』, 1975.2.22.

88 '한국사연구사업위원회'는 한국신문협회 주관으로 민족주체사상에 입각한 새로운 사관을 정립해 『국민 한국사』를 편찬하기 위해 조직된 것이었다(「민족사의 재정립을－학계·언론계의 「국민한국사」 편찬에 붙여」, 『조선일보』, 1972.11.12). 뚜렷한 목적의식과 현재의식을 내세우라는, 정치적·대중여론적 압박이 학자들에게 가해졌다고 짐작할 수 있다.

89 「古代史의 問題點」, 『조선일보』, 1972.10.3.

90 문정창, 「다나까 發言에 새삼 警覺心이……」, 『동아일보』, 1974.2.8.

91 「事大·식민주의史觀 뿌리뽑자 元老들 國史찾기協議會 결성」, 『경향신문』, 1975.11.3.

92 「「國史찾기」 行政訴訟 제기」, 『조선일보』, 1978.9.30.

93 문정창, 「歷史 10개학회 聲明을 반박함 (上) "在野史家를 一掃하려 하지말라"」, 『경향신문』, 1978.11.29.

94 문정창, 「歷史 10개학회 聲明을 반박함 (下) "考古遺品은 解讀이 중요"」, 『경향신문』, 1978.11.30.

95 「78文化界 分野別로 본 3大 이슈 (2) 學術」, 『동아일보』, 1978.12.11.

96 「민족 분열－위기때마다 정신적 돌파구로 등장」, 『조선일보』, 1999.8.18.

97 김세환 편저, 『國史光復의 햇불－民族魂의 死活問題』, 국사찾기협의회후원회, 1985, 13~14쪽.

98 김세환 편저, 위의 책, 242쪽.

99 위의 책, 160쪽. 이덕일도 『한국통사』에서 이 논리를 반복하고 있는데(『이덕일의 한국통사－다시 찾는 7,000년 우리 역사, 선사시대 : 대한제국 편』, 다산북스, 2019, 69쪽), 『춘추』 이래 존화양이론 등을 과장 해석한 것이다.

100 김세환 편저, 위의 책, 66쪽.

101 위의 책, 27쪽.

102 위의 책, 33쪽.

103 위의 책, 26쪽.

104 위의 책, 159쪽.

105 위의 책, 234쪽.

106 위의 책, 72·150·189쪽.

107 위의 책, 112쪽.

108 위의 책, 183쪽.

109 위의 책, 73쪽.

110 위의 책, 74·127쪽.

111 위의 책, 30쪽.

112 위의 책, 56쪽.

113 위의 책, 38쪽.

114 위의 책, 203쪽.

115 위의 책, 120쪽.

116 위의 책, 74쪽.

117 위의 책, 128·152쪽.

118 위의 책, 165쪽.

119 위의 책, 26·166쪽.

120 1980년대 초반 안호상, 박성수 등의 유사역사가들은 제도권 안으로 들어와 국사 교과서 개정에 직접 개입했다고 한다(신항수, 「1980년대 유사역사학의 확산과 그 성격」, 『역사와실학』 75, 2021, 236~237쪽).

121 김세환 편저, 앞의 책, 35쪽.

122 김세환 편저, 위의 책, 84쪽. 1963년 나온 『국난극복의 역사』라는 책에 침략 통계표가 작성되어 있었다(신범식, 『국난극복의 역사』, 대성문화사, 1963, 178쪽). 국난극복사관을 정립하여 역사교육에 활용케 한 이선근은 '민족-전체'를 신성시한다는 점에서 안호상과 뜻이 통했고, 박정희 체제 지배이데올로기 형성에 큰 역할을 했다(이상록, 「이선근의 국난극복사관과 제3차 교육과정기 국사교육의 냉전사적 재해석-사상전의 계보학을 중심으로」, 『청람사학』 28, 2018, 47·63쪽).

123 김세환 편저, 위의 책, 116·214쪽.

124 위의 책, 61쪽.

125 위의 책, 69·131쪽.

126 이문영, 「역사학계의 식민사학 비판 우린 어떻게 바라봐야 할까」, 『매일경제』, 2017.7.24.

127 『한국사시민강좌』 1집에는 우리의 민족주의가 후진국 민족주의인 독일민족주의의 특성들(민족정신론, 고유문화론, 국수주의와 배외사상 등)을 그대로 가지고 있다며, '자유민주주의'적인 민족주의를 해야 한다는 글이 실려 있다(길현모, 「민족주의사학의 문제」, 『한국사시민강좌』 1, 일조각, 1987, 159~160쪽). 그러나 이기백은 '민족을 위한다는 구실 밑에', '현실을 위한다는 명분 아래', 역사를 이용하지 말고 '진리를 탐구해야 한다'는 정도의 인식에 머물고 있었다(이기백, 「간행사」, 『한국사시민강좌』 1, 일조각, 1987).

128 김세환 편저, 앞의 책, 106쪽. 당시 한영우는, 일본인들이 유물을 날조하는 등 '옛날의 왜구'와 마찬가지로 만행을 서슴지 않았다며 식민사학에 대한 적개심을 언론에 공표했었다(한영우, 「한국사의 재조명 〈4〉 뿌리깊은 일본사학의 영향」, 『조선일보』, 1982.9.24). 이병도에 대해서는 '우리나라의 랑케와 같은 존재'라고 하면서도 '식민주의 역사학과의 정면대결'이 아니라 '일인 사학의 테두리' 속에서의 '同參적 경쟁의식' 정도로 평가하기도 한다(한영우, 「이병도」, 조동걸 외편, 『한국의 역사가와 역사학 하』, 창비, 1994, 258~259쪽). 신진 학자의 주류 학계에 대한 극복 의지가 비주류 역사학에 의해 이용되었을 가능성을 보여준다.

129 「8년 공들인 동북아역사지도 폐기 위기…… 무슨 속사정?」, 『동아일보』, 2016.1.7.

130 비주류 역사학의 또 다른 계파인 뉴라이트 역사학이 고등학교 한국사 교과서 국정화 추진에 적극 나섰다가 좌절된 시점도 이때다. 검정 체제하에서는 주류 역사학이 국가권력의 지원을 독점하고 있다는 점에서, 이것 역시 인정 투쟁으로 볼 수 있다.

131 정요근, 「청산되어야 할 적폐, 국수주의 유사 역사학」, 『역사와현실』 105, 2017, 8·11쪽.

132 기경량, 「한국 유사 역사학의 특성과 역사 왜곡의 방식」, 『강원사학』 30, 2018, 90~91쪽.

133 정요근, 「청산되어야 할 적폐, 국수주의 유사 역사학」, 『역사와현실』 105, 2017, 5·19쪽.

134 이정영, 「1960~1970년대 유사역사학의 식민사학 프레임 창조와 그 확산」, 『역사문제연구』 39, 2018, 255쪽.

135 기경량, 「한국 유사 역사학의 특성과 역사 왜곡의 방식」, 『강원사학』 30, 2018, 92쪽.

136 이문영, 『유사역사학 비판』, 역사비평사, 2018, 146쪽. 1981년 11월 27일 김원룡, 전해종, 이기백, 이원순 등과 참여한 '국사교과서내용시정요구에 관한 청원' 공청회 자리에서 히틀러가 '진리는 다수결로 결정되는 것이 아니'라는 취지로 말했다고 인용한 내용이다(제108회 국회 「문교공보위원회 회의록」

제20호, 1981년 11월 27일, 67쪽). 유사역사학이 지닌 '파시즘적 역사관'의 근거라고 내세우기에는 단편적인 자료다.

137 이문영, 『유사역사학 비판』, 역사비평사, 2018, 42·282쪽.

138 한국역사연구회, 〈한국사회의 파시즘, 유사역사학〉 전시회 리플렛, 2017년 10월 28일.

139 이주한 외, 『매국의 역사학자, 그들만의 세상』, 만권당, 2017, 29~30쪽.

140 위의 책, 18쪽.

141 위의 책, 55쪽.

142 위의 책, 28쪽.

143 위의 책, 58쪽.

144 위의 책, 146~147쪽.

145 이덕일, 『우리 안의 식민사관―해방되지 못한 역사, 그들은 어떻게 우리를 지배했는가』, 만권당, 2014, 83·198쪽.

146 이덕일의 실증사학 비판은 박양식의 연구 성과를 그대로 가져온 것이다. 그런데 박양식은 실증사학이 현재적 관점을 가지고 있으면서도 '현실에 초연한 것처럼' 숨기고 있다고 본다(박양식, 「서양 사학 이론에 비추어 본 한국 실증사학」, 『숭실사학』 31, 2013, 343쪽). 모든 역사학이 현재성을 갖는다는 말은 맞다. 그러나 결국 자신들의 (민족주의적) 관점이 더 옳다는 주장으로 되돌아간다. 역사학의 현재성 논의가 무색해지는, 퇴행적 결론이다.

147 이덕일, 위의 책(2014), 81쪽.

148 위의 책(2014), 198·206쪽.

149 위의 책(2014), 277쪽.

150 위의 책(2014), 28·66쪽.

151 이덕일은, 중국이 한사군 평양설을 주장하는 이유가 '유사시 북한 강역에 대한 소유권을 주장하기 위한 것'이므로 '한국 정부기관인 동북아역사재단에서 만든 지도에 그렇게 되어 있으면' 안된다고 말한다(「고구려 영토 축소…… 어이없는 '동북공정' 베끼기」, 『YTN』, 2015.3.25). 역사학의 정치적 성격 문제에 있어서 이덕일의 자가당착을 잘 보여준다.

152 이덕일, 『이덕일의 한국통사―다시 찾는 7,000년 우리 역사, 선사시대 : 대한제국 편』, 다산북스, 2019, 4쪽.

153 김종준, 「역사수업에서 일진회 다루기―역사적 사고력과 역사의식의 측면에서」, 『역사교육논집』 73, 2020, 147쪽.

154 이덕일, 앞의 책(2019), 13쪽.

155 위의 책, 15~16·21쪽.

156 위의 책, 27쪽.

157 위의 책, 192쪽.

158 위의 책, 224쪽.

159 정동훈, 「고려는 어쩌다가 고구려를 계승한 나라로 인식됐을까」, 『역사와현실』 121, 2021, 218~219쪽.

160 이덕일, 앞의 책(2019), 263쪽.

161 위의 책, 305쪽.

162 위의 책, 365·437·465·493·495쪽.

163 김세환 편저, 앞의 책, 104쪽.

164 이덕일, 앞의 책(2019), 154·195쪽.

165 위의 책(2019), 136쪽.

166 김종준, 『식민사학과 민족사학의 관학아카데미즘』, 소명출판, 2013, 175쪽.

167 「치열해진 「단군신화」 논쟁 「신화」냐 「史實」이냐」, 『동아일보』, 1974.7.27.; 「'78문화계 분야별로 본 3대 이슈(2) 학술」, 『동아일보』, 1978.12.11.

168 「때아닌 「東學農民봉기」 論爭 學界, 否定的 見解에 集中화살」, 『경향신문』, 1974.3.26.

169 김종준, 「한국사학계 반식민 역사학 정립 과정에서 실증사학의 위상 변화」, 『역사문제연구』 31, 2014, 58쪽.

170 박노자, 「21세기의 한국 사학의 방향 모색-다원주의적 역사 서술을 위하여」, 『한국민족운동사연구』 37, 2003, 397~398쪽.

171 이주한 외, 앞의 책(2017), 44·160쪽.

172 주진오, 「'뉴라이트'의 식민사관 부활 프로젝트」, 역사교육연대회의, 『뉴라이트 위험한 교과서, 바로 읽기』, 서해문집, 2009 참조.

173 조석곤, 「수탈론과 근대화론을 넘어서」, 『창작과비평』 25권 2호, 1997, 357쪽.

174 역사학의 계보 표와 관련 설명 중 일부는 곧 출간될 『(가제)신한국사특강』(서울대출판문화원) 내 「근현대 한국의 역사학과 역사인식」이라는 글에도 실릴 예정이다.

175 이용기, 「민중사학을 넘어선 민중사를 생각한다」, 『내일을 여는 역사』 30, 2007, 203쪽.

176 임지현, 「'국사'의 안과 밖-헤게모니와 '국사'의 대연쇄」, 임지현·이성시 편, 『국사의 신화를 넘어서』, 휴머니스트, 2004, 29쪽.

177 오수창, 「조선시대 국가·민족체의 허와 실」, 『역사비평』 58, 2002; 송기호, 「민족주의사관과 발해사」, 『역사비평』 58, 2002 참조.

178 이영호, 「한국사연구와 내재적 발전론」, 한국사연구회, 동북아역사재단 공동학술회의, 「1960·70년대 한국사 연구의 재조명-내적 역사발전론을 중심으로」 발표문, 2018년 11월 17일; 윤해동 외, 『트랜스내셔널 역사학 탐구』, 한양대 출판부, 2017 참조.

179 이문영, 『만들어진 한국사』, 파란미디어, 2010, 26쪽; 이문영, 『유사역사학 비판』, 역사비평사, 2018, 14쪽.

제7장_해방 이후 교육이념 정립 과정에서 민주주의와 민족주의의 관계

1 손인수, 『대한민국의 교육사상, 한국교육사상사』 6, 문음사, 1989, 1518·1531쪽.

2 김한종, 『역사교육으로 읽는 한국현대사』, 책과함께, 2013; 박찬승, 『민족·민족주의』, 소화, 2010, 222~223쪽.

3 김한종, 「신국가건설기 교육계 인맥과 이념적 성향」, 『역사교육』 88, 2003, 53~56쪽.

4 김한종, 앞의 책(2013), 80쪽.

5 손진태의 신민족주의론과 안호상의 '민주적 민족교육론'과의 유사성에 주목한 연구가 있다(홍선이, 「손진태 신민족주의론의 '좌우합작적'·'민주주의적' 성격에 대한 재검토」, 『역사교육연구』 32, 2018, 300·319·321·323쪽).

6 2021년 4월 '홍익인간'을 '민주시민'으로 바꾸자는 법률개정안이 발의되었으나 여론의 반대로 철회되었다. 교총 설문조사에서 응답 교원의 73.4%는 '오래되고 추상적 개념을 시대 변화에 맞게 공교육의 중요 가치인 민주시민으로 바꿔야 한다'는 의견에 '반대'했다고 한다(「'홍익인간→민주시민' 개정안 결국 철회」, 『한국교육신문』, 2021.4.26).

7 김한종, 앞의 책(2013), 111쪽.

8 한국교육십년사간행회 편, 『韓國敎育十年史』, 풍문사, 1960, 80~84쪽. 4·19 혁명 직후의 상황에서 '홍익인간교육'이 극히 애매하고 비민주적인 교육방침이라는 비판도 제기되었고(김승한, 「새 문교부

장관에게 부치는 公開狀」, 『조선일보』, 1960.5.1), 홍익인간 제정 당시의 일민주의나 민족적 민주주의가 '민주주의'에 역행하는 것이었다는 평가도 있었다(김동길, 「민족적민주주의라는 교육이념 – 일민주의 · 학도호국단 · 홍익인간을 중심으로」, 『새교육』 1964년 12월호, 27쪽).

9 김한종, 앞의 책(2013), 104~109쪽.
10 「제5회 국회임시회의속기록 제36호」, 『제헌국회속기록』 7, 국회사무처, 1949.11.9, 743~754쪽.
11 한국교육십년사간행회 편, 『한국교육십년사』, 풍문사, 1960, 45쪽.
12 「제5회 국회임시회의속기록 제36호」, 『제헌국회속기록』 7, 국회사무처, 1949.11.9, 748쪽.
13 「제1회 국회속기록 제25호」, 『제헌국회속기록』 1, 국회사무처, 1948.7.5, 436쪽.
14 金三奎, 「民族社會主義序曲 5」, 『동아일보』, 1947.3.18.
15 김한종, 「신국가건설기 교육계 인맥과 이념적 성향」, 『역사교육』 88, 2003, 48 · 53쪽.
16 한준상 · 정미숙, 「1948~53년 문교정책의 이념과 특성」, 『해방전후사의 인식』 4, 한길사, 1989, 345~349쪽.
17 『자료 대한민국사』 8권, 국사편찬위원회, 1998, 안호상 문교부장관, 제1회 82차 국회본회의에서 시정방침을 보고, 1948년 10월 5일, 제1회 국회속기록, 493~496쪽.
18 아동교육연구회, 「(文敎部主催)民主的民族敎育硏究大會瞥見記, H記者」, 『아동교육』 12, 1949년 4월, 45~47쪽.
19 안호상, 「민주적 민족교육의 이념(講演速記)」, 문교부, 『민주적 민족교육연구, 제1집, 민주적 민족교육연구대회특집』, 1949, 1~16쪽.
20 은희녕, 「안호상의 국가지상주의와 '민주적 민족교육론'」, 『중앙사론』 43, 2016, 126~127쪽.
21 안호상, 앞의 책, 16쪽.
22 아돌프 히틀러(Adolf Hitler), 황성모 역, 『나의 투쟁』, 동서문화사, 2014, 162 · 557~559쪽.
23 박정희, 『국가와 혁명과 나』, 향문사, 1963, 284쪽.
24 사공환 외, 『민주주의 민족교육론』, 동심사, 1949 참조.
25 은희녕, 「안호상의 국가지상주의와 '민주적 민족교육론'」, 『중앙사론』 43, 2016, 102쪽.
26 「我觀「힛틀러總統」」, 『삼천리』 12권 8호, 1940.9.
27 조성운, 「교수요목기(1945~1955) 사회생활과 설치와 한국사 교육론 – 사공환과 손진태를 중심으로」, 『한국사학사학보』 40, 2019, 216쪽.
28 『한국교육십년사』는 1941년 국민학교령 전까지는 어느 정도 피교육자의 개성을 고려한 교육이 이루어졌지만, 이후에는 오로지 국가본위의 교육이었다고 평가하였다(한국교육십년사간행회 편, 『韓國敎育十年史』, 풍문사, 1960, 74쪽). 이나미 역시 식민 지배 초기에는 자유주의, 말기로 갈수록 국가주의적 이데올로기가 부각된다고 보았다(이나미, 「일제의 조선지배 이데올로기 – 자유주의와 국가주의」, 『정치사상연구』 9, 2003, 63쪽). 한편 박명규는 자유주의로의 발전이 봉쇄되어 있어서 인격주의가 발달되었다고 본다(박명규, 「1920년대 '사회' 인식과 개인주의」, 화양신용하교수정년기념논총간행위원회, 『한국사회사상사연구』, 2003, 281쪽). 좀 더 연구가 필요해 보이는데, 자유주의와 개인주의, 국가주의 모두가 식민 정책과 식민 교육 속에 제한적으로 포함되어 있었다. 민족의식 고취를 막기 위해 개인주의 교육을 시켰다는 논리는 부정확하다.
29 오천석, 『외로운 城主, 오천석교육사상문집』 10, 광명출판사, 1975, 106쪽.
30 손인수, 『한국인과 교육사상』, 교단사, 1969, 273쪽.
31 조성운, 「교수요목기(1945~1955) 사회생활과 설치와 한국사 교육론 – 사공환과 손진태를 중심으로」, 『한국사학사학보』 40, 2019, 225쪽.
32 유종열, 「안호상의 민주적 민족교육론이 사회과 교육에 미친 영향」, 『사회과교육연구』 21권 2호,

2014, 2~3·12~13쪽.

33 이진석, 『한국사회과의 성립과정과 그 성격 – 한국민족주의 지향성과 관련하여』, 부산대 출판부, 2015, 75쪽.

34 박인호, 『한국사학사대요』, 이회문화사, 2001, 170쪽.

35 민성희, 「해방 직후(1945~1948) 황의돈의 국사교육 재건 활동」, 한국교원대 석사논문, 2015, 37·46쪽; 황의돈, 『增訂 中等朝鮮歷史』, 경성: 三中堂, 1946, 1~2·15·41쪽.

36 철기이범석장군기념사업회, 『鐵驥 李範錫 評傳』, 삼육출판사, 1992, 126~127쪽.

37 문교부, 『민주적 민족교육연구, 제1집, 민주적 민족교육연구대회특집』, 1949, 43~205쪽.

38 반면 세종대 부학장 김명선은 민주적 민족교육연구대회 강연에서 일본 교육계를 돌아보고 온 소감을 말하며, 과거 일본의 교육은 '나라를 위한 교육'이었지만 지금은 '인간을 위한 교육'을 하고 있다고 대비시키고 있었다(문교부, 『민주적 민족교육연구, 제1집, 민주적 민족교육연구대회특집』, 1949, 21쪽).

39 金基西, 「(研究發表)民主的民族教育과 새 教育의 推進」, 『아동교육』 14, 1949년 8월, 42~47쪽.

40 이진석, 『한국사회과의 성립과정과 그 성격 – 한국민족주의 지향성과 관련하여』, 부산대 출판부, 2015, 88~90쪽.

41 오천석, 『오천석교육사상문집』 1, 광명출판사, 1975.

42 오천석, 위의 책.

43 오천석, 『민족중흥과 교육, 오천석교육사상문집』 2, 광명출판사, 1975(원저는 1963년 11월).

44 오천석, 『민주주의의 참된 모습, 국민정신무장독본』 권2, 현대교육총서출판사, 1968.

45 오천석, 『발전한국의 교육이념탐구, 오천석교육사상문집』 8, 광명출판사, 1975.

46 오천석, 『외로운 城主, 오천석교육사상문집』 10, 광명출판사, 1975.

47 오천석, 위의 책, 99쪽.

48 손인수, 『한국인과 교육사상』, 교단사, 1969, 298~300쪽.

49 한기언, 『한국 교육사상사 연구』, 서울대 출판부, 1969, 260쪽.

50 유형진 편저, 『국민교육헌장의 이론과 실제』, 배영사, 1969, 81쪽.

51 유형진 편저, 위의 책, 30~41쪽.

52 손인수·주채혁·민병위, 『국민교육헌장의 민족사적 기저』, 한국교육개발원, 1974, 50~51·69·139쪽.

53 이영덕, 김신복·이상주, 『국가발전에 대한 교육의 기여』, 1976, 124·169쪽.

제8장_역사교육의 정치적 성격 고찰

1 교학사 교과서의 뉴라이트 역사인식을 대변하는 『대안교과서 한국 근·현대사』(기파랑, 2008)에 대한 비판은 『뉴라이트 위험한 교과서, 바로 읽기』(역사교육연대회의, 서해문집, 2009) 참조.

2 〈사설〉 「역사교과서도 유신체제로 되돌리겠다는 건가」, 『경향신문』, 2013.11.6.

3 「교학사 교과서에 가하는 몰매, 정당한가」, 『동아일보』, 2013.9.11.

4 교학사 교과서에 나타난 극단적 국가주의와 근대화론이 실은 국사 패러다임에 갇힌 우리의 역사교육에 내재된 취약점을 보여준다는 지적은 흥미롭다(나인호, 「교학사 교과서에 나타난 '대한민국 사관'」, 『역사비평』 110, 2015, 280~281쪽). 기존 교과서들 역시 근대 국가의 패러다임인 민족(국가)과 근대화 개념으로부터 자유롭지 못하다는 반성도 제기되었다(도면회, 「한국사교과서 국정화, 권력 순종적 국민 만들기인가?」, 『한국사교과서 국정화의 문제점과 부작용』, 2014.8.28, 한국역사교육학회·한국역사연구회 공동 주최 기획 발표회, 26쪽). 그러나 이 글들은 '우리의 역사교육'에 대한 성찰을 본격적으로 시도하지는 않았다.

5 「사학자들 "역사교과서 국정 전환은 유신회귀"」, 『한겨레』, 2013.11.12.

6 양호환, 「역사교육의 개념과 연구 영역」, 『역사교육의 이론』, 책과함께, 2009, 31쪽.

7 허진성, 「교사의 정치적 수업과 교육의 정치적 중립성에 관한 연구」, 『세계헌법연구』 제17권 3호, 2011, 141·146쪽.

8 김한종, 「한국사 교과서 검정 파동의 원인과 과제」, 『역사와 현실』 92, 2014, 25쪽.

9 박영숙·반상진, 「한국 교육개혁에 나타난 정치적 담론의 변화추이」, 『교육정치학연구』 제12권 2호, 2005, 84쪽.

10 양정현, 「역사교과서 제도—역사의 지식생산, 유통, 소비의 메커니즘」, 『역사, 무엇을 어떻게 가르칠까—현장 교사들이 쓴 역사교육론』, 휴머니스트, 2008, 63~64쪽.

11 민윤, 「초등 역사 교육과정의 개정과 사회과 성격의 재정립—다시 통합의 문제를 생각한다.」, 한국사회교과교육학회 2011년 하계학술대회 발표문, 19쪽.

12 한국의 학교교육에서 개별성 함양보다 국가·사회적 요구가 중시되었던 이유로, 근대학교가 국민국가 형성과정에서 민족의 정체성 강화를 위해 설립되었다는 보편적 성격, 유교적 숭문주의 및 가족주의적 교육문화 속에서 정치·사회적 이해관계 구현을 위한 도구로서의 교육이 당연시되었던 전통, 한국에 큰 영향을 준 듀이의 실용주의 교육이론에서 개인이 '사회질서 유지를 위한 수단'이었던 점 등이 들어지고 있다(정영근, 「국가·사회적 요구와 개별성 함양 사이의 학교교육—한국 학교교육의 문제를 중심으로」, 『교육의 이론과 실천』 제18권 1호, 2013, 11~12쪽).

13 양호환, 「역사교육의 개념과 연구 영역」, 『역사교육의 이론』, 책과함께, 2009, 28~29쪽.

14 이영효, 「역사학과 역사교육」, 『역사교육의 이론』, 책과함께, 2009, 81~82쪽.

15 강선주, 「'성찰적 비판으로서 역사교육', 역사교육계와 역사학계의 협력을 위하여」, 『역사학과 역사교육의 소통』, 제58회 전국역사학대회 요지문, 2015.10.31, 297~299쪽.

16 이영효, 「역사학과 역사교육」, 『역사교육의 이론』, 책과함께, 2009, 138~139·150~153쪽.

17 이용재, 「역사의 정치적 이용—사르코지 대통령과 '역사 만들기'」, 『프랑스사 연구』 29, 2013 참조.

18 박장배, 「근현대 중국의 역사교육과 중화민족 정체성 2—중화인민공화국 시대의 민족 통합문제를 중심으로」, 『중국근현대사연구』 20, 2003, 78·111쪽.

19 김성보, 「한국·일본 역사교과서의 현대사 서술 비교—냉전체제 인식과 내셔널리즘을 중심으로」, 『화해와 반성을 위한 동아시아 역사인식』, 2002, 39~41쪽.

20 임성모, 「전후 일본의 역사인식과 역사교육—쇼와사 논쟁과 교과서 검정을 중심으로」, 『한국민족운동사연구』 66, 2011, 376~378쪽.

21 예를 들어 뉴라이트 교과서를 "'실증주의'로 포장된 목적론적 역사관"으로 비판하는 경우가 있는데, 이후 양자의 논쟁이 어느 방향으로 흐를지 예측하기 어렵지 않다(김종훈, 「대안 교과서의 조건과 뉴라이트 '대안 교과서'」, 『뉴라이트 위험한 교과서, 바로 읽기』, 역사교육연대회의, 서해문집, 2009, 226~229쪽).

22 근대역사학 및 탈근대역사학의 특징 일반에 대해서는 임지현, 「'국사'의 안과 밖—헤게모니와 '국사'의 대연쇄」, 『국사의 신화를 넘어서』, 휴머니스트, 2004 참조.

23 김기봉, 「역사교과서 논쟁 어떻게 할 것인가—'역사의 정치화'에서 '정치의 역사화'로의 전환을 위하여」, 『역사학보』 198, 2008, 383쪽.

24 「교육부는 한국사 교과서 국정화 시도를 중단하라」, 2014년 8월 28일, 한국사연구회, 한국역사연구회, 한국고대사학회, 한국중세사학회, 조선시대사학회, 한국근현대사학회, 한국민족운동사학회 공동 선언문.

25 이익주, 「한국사 교과서 검정 발행제의 개선 방안」, 『한국사 교과서 발행 체제 개선 방안 모색』, 교육부

토론회, 58쪽.

26 도면회, 「한국사교과서 국정화, 권력 순종적 국민 만들기인가?」, 『한국사교과서 국정화의 문제점과 부작용』, 2014년 8월 28일, 한국역사교육학회·한국역사연구회 공동 주최 기획 발표회, 26쪽.

27 정용욱, 「유엔 인권이사회 문화적 권리 분야 특별조사관의 '역사교육' 보고서가 제시하는 역사교과서 편찬의 국제적 기준」, 『역사교과서 편찬의 국제적 기준과 한국의 현실』, 2015.10.6, 역사교육연대회의 긴급 토론회, 7~8쪽.

28 김한종, 「유엔보고서의 역사교과서 편찬 원리와 한국 교과서 제도의 문제점」, 『역사교과서 편찬의 국제적 기준과 한국의 현실』, 2015년 10월 6일, 역사교육연대회의 긴급 토론회, 16·20쪽.

29 「보수단체들 '국정화 지지' 회견」, 『연합뉴스』, 2015.10.21.

30 홍후조, 「교과서 발행 구분 준거와 한국사 교과서의 국정화 방안」, 『한국사 교과서 발행 체제 개선 방안 모색』, 교육부 토론회, 74~75쪽.

31 김종준, 「랑케 역사주의 흐름으로 본 한국사학계 실증사학의 방법론」, 『청주교육대학교 논문집』 51, 2015, 117쪽.

32 길현모, 앞의 책, 1975, 45·57·67쪽.

33 김현식, 「콜링우드와 오크쇼트의 구성적 역사―유사성과 상이성」, 『한성사학』 12, 2000, 85쪽.

34 김종준, 「한국사학계 반식민 역사학 정립 과정에서 실증사학의 위상 변화」, 『역사문제연구』 31, 2014, 50~51쪽.

35 김종준, 「이선근이 주창한 '민족사학'의 성격과 '식민사학'과의 친연성」, 『식민사학과 민족사학의 관학아카데미즘』, 소명출판, 2013, 159쪽.

36 양호환, 「역사 서술의 주체와 관점 그리고 역사 교과서」, 김기봉 외, 『포스트모더니즘과 역사학』, 푸른역사, 2002, 385쪽.

37 이신철, 「국사 교과서 정치도구화의 역사―이승만·박정희 독재정권을 중심으로」, 『역사교육』 97, 2006, 197~206쪽.

38 〈사설〉「韓國學센터를 反對한다」, 『동아일보』, 1972.5.13.

39 〈사설〉「民族史觀과 國定敎科書」, 『동아일보』, 1973.6.27.

40 조미영, 「해방 후 국사교과의 사회과화와 '국사과'의 置廢」, 『역사교육』 98, 2006, 58~59쪽.

41 이명희, 「헌법 정신과 역사교과서」, 『철학과 현실』 90, 2011, 48~52쪽.

42 인터뷰 권희영 교수, 「한국사 교과서 국정화, 이념에 치우치지 않는 교과서 만들기 가능할까……찬반 양측 입장에서 본 전망과 대안은?」, 『KBS 1 라디오 안녕하십니까 홍지명입니다』, 2015.10.15.

43 「'역사교과서 좌편향' 카르텔의 實相」, 『문화일보』, 2015.10.14.

44 「외신기자 대상 교육부 브리핑 녹취록」, 김동원 교육부 학교정책실장의 발언, 2015.10.16.

45 「'1948년 건국'은 국격 스스로 걷어찬 꼴이다」, 『한겨레』, 2015.12.8.

46 「한국사 교과서 국정화 시도의 중단을 엄숙히 촉구한다」, 전국역사학대회협의회 소속 16개 학회 공동 성명서, 2014년 10월 31일.

47 양정현, 「한국사 교과서 발행 제도 운영의 문제점과 개선 방안」, 『역사와 현실』 92, 2014, 209쪽.

48 양정현, 「국사교과서 국정 체제의 문제점과 대안 모색」, 『역사와 경계』 44, 2002, 82쪽.

49 문동석, 「일제시대 초등학교 역사교육과정의 변천과 교과서―[보통학교국사]와 [초등국사]를 중심으로」, 『사회과교육』 제43-4, 2004, 163쪽.

50 김종준, 「일제시기 '(일본)국사'의 '조선사' 포섭 논리」, 『식민사학과 민족사학의 관학아카데미즘』, 소명출판, 2013, 87쪽.

51 「한국역사연구회 회원 여러분께-정부의 역사교과서 국정화 방침 발표에 즈음하여」, 2015.10.12, 한국역사연구회 회장 회원들에게 보낸 메일.
52 린다 심콕스·애리 윌셔트 편, 이길상·최정희 역, 『세계의 역사 교육 논쟁』, 푸른역사, 2015, 14~15쪽.

제9장_초등 사회과(역사) 교과서의 파시즘적 역사인식

1 이신철, 「국사 교과서 정치도구화의 역사-이승만·박정희 독재정권을 중심으로」, 『역사교육』 97, 2006, 197~206쪽.
2 조미영, 「해방 후 국사교과의 사회과화와 '국사과'의 置廢」, 『역사교육』 98, 2006, 58~59쪽.
3 나인호, 「교학사 교과서에 나타난 '대한민국 사관'」, 『역사비평』 110, 2015, 280~281쪽; 도면회, 「한국사교과서 국정화, 권력 순종적 국민 만들기인가?」, 『한국사교과서 국정화의 문제점과 부작용』, 2014.8.28, 한국역사교육학회·한국역사연구회 공동 주최 기획 발표회, 26쪽.
4 김종준, 「역사교육의 정치적 성격과 다양성 논의」, 『역사교육논집』 58, 2016, 85쪽.
5 김종준, 「역사수업에서 일진회 다루기-역사적 사고력과 역사의식의 측면에서」, 『역사교육논집』 73, 2020, 118~119쪽.
6 문교부령 제310호 별책, 『국민학교 교육과정』, 1973년 2월 14일 공포.
7 문교부령 제310호 별책, 『국민학교 교육과정』, 1973년 2월 14일 공포.
8 임유나, 「국가 교육과정 문서의 대강화와 상세화에 관한 일고」, 『교육문제연구』 72, 2019, 32쪽.
9 김종준, 「역사수업에서 일진회 다루기-역사적 사고력과 역사의식의 측면에서」, 『역사교육논집』 73, 2020, 119쪽.
10 문교부령 제310호 별책, 『국민학교 교육과정』, 1973년 2월 14일 공포.
11 문교부령 제310호 별책, 『국민학교 교육과정』, 1973년 2월 14일 공포.
12 문교부령 제310호 별책, 『국민학교 교육과정』, 1973년 2월 14일 공포.
13 2015 교육과정 사회과는 2018년에 한 차례 개정되지만 초등 교육과정에서 별다른 변화는 없는 것으로 보인다.
14 교육부 고시 제2015-74호, 『초·중등학교 교육과정』, 2015년 9월 23일 공포.
15 이은정, 「미국 초등 사회과의 통합교육과정 실태 분석」, 『사회과수업연구』 제5권 제1호, 2017, 92~93쪽; 김세훈, 「한국 초등 사회 교과서 구성 체제 변천 양상」, 『사회과교육연구』 제24권 제3호, 2017, 94~95쪽.
16 교육부 고시 제2015-74호, 『초·중등학교 교육과정』, 2015년 9월 23일 공포.
17 손진태, 『국사대요』, 을유문화사, 1986(원저는 1949), 19~21쪽.
18 이병도, 『국사와 지도이념』, 일조각, 1955, 9쪽.
19 이영호, 「내재적 발전론 역사인식의 궤적과 전망」, 『한국사연구』 152, 2011, 248~249쪽.
20 이용기, 「민중사학을 넘어선 민중사를 생각한다」, 『내일을 여는 역사』 30, 2007, 203쪽.
21 임대식·남지대·지수걸·송상헌·윤해동·김희교, 「쟁점 2-탈민족·탈국가적 역사인식은 타당한가」, 『역사비평』 56, 2001 참조.
22 윤재운, 「현행 초등학교 사회(역사)교과서의 다문화 인식」, 『현대사회와 다문화』, 제8권 2호, 2018, 98쪽.
23 정동훈, 「고려는 어쩌다가 고구려를 계승한 나라로 인식됐을까」, 『역사와현실』 121, 2021, 218~219쪽.
24 문경호, 「삼별초에 대한 오해와 진실, 그리고 그들을 위한 변론」, 『한국사학보』 59, 2015, 380쪽.
25 이영훈, 「경영형부농론·도지론 비판」, 『조선후기사회경제사』, 1988 참조.

26 유권종, 「한국의 실학과 근대성에 관한 논의」, 『한국민족문화』 39, 2011, 6쪽; 조성환, 「동학의 자생적 근대성」, 『신학과 철학』 36, 2020, 237~238쪽; 이신철, 「독립협회와 만민공동회의 '근대성' 논의 검토」, 『사림』 39, 2011, 50쪽.

27 김종준, 『일진회의 문명화론과 친일활동』, 신구문화사, 2010, 22~23쪽.

28 전인권, 『박정희 평전—박정희의 정치사상과 행동에 관한 전기적 연구』, 이학사, 2006, 247쪽.

29 이성시, 『만들어진 고대』, 삼인, 2001, 102쪽.

30 이기동, 「한국사 시대구분의 여러 유형과 문제점」, 차하순 외, 『한국사시대구분론』, 소화, 1995, 124쪽.

참고문헌

1. 1차 자료

정기간행물

『개벽』『경향신문』『綠旗』『농민』『大潮』『대한매일신보』『동광』
『동아일보』『농양지광』『매일경제』『매일신보』『文敎の朝鮮』『문화일보』
『비판』『삼천리』『새교육』『新階段』『신동아』『新朝鮮』『신천지』『實生活』
『아동교육』『연합뉴스』『연합신문』『인문평론』『조광』『朝鮮の教育研究』
『조선일보』『조선중앙일보』『청년조선』『청년』『춘추』『학등』
『學風』『한겨레』『한국교육신문』『한성신보』『혁진』

각종 저술 및 자료집

「문교공보위원회 회의록」 제20호, 1981년 11월 27일.
G.W.F.헤겔, 권기철 역, 『역사철학강의』, 동서문화사, 2008.
강상운, 『現代政治學槪論』, 文藝書林, 1948.
교육부 고시 제2015-74호, 『초·중등학교 교육과정』, 2015년 9월 23일
국제과학문화연구소, 『유신의 이념』, 1973.4.
菊池謙讓, 『近代朝鮮史 下』 鷄鳴社, 1939.
菊地謙讓, 『朝鮮雜記』, 鷄鳴社, 1931.
김 구, 『백범일지』, 국사원, 1947.
김세환 편저, 『國史光復의 횃불-民族魂의 死活問題』, 국사찾기협의회후원회, 1985.
內田良平文書研究會, 「解題 內田良平と內田良平文書」, 『內田良平關係文書』 1卷, 芙蓉書房出版, 1994.
니시타니 게이지(西谷啓治) 외, 이경훈 외역, 『태평양전쟁의 사상-좌담회 '근대의 초극'과 '세계사
　　　　적 입장과 일본'으로 본 일본정신의 기원』, 이매진, 2007.
니체, 백승영 역, 『바그너의 경우 외, 이 사람을 보라』, 니체전집 15, 2002.
문교부, 『민주적 민족교육연구, 제1집, 민주적 민족교육연구대회특집』, 1949.
문교부령 제310호 별책, 『국민학교 교육과정』, 1973년 2월 14일
문정창, 『근세일본의 조선침탈사』, 백문당, 1964.
_____, 『(군국일본)조선점령삼십육년사』, 백문당, 1965.
_____, 『(군국일본)조선강점삼십육년사 중』, 백문당, 1966.
_____, 『(군국일본)조선강점삼십육년사 하』, 백문당, 1966.
_____, 『(한국사의 연장)일본 고대사』, 인간사, 1989(원저는 1970).
_____, 『한국고대사』 1, 백문당, 1971.
_____, 『(이병도 저)한국고대사연구 평』, 백문당, 1976.
박정희, 『우리 민족의 나갈 길』, 동아출판사, 1962.
_____, 『국가와 혁명과 나』, 향문사, 1963.

_____, 『민족의 저력』, 광명출판사, 1971.

_____, 『민족중흥의 길』, 광명출판사, 1978.

방기중 편, 『일제 파시즘기 한국사회 자료집 1 - 일제의 동아지배논리와 파시즘국가론』, 선인, 2005.

사공환 외, 『민주주의 민족교육론』, 동심사, 1949.

西田直二郞, 『日本文化史序說』, 東京: 改造社, 1943.(102판, 초판은 1931년)

釋尾春芿, 『朝鮮倂合史』, 朝鮮及滿洲社, 1926.

손진태, 「한국민족사개론」, 『손진태전집』 1, 태학사, 1981.

_____, 『국사대요』, 을유문화사, 1986.(원저는 1949)

_____, 『중학교 사회생활과 역사부분 우리나라 생활』, 을유문화사, 1949.

_____, 『우리나라 생활 - 중학교 사회생활과 역사부분』, 을유문화사, 1950.

신남철, 『역사철학』, 1948.1.(민속원 영인본)

신범식, 『국난극복의 역사』, 대성문화사, 1963.

신흥우, 『살 길을 찾자, The Raod To Survival』, 源文閣, 1953(집필은 뉴욕에서 1951년).

심지연, 『조선혁명론연구, 해방정국논쟁사』 2, 실천문학사, 1987.

아돌프 히틀러(Adolf Hitler), 황성모 역, 『나의 투쟁』, 동서문화사, 2014.

아동교육연구회, 「(文敎部主催)民主的民族敎育硏究大會瞥見記, H記者」, 『아동교육』 12, 1949년 4월

안재홍, 고려대 박물관 편, 『민세안재홍선집』 6, 지식산업사, 2005.

안호상, 『일민주의의 본바탕(一民主義의 本質)』, 일민주의연구원, 1950.

_____, 『인생과 철학과 교육』, 어문각, 1964.

_____, 『민족의 주체성과 화랑얼』, 배달문화연구원, 1967.

_____, 『국학의 기본학』, 배영출판사, 1979.

_____, 『한뫼 안호상 20세기 회고록 - 하나를 위하여 하나되기 위하여』, 민족문화출판사, 1996.

알렉시스 드 토크빌, 임효선·박지동 역, 『미국의 민주주의』 I, 한길사, 1997.(원저는 1848)

양우정 편저, 『이승만대통령 독립노선의 승리』, 독립정신보급회, 1948년 10월 15일 발행.

오천석, 『민주주의의 참된 모습, 국민정신무장독본』 2, 현대교육총서출판사, 1968.

_____, 『오천석교육사상문집』 1, 광명출판사, 1975.

_____, 『민족중흥과 교육, 오천석교육사상문집』 2, 광명출판사, 1975.(원저는 1963년 11월)

_____, 『발전한국의 교육이념탐구, 오천석교육사상문집』 8, 광명출판사, 1975.

_____, 『외로운 城主, 오천석교육사상문집』 10, 광명출판사, 1975.

윤대석·윤미란 편, 『사상과 현실 - 박치우 전집』 인하대 출판부, 2010.

이경훈 편역, 『친일문학전집』 II, 평민사, 1995.

_____ 편역, 『한국 근대 일본어 평론·좌담회 선집, 1939~1944』, 역락, 2009.

이범석, 『민족과 청년』, 백산서당, 1999.

이병도, 『國史와 指導理念』, 일조각, 1955.

_____, 『新修 國史大觀』, 보문각, 1955.

_____, 『한국사대관』, 보문각, 1964.

_____, 『斗實餘摘』, 박영사, 1975.

_____, 『한국고대사연구』, 한국학술정보, 2012(원저는 1976).

田保橋潔, 「書評 : 日韓合邦祕史 黑龍會 編」, 『靑丘學叢』 4호, 1931.

_____, 『近代日鮮關係の硏究』 朝鮮總督府中樞院, 1940.

_____, 『朝鮮統治史論考』, 성진문화사, 1972.

차승기 · 정종현 편, 『서인식전집 II - 신문 · 잡지편』 역락, 2006.

최 동, 『조선상고민족사』, 동국문화사, 1966.

친일인명사전편찬위원회, 『친일인명사전』 1, 민족문제연구소, 2009.

_____, 『친일인명사전』 3, 민족문제연구소, 2012.

칼 포퍼, 이명현 역, 『열린사회와 그 적들』 II, 민음사, 1997(원저 초판은 1945).

크로체(Benedetto Croce), 이상신 역, 『역사의 이론과 역사』, 삼영사, 1978.

토마스 만, 원당희 역, 『쇼펜하우어 · 니체 · 프로이트 - 토마스 만, 현대 지성을 논하다』, 세창미디어, 2009.

프리드리히 니체, 이진우 역, 『비극의 탄생 · 반시대적 고찰』(니체전집 2), 책세상, 2005.

_____, 정동호 역, 『차라투스트라는 이렇게 말했다』(니체전집 13), 책세상, 2000.(원본은 1883~1885)

황의돈, 『增訂 中等朝鮮歷史』, 경성 : 三中堂, 1946.

黑龍會, 『日韓合邦秘史』 下, 1930.(1966, 原書房)

黑板勝美, 『國史の硏究 1, 總說の部』, 文會堂書店, 1918.

『국역 윤치호 영문일기』 8, 9, 10, 국사편찬위원회, 2016.

『김남천 전집』 I, 도서출판 박이정, 2000.

『박정희대통령 연설문집 5, 제6대편』 하, 대한공론사.

『백남운전집 4, 彙編』, 이론과 실천, 1991.

『思想彙報』 16.

『이광수전집』 10, 삼중당, 1971.

『이광수전집』 9, 우신사, 1979.

『이상백저작집』 1, 을유문화사, 1978.

『이상백저작집』 3, 을유문화사, 1978.

『자료 대한민국사』 8, 국사편찬위원회, 1998.

『장준하전집 2, 지식인과 현실』, 세계사, 1993.

『장준하전집 3, 민족주의자의 길』, 세계사, 1993.

『제헌국회속기록』 1, 국회사무처, 1948.7.5.

『제헌국회속기록』 7, 국회사무처, 1949.11.9.

『朝鮮文化論選集』 김영복, 정해렴 편역, 현대실학사, 1997.

『鶴山李仁榮全集』 4, 국학자료원, 1998.

『한민족독립운동사자료집 60, 상록회사건 재판기록 III』, 국사편찬위원회, 2004.

『함석헌전집』 14, 한길사, 1985.

『함석헌전집』 17, 한길사, 1984.

홍종욱 편, 『식민지 지식인의 근대 초극론』, 서울대출판문화원, 2017.

2. 2차 자료

단행본

E.H.카, 김택현 역, 『역사란 무엇인가』, 까치, 1997.

가타야마 모리히데, 김석근 역, 『미완의 파시즘』, 가람기획, 2013.

강만길, 『역사가의 시간-강만길 자서전』, 창비, 2010.

강상중, 이경덕·임성모 역, 『오리엔탈리즘을 넘어서』 이산, 1997(원저는 1996).

강창일, 『근대 일본의 조선침략과 대아시아주의』, 역사비평사, 2002.

그레고리 헨더슨, 이종삼·박행웅 역, 『완역판 소용돌이의 한국정치』, 한울아카데미, 2013(원저는 1968, 1988).

김정현, 『니체, 생명과 치유의 철학』, 책세상, 2006.

김종준, 『일진회의 문명화론과 친일 활동』, 신구문화사, 2010.

_____, 『식민사학과 민족사학의 관학아카데미즘』, 소명출판, 2013.

_____, 『고종과 일진회-고종시대 군주권과 민권의 관계』, 역사공간, 2020.

김진석, 『니체는 왜 민주주의에 반대했는가』, 개마고원, 2009.

김철준, 『한국사학사연구』, 서울대 출판부, 1990.

김한종, 『역사교육으로 읽는 한국현대사』, 책과함께, 2013.

김현식, 『포스트모던 시대의 역사란 무엇인가』, 휴머니스트, 2006.

김효신, 『한국 근대문학과 파시즘』, 국학자료원, 2009.

나가하라 게이지(永原慶二), 하종문 역, 『20세기 일본의 역사학』, 삼천리, 2011.

나종석, 『차이와 연대-현대 세계와 헤겔의 사회·정치철학』, 길, 2007.

노르베르토 보비오, 황주홍 역, 『자유주의와 민주주의』, 문학과지성사, 1992.

노명식, 『자유주의의 역사』, 책과함께, 2011.

대니얼 마코비츠, 서정아 역, 『엘리트 세습』, 세종, 2020.

라인홀드 니버(Reinhold Niebuhr), 이한우 역, 『도덕적 인간과 비도덕적 사회』, 문예출판사, 1992(원저는 1932).

로버트 O. 팩스턴, 손명희·최희영 역, 『파시즘, 열정과 광기의 정치 혁명』, 교양인, 2005.

뤼디거 자프란스키, 오윤희·육혜원 역, 『니체 그의 사상의 전기』, 꿈결, 2017(원저는 2000).

리차드 로빈슨, 정미옥 역, 『미국의 배반-미군정과 남조선』, 과학과사상, 1960(원저 초판은 1947).

린다 심콕스·애리 윌셔트 편, 이길상·최정희 역, 『세계의 역사 교육 논쟁』, 푸른역사, 2015.

마루야마 마사오, 신경식 역, 『현대일본정치론』, 고려원, 1988.

마이클 샌델, 함규진 역, 『공정하다는 착각-능력주의는 모두에게 같은 기회를 제공하는가』, 와이즈베리, 2020.

마이클 파렌티, 김혜선 역, 『비주류 역사』, 녹두, 2003.

마크 네오클레우스, 정준영 역, 『파시즘』, 이후, 2002.

문지영, 『지배와 저항-한국 자유주의의 두 얼굴』, 후마니타스, 2011.

미즈시마 지로(水島治郎), 이종국 역, 『포퓰리즘이란 무엇인가-민주주의의 적인가, 개혁의 희망인가』, 연암서가, 2019.

박걸순, 『식민지 시기의 역사학과 역사인식』 경인문화사, 2004.

박인호, 『한국사학사대요』, 이회문화사, 2001.

박찬승, 『민족주의의 시대-일제하의 한국 민족주의』, 경인문화사, 2007.

_____, 『민족·민족주의』, 소화, 2010.

방기중, 『한국근현대사상사연구-1930·40년대 백남운의 학문과 정치경제사상』, 역사비평사, 1993.

백승영, 『니체, 철학적 정치를 말하다』, 책세상, 2018.

브루스 커밍스, 김동노 외역, 『브루스 커밍스의 한국현대사』, 창작과비평사, 2001.

빌헬름 라이히, 황선길 역, 『파시즘의 대중심리』, 그린비, 2006(원저는 1942).

서영희, 『조선총독부의 조선사 자료수집과 역사편찬』, 사회평론아카데미, 2022.

서중석, 『한국현대민족운동 연구』, 역사비평사, 2004.

손인수·주채혁·민병위, 『국민교육헌장의 민족사적 기저』, 한국교육개발원, 1974.

_____, 『한국인과 교육사상』, 교단사, 1969.

_____, 『대한민국의 교육사상, 한국교육사상사』 6, 문음사, 1989.

슈내델바하, 이한우 역, 『헤겔 이후의 역사철학』, 문예출판사, 1986.

스테판 다나카, 박영재·함동주 역, 『일본 동양학의 구조』 문학과지성사, 2004(원저는 1993).

신승환, 『지금, 여기의 인문학』, 후마니타스, 2010.

신용하, 『「조선토지조사사업」 연구』, 한국연구원, 1979.

_____, 『일제 식민지정책과 식민지근대화론 비판』, 문학과지성사, 2007.

_____, 『한국민족의 기원과 형성 연구』, 서울대출판문화원, 2017.

_____, 『고조선문명의 사회사』, 지식산업사, 2018.

신주백, 『한국 역사학의 전환-주체적·내재적 발전의 시선으로 본 한국사 연구의 역사』, 휴머니스트, 2021.

아르투어 로젠베르크, 박호성 역, 『유럽정치사-사회주의와 민주주의』, 역사비평사, 1990(원저는 1938).

안건모 외, 『왜 80이 20에게 지배당하는가?』, 철수와영희, 2007.

앤서니 아블라스터, 조기제 역, 『서구 자유주의의 융성과 쇠퇴』, 나남, 2007.(원저는 1984)

얀-베르너 뮐러, 권채령 역, 『민주주의 공부』, 월북, 2022.

역사교육연대회의, 『뉴라이트 위험한 교과서, 바로 읽기』, 서해문집, 2009.

연갑수, 『대원군집권기 부국강병정책 연구』, 서울대 출판부, 2001.

유발 하라리, 조현욱 역, 『사피엔스』, 김영사, 2015.

유형진 편저, 『국민교육헌장의 이론과 실제』, 배영사, 1969.

윤해동 외, 『식민주의 역사학과 제국-탈식민주의 역사학 연구를 위하여』, 책과함께, 2016.

_____ 외, 『제국 일본의 역사학과 '조선'-식민주의 역사학과 제국』 2, 소명출판, 2018.

이경훈, 『이광수의 친일문학 연구』, 태학사, 1998.

이기백, 『한국사신론 新修版』, 일조각, 1990.

_____, 『한국사학사론』, 일조각, 2011.

이덕일, 『우리 안의 식민사관-해방되지 못한 역사, 그들은 어떻게 우리를 지배했는가』, 만권당, 2014.

_____, 『이덕일의 한국통사-다시 찾는 7,000년 우리 역사, 선사시대-대한제국 편』, 다산북스,

2019.

이만열, 『한국 근현대 역사학의 흐름』, 푸른역사, 2007.

이문영, 『만들어진 한국사』, 파란미디어, 2010.

_____, 『유사역사학 비판』, 역사비평사, 2018.

이성시, 『만들어진 고대』, 삼인, 2001.

이연숙, 고영진·임경화 역, 『국어라는 사상−근대 일본의 언어 인식』, 소명출판, 2006(원저는 1996).

이영덕·김신복·이상주, 『국가발전에 대한 교육의 기여』, 1976.

이영훈, 『대한민국 이야기』, 기파랑, 2007.

이우성, 강만길 공편, 『한국의 역사인식』하, 창작과 비평사, 1976.

이주한 외, 『매국의 역사학자, 그들만의 세상』, 만권당, 2017.

이진석, 『한국사회과의 성립과정과 그 성격−한국민족주의 지향성과 관련하여』, 부산대 출판부, 2015.

이태진, 『고종시대의 재조명』, 태학사, 2000.

임종국, 이건제 교주, 『친일문학론』, 민족문제연구소, 2013.(원저는 1966)

임종권, 『한국 실증주의 사학과 식민사관』, 한가람역사문화연구소, 2020.

임지현, 『이념의 속살』, 삼인, 2001.

_____·김용우 편, 『대중 독재−강제와 동의 사이에서』, 책세상, 2004.

장문석, 『파시즘』, 책세상, 2010.

_____·이상록 편, 『근대의 경계에서 독재를 읽다−대중독재와 박정희 체제』, 그린비, 2006.

전인권, 『박정희 평전−박정희의 정치사상과 행동에 관한 전기적 연구』, 이학사, 2006.

정동호, 『니체』, 책세상, 2014.

조동걸, 『현대 한국사학사』, 나남출판, 1998.

조윤제, 「나와 國文學과 學位」, 『陶南雜識』, 을유문화사, 1964.

조지 이거스, 임상우·김기봉 역, 『20세기 사학사』, 푸른역사, 1998.

진단학회 편, 『역사가의 遺香−두계이병도선생추념문집』, 일조각, 1991.

질 들뢰즈, 펠릭스 가타리, 김재인 역, 『천 개의 고원−자본주의와 분열증』2, 새물결, 2001.

차지철, 『우리가 세워야 할 座標』제11판, 법문사, 1971.

철기이범석장군기념사업회, 『鐵驥 李範奭 評傳』, 삼육출판사, 1992.

체스타 탄, 민두기 역, 『중국현대정치사상사』, 지식산업사, 1977.

최장집, 『민주화 이후의 민주주의』, 후마니타스, 2002.

최혜주, 『근대 재조선 일본인의 한국사 왜곡과 식민통치론』, 경인문화사, 2010.

최홍규, 『신채호의 역사학과 민족운동』, 일지사, 2005.

케빈 패스모어, 이지원 역, 『파시즘』, 교유서가, 2016.

하지연, 『기쿠치 겐조, 한국사를 유린하다』, 서해문집, 2015.

한국교육십년사간행회 편, 『韓國敎育十年史』, 풍문사, 1960.

한국자유총연맹, 『우리가 지키는 자유민주주의』, 1991.

한기언, 『한국 교육사상사 연구』, 서울대 출판부, 1969.

한영우, 『한국민족주의역사학』, 일조각, 1994.

한우근, 『민족사의 전망』, 한국학술정보, 2001.

허태균, 『어쩌다 한국인』, 중앙books, 2015.

헤이든 화이트, 천형균 역, 『메타 역사−19세기 유럽의 역사적 상상력』 I, 지식을만드는지식, 2011(원저는 1979).

현대정치연구회, 『유신정치의 지도이념』, 광명출판사, 1976.1.

Roger Griffin, The nature of fascism, Routledge, 1991.

芳賀登, 『(批判)近代 日本史學思想史』, 東京 : 柏書房, 1974.

山邊健太郎, 『日本の韓國倂合』, 東京, 太平出版社, 1966.

연구논문

강만길, 「일제시대의 反植民史學論」, 『한국사학사의 연구』, 을유문화사, 1985.

강선주, 「'성찰적 비판으로서 역사교육', 역사교육계와 역사학계의 협력을 위하여」, 『역사학과 역사교육의 소통』, 2015년 10월 31일, 제58회 전국역사학대회 요지문.

강용수, 「니체의 정의론에 대한 비판적 고찰」, 『철학연구』 147, 2018.

강정인 · 하상복, 「안호상의 민족주의에 대한 비판적 성찰−전체와 동일성의 절대화」, 『인간 · 환경 · 미래』 10, 2013.

강진철, 「일제 관학자가 본 한국사의 「정체성」과 그 이론−특히 봉건제도 결여론과 관련시켜」, 『한국사학』 7, 한국정신문화연구원, 1986.

고야마 사토시(小山哲), 윤해동 역, 「'세계사'의 일본적 전유−랑케를 중심으로」, 비판과 연대를 위한 동아시아 역사포럼, 『역사학의 세기−20세기 한국과 일본의 역사학』, 휴머니스트, 2009.

곽준혁, 「춘원 이광수와 민족주의」, 『정치사상연구』 11(1), 2005.

권달천, 「일본근대사학의 성립에 관한 연구(하)−특히 서양사학의 수용을 중심하여」, 『부산대인문논총』 24, 1983.

권명아, 「수난사 이야기로 다시 만들어진 민족 이야기」, 김철 · 신형기 외, 『문학 속의 파시즘』, 삼인, 2001.

권희영, 「근대적 공간으로서의 한국자유주의−한국자유주의 연구 서설」, 『한국사학』 17, 한국정신문화연구원, 1999.

기경량, 「'단군조선 시기 천문관측기록'은 사실인가」, '젊은역사학자모임', 『한국 고대사와 사이비 역사학』, 역사비평사, 2017.

_____, 「한국 유사 역사학의 특성과 역사 왜곡의 방식」, 『강원사학』 30, 2018.

길현모, 「랑케사관의 성격과 위치」, 길현모 외, 『역사의 이론과 서술』, 서강대 인문과학연구소, 1975.

_____, 「크로체의 역사이론」, 길현모 외, 『서양사학사론』, 법문사, 1977.

_____, 「민족주의사학의 문제」, 『한국사시민강좌』 1, 일조각, 1987.

김건우, 「김동리의 해방기 평론과 교토학파 철학」, 『민족문학사연구』 37, 2008.

김기봉, 「랑케의 'wie es eigentlich gewesen' 본래 의미와 독일 역사주의」, 『호서사학』 39, 2004.

_____, 「"모든 시대는 진리에 직결되어있다"－한국 역사학의 랑케, 이기백」, 『한국사학사학보』 14, 2006.

_____, 「역사교과서 논쟁 어떻게 할 것인가－'역사의 정치화'에서 '정치의 역사화'로의 전환을 위하여」, 『역사학보』 198, 2008.

_____, 「민족과 진리는 하나일 수 있는가?－이기백의 실증사학」 비판과 연대를 위한 동아시아 역사포럼, 『역사학의 세기－20세기 한국과 일본의 역사학』 휴머니스트, 2009.

_____, 「우리시대 역사주의란 무엇인가」, 『한국사학사학보』 23, 2011.

김기승, 「식민사학과 반식민사학」, 『한국역사입문』 3, 풀빛, 1996.

김당택, 「이기백사학과 민족문제」, 『역사학보』 190, 2006.

김동길, 「민족적민주주의라는 교육이념－일민주의 · 학도호국단 · 홍익인간을 중심으로」, 『새교육』 1964년 12월호

김명구, 「안재홍의 1930년대 초 · 중반 파시즘 인식과 사회주의자(서강백)의 비판」, 『한국근현대사연구』 91, 2019.

김명호, 『陶南의 생애와 학문』, 『고전문학연구』 27, 2005.

김상기, 「칼 슈미트의 극우 사상과 우리의 정치적 현실」, 『철학과현실』, 1990.6.

김상태, 「일제하 신흥우의 '사회복음주의'와 민족운동론」, 『역사문제연구』 1, 1996.

김석근, 「마루야마 마사오에서의 '개인'과 '시민'－'주체' 문제와 관련해서」, 김석근 · 가루베 다다시 편, 『마루야마 마사오와 자유주의』, 아산서원, 2014.

김석수, 「'국민교육헌장'의 사상적 배경과 철학자들의 역할－국민윤리교육과 연계하여」, 『역사문제연구』 15, 2005.

김성보, 「한국 · 일본 역사교과서의 현대사 서술 비교－냉전체제 인식과 내셔널리즘을 중심으로」, 『화해와 반성을 위한 동아시아 역사인식』, 2002.

김성준, 「鶴山 李仁榮의 역사의식」, 『국사관논총』 84, 국사편찬위원회, 1999.

김세훈, 「한국 초등 사회 교과서 구성 체제 변천 양상」, 『사회과교육연구』 제24권 제3호, 2017.

김수태, 「손진태의 일제 식민주의사학 비판 재론」, 『한국사학사학보』 2, 2000.

김영한, 「실증주의사관－꽁트와 버클을 중심으로」, 차하순 편, 『사관이란 무엇인가』, 청람, 1985.

김용덕, 「「군국 일본 조선점령36년사」 上, 문정창, 국판 472면, 1965년 4월, 서울 백문당 간, 500원」, 『역사학보』 28, 1965.

김용섭, 「일본 · 한국에 있어서의 한국사서술」 『역사학보』 31, 1966.

_____, 「우리나라 근대역사학의 발달 2－1930년, 40년대의 실증주의역사학」, 『문학과 지성』 1972년 가을호

김유경, 「19세기 독일 대학과 역사학의 제도화」, 『역사학보』 221, 2014.

김응종, 「파시즘과 민족주의」, 『역사와 문화』 11, 2006.

김의환, 「田保橋潔 교수의 한국학 상의 공과검토」, 『한국학』 11, 1976.

김인걸, 「현대 한국사학의 과제－과학적 역사학의 비판적 계승」, 『20세기 역사학, 21세기 역사학』, 한국역사연구회 편, 역사비평사, 2000.

김일수, 「이병도와 김석형－실증사학과 주체사학의 분립」, 『역사비평』 82, 역사비평사, 2008.

김정인, 「민주주의의 눈으로 본 역사학」, 『역사교육』 126, 2013.

김정인, 「해방 전후 민주주의'들'의 변주」, 『개념과 소통』 12, 2013.

김정현, 「니체사상의 한국적 수용-1920년대를 중심으로」, 『니체연구』 12, 2007.

_____, 「1930년대 니체사상의 한국적 수용-김형준의 니체해석을 중심으로」, 『니체연구』 14, 2008.

_____, 「1940년대 한국에서의 니체수용-이육사, 김동리, 조연현의 문학을 중심으로」, 『니체연구』 26, 2014.

김종준, 「국권상실에 대한 일진회의 인식-문명화론과 합방론의 관계를 중심으로」, 『한국독립운동사연구』 40, 2011.

_____, 「한국사학계 반식민 역사학 정립 과정에서 실증사학의 위상 변화」, 『역사문제연구』 31, 2014.

_____, 「민권운동의 연구사 검토 및 새로운 유형화」, 『한국 근대 민권운동과 지역민』, 유니스토리, 2015.

_____, 「랑케 역사주의 흐름으로 본 한국사학계 실증사학의 방법론」, 『청주교육대학교 논문집』 51, 2015.

_____, 「역사교육의 정치적 성격과 다양성 논의」, 『역사교육논집』 58, 2016.

_____, 「대한제국기 공문서와 신문 문체에 나타난 전환기적 특성」, 『규장각』 51, 2017.

_____, 「『한성신보』의 한국 민권운동에 대한 인식」, 『사학연구』 126, 2017.

_____, 「서평, 식민주의 역사학, 극복의 대상인가, 성찰의 대상인가?-윤해동(2018), 『제국 일본의 역사학과 '조선'-식민주의 역사학과 제국』 2, 소명출판」, 『동북아역사논총』 61, 2018.

_____, 「일제 시기 주류 역사학과 비주류 역사학의 주고받음-다보하시 기요시와 기쿠치 겐조 역사학의 관계를 중심으로」, 『한국학논집』 86, 2022.

_____, 「1930년대 조선 지식인들의 파시즘적 역사인식 고찰」, 『역사학보』 253, 2022.

_____, 「해방 이후 교육 이념 정립 과정에서 민주주의와 민족주의의 관계」, 『역사교육』 161, 2022.

_____, 「해방 이후 파시즘적 역사인식의 정립 과정」, 『인문학연구』 50, 2022.

_____, 「3차 교육과정과 2015 교육과정 초등 사회과(역사) 교육과정 및 교과서의 파시즘적 역사인식 비교」, 『청주교육대학교 교육대학원 교수논문집』 27, 2022.

김종학, 「일본의 근대 실증사학의 에토스(ehtos)와 다보하시 기요시(田保橋潔)의 조선사 연구」, 『한국문화연구』 34, 2018.

김종훈, 「대안 교과서의 조건과 뉴라이트 '대안 교과서'」, 역사교육연대회의, 『뉴라이트 위험한 교과서, 바로 읽기』, 서해문집, 2009.

김진호, 「한국의 작은 독재자들-정치종교와 문화종교 개념으로 살펴보는 퇴행적 대중의 출현」, 임지현 외편, 『우리 안의 파시즘 2.0-내 편만 옳은 사회에서 민주주의는 가능한가?』, 휴머니스트, 2022.

김 철, 「동화 혹은 초극-식민지 조선에서의 근대초극론」, 『동방학지』 146, 2009.

김철준, 「국사학의 성장과정과 그 방향」, 『한국의 민족문화-그 전통과 시대성』 1, 한국정신문화연구원, 1978.

김태진, 「근대초극론에서 '도의적 생명력'의 의미-생명과 주권의 만남」, 『일본학』 52, 2020.

김필동, 「이상백의 사회사 연구-방법론적 검토를 중심으로」, 『사회와 역사』 40, 1993.

김한종, 「신국가건설기 교육계 인맥과 이념적 성향」, 『역사교육』 88, 2003.

_____, 「일민주의와 민주적 민족교육론에 나타난 안호상의 역사인식」, 『역사와 담론』 45, 2006.

_____, 「한국사 교과서 검정 파동의 원인과 과제」, 『역사와 현실』 92, 2014.

_____, 「유엔보고서의 역사교과서 편찬 원리와 한국 교과서 제도의 문제점」, 『역사교과서 편찬의 국제적 기준과 한국의 현실』, 2015년 10월 6일, 역사교육연대회의 긴급 토론회.

김헌기, 「역사주의 이데올로기와 역사학―랑케의 역사담론을 중심으로」, 『사림』 38, 2011.

김현식, 「콜링우드와 오크쇼트의 구성적 역사―유사성과 상이성」, 『한성사학』 12, 2000.

김현주, 「이광수의 문화적 파시즘」, 김철 · 신형기 외, 『문학 속의 파시즘』, 삼인, 2001.

김   호, 「우리에게 포스트모던 역사학이란 무엇인가」, 김기봉 외, 『포스트모더니즘과 역사학』, 푸른역사, 2002.

나미란, 「인권의 관점으로 접근하는 초등학교 3 · 1운동 수업」, 김한종 외, 『시민교육을 위한 역사교육의 이론과 실천』, 책과함께, 2019.

나인호, 「교학사 교과서에 나타난 '대한민국 사관'」, 『역사비평』 110, 2015.

나종석, 「'정치적인 것'의 본질과 칼 슈미트의 자유주의 비판」, 『헤겔연구』 25, 2009.

남근우, 「손진태의 민족문화론과 만선사학」, 『역사와현실』 28, 1998.

_____, 「'신민족주의' 사관 재고―손진태와 식민주의」, 『정신문화연구』 105, 2006.

노명식, 「(民族史 再構成의 諸 問題) 植民主義史觀과 그 克復 : 「國史바로잡기運動」을 옳게 하기 위한 試論的 接近」, 『북한』 20호, 1973년 8월호

도면회, 「한국에서 근대적 역사 개념의 탄생」, 『한국사학사학보』 27, 2013.

_____, 「한국사교과서 국정화, 권력 순종적 국민 만들기인가?」, 『한국사교과서 국정화의 문제점과 부작용』, 2014년 8월 28일, 한국역사교육학회 · 한국역사연구회 공동 주최 기획 발표회

_____, 「한국 근대 역사학의 방법론적 기원」, 『한국문화연구』 36, 2019.

로저 그리핀, 「파시즘, 우익의 보수 혁명―'상처 입은 민족'과 '국가의 재생'」, 데이비드 파커 외, 박윤덕 역, 『혁명의 탄생』, 교양인, 2009.

문경호, 「삼별초에 대한 오해와 진실, 그리고 그들을 위한 변론」, 『한국사학보』 59, 2015.

문동석, 「일제시대 초등학교 역사교육과정의 변천과 교과서―[보통학교국사]와 [초등국사]를 중심으로」, 『사회과교육』 제43-4, 2004.

미야지마 히로시, 「일본 '국사'의 성립과 한국사에 대한 인식―봉건제에 대한 논의를 중심으로」, 『근대 교류사와 상호인식』 I 고려대 아세아문제연구소, 2001.

민성희, 「해방 직후(1945~1948) 황의돈의 국사교육 재건 활동」, 한국교원대 석사논문, 2015.

민   윤, 「초등 역사 교육과정의 개정과 사회과 성격의 재정립―다시 통합의 문제를 생각한다.」, 한국사회과교육학회 2011년 하계학술대회 발표문.

민현구, 「민족적 관심과 실증의 방법론―이기백 사학의 一端」, 『고병익 · 이기백의 학문과 역사연구』, 한림과학원 편, 한림대 출판부, 2007.

박노자, 「21세기의 한국 사학의 방향 모색―다원주의적 역사 서술을 위하여」, 『한국민족운동사연구』 37, 2003.

박명규, 「지식 운동의 근대성과 식민성―1920~30년대를 중심으로」 『사회와 역사』 62, 2002.

_____, 「1920년대 '사회'인식과 개인주의」, 화양신용하교수정년기념논총간행위원회, 『한국사회사상사연구』, 2003.

박숙자, 「1930년대 大衆的 民族主義의 논리와 俗物적 내러티브―『삼천리』 잡지를 중심으로」, 『어문

연구』 37권 4호, 2009.

박양식, 「서양 사학이론에 비추어 본 한국 실증사학」, 『숭실사학』 31, 2013.

박영숙·반상진, 「한국 교육개혁에 나타난 정치적 담론의 변화추이」, 『교육정치학연구』 제12권 2호, 2005.

박영실, 「해방이후 이범석의 사상과 정치활동」, 『역사와사회』 31, 2003.

박용희, 「초기 한국사학의 오리엔탈리즘 - 실증사학과 유물사학의 과학관과 민족사 인식의 문제를 중심으로」, 『이화사학연구』 32, 이화사학연구소, 2005.

박장배, 「근현대 중국의 역사교육과 중화민족 정체성 2 - 중화인민공화국 시대의 민족 통합문제를 중심으로」, 『중국근현대사연구』 20, 2003.

박준형, 「일본 동양사학의 계보와 '실증'주의의 스펙트럼 - 이케우치 히로시의 '만선사' 연구를 중심으로」, 『한국문화연구』 34, 2018.

박찬승, 「일제 지배하 한국 민족주의의 형성과 분화」, 『한국독립운동사연구』 15, 2000.

_____, 「20세기 한국 국가주의의 기원」, 『한국사연구』 117, 2002.

_____, 「이광수와 파시즘」, 화양신용하교수정년논총간행위원회, 『한국사회사상사연구』, 2003.

_____, 「이선근의 한국사 연구와 역사관」, 김용덕, 미야지마 히로시 편, 『근대교류사와 상호인식 III - 1945년 전후』, 아연출판부, 2008.

_____, 「다보하시 기요시(田保橋潔)의 근대한일관계사 연구에 대한 검토」, 『한국근현대사연구』 67, 2013.

방기중, 「해방후 국가건설문제와 역사학」, 『한국사 인식과 역사이론』, 김용섭교수 정년기념 한국사학논총 간행위원회, 1997.

_____·전상숙, 「일본파시즘 인식의 혼돈과 재인식의 방향 - 최근 일본학계의 동향을 중심으로」, 방기중 편, 『식민지 파시즘의 유산과 극복의 과제』, 혜안, 2006.

백승영, 「창조의 철학과 힘의 철학 - 열암 박종홍의 니체론」, 『철학사상』 28, 2008.

백영서, 「'동양사학'의 탄생과 쇠퇴 - 동아시아에서의 학술제도의 전파와 변형」, 『한국사학사학보』 11, 2005.

변은진, 「2차대전기 조선민중의 세대별 전쟁인식 비교」, 『역사와현실』 51, 2004.

서영조, 「니체의 자유주의 비판 - '군집동물화'로서의 자유주의」, 『한국정치학회보』 31(4), 1997.

서중석, 「이승만정부 초기의 일민주의」, 『진단학보』 83, 1997.

_____, 「이승만정권 초기의 일민주의와 파시즘」, 역사문제연구소 편, 『1950년대 남북한의 선택과 굴절』, 역사비평사, 1998.

_____, 「정치지도자의 의식과 유교문화 - 이승만을 중심으로」, 『대동문화연구』 36, 2000.

성정엽, 「칼 슈미트의 자유주의국가 비판」, 『서울법학』 27(1), 2019.

송기호, 「민족주의사관과 발해사」, 『역사비평』 58, 2002.

신주백, 「1930년대 초중반 조선학 학술장의 재구성과 관련한 시론적 탐색」, 『역사문제연구』 26, 2011.

신항수, 「1980년대 유사역사학의 확산과 그 성격」, 『역사와실학』 75, 2021.

양정현, 「국사교과서 국정 체제의 문제점과 대안 모색」, 『역사와 경계』 44, 2002.

_____, 「역사교과서 제도 - 역사의 지식생산, 유통, 소비의 메커니즘」, 『역사, 무엇을 어떻게 가르칠까 - 현장 교사들이 쓴 역사교육론』, 휴머니스트, 2008.

_____, 「한국사 교과서 발행 제도 운영의 문제점과 개선 방안」, 『역사와 현실』 92, 2014.

양호환, 「역사 서술의 주체와 관점 그리고 역사 교과서」, 김기봉 외, 『포스트모더니즘과 역사학』, 푸른역사, 2002.

_____, 「역사교육의 개념과 연구 영역」, 『역사교육의 이론』, 책과함께, 2009.

엄정식, 「식민지시대의 한국철학과 민족주의」, 『동아연구』 37, 1999.

연세대학교 의과대학 의사학과, 「나의 아버지, 최동−최선홍 연세대학교 사학과 명예교수 인터뷰」, 『연세의사학』 제20권 제1호, 2017.

연정은, 「안호상의 일민주의와 정치·교육활동」, 『역사연구』 21, 2003.

오상무, 「현대 한국의 국가철학−안호상을 중심으로」, 『범한철학』 36, 2005.

오수창, 「조선시대 국가·민족체의 허와 실」, 『역사비평』 58, 2002.

오유석, 「미군정 하의 우익 청년단체에 관한 연구−1945~1948」, 이화여대 석사논문, 1987.

오항녕, 「사이비 역사학의 평범성에 대하여−역사학의 전문성을 위한 단상」, 『역사학보』 21, 2019.

유권종, 「한국의 실학과 근대성에 관한 논의」, 『한국민족문화』 39, 2011.

유종열, 「안호상의 민주적 민족교육론이 사회과 교육에 미친 영향」, 『사회과교육연구』 21권 2호, 2014.

육영수, 「트랜스내셔널 지성사 다시 쓰기−식민지 시기 '한국적 니체'의 생애 연구, 1920-1945」, 『세계 역사와 문화 연구』 34, 2015.

윤상현, 「1920년대 초반 식민지조선의 자유주의와 문화주의 담론의 인간관·민족관」, 『역사문제연구』 31, 2014.

윤재운, 「현행 초등학교 사회(역사)교과서의 다문화 인식」, 『현대사회와 다문화』, 제8권 2호, 2018.

은희녕, 「안호상의 국가지상주의와 '민주적 민족교육론'」, 『중앙사론』 43, 2016.

이광주, 「현대에서의 독일사학의 정통과 전환」, 길현모 외, 『서양사학사론』, 법문사, 1977.

이규식·양정필·여인석, 「최동의 생애와 학문」, 『의사학』 제13권 제2호(통권 25호), 2004.

이기동, 「한국사 시대구분의 여러 유형과 문제점」, 차하순 외, 『한국사시대구분론』, 소화, 1995.

_____, 「한국사상사 연구자로서의 이기백」, 『고병익·이기백의 학문과 역사연구』, 한림과학원 편, 한림대 출판부, 2007.

_____, 「일제시대 한국사관 비판−일제시대의 사회경제사학과 실증사학」 『문학과 지성』 1971년 봄호.

_____, 「한국사의 보편성과 특수성」, 『이화사학연구』 6·7 합집, 1973.

_____, 「근대 한국사학의 발전」(『近代韓國史論選』, 1973), 『한국사학의 방향』, 일조각, 1978.

_____, 「신민족주의사관과 식민주의사관」(『문학과 지성』, 1973년 가을호), 『한국사학의 방향』, 일조각, 1978.

_____, 「과학적 한국사학을 위한 반성과 제의−1979-1983년도 한국사학의 회고와 전망 총설」, 『역사학보』 104, 1984.

이기백, 「간행사」, 『한국사시민강좌』 1, 일조각, 1987.

_____, 「반도적 성격론 비판」 『한국사시민강좌』 1, 1988.

_____, 「학문적 고투의 연속」, 『한국사시민강좌』 4, 1989.

_____, 「역사학회의 어제와 오늘」(『역사학보』 99·100 합집, 1983), 『한국사상의 재구성』, 일조

각, 1991.

_____, 「유물사관적 한국사상」(『현대 한국사학과 사관』, 1991), 『한국사상의 재구성』, 일조각, 1991.

_____, 「나의 한국사 연구」, 『한국사학사학보』 1, 2000.

_____, 「한국사의 진실을 찾아서」, 『한국사시민강좌』 35, 2004.

이나미, 「일제의 조선지배 이데올로기 – 자유주의와 국가주의」, 『정치사상연구』 9, 2003.

이도상, 「일본의 한국 침략논리와 식민주의사학」, 단국대 박사논문, 2000.

이명희, 「헌법 정신과 역사교과서」, 『철학과 현실』 90, 2011.

이문영, 「1960~1970년대 유사역사학의 식민사학 프레임 창조와 그 확산」, 『역사문제연구』 39, 2018.

이병수, 「문화적 민족주의와 현대 한국철학 – 고형곤, 박종홍, 안호상의 철학적 문제의식을 중심으로」, 『통일인문학』 47, 2009.

이상록, 「박정희 체제의 '사회정화' 담론과 청년문화」, 장문석 · 이상록 편, 『근대의 경계에서 독재를 읽다 – 대중독재와 박정희 체제』, 그린비, 2006.

_____, 「이선근의 국난극복사관과 제3차 교육과정기 국사교육의 냉전사적 재해석 – 사상전의 계보학을 중심으로」, 『청람사학』 28, 2018.

이상신, 「19세기 독일역사학」, 길현모 외, 『서양사학사론』, 법문사, 1977.

이상옥, 「최재서의 질서의 문학과 친일파시즘」, 『우리말글』 50, 2010.

이성무, 「한국사연구에 있어서의 사료와 실증」, 『한국사연구』 91, 한국사연구회, 1995.

이신철, 「국사 교과서 정치도구화의 역사 – 이승만 · 박정희 독재정권을 중심으로」, 『역사교육』 97, 2006.

_____, 「독립협회와 만민공동회의 '근대성' 논의 검토」, 『사림』 39, 2011.

_____, 「식민주의와 민족주의의 함정을 넘어서 – 한국 근현대사 역사(교육)논쟁의 본질을 향한 탐색」, 『역사와 현실』 100, 2016.

이영호, 「해방 후 남한 사학계의 한국사 인식」, 한국사편집위원회 편, 『한국사』 23, 한길사, 1994.

_____, 「'내재적 발전론' 역사인식의 궤적과 전망」, 『한국사연구』 152, 2011.

이영효, 「역사학과 역사교육」, 『역사교육의 이론』, 책과함께, 2009.

이영훈, 「경영형부농론 · 도지론 비판」, 『조선후기사회경제사』, 1988.

이용기, 「민중사학을 넘어선 민중사를 생각한다」, 『내일을 여는 역사』 30, 2007.

이용범, 「한국사의 타율성론 비판 – 소위 만선사관의 극복을 위하여」 『아세아』 1969년 3월호

이용재, 「역사의 정치적 이용 – 사르코지 대통령과 '역사 만들기'」, 『프랑스사 연구』 29, 2013.

이은정, 「미국 초등 사회과의 통합교육과정 실태 분석」, 『사회과수업연구』 제5권 제1호, 2017.

이익주, 「한국사 교과서 검정 발행제의 개선 방안」, 『한국사 교과서 발행 체제 개선 방안 모색』, 교육부 토론회.

이장우, 「실증사학의 반성과 전망」, 『한국사시민강좌』 20, 1997.

이종욱, 「실증사학의 벽을 넘어 새로운 역사 읽기 – 한국고대사연구 100년 : 현재-쟁점」, 『역사학보』 170, 2001.

_____, 「손진태의 신민족주의와 역사만들기의 정체」, 『한국사학사학보』 11, 2005.

이진일, 「근대 국민국가의 탄생과 '국사' – 동아시아로의 학문적 전이를 중심으로」, 『한국사학사학

보』 27, 2013.

이철성, 「식민지시기 역사인식과 역사서술」, 한국사편집위원회 편, 『한국사』 23, 한길사, 1994.

이태우, 「안호상의 독일관념론 철학의 수용과 한국적 변용」, 『인문과학연구』 22, 2014.

이태훈, 「1930년대 전반 민족주의세력의 국제정세인식과 파시즘논의」, 『역사문제연구』 19, 2008.

_____, 「1930년대 후반 '좌파지식인'의 전체주의 인식과 한계-서인식을 중심으로」, 『역사문제연구』 24, 2010.

이택광, 「다시 파시즘을 생각하자」, 『지금, 여기의 극우주의』, 자음과모음, 2014.

이택선, 「해방 후 이범석 정치노선의 성격-파시즘 논의와 국제정치적 배경을 중심으로」, 『한국민족운동사연구』 94, 2018.

이한구, 「역사주의와 반역사주의」, 『한국사학사학보』 24, 2011.

이희환, 「역사학에 있어서의 역사주의와 실증주의」, 『군산대학교 논문집』 21, 1995.

임대식·남지대·지수걸·송상헌·윤해동·김희교, 「쟁점 2-탈민족·탈국가석 역사인식은 타당한가」, 『역사비평』 56, 2001.

임상우, 「과학적 역사학과 국가주의 역사서술」, 『역사학보』 224, 2014.

임성모, 「전후 일본의 역사인식과 역사교육-쇼와사 논쟁과 교과서 검정을 중심으로」, 『한국민족운동사연구』 66, 2011.

임유나, 「국가 교육과정 문서의 대강화와 상세화에 관한 일고」, 『교육문제연구』 72, 2019.

임종명, 「해방 직후 이범석의 민족지상·국가지상론」, 『역사학연구』 45, 2012.

임지현, 「일상적 파시즘의 코드 읽기」, 임지현 외, 『우리 안의 파시즘』, 삼인, 2000.

_____, 「'국사'의 안과 밖-헤게모니와 '국사'의 대연쇄」, 임지현·이성시 편, 『국사의 신화를 넘어서』, 휴머니스트, 2004.

_____, 「우리 안의 파시즘, 그 후 20년-일상적 파시즘은 어떻게 진화했는가?」, 임지현 외편, 『우리 안의 파시즘 2.0』, 휴머니스트, 2022.

장문석, 「트랜스내셔널 파시즘으로 가는 길목에서-파시즘 비교 연구의 최근 동향」, 『서양사론』 145, 2020.

장성규, 「카프 문인들의 전향과 대응의 논리-임화와 김남천을 중심으로」, 『상허학보』 22, 2008.

장 신, 「경성제국대학 사학과의 磁場」, 『역사문제연구』 26, 2011.

_____, 「한국강점 전후 일제의 출판통제와 '51종 20만권 분서(焚書)사건'의 진상」, 『역사와현실』 80, 2011.

_____, 「서평, '재야 역사학(자)'의 과도한 평가-하지연, 『기쿠치 겐조, 한국사를 유린하다』(서해문집, 2015)」, 『이화사학연구』 51, 2015.

장지영, 「창생하는 국가, 창출하는 기예-해방 후 남북의 학술분기」, 『상허학보』 36, 2012.

전덕재, 「이기백의 사학과 한국고대사 연구」, 『한국고대사연구』 53, 한국고대사학회, 2009.

전성운, 「김태준-문학의 과학화와 사회주의 문학 사관」, 『우리어문연구』 23, 2004.

전재호, 「해방 이후 이범석의 정치 이념-민족주의와 반공주의 중심으로」, 『지역과 세계』 37권 1호, 2013.

정낙림, 「니체의 민주주의 비판」, 『철학연구』 101, 2007.

정동훈, 「고려는 어쩌다가 고구려를 계승한 나라로 인식됐을까」, 『역사와현실』 121, 2021.

정민영, 「1930-40년대 홍기문의 역사연구」, 충북대 석사논문, 2011.

정상우, 「조선총독부의 『조선사』 편찬 사업」, 서울대 박사논문, 2011.

정영근, 「국가·사회적 요구와 개별성 함양 사이의 학교교육—한국 학교교육의 문제를 중심으로」, 『교육의 이론과 실천』 제18권 1호, 2013.

정요근, 「청산되어야 할 적폐, 국수주의 유사역사학」, 『역사와현실』 105, 2017.

정용욱, 「유엔 인권이사회 문화적 권리 분야 특별조사관의 '역사교육' 보고서가 제시하는 역사교과서 편찬의 국제적 기준」, 『역사교과서 편찬의 국제적 기준과 한국의 현실』, 2015년 10월 6일, 역사교육연대회의 긴급 토론회.

징은경, 「조연현 비평과 니체」, 『니체연구』, 20, 2011.

정재정, 「일제시대 역사학의 사조와 역사의식」, 『한국사상사대계』 6, 한국정신문화연구원, 1993.

정창렬, 「1940년대 손진태의 신민족주의사관」, 『한국학논집』 제21·22합집, 1992.

정현백, 「일본 근대역사학의 형성과 서구 역사학의 영향 그리고 개화기 조선—트랜스내셔널 전이를 중심으로」, 『한국사학사학보』 27, 2013.

조동걸, 「식민사학의 성립과정과 근대사 서술」, 『역사교육논집』 13·14집, 1990.

조미영, 「해방 후 국사교과의 사회과화와 '국사과'의 園置」, 『역사교육』 98, 2006.

조석곤, 「수탈론과 근대화론을 넘어서」, 『창작과비평』 25권 2호, 1997.

조성운, 「교수요목기(1945~1955) 사회생활과 설치와 한국사 교육론—사공환과 손진태를 중심으로」, 『한국사학사학보』 40, 2019.

조성환, 「동학의 자생적 근대성」, 『신학과 철학』 36, 2020.

주진오, 「'뉴라이트'의 식민사관 부활 프로젝트」, 역사교육연대회의, 『뉴라이트 위험한 교과서, 바로 읽기』, 서해문집, 2009.

차승기, 「'근대의 위기'와 시간-공간 정치학—교토학파 역사철학자들과 서인식」, 『한국근대문학연구』 4-2, 2003.

차하순, 「역사주의사관」, 차하순 편, 『사관이란 무엇인가』, 청람, 1985.

최민석, 「1950~60년대 자유민주주의 개념의 궤적」, 『개념과 소통』 27, 2021.

최선웅, 「1910년대 조선에서 자유주의의 두 가지 유형과 성격」, 『역사와 담론』 75, 2015.

최성철, 「진실을 가장한 허구—서양에서의 유사역사학 사례들」, 『한국사학사학보』 38, 2018.

최순영, 「프리드리히 니체의 자유민주주의 비판」, 『니체연구』 22, 2012.

최종석, 「내재적 발전론 '이후'에 대한 몇 가지 고민」, 『역사와 현실』 100, 2016.

하지연, 「韓末·日帝강점기 菊池謙讓의 문화적 식민활동과 한국관」, 『동북아역사논총』 21, 2008.

＿＿＿, 「다보하시 기요시(田保橋 潔)의 『근대일선관계의 연구』와 한국근대사 인식」, 『숭실사학』 31, 2013.

한영우, 「이병도」, 조동걸 외 편, 『한국의 역사가와 역사학』 하, 창비, 1994.

한준상, 정미숙, 「1948~53년 문교정책의 이념과 특성」, 『해방전후사의 인식』 4, 한길사, 1989.

허 은, 「20세기 '한국적 파시즘'의 역사적 자리매김, 『파시즘과 제3세계주의 사이에서—족청계의 형성과 몰락을 통해 본 해방8년사』(후지이 다케시, 역사비평사, 2012) 서평」, 『역사비평』 103, 2013.

허진성, 「교사의 정치적 수업과 교육의 정치적 중립성에 관한 연구」, 『세계헌법연구』 제17권 3호, 2011.

홍선이, 「손진태 신민족주의론의 '좌우합작적'·'민주주의적' 성격에 대한 재검토」, 『역사교육연구』32, 2018.

홍승기, 「실증사학론」, 『현대 한국사학과 사관』, 일조각, 1991.

홍종욱, 「1930년대 『동아일보』의 국제정세 인식-사회주의 및 전체주의 관련 기사를 중심으로」, 『한국민족운동사연구』58, 2009.

_____, 「'식민지 아카데미즘'의 그늘, 지식인의 전향」, 『사이間SAI』11, 2011.

_____, 「식민지 파시즘 재론」, 『동방학지』187, 2019.

홍태영, 「프랑스혁명 이후, 애국주의에서 민족주의로」, 곽준혁·조홍식 편, 『아직도 민족주의인가 -우리시대 애국심의 지성사』, 한길사, 2012.

홍후조, 「교과서 발행 구분 준거와 한국사 교과서의 국정화 방안」, 『한국사 교과서 발행 체제 개선 방안 모색』, 교육부 토론회.

황병주, 「박정희 체제의 지배 담론과 대중의 국민화」, 임지현·김용우 편, 『대중 독재-강제와 동의 사이에서』, 책세상, 2004.

_____, 「박정희 체제의 지배담론-근대화 담론을 중심으로」, 한양대 박사논문, 2008.

황태연, 「G. W. F. 헤겔-민족 국가의 정치철학」, 강정인·김용민·황태연 편, 『서양 근대 정치사상 사-마키아벨리에서 니체까지』, 책세상, 2007.

후지이 다케시, 「해방 직후~정부 수립기의 민족주의와 파시즘-'민족사회주의'라는 문제」, 『역사 문제연구』14권 2호, 2010.

_____, 「조선민족청년단의 기원에 대한 재검토」, 『역사연구』23, 2012.

Yablon, C. M., "Nietzsche and the Nazis : The Impact of National Socialism on the Philosophy of Nietzsche", *Cardozo law review* 24-2, 2003.

上田正昭, 「津田史學の本質と課題」, 歷史學硏究會, 日本史硏究會 共編, 『日本歷史講座 第8卷 日本史學 史』, 東京: 東京大學出版會, 1956.

久保亨, 「東アジアの總動員体制」, 『(岩波講座)東アジア近現代通史 6, アジア太平洋戰爭と「大東亞共榮 圈」1935~1945年』, 2011.

旗田巍, 「日本における東洋史學の傳統」, 幼方直吉, 遠山茂樹, 田中正俊 [共]編, 『歷史像再構成の課題: 歷史學の方法とアジア』, 東京: 御茶の水書房, 1975.

奈良本辰也, 「文化史學」, 歷史學硏究會, 日本史硏究會 共編 『日本歷史講座 第8卷 日本史學史』, 東京: 東 京大學出版會, 1956.

門脇禎二, 「官學アカデミズムの成立」, 歷史學硏究會, 日本史硏究會 共編 『日本歷史講座 第8卷 日本史 學史』, 東京: 東京大學出版會, 1956.

柴田三千雄, 「日本におけるヨーロッパ歷史學の受容」, 堀光庸三 外 著, 『(岩波講座) 世界歷史』30, 別卷 現代歷史學の課題, 東京: 岩波書店, 1971.

永島廣紀, 「日本統治期の朝鮮における〈史學〉と〈史料〉」『歷史學硏究』795, 2004.

田川孝三 ほか, 「座談會 : 先學を語る-田保橋潔先生-」『東方學』65, 東方學會, 東京, 1983.

인명 찾아보기

E

E.H.카 3, 291, 335, 372

ㄱ

간디 43
강상운 68, 69, 83, 84, 86, 346, 385
강세형 39, 53, 70, 83, 341
고마쓰 미도리 117
고야마 이와오 45
구메 구니타케 111, 126
그레고리 헨더슨 70, 343, 344, 372
기쿠치 겐조 107, 109, 142, 349, 374, 377, 382
김구 10, 68, 102, 103, 274, 314, 348
김기서 259, 261~263
김남천 40, 60, 61, 64, 65, 93, 120, 163, 340, 342, 347, 382, 387
김동리 35, 338, 376, 377
김삼규 84
김성수 263
김태준 121, 148, 167, 352, 355, 382
김형준 34~37, 338, 377
김활란 263

ㄴ

나이토 코난 132, 135
니시다 나오지로 126, 138, 153, 154, 291, 355
니시타니 게이지 45, 340, 385
니체 19, 29, 32~37, 58, 337~339, 351, 372~375, 377, 379, 380, 383~385, 387

ㄷ

다보하시 기요시 107, 108, 349, 377, 379, 383
다케다 한시 116
도리야마 키이치 132, 134~136

도야마 미쓰루 25
듀이 253, 264~266, 368
딜타이 138, 153, 155, 291

ㄹ

랑케 28, 29, 36, 121, 138, 146~155, 157, 159, 163, 164, 167, 168, 175, 179, 181, 184, 224, 226, 235, 276, 290~292, 336, 340, 351~354, 357, 358, 363, 369, 375~378
량치차오 33
로젠베르크 57, 58, 336, 373
루쉰 33
르봉 41, 42
리케르트 28, 126, 138, 149, 153, 154, 163, 165, 291, 355

ㅁ

마루야마 마사오 24, 336, 372, 376
마르크스 29, 32, 33, 84, 87, 91, 111, 122, 152, 159, 183, 235, 290
마이네케 175
무솔리니 19, 22, 33, 34, 42, 43, 47, 71, 92, 264
문정창 8~10, 74, 118, 187~190, 196~213, 216, 220, 221, 226, 229, 321, 360~362, 376, 385
미시나 쇼에이 132, 135, 138
미우라 히로유키 132, 133, 135, 137

ㅂ

박영효 191
박은식 79, 210, 333
박정희 5, 7~10, 12, 68, 69, 73, 74, 78, 86, 95~104, 127, 168, 195, 201, 205, 206, 215, 216, 219, 233, 252, 264, 266~268, 272, 292, 317, 322, 335, 347, 348, 363, 366, 369~371, 374, 381, 384, 385, 387

박종홍 34, 338, 344, 379, 381
박치우 40, 41, 56, 58, 59, 65, 102, 122, 337, 342, 348, 351, 386
백낙준 241, 244, 263
백남운 89, 91~93, 95, 121, 201, 244, 343, 347, 355, 357, 360, 373, 387
빈델반트 28, 149, 154

ㅅ ─────────
사공환 54, 241, 250, 253~255, 269, 366, 383, 386
샤쿠오 슌조 117
서강백 40, 60, 61, 63, 65, 343, 347, 376
서인식 40, 41, 56, 57, 62, 65, 163, 342, 355, 382, 383, 386
손진태 10, 67, 68, 87, 89~91, 94, 95, 144, 166, 175, 195, 241, 242, 248, 249, 255, 263~265, 269, 316, 317, 346, 347, 365, 366, 370, 376, 378, 382~384, 386
송건호 84, 85
슈펭글러 57, 58
스에마쓰 야스카즈 121
시게노 야스쓰구 111
시라토리 구라키치 157
시오하라 도키사부로 47
신남철 31, 121, 163, 337, 351, 355, 386
신채호 44, 65, 72, 80, 97, 99, 102, 121, 128, 163, 171, 175, 184, 185, 191, 192, 195, 204, 210, 216, 219, 224, 235, 254, 260, 265, 269, 276, 301, 314, 333, 345, 360, 361, 374
신흥우 40, 41, 46~48, 52, 56, 65, 80, 340, 342, 376, 386
쓰다 소키치 153, 154, 357

ㅇ ─────────
안재홍 8, 10, 40, 60~68, 75, 80, 87, 88, 91, 93, 95, 102, 103, 120~122, 144, 163, 195, 241,
242, 244, 248, 249, 255, 269, 343, 346, 347, 351, 361, 376, 386
안호상 8~10, 34, 53, 67~80, 83, 85, 87, 89~91, 94, 95, 100, 103, 190, 193, 195, 211~213, 216, 217, 220, 221, 228, 235, 241, 242, 244, 245, 248~252, 254~256, 259, 263~265, 267~269, 337, 341, 343~345, 348, 359, 363, 365, 366, 375, 378, 380~382, 386
야나이하라 다다오 175
야스이 세이이쓰 133
양우정 69, 73, 80, 345, 386
오다 쇼고 132, 133, 135, 140
오천석 241~244, 249, 252, 255, 263~267, 270, 366, 367, 386
우치다 긴조 126, 153
우치다 료헤이 65, 359
윤치호 47, 48, 114, 115, 340, 387
이광수 8, 9, 40~44, 46, 48, 50, 52, 55, 56, 60, 62, 63, 65, 68, 80, 191, 338~340, 342, 373, 375, 378, 379, 387
이기 79
이기수 93, 347
이나바 이와키치 158
이마니시 류 132, 133, 135, 140
이범석 53, 68~70, 72, 73, 80~83, 86, 251, 344~346, 367, 374, 379, 382, 386
이병도 8, 10, 94, 95, 97, 99, 143, 161, 166, 167, 170~172, 175, 178, 181, 197, 198, 203, 205~209, 212, 213, 215, 292, 317, 347, 354, 356~358, 361, 363, 370, 374, 377, 383, 385, 386
이상백 165, 355, 378, 387
이선근 102, 108, 127~129, 171, 207, 209, 210, 292, 348, 352, 357, 361, 363, 369, 379, 381
이승만 46, 72, 73, 80, 81, 93, 102, 245, 248, 332, 343~345, 369, 370, 379, 381, 386
이육사 35, 333, 338, 377

이인영 148, 165, 166, 356
이케우치 히로시 132, 133, 135~137, 157, 354, 379
임화 35, 342, 382

ㅈ ─────────────
장준하 103, 104, 348, 387
정인보 80, 148, 167, 191, 205, 210, 361
젠틸레 57
조연현 35, 338, 377, 383
조윤제 166, 167, 356, 374
조흥환 53, 341
지청천 247

ㅊ ─────────────
채만식 55, 342
최남선 80, 121, 191, 210
최동 10, 118, 188~197, 210, 212, 220, 359, 360, 380
최재서 44, 340, 381

ㅋ ─────────────
칸트 28, 43, 126, 149, 153, 291, 355
칼 슈미트 43, 83, 338, 339, 376, 378, 379

칼 포퍼 32, 84, 337, 346, 387
콜링우드 149, 291, 369, 378
크로체 29, 149, 170, 291, 336, 353, 354, 375, 387

ㅌ ─────────────
토마스 만 32, 337, 387
토크빌 5, 21, 335, 386
톨스토이 33, 34, 43

ㅎ ─────────────
한설야 164, 355
함석헌 104, 175, 348, 387
헤겔 31, 32, 36, 37, 70, 72, 76, 82, 126, 152, 153, 175, 207, 264, 286, 290, 337~340, 354, 372, 373, 378, 384, 385
호시노 히사시 111
홍기문 163, 355, 383
황의돈 210, 256, 367, 378, 387
히틀러 19, 26, 28, 29, 33, 34, 39, 43, 46, 47, 50, 53, 54, 60, 62, 70~72, 81, 82, 84, 92, 96, 151, 191, 205, 220, 240, 252, 255, 264, 267, 336, 341, 343, 352, 361, 363, 366, 386